Anton Stangl
Das Buch der Verhandlungskunst

Psychologisch richtig verkaufen

ETB
ECON Taschenbuch Verlag

ECON Taschenbuch Verlag, Düsseldorf
Lizenzausgabe September 1984
© ECON Verlag, Düsseldorf-Wien 1966
18. bis 20. Tausend 1978
Umschlagentwurf: Ludwig Kaiser
Titelfoto: Krista Boll/Michael Fiala
Druck und Bindearbeiten: Ebner Ulm
Printed in Germany
ISBN 3 612 21008 4

INHALTSÜBERSICHT

Einführung

A.
Die Vorbereitung der Verkaufsverhandlung

B.
Persönliche Gesprächseinleitung

C.
Sachliche Gesprächseinleitung

D.
Argumentation und Beantwortung von Einwänden

E.
Das Abschlußgespräch

Anhang

Inhaltsverzeichnis am Ende des Buches

> »Verglichen mit dem, was wir sein sollten und sein
> könnten, sind wir alle nur halb wach; nur von einem
> kleinen Teil der in uns liegenden Möglichkeiten machen
> wir Gebrauch.«
>
> *(William James)*

Jeder von uns hat nahezu täglich Verhandlungen zu führen, Verhandlungen aller Art: Wir wollen verkaufen, wir wollen etwas einkaufen, wir wollen vielleicht ein Grundstück erwerben, wir haben mit allen möglichen Behörden und Unternehmern zu tun; in einer Besprechung gibt es ein innerbetriebliches Problem zu lösen, im Rahmen einer Verbandssitzung wollen wir eine Forderung durchsetzen. So vielen Besprechungen und Konferenzen wohnen wir bei, in denen Entscheidungen vorbereitet oder gefällt werden! Immer geht es darum, daß wir das erreichen, was uns als Ziel vorschwebt, und daß wir uns nicht von dem, was ein anderer erreichen möchte, um die Frucht unserer eigenen Bemühungen bringen lassen.

Auf solche Weise im Leben zu stehen und Tag für Tag mit anderen Menschen zu verhandeln: das ist *eine der interessantesten und zugleich abwechslungsreichsten Tätigkeiten*, die uns ein Beruf und das Leben bieten können. Immer wieder ergeben sich neue Probleme, auf die man sich von einem Augenblick zum anderen einstellen muß. In Sekunden gilt es, den Gesprächspartner richtig abzuschätzen und einzustufen: seine besondere Wesensart, seinen allgemeinen Lebenshintergrund, seine Interessen, seinen Geschmack, seinen Geldbeutel. Das schafft Menschenkenntnis, das erhält frisch und jung, es macht

Freude, denn das Spiel ist immer wieder neu. Die Beschäftigung mit Menschen, die immerwährende Auseinandersetzung mit ihnen in ihrer tausendfältigen Gestalt ist in der Tat so etwas Ähnliches wie ein beständiges Abenteuer. Glücklich der, dem es vergönnt ist, so intensiv daran teilzunehmen wie der mitten im Leben Stehende oder wie der im Verkauf Tätige!

Erfolg im Verhandeln oder im Verkauf zu haben heißt, uninteressierte *gleichgültige Menschen interessiert zu machen* und gewissermaßen mit innerer Spannung zu erfüllen. Das ist eine zuweilen sehr schwierig erscheinende, im Kern aber doch immer einfache Aufgabe, wenn man die Kunst der Menschenbeeinflussung beherrscht. Haben wir das jemals gelernt, hat man uns das jemals gelehrt?

Nehmen wir ein Musterbeispiel für einen die Menschen beeinflussenden Beruf: den des Verkäufers. Tag für Tag spricht er mit soundsovielen Kunden. Welche Eigenschaften sind es, die seine Interessenten in einem mehr oder minder kurzen Gespräch so packen, daß der Kunde seinen Auftrag ihm und nicht einem anderen Verkäufer überläßt, der ihm vielleicht die gleiche Ware zu einem gleichen Preis oder gar noch günstiger anbietet? Wir stehen hier vor einem menschlichen, vor einem psychologischen Problem.

Es ist leicht, Regeln, Erfahrungsgrundsätze und Patentrezepte für den Erfolg zusammenzustellen. Was haben wir jedoch während einer Verhandlung von den »*hundert goldenen Regeln*« für das kluge Verhandeln? Während des Gesprächs mit dem anderen sind wir doch – zumindest unbewußt – hochgradig auf ihn konzentriert: auf seinen Gesichtsausdruck und dessen leiseste Veränderungen, auf seine Worte und deren Betonung, seine Körperhaltung, auf kritische Augenblicke, in denen er das »verrät«, was in ihm vorgeht. Was helfen uns da die hundert goldenen Regeln? Nein, da gilt es, auf den psychologischen Kern der Zusammenhänge durchzustoßen, die unseren Erfolg in der Verhandlung oder im Verkaufsgespräch bestimmen. Je weniger Regeln wir dabei zu beachten haben, um so besser!

Mit Bedacht werden hier deshalb *möglichst wenig Grundsätze* aufgestellt. Im Laufe der Zeit sind viele Methoden entwickelt worden, die insbesondere dem Verkäufer zum richtigen Verkaufsgespräch verhelfen sollen. Am bekanntesten ist in Deutschland seit dem Krieg wohl die AIDA-Formel geworden, über deren zum Teil verfehlten Aufbau noch zu sprechen sein wird, so sehr sie auf den ersten Blick etwas Bestechendes an sich zu haben scheint. Alle diese Formeln sind bei näherem Zusehen reichlich konstruiert, im einen Fall erscheinen sie sehr gut, in einem anderen bieten sie wenig oder nichts; denn die Vielfalt des Lebens läßt sich mit solchen konstruierten Formeln schwerlich einfangen.

Deshalb wird hier ein anderer, der denkbar einfachste Weg beschritten: Betrachten wir jede Verhandlung, auch die Verkaufsverhandlung nach *ihrem ganz natürlichen Ablauf!* Er ist quer durch alle Verhandlungsgegenstände, durch alle Branchen und Verkaufsebenen immer der gleiche. Zuerst muß der Partner bzw. Kunde persönlich begrüßt werden, dann wird das Gespräch sachlich eingeleitet (der psychologisch kritischste Augenblick, den viele Verkäufer in seiner Bedeutung nicht erfassen), und schon sind wir in dem im allgemeinen längsten dritten Abschnitt der Argumentation, da es um die Vor- und Nachteile, um die Bedenken und Einwände des Partners geht, den es ganz zu gewinnen gilt. Nähert sich dieses Ziel, kann die vierte und letzte Phase der eigentlichen Verhandlung folgen: Die Zustimmung des Partners, im Verkauf: der Auftrag wird »hereingeholt«. Nehmen wir noch die in vielen Fällen unerläßliche Phase der Vorbereitung der Verhandlung hinzu und die in der Regel ihr folgende, in der man dem Partner die eigene Leistung erbringt, dann haben wir aus dem ganz natürlichen Ablauf geradezu zwingend eine ebenso einfache wie fruchtbare Betrachtungsweise. Sie ergibt zugleich die Gliederung des vorliegenden Buches.

Auch wenn es provozierend klingen mag, darf getrost festgestellt werden: Gleichgültig, ob Schnürsenkel aus dem Bauchladen, ob Werkzeugmaschinen von Millionenwert, ob Automobile oder Feinkostartikel verkauft werden, gleichgültig, ob ein verantwortlicher Mitarbeiter für eine noch neue Idee gewonnen werden soll oder ob irgendein anderer Verhandlungsgegenstand zur Debatte steht, im Prinzip müssen *in jedem Fall diese vier bzw. sechs Schritte,* und zwar immer in dieser und keiner anderen Reihenfolge, getan werden. In jedem Fall ist die wenigstens ausreichend gute Meisterung des vorangegangenen Schritts die Voraussetzung für den folgenden: Wenn in einem Abschnitt der Verhandlung ein schwerer Fehler begangen wurde, sind zugleich alle folgenden Abschnitte gefährdet und der Gesamterfolg in Frage gestellt.

Während ich das niederschreibe, höre ich gleichsam den Verstand nicht weniger Leser so arbeiten, wie ich es aus den Äußerungen gar mancher Verkäufer in den jahrelangen Ausbildungsveranstaltungen in allen möglichen Branchen und Firmen kenne: »Schön und gut, aber *bei mir liegen die Dinge doch ganz anders* als in anderen Branchen!« Wirklich? Sind die Menschen, die in irgendeiner Branche arbeiten, nach ganz besonderen Gesetzen geschaffen? Ist der aus der Natur des Menschen gegebene Ablauf der Verhandlung dort anders als bei allen anderen Menschen? Wer sich von der verständlichen Überschätzung seiner speziellen Schwierigkeiten freimachen kann, der begreift von dieser Frage ausgehend rasch den allgemeingültigen Kern der Zusammenhänge.

Natürlich sind auch hier *die Grenzen fließend,* das heißt, die Abschnitte fließen zuweilen nur schwer unterscheidbar ineinander. So ist es geradezu ein Kennzeichen des tüchtigen Verkäufers, daß der (nur zeitlich schwer zu messende) zweite Abschnitt fast zwangsläufig-harmonisch hinüberleitet in den dritten der Argumentation, und daß während oder gegen Ende dieser dritten Phase bereits die teilweise Festlegung des Kunden im Sinne des vierten Abschnitts, des Verkaufsabschlusses, erfolgt.

Das ändert aber nichts daran, daß sich diese vier Abschnitte in jedem Fall im Prinzip unterscheiden lassen, und daß *jeder Abschnitt* unter seiner *besonderen Gesetzlichkeit* steht. Wir müssen aufhören — was das Kennzeichen vieler mangelhafter Ausbildungsbemühungen ist —, eine Verhandlung, ein Verkaufsgespräch als ein Ganzes zu betrachten, das undurchsichtig, schlecht überschaubar und zumeist reichlich ungegliedert erscheint, so daß man nur schwer ein solides Gerippe erkennen kann. Statt dessen sollten wir uns nun gezielt fragen: Worauf kommt es in jedem dieser Abschnitte im einzelnen an? Dann rücken wir der eigentlichen Problematik das entscheidende Stück näher. Dann können wir gleichsam mit dem Finger auf die Wurzeln des klugen und unklugen Verhaltens deuten, und alles wird überschaubar und viel leichter beherrschbar.

Bei der bewußten Beobachtung von Hunderten und Aberhunderten von Verhandlungen und Verkaufsgesprächen (als unbeteiligter Zuschauer und Zuhörer) ist mir aufgefallen, daß im Grunde immer und *immer wieder die gleichen Fehler* gemacht werden. Dabei kommt es nur auf die *Beachtung weniger und ganz bestimmter Grundsätze* an, wenn man diese Fehler vermeiden, wenn man Erfolg haben, das heißt, sein Ziel erreichen will. Mögen diese Grundsätze auch beim Lesen oder Hören als fast selbstverständlich erscheinen — wer die menschliche Natur kennt, der wird den Unterschied zwischen verstandesmäßigem Wissen und unterbewußtem Können, das heißt, der praktischen Anwendung dieses Wissens richtig einschätzen.

Eben diese Grundsätze sollen als *das solide geistige Handwerkszeug des Erfolgs* hier herausgearbeitet und dem Leser zur bewußten Verwertung so zur Verfügung gestellt werden, daß er sie in seinem Alltag so leicht wie möglich anwenden kann. Wenn es wahr ist, daß die Wurzel des Erfolgs darin besteht, den Gesprächspartner als Menschen zu packen, dann werden die typischen Verhandlungsschwierigkeiten bestimmter Berufe und die Unterschiede zwischen den verschiedenen kaufmännischen Branchen und Verkaufsebenen zu Schwierigkeiten zweitklassiger Natur. Selbstverständlich gilt keine Regel ohne Ausnahme, und selbstverständlich muß jeder Grundsatz *im Einzelfall sinngemäß angewendet* werden. Je mehr es sich zum Beispiel im Verkauf um ein Investitionsgut dreht, vielleicht besser gesagt: Je mehr der Partner gewohnt ist, als Fachmann auf seinem Gebiet mit jedem Bruchteil eines Punktes oder eines Pfennigs zu rechnen, um so mehr tritt der rationell wägende Verstand in sein Recht; aber auch dann bleibt die Tatsache bestehen, daß auch dieser Partner ein ganz normaler Mensch und damit den Gesetzen des Menschlichen unterworfen ist.

Um die praktische Verwertung so leicht wie nur möglich zu machen, wird das Wesentliche in *handlichen Übersichten* zusammengefaßt, wo immer das angezeigt erscheint. Zugunsten von solchen handlichen Übersichten wird lieber auf ausführliche Erörterungen verzichtet. Wer hat heute noch so viel Zeit übrig, daß er für sich selbst sprechende Übersichten nicht vorziehen würde?

Bombensichere Rezepte will und kann auch dieses Buch nicht geben, denn wirkliche Erfolgsrezepte und *Patentlösungen gibt es nicht.* Gäbe es sie, dann wäre jeder, spätestens nach Eintritt der Volljährigkeit, ein Verhandlungskünstler und perfekter Verkäufer, und unser Leben wäre als Ablauf von bloßen seelischen Mechanismen wahrhaft bedauernswert. Zu unserem Glück verlangt die Vielgestaltigkeit der Menschen und dieser Welt über alle noch so treffenden Erkenntnisse und Regeln hinaus doch immer das persönliche Können. Dieses Können aber kann nur durch beständiges, also Tag für Tag von neuem beginnendes Bemühen erworben werden.

Nur ganz wenigen begnadeten Menschen ist dieses Können in die Wiege gelegt. Wenn da zuweilen gesagt wird: »Zum Verkäufer ist man geboren, oder man wird es nie. Verkaufen muß man können!« so ist das grundfalsch! *Jeder kann dieses Können erwerben*, der erkennt, worauf es ankommt. Wer sich darum ernsthaft bemüht, der begreift, daß die wesentlichen Zusammenhänge am Ende immer einfacher Natur sind, und er wird die scheinbar verborgenen Gesetzlichkeiten besser in seiner täglichen Praxis anwenden als der Durchschnittsmensch.

Nicht der abstrakte Verstand,
sondern die bessere Gesprächsführung siegt!

Nicht das bloße Fachwissen,
sondern das gute Verkaufsgespräch verkauft!

Erfolg hat, wer die psychologisch entscheidenden Momente rasch erfaßt und seine Partner treffsicher anpackt. Es gilt also, auf den psychologischen Kern der Zusammenhänge durchzustoßen.

Die wesentlichen Abschnitte der Verhandlung
bzw. des Verkaufsgesprächs:

0. Die Vorbereitung sachlicher und persönlicher Art

1. Begrüßung und persönliche Kontaktgewinnung (gleichgültig ob fünf Sekunden oder eine ganze Stunde dauernd)

2. Die Einleitung des sachlichen Gesprächs (mit die kritischsten Augenblicke, deren Bedeutung für Erfolg oder Mißerfolg viele nicht erfassen)

3. Die eigentliche Argumentation, in der es um die Vor- und Nachteile für den Partner, für den Kunden, d. h. um seine Bedenken und Einwände geht (zeitlich der ausgedehnteste Abschnitt)

4. Die Zustimmung des anderen, das Abschlußgespräch oder das Hereinholen des Auftrags (wobei die Beherrschung gewisser Techniken viel helfen kann)

5. Die eigene Leistung, im Verkauf: Auftragsabwicklung, Warenauslieferung, Erbringen der Dienstleistung mit ihren Folgen (auch für die Beziehungen der Zukunft)

Worauf kommt es in jedem dieser verschiedenen Abschnitte
der (Verkaufs-)Verhandlung an?

Die Beantwortung dieser gezielten Frage löst die Schwierigkeiten auf, die Verhandlung als nahezu undurchsichtiges Ganzes zu betrachten, und sie führt zu einigen vermeintlich ganz einfachen und selbstverständlichen Grundsätzen, aus deren Nichtbeachtung sich die in der Praxis immer wiederkehrenden häufigsten Fehler aller Verhandler und Verkäufer ergeben.

A.
DIE VORBEREITUNG DER VERKAUFS-
VERHANDLUNG

Nicht zu Unrecht wird des öfteren betont, eine Verhandlung sei so viel wert wie ihre Vorbereitung. Es liegt auf der Hand, daß nur derjenige eine Chance hat, in der Schlacht zu siegen, der sich in jeder Hinsicht gewappnet und gerüstet in sie hineinbegibt. Wieviele Verhandlungen gehen Tag für Tag nur mangels guter Vorbereitung am bestmöglichen Ergebnis vorbei, oder sie enden mit einem Mißerfolg! Worauf kommt es im vorbereitenden Stadium einer Verhandlung im einzelnen an?

I.
WESENTLICHE GESICHTSPUNKTE FÜR DIE RICHTIGE
VORBEREITUNG

1. *Fachliche Vorbereitung*

Wenn jemand sagt, er müsse sich auf eine Besprechung vorbereiten, dann hat er meist die sachliche Vorbereitung im Auge. Er möchte sich über den strittigen Gegenstand von allen wichtigen Blickpunkten her eingehend informieren und die ihm selbst noch nicht ganz klar gewordenen Zusammenhänge und Einzelheiten abklären. Dafür gibt es eine ganze Reihe von Möglichkeiten:

Eingehendes Betrachten und Studieren aller unmittelbaren Unterlagen.

Die Auswertung von indirekten Unterlagen vermittelt manchmal die besten Anregungen, zum Beispiel von den vielen auf dem Büchermarkt vorhandenen Veröffentlichungen oder von Aufsätzen in guten Zeitungen und Zeitschriften. Eine kurze telefonische Anfrage bei einem erfahrenen Bibliothekar, Buchhändler oder Verbandssekretär kann einem wertvolle Hinweise vermitteln.

Die Aussprache mit anderen Menschen über den zu klärenden Verhandlungsgegenstand erweist sich oftmals als Hilfsmittel von größtem Wert. Es kann sich dabei um zuständige Mitarbeiter, um Spezialisten des zu klärenden Fachgebietes handeln, um Menschen, die ihrer Herkunft und Lebensstellung nach etwa die gleiche Art zu denken und eine ähnliche innere Einstellung wie der spätere Verhandlungspartner mitbringen. Auch vom vorliegenden Problem unberührte Leute mit gesundem Menschenverstand können viel helfen, zum Beispiel nahestehende Freunde oder die eigene Frau, die am Ende nichts anderes tun als einem geduldig zuzuhören. Jetzt ist man in der Lage, ja genötigt, während des flüssigen Sprechens seine Gedanken zu ordnen. Wir können nur denken, wofür wir Denkbegriffe, das heißt, in aller Regel: wofür wir Worte haben, und das Spiel der Worte in unserem Geist in Gang setzen heißt: unser Denken in Fluß bringen. Gute Formulierungen, die sich uns auf die Zunge legen, können wir uns merken. Es stellen sich gute Ideen ein, wie andererseits auch mögliche Mißverständnisse oder Einwendungen der anderen Seite ebenfalls auftauchen.

In der Praxis wird das beste Verhandlungsergebnis oft mit *Hilfe einer guten Idee erreicht*, die dem einen Partner einen Vorsprung verleiht oder den anderen überrascht. Auf diese guten Ideen, auf diese fruchtbaren Gedanken, auf die schöpferischen Einfälle kommt es vielfach an. Wie können wir dafür sorgen, daß sie sich zur rechten Zeit einstellen? Die besten Gedanken kommen durchweg in der Stille:

– während einer ruhigen, allein eingenommenen Mahlzeit, zum Beispiel auf einer Reise, besonders in einer ansprechenden Umgebung,

– während eines gemütlichen, kleinen Spaziergangs, bei dem man spielerisch an das Problem denkt,

– bei einem genießerischen Im-Sessel-Sitzen am Feierabend, während man hübscher Musik aus dem Radio lauscht,

– auf dem stillsten Örtchen, das sich in jeder Wohnung und in der Nähe aller Büroräume findet, wo man täglich zu einigen Minuten absoluter Ruhe gezwungen ist,

– oft auch (wie schon angedeutet) in einem ruhigen Gespräch mit einem anderen Menschen,

– mitten in der Nacht, nachdem man kurz vor dem Einschlafen in spielerischer Weise an das Problem gedacht und dadurch den unbewußten Gedächtnis- und Kombinations-»Mechanismus« angekurbelt hatte (im Dunkeln das Stichwort sofort auf den bereitliegenden Notizblock mit dem bereitliegenden Bleistift aufschreiben, sonst ist der Gedanke bis zum Morgen fast immer verloren).

Wer solcherart vor einer wichtigen Besprechung gute Gedanken sammelt, braucht nur in seiner Brieftasche einige *lose Zettel* bei sich zu führen, auf die er sofort alle wirklich oder vermeintlich guten Ideen oder glücklichen Formulierungen niederschreiben kann, damit sie ihm unter keinen Umständen wieder verlorengehen. Die Zettel sind dann rasch sinngemäß geordnet. Jeder, der sich mit diesen ganz einfachen Techniken vertraut gemacht hat, bestätigt immer wieder ihren oft außerordentlichen Wert für ein bevorstehendes Gespräch.

2. Exakte Zielklärung

Selbst recht gewissenhaft arbeitende Menschen versäumen oftmals, was sich später auf das schwerste rächen kann: die exakte Festlegung des Ziels, das in der bevorstehenden Verhandlung erreicht werden soll. Dieses Ziel sollte ganz eindeutig und knapp formuliert werden, und es sollte auf dem Kopf des Notizzettels stehen, den man während der ganzen Verhandlung vor sich liegen hat. So wird man immer und immer wieder an das eigene Ziel präzise erinnert.

Ein einfaches Beispiel: Sie wollen ein Grundstück kaufen. Sie können in die Verhandlungen hineingehen mit der allgemeinen und selbstverständlichen Absicht, den Quadratmeter so günstig wie möglich zu erwerben. Sie können sich aber auch vorher über den angemessenen Preis genau erkundigen und zu dem Ergebnis kommen: »Ich kaufe den Quadratmeter für 10,50 DM und für keinen Pfennig mehr.« Wenn Sie diese einfache Zahl 10,50 DM auf einem Blatt Papier vor sich stehen haben (gegebenenfalls verschlüsselt), dann wird es auch der klügste und raffinierteste Verhandlungspartner schwer haben, den Preis direkt oder indirekt hinaufzuschrauben.

Werden Sie sich also rechtzeitig über Zweck und Ziel Ihrer Bemühungen klar. Sie werden allein schon dadurch mehr erreichen!

3. Zusammenstellung der Unterlagen und Hilfsmittel

Haben Sie bei Ihren Besprechungen immer sämtliche benötigten Unterlagen bei sich? Wie viele haben das Fehlen der einen oder anderen im entscheidenen Augenblick schon mit Mißerfolg bezahlt! So kommt der kluge Außendienstverkäufer nicht mit dem eleganten Diplomatenmäppchen des Generaldirektors zu seinen Kunden, sondern mit seiner normalen Reisetasche, aus der er mit einem raschen Griff alle nötigen Unterlagen herausholen kann. Je nach den besonderen Gegebenheiten des eigenen Hauses und der Verhandlungspartner bzw. Kunden handelt es sich um:

– alle Einzelheiten erfassende Angebotsmappen,
– Preislisten,
– aufklärende Druckschriften,
– Referenzlisten,
– Gutachten neutraler Stellen,
– wirkungsvolles Anschauungsmaterial: Schaustücke, Demonstrationshilfsmittel, Photos,
– gute Übersichten graphischer oder schematischer Art zur klaren und einprägsamen Darstellung aller möglichen wichtigen Zusammenhänge von fachlichen oder von Marktproblemen,
– optisch leicht faßliche Darstellungen sonstiger Art,
– Taschentafel mit Kreide,
– Kleinprojektor mit Dias,
– Stereoskop mit Stereobildern,
– Tonbildautomat oder Filmvorführgerät zur Darstellung komplizierter, unübersichtlicher Vorgänge oder Zusammenhänge in wirkungsvoller Form und dergleichen.

Damit ist schon das Gebiet der zweckmäßigen und wirkungsvollen *Ausrüstung* berührt, durch die sich heute bei wohlüberlegter Planung und Vorbereitung zuweilen entscheidende Effekte erzielen lassen. Das Gehirn der klügsten Leute kann in dieser Hinsicht gar nicht genug bemüht werden! Alle Arbeitsgeräte und Hilfsmittel im weitesten Sinn müssen von Zeit zu Zeit von neuem überprüft und überdacht werden. Zu ihnen gehört heute selbstverständlich auch das Kraftfahrzeug, das oft nur von finanziellen oder von anderen Gesichtspunkten her ausgewählt wird. Dabei kommt es doch auf seine Zweckmäßigkeit im umfassenden Sinne an, denn sie setzt sich in dem dauernden Gebrauch dieses Hilfsmittels Tag für Tag in klingende Münze um. Auch das gehört in das Kapitel der richtigen Vorbereitung der Verhandlungen, die die Grundlage des Berufserfolgs ausmachen.

Hilfsmittel besonderer Art sind die Visitenkarte und Besuchsankündigungen, bei denen die gute, das heißt, die geschmackvolle und zugleich aufmerksamkeitserregende Gestaltung viel nützen kann. In besonderen Fällen, die intensive Vorbereitung auf beiden Seiten erfordern, lohnt sich ein eigener den Besuch ankündigender Vorausbrief bzw. eine telefonische Voranmeldung.

4. *Vor-Anmeldung*

Weshalb wohl so viele im Außendienst tätige Herren Scheu vor der Voranmeldung haben? Fürchten sie die angeblich verlorene Zeit oder die Umständlichkeit eines Briefes oder eines Telefonanrufs? Haben sie Angst, man könnte sie dabei leichter abweisen, als wenn sie persönlich dastehen (eine viel geäußerte Ansicht)? Oder ist es nur die liebe Bequemlichkeit? Nein, die Voranmeldung eines Besuches hat heute, wo es oft schwer ist, einen entscheidenden Mann auch nur für 15 Minuten ruhigen Gespräches zu bekommen, für beide Seiten aus naheliegenden Gründen viele Vorteile. Deshalb sollte man sie bei maßgebenden Leuten und bei wichtigen Besuchen nicht unterlassen, sofern nicht ganz besondere Gründe gegen sie sprechen.

Welches ist die beste Art der Voranmeldung? Die *briefliche* hat den großen Vorzug, dem angekündigten Besuch eine besondere Bedeutung zu geben. Sie ist bei Erstbesuchen, bei der Einführung eines neuen Bearbeiters, beim geplanten Besuch höhergestellter Persönlichkeiten oder in irgendwelchen heiklen

Fällen angezeigt. Der Besuch ist hier nicht so leicht abzusagen, und der durch Brief Verständigte hat die Möglichkeit zu gründlicher Vorbereitung.

Den Regelfall wird immer die wesentlich einfachere *telefonische Voranmeldung* bilden. Wie meldet man sich telefonisch auf kluge Weise an? Es gilt, schon durch die Art der Gesprächsführung, das heißt der Fragestellung, dem zu Besuchenden psychologisch erst gar keine Gelegenheit zu geben, über die Notwendigkeit des Besuches für ihn lange nachzudenken. Fragen Sie in irgendeiner Form, *ob* Sie kommen dürfen, dann zwingen Sie ja zum Nachdenken darüber, ob sich das Ganze überhaupt lohne. Fragen Sie, *wann* Sie kommen dürfen, so geben Sie ein Problem auf, dessen Lösung ein besonderes Nachdenken erfordert, das niemand gerne auf sich nimmt.

Deshalb machen Sie am besten einen festen Vorschlag oder, um es dem anderen noch leichter zu machen, stellen Sie präzise Fragen in der *Entweder-Oder-Form*, z.B.: »Ich kann mit dem neuen Sortiment heute nachmittag um 15.00 Uhr oder morgen früh zwischen 9.00 und 11.00 Uhr zu Ihnen kommen. Was ist Ihnen lieber?«, und zwar mit ruhiger, klarer und fester Stimme. Jetzt hat Ihre Frage einen ganz anderen Charakter. Da gibt es psychologisch gar keine Gelegenheit zu langem Nachdenken, ob oder ob nicht; da gibt es nur die Entscheidung: heute nachmittag oder morgen früh. Der Blick des Gefragten wandert in der Regel sofort auf seinen Terminkalender, und diese Entscheidung kann er dann auf der Stelle ohne viel Nachdenken und Bemühung treffen.

Natürlich gibt es auch bei dieser Methode verschiedene Fallgruben, in die man hineinfallen kann. Eine erste öffnet der Gefragte mit der sofortigen Antwort: »Es tut mir leid, *ich bin belegt*, ich bin weder heute nachmittag noch morgen vormittag frei.« Jetzt darf man nicht den Fehler machen, den man zu Anfang ja gerade vermeiden wollte, und nun eine unnötige geistige Bemühung hervorrufen. Jetzt kann man sofort im Sinne der besprochenen Grundlinie antworten: »Wie wäre es dann morgen nachmittag?« oder »Wie wäre es dann übermorgen? Da könnte ich mich noch die ganze Zeit nach Ihnen richten. Zu welcher Stunde morgen nachmittag, oder: Wann übermorgen paßt Ihnen denn mein Besuch am besten?« Noch immer bin ich jetzt als Fragender der Führende im Gespräch! Geht auch das schief, was sehr selten ist, kann man sofortigen Besuch auf der Stelle vorschlagen, oder man kann die wiederum präzise Frage an den Partner richten: »Wann haben Sie denn in der Mitte des nächsten Monats in Ihrem Terminkalender noch etwas frei? Da bin ich wiederum hier in Ihrer Stadt!« – Übrigens machen Terminfestlegungen über etwas längere Fristen hinweg nur selten Schwierigkeiten, was in der Praxis viel zu wenig ausgenutzt wird.

Eine zweite Fallgrube tut sich in der sofort einsetzenden Gegenfrage des zu Besuchenden auf: »*Wie lange wird es denn etwa dauern*?« Hier werden die seltsamsten Antworten gegeben: »Ich denke, eine knappe Viertelstunde...«, oder es wird etwa von guten 5 oder knappen 10 Minuten gesprochen, oder gar, daß das im wesentlichen von dem Besuchten selbst abhänge. Hüten Sie sich bei Beantwortung dieser heiklen Frage vor jeder Gummi-Antwort! Sie bedeutet immer Unsicherheit und das Risiko eines mehr oder minder beachtlichen Zeitverlustes für den Besuchten, was keiner gerne auf sich nimmt. Die 5 oder 10 Minuten, die sich dann zu einer vollen Stunde oder mehr ausweiten, sind diesem bis zum Überdruß längst bekannt. Hier empfiehlt sich z. B. folgende Antwort: »Herr Maier, von meiner Seite aus werde ich in exakt 5 oder 10 Minuten, oder: in 7 Minuten fertig sein. Dann werden Sie gewiß erkannt haben, ob das Gespräch für Sie interessant ist; wenn nicht, werfen Sie mich ruhig hinaus! Wann ist Ihnen mein Besuch also lieber: heute nachmittag um 15.00 Uhr oder morgen früh zwischen 9.00 und 11.00 Uhr?« – Wer in 7 Minuten die richtige Einleitung des Gesprächs nicht gefunden hat, findet sie in 30 auch nicht mehr.

Sie haben jetzt mit dem *Kunstgriff der Präzision* gearbeitet. Es empfiehlt sich immer, runde Zahlen, die abgegriffen sind und die keiner ernst nimmt, zu vermeiden und dafür ganz präzise Daten anzugeben. Sagen Sie besser 15.00 Uhr statt 3.00 Uhr nachmittags, 9.30 Uhr statt ½ 10, 11.45 Uhr statt ¼ vor 12! »Um 11.20 Uhr, um 14.40 kann ich bei Ihnen sein« oder »Sie haben so viel zu tun, ich habe auch keine Zeit. Diesmal habe ich Ihnen nur einen Vorschlag zu machen, der Sie bestimmt interessiert (oder: nur eine Neuigkeit mitzuteilen, die für Sie wertvoll ist). In 8 Minuten werde ich fertig sein«. Solche präzisen Angaben wirken bestimmt und sicher, sie sind gleichsam fahrplanexakt. Sie rufen im unterbewußten Bereich des Hörenden den Eindruck hervor, daß er es hier mit einem Menschen zu tun hat, der nicht lange um die Dinge herumschwatzt, bei dem es sachlich und präzise zugeht. Und solche Leute hat man gerne! Diese Art der Ankündigung macht Eindruck und weckt außerdem noch Aufmerksamkeit und Neugier. Natürlich müssen die angegebenen Daten auch stimmen. Dehnt Ihr Gesprächspartner dann seinerseits das Gespräch länger als 8 Minuten aus, so ist das nicht Ihre Sache. Sie verfügen dann über die solide Entschuldigung, daß ihn das Gespräch offenbar doch lebhaft interessiere!

Wenn bei dem Telefongespräch *nach Einzelheiten des Besuchszweckes gefragt* wird – die dritte häufig anzutreffende, gefährliche Fallgrube! – empfiehlt sich größte Vorsicht: Unter keinen Umständen dürfen Sie zuviel sagen, weil der Besuch sonst durch das sich jetzt anbahnende Gespräch überflüssig werden könnte. Anfänger machen dann gerne den Fehler, etwa zu sagen: »Ich möchte Sie nur fragen, ob Sie eine neue Bördelmaschine brauchen« oder »Ich möchte Sie für unseren neuen Weichmacher interessieren«. Dadurch fordert man den Mißerfolg geradezu heraus. Es gilt hier, den anderen neugierig zu machen, etwas für *ihn* wirklich Interessantes anzukündigen, das man am Telefon nicht so ohne weiteres erläutern könne, weil man die Ware selbst oder bildliche Darstellungen vorlegen müsse. »Da werden Sie mit einem Blick sehen, wieweit das Ganze für Sie interessant ist, was Sie beim bloßen Ferngespräch in dieser Form nie feststellen können.«

Vergessen Sie bei diesen oder ähnlichen kleinen Zwischengesprächen niemals, sofort wieder *auf Ihre Ausgangsfrage zurückzukommen*: »Ich kann also heute nachmittag um 15.00 Uhr oder morgen früh zwischen 9.00 und 11.00 Uhr zu Ihnen kommen; was ist Ihnen lieber?« Immer dann, wenn ein Zwischengespräch beendet ist, greifen Sie auf Ihre entscheidende Frage zurück: »Was ist Ihnen lieber?«, »Was ziehen Sie vor?«, »Wann ist noch eine Lücke in Ihrem Terminkalender?«, sonst werden Sie Ihr Ziel kaum erreichen!

Melden Sie sich also bei wichtigen Gesprächspartnern vorher telefonisch an, bei günstiger Gelegenheit vielleicht auch persönlich im Vorbeifahren. Unterlassen Sie die Voranmeldung klugerweise nur dann, wenn Sie den anderen aus bestimmten Gründen überraschen, ihm etwa keine Gelegenheit zur gründlichen Vorbereitung geben wollen! – In manchen Fällen ist die Anmeldung durch Ihre Frau zweckmäßig, ohne daß sie sich als solche erkennen zu geben braucht.

Nun zur *persönlichen Anmeldung*. Wenn man sich oft im Vorzimmer von vielbesuchten Persönlichkeiten aufhält, kann man sich nur wundern über die unsichere, eine Abweisung direkt herausfordernde Art, mit der sich viele Besucher bei der Vorzimmerdame anmelden. Da wird aus einer leicht gebeugten Haltung heraus mit ängstlicher Stimme gefragt, »ob man Herrn Braun wohl stören dürfe« oder »ob Herr Weiß wohl einige Minuten Zeit habe«. Selbstverständlich wird die Sekretärin bei dieser Art aufzutreten negativ beeindruckt und den Fragenden abweisen.

Gerade bei der Anmeldung muß ähnlich wie in allen kritischen Augenblicken eines Gespräches alles peinlich vermieden werden, was nach Unsicherheit aussieht. Es ist doch so einfach, zu sagen: »Mein Name ist Müller, ich komme von der Firma Maier und möchte Herrn Direktor Hoffmann sprechen!« Und das gilt es mit aufrechter Körperhaltung, ruhiger, klarer und fester Stimme zu sagen, wobei dem Gesprächspartner fest in die Augen geblickt werden sollte. So tauchen nicht die geringsten Zweifel auf an der Klarheit und Entschiedenheit der eigenen Absichten, am Wert der eigenen Persönlichkeit und natürlich auch nicht an dem, was an wesentlichen Dingen zu besprechen ist.

Wenn die Frage gestellt wird: »*Worum handelt es sich denn?*«, dann gibt man eine selbstverständlich und sicher wirkende Antwort. Man muß jetzt nur noch an einen vielleicht vorangegangenen Schriftwechsel, an eine übersandte Mustersendung, an ein früher einmal von dem Besuchten geäußertes Interesse, an ein persönliches Gespräch oder dergleichen anknüpfen —, dann wird sich die Tür zum Chef öffnen.

Es ist vor allem wichtig, zu allen maßgebenden *Mitarbeitern* Ihrer Gesprächspartner und Kunden ein *gutes Verhältnis* zu haben. Die Sekretärin, die Ihnen nicht wohl will, kann Ihnen manche Schwierigkeiten bereiten. Sagen Sie ihr gelegentlich einige nette, aus dem Herzen kommende Worte über die Bedeutung ihrer Position und ihrer Arbeit. Derartige unauffällig anerkennende, wirklich ehrlich gemeinte Worte des Denkens an den anderen, eine kleine Handreichung, eine höfliche Geste, wie das Öffnen oder Schließen einer Tür – alles das sind Dinge, die sich oft ganz von selbst ergeben. Sie schaffen jenes schlichte herzliche Verhältnis von Mensch zu Mensch, auf das es hier ankommt.

Der Ausgang einer wichtigen Verhandlung wird oft beträchtlich beeinflußt durch äußere Umstände und deren psychologische Auswirkung auf die beiden Gesprächspartner. Kluge, um nicht zu sagen raffinierte Gesprächspartner verstehen es meist ausgezeichnet, sich durch deren mehr oder weniger faire Ausnutzung Vorteile während der Verhandlung zu verschaffen. Die äußeren Umstände eines Gespräches lassen sich nicht immer, aber — wenn man will — doch relativ oft zu den eigenen Gunsten auswählen oder gestalten.

Welches Büro ist für mich günstiger: mein eigenes oder das meines Gesprächspartners? Oder ist ein neutraler Ort, z. B. ein Hotel, ein Restaurant oder Café zweckmäßiger? Im eigenen Büro ist jeder psychologisch Herr der Lage, und er kann das weidlich für sich ausnutzen, etwa durch kleine Gefälligkeiten, die er dem Gast erweist (Tabakwaren, Getränke und dergleichen). Er hat seine sämtlichen Unterlagen zur Hand, während der andere nur das mitbringen kann, was seine Tasche faßt; er kann alle Spezialisten aus dem eigenen Haus kommen lassen, was dem anderen nur schwer möglich ist. Er braucht in Kniehöhe an der Innenseite seines Schreibtisches nur einen Knopf anzuordnen, und schon ist es ihm immer dann möglich, eine »Störung« des Gesprächs herbeizuführen, wenn ihm das paßt, etwa wenn er merkt, daß der Besucher ihn sachlich in die Ecke zu drängen beginnt. Empfiehlt sich für einen selber mehr eine *äußere Atmosphäre der Ruhe oder der allgemeinen Unruhe*, vor allem in Hinblick auf die besondere Wesensart des Gesprächspartners? Manche Menschen können sich beispielsweise in der Unruhe eines gutbesetzten Cafés nur mühsam konzentrieren, anderen fällt es gerade in dieser Umgebung besonders leicht. Bei der Auswahl eines neutralen Besprechungsortes spielt dieser Gesichtspunkt eine Rolle.

BRIEFLICH: Charakter der besonderen Bedeutung
               Möglichkeit der gründlichen Vorbereitung

TELEFONISCH: ebenso bestimmt wie höflich
               sachlich und kurz
               Nicht fragen: ob, sondern wann
               und mit eigenen Vorschlägen:
                   Entweder — oder
                   Präzision (»fahrplanexakt«)
                   Schlußfrage

PERSÖNLICHE ANMELDUNG:
               Sicherheit in jeder Hinsicht ausstrahlen
               Zugleich präzise und höflich
               Einleuchtenden Besuchsgrund bereithalten

Wie soll man die *Sitze anordnen?* Im eigenen Büro kann jeder das so tun, wie er will und wie es für ihn günstig ist. Man kann sich selbst so vor ein Fenster setzen, daß man das Gesicht des Besuchers ständig in bester Beleuchtung vor sich hat, während dieser die Auswirkungen seiner Worte auf den eigenen Gesichtszügen sehr viel schwieriger ablesen kann. Man kann umgekehrt den Besucher, z. B. einen schwankenden Kunden, mit dem Rücken zum Fenster setzen, damit man als Verkäufer selbst ins helle Licht gerückt wird und der Kunde sich ein wenig leichter auf die eigenen Worte zu konzentrieren vermag. Man kann seinen eigenen Sitz etwas höher einstellen als den des Besuchers, der in einem bequemeren Sessel recht tief drunten sitzt, so daß er immer zum Gastgeber gleichsam aufzuschauen genötigt ist. Man kann schließlich die Entfernung zum Partner größer oder kleiner wählen, wobei die Regel gilt, daß man normalerweise nicht mehr als eine Tischbreite Entfernung zum anderen halten sollte. Bei größerem oder auch kleinerem Abstand verringern sich die Möglichkeiten des Kontakts.

Wie sollte man die *Luft- und Temperaturverhältnisse* einrichten? Manch unfairer Einkäufer zieht sich im Winterhalbjahr dünne Sommerunterwäsche an und überheizt sein Büro derart, daß es den Besuchern den Schweiß auf die Stirne treibt und sie bald nicht mehr klar denken können. Das Opfer eines solch unfairen Verhaltens sollte getrost um Öffnung der Fenster, um Abstellen der Heizung oder bei einiger Vertrautheit um die Erlaubnis bitten, sich seinen Rock auszuziehen. Ein Hinweis auf die »offensichtlich durch ein Versehen überhöhte Temperatur« zeigt dem Besuchten, daß man sich nicht auf so billige Weise übertölpeln läßt.

Welche *äußere Aufmachung* sollen wir wählen? Es kann sich stark auswirken, ob man in einem dunklen, seriösen, vornehmen Anzug zu einer Verhandlung kommt, oder ob man einen hellen, sportlichen, jugendlich machenden Anzug trägt. Besonders vor einer schwierigen Verhandlung lohnt es sich sehr, frühzeitig an die äußere Erscheinung zu denken und das an Wirkungsmöglichkeiten zu nutzen, was sich an Kleidung anbietet.

Welche *Besprechungszeit* wird wohl die günstigste sein? Je nachdem lassen sich ganz verschiedene Tageszeiten auswählen: So sind manche hitzig aufbrausenden Charaktere am friedlichsten unmittelbar nach einer reichlichen Mahlzeit. Wer dabei selbst (vielleicht unter Vorschützen einer Diätvorschrift) nur leichtere Kost zu sich nimmt, wird den weiteren Vorteil für sich haben, den schon die alten Römer in die These gossen:

»Ein voller Magen denkt nicht gern«. Außerdem ist wohl bekannt, daß sich manches schwierige Problem bei einer *wohlschmeckenden Mahlzeit* in gemütlicher Atmosphäre viel weniger schwierig ausnimmt!

Kann man vielleicht durch die einfache Kunst, die *Aufmerksamkeit des anderen abzulenken*, einiges gewinnen? Sei es dadurch, daß man eine kleine Reihe von Störungen arrangiert, oder daß man sein Augenmerk auf etwas scheinbar Verfängliches und für ihn Hochinteressantes lenkt? Als Verkäufer muß man derartiges natürlich peinlich vermeiden.

Speziell zum *Verkauf*, vor allem von Großobjekten: Es ist immer gut, *den Kunden*, der sich für ein größeres Objekt interessiert, *zum Sitzen zu bringen*. Die ruhige und gleichsam gelassene Atmosphäre des Sprechens im Sitzen kann entscheidend dazu beitragen, den gewünschten engen Kontakt herzustellen, der die Voraussetzung ist für ein fruchtbares Verkaufsgespräch für wertvolle Güter. Mit *kleinen Aufmerksamkeiten* und Erfrischungen, die hier im einzelnen nicht aufgezählt zu werden brauchen und die alle in der »gemütlichen« Sitzecke bereitstehen, läßt sich jene verbindliche Atmosphäre schaffen, in der die besten Geschäfte gedeihen. Beim Verkauf größerer Gegenstände lohnt sich ein *Besuch in der Wohnung*, das heißt, in der vertrauten häuslichen Umgebung des Kunden. Da herrscht von vornherein jene Atmosphäre, die dem Kunden eine innere Sicherheit vermittelt –, mit ein Grund für die Erfolge des Kolonnenverkaufs. Auch der nicht mit Kolonnen arbeitende Kaufmann kann sich diesen Vorteil zu eigen machen. Reparatur- oder Kundendienstangebote, die in der richtigen Form vorgetragen einen ganz ausgezeichneten Eindruck machen, bieten vielfach Gelegenheit zu solchen Besuchen. Nach einer Viertelstunde kennt man alle Anschaffungspläne für die nächste Zeit und kann sie als systematisch arbeitender Verkäufer auswerten.

So wie wir uns über unser eigenes ganz exaktes Ziel Klarheit verschaffen müssen, sollten wir das auch hinsichtlich unseres Gesprächspartners tun: Was will *er* eigentlich, was ist *sein Ziel*? Was ist das Maximum dessen, was er erreichen möchte, was ist das Minimum dessen, mit dem er sich gerade noch zufrieden geben dürfte? Je genauer wir uns diese Frage beantworten können, um so leichter werden wir uns auf unseren Gesprächspartner einstellen und das Beste für uns selbst aus der Verhandlung herausholen.

In schwierigen Fällen und bei größeren Objekten lohnt sich immer das Bemühen, vor der eigentlichen Verhandlung möglichste *Klarheit über unseren Partner* bzw. Kunden zu erlangen: über seine Persönlichkeit oder Firma, über seine persönlichen Verhältnisse und seine Familie, über seine wirtschaftlichen Verhältnisse, seine besonderen Interessengebiete. Welche Mitarbeiter, die allenfalls ein entscheidendes Wort mitzusprechen haben, spielen eine Rolle; welche unter ihnen kann ich mir gegebenenfalls zum Bundesgenossen machen? Auf welche Einwände muß ich gefaßt sein, und wie kann ich sie so elegant und treffsicher wie möglich beantworten?

In unserer Zeit gewinnt *die Frau* immer mehr *als Verhandlungspartner* an Bedeutung. Männer, und zwar gerade die tüchtigen und erfolggewohnten, neigen dazu, die Frau im Berufsleben in gleicher Weise zu behandeln wie ihre männlichen Verhandlungspartner; und das um so mehr, als Frauen in leitenden Positionen bei ihren Entscheidungen oft eine völlig unweibliche Kälte zeigen. Hierbei ist etwas besonders zu beachten: Jede Frau will, selbst wenn sie beruflich ungewöhnlich tüchtig ist, ja, gerade dann, als Dame behandelt werden.

SACHLICHE VORBEREITUNG:
Eingehende Betrachtung der unmittelbaren Unterlagen
Auswertung von indirekten Unterlagen (Veröffentlichungen aller Art, Hilfseinrichtungen ausnutzen!)
Persönliche Aussprache mit Fachkräften oder geistig geweckten Laien
Systematisches Gewinnen von fruchtbaren Gedanken
Hilfsmittel: Sinngemäße Verwertung des bewährten Zettelsystems

EXAKTE ZIELKLÄRUNG:
Präzise Formulierung auf Notizblock!

UNTERLAGEN UND HILFSMITTEL:
Routinemäßige Geschäfts- oder Bürounterlagen
Besondere Unterlagen von hohem Aufmerksamkeitswert für den Partner
Zweckmäßige Ausrüstung für die tägliche Arbeit
Visitenkarten und Besuchsankündigungen

ÄUSSERE UMSTÄNDE:
Eigenes oder fremdes Büro oder neutraler Ort
Ruhige oder unruhige äußere Atmosphäre
Anordnung der Sitze (Beleuchtung, Höhe, Sprechentfernung)
Luft- und Temperaturverhältnisse
Äußere Aufmachung (Kleidung u. dgl.)
Günstigste Besprechungszeit
Mahlzeiten oder Imbisse
Ablenkung des Partners

Im Verkauf von Großobjekten:
Kunden zum Sitzen bringen
Kleine Aufmerksamkeiten
Besuch in der Wohnung, am Arbeitsplatz

EINSTELLUNG AUF DEN GESPRÄCHSPARTNER:

Sein exaktes Ziel
Persönliche und wirtschaftliche Verhältnisse
Besondere Interessensgebiete
Seine Mitarbeiter mitentscheidender und helfender Art
Zu erwartende Einwände und deren Beantwortung
Die Frau auch beruflich immer als Dame behandeln!

DIE GUTE VORBEREITUNG IST DER HALBE ERFOLG

II.

KEINE VERHANDLUNGSANGST

Weshalb haben viele Menschen Angst vor wichtigen Verhandlungen, weshalb haben sie Lampenfieber, sind sie nervös? Dies ist nichts anderes als die körperliche Reaktion unseres Organismus, der sich *auf die besondere*, uns mit Sorge erfüllende *Leistung vorbereitet*. Unser Körper aktiviert nämlich gleichsam automatisch verschiedene Wirkstoffe, vor allem das Adrenalin der Nebenniere, wodurch die erhöhte Konzentration und eine erheblich schnellere Reaktionsfähigkeit bewirkt wird. Es ist eine schöpferische Spannung und Unruhe, die uns da ergreift! Das sogenannte Lampenfieber ist eine ganz normale Erscheinung bei allen Menschen, eine im Grunde sehr positive Reaktion jedes gesunden Körpers. Und in dem Augenblick der vollen Konzentration auf das, was mit dem Eintreten des gefürchteten Ereignisses wirklich geleistet werden muß, schwinden fast stets alle unangenehmen Gefühle. Also keine Angst vor dem Lampenfieber! Wir brauchen es geradezu, um im kritischen Augenblick hundertprozentig »da« zu sein!

Es kommt lediglich darauf an, die negativen Begleiterscheinungen dieser Angst soweit zu meistern, daß man zu Beginn des Sprechens sicher und bestimmt wirkt. Zu diesem Zweck müssen wir uns von unserer Angst *ablenken durch eine klug-gezielte »Um-Konzentration«.* Besonders bewährt hat sich be-wußtes Denken an ein betont ruhiges und tiefes Atmen. Dabei gilt es nichts zu übertreiben: nicht *zu* langsam und nicht *zu* tief atmen, das wäre nur eine zusätzliche Anstrengung für den Körper! Falls möglich, atme man dabei frische Luft ein, etwa an einem offenen Fenster; dies ist aber nicht entscheidend. Das bewußte Atmen erfordert hohe Konzentration und kann des-halb dank seiner ablenkenden Wirkung hervorragend beruhi-gen. Übrigens nutzen dies auch viele erfahrene Schauspieler vor ihrem Auftritt.

In der Praxis bewährt hat es sich auch kurz vor einem Ge-spräch mit einem bedeutenden Mann (oder einem, der sich dafür hält), sich diesen wahrscheinlich gepflegten Herrn in einem Nachthemd vorzustellen. Der durch die eigenen Un-sicherheitsgefühle künstlich vergrößerte Abstand zu ihm wird dadurch auf ein erträgliches Maß zurückgeschraubt.

Wenn ein schwieriges Gespräch mit dem heiklen Herrn Roth vor uns liegt, kann uns auch folgende Überlegung helfen: »Herr Roth ist mir in seiner Eigenschaft als Bankdirektor von Ruf in finanziellen und banktechnischen Fragen ganz gewiß haushoch überlegen. Auf meinem Gebiet der Büromaschinen, auf dem ich der Fachmann bin, weiß ich sicherlich weit mehr. Es ist doch nicht wahr, daß ich etwa als unerbetener Eindring-ling zu ihm käme: Ich bringe Herrn Roth etwas Wertvolles: meine Fachkenntnisse, meinen Rat, mein hervorragendes Er-zeugnis, den ausgezeichneten Ruf und die ganze Kunden-dienst-Organisation meiner Firma; *ich* erweise also *ihm* einen Dienst, ich helfe Herrn Roth! Er braucht mich. Ich werde ihn gewiß in meinem Sinn beeinflussen und überzeugen können!«

Wenn wir – was in besonders gefährlichen Fällen durchaus passieren kann – schon Tage vor der kritischen Verhandlung

Es ist nur die negative Begleiterscheinung der Tatsache, daß sich unser ganzer Organismus auf die bevorstehende Belastung einstellt.

ABLENKEN DURCH »UM-KONZENTRATION«

Bewußt ruhiges Aus- und Einatmen
Vorstellung der angsterregenden Persönlichkeit im Nachtgewand
Denken an die eigene fachliche Überlegenheit
Denken an frühere Erfolge in ähnlich schwierigen Fällen
Beruhigen durch hervorragende Vorbereitung
(Gebrauch eines vegetativen Beruhigungsmittels)

---

beim bloßen Gedanken an die Unterredung Lampenfieber empfinden, dann sollten wir durch diese Technik der Um-Konzentration dagegen angehen. Zweckmäßige intensive Vorstellungen am Vorabend kurz vor dem Einschlafen und dann am Morgen des kritischen Tages sofort nach dem Aufwachen können uns ebenso wie der Gedanke an frühere Erfolge in ähnlichen Fällen beträchtlich helfen.

Unsere Sicherheit und unser Selbstvertrauen wachsen mit der *perfekten Vorbereitung* auf eine schwierige Verhandlung. Bin ich sachlich in jeder Hinsicht vorbereitet, habe ich alle gegebenenfalls erforderlichen Unterlagen bei mir? Habe ich mich für diesen Gesprächspartner vorteilhaft angezogen? Welche äußere Gesprächssituation, welche Stimmung wird mich voraussichtlich erwarten? Welche Probleme oder Wünsche hat mein Gegenüber, welche Einwände und Widerstände werden mir entgegentreten? Wie kann ich mein Gespräch gut einleiten, wie kann ich mir in jedem Fall einen guten Abgang sichern?

Übrigens gibt es ausgezeichnet wirkende und dabei völlig harmlose *Beruhigungsmittel* für unser vegetatives Nervensystem. Jeder Arzt, auch jeder Apotheker kann ein solches Mittel empfehlen. Es vermag die durch unsere Angst hervorgerufene Beschleunigung aller Lebensvorgänge auf ein erträgliches Maß zurückzuschrauben.

B.
PERSÖNLICHE GESPRÄCHSEINLEITUNG

Wie bereits festgestellt, muß zu Beginn einer jeden Verhandlung der Partner bzw. Kunde persönlich begrüßt werden. Das ist eine solche Binsenwahrheit, daß sie eigentlich gar nicht erwähnt werden müßte. Die Begrüßung kann nur wenige Sekunden oder auch eine ganze Stunde und noch länger dauern: Gleichgültig ob das eine oder das andere der Fall ist, immer ist sie – inhaltlich gesehen – der erste Abschnitt jeder Verhandlung. Was muß bei dieser persönlichen Gesprächseinleitung in erster Linie beachtet werden?

Erfahrene Verkäufer und Verhandlungsführer wissen, daß *die ersten Augenblicke eines Gespräches* oft für den gesamten Verlauf der Unterhaltung entscheidend sind. Es gilt, in ihnen jene persönlich-herzliche Atmosphäre zu schaffen, welche die beste Grundlage für ein ersprießliches Gespräch und für eine gute Übereinkunft ist. Deshalb ist die erste Grundforderung einer guten Gesprächsführung: von Anfang an eine *absolut positive Atmosphäre* zu schaffen und zu erhalten.

Eine gelungene Begrüßung, bei der alle großen, kleinen und kleinsten Fehler vermieden werden, die eine negative Atmosphäre schaffen könnten, erhöht auch das Gefühl der Sicherheit, was dem weiteren Verlauf des Gespräches gewiß zustatten kommt. Gelingt es uns, die gute Stimmung das ganze Gespräch über zu erhalten, haben wir viel erreicht.

Erfahrene Verhandlungsführer legen sich deshalb vor dem Gespräch eine wirksame Einleitung zurecht. Sie vermeiden dadurch unerquickliche Überraschungen. Ergibt sich durch den Partner eine noch günstigere Einleitung des Gespräches, dann wird man natürlich sofort die Chance ergreifen. Dasselbe gilt übrigens sinngemäß für den Schluß, für die Verabschiedung vom Partner.

Wie läßt sich aber nun praktisch schon bei der Begrüßung eine möglichst positive Atmosphäre schaffen?

I.

DER ERSTE EINDRUCK IST ENTSCHEIDEND

Womit beginnt jede Verhandlung, beginnt jedes Verkaufsgespräch? Natürlich – so lautet die rasche Antwort – mit der Begrüßung, d. h. mit den ersten Worten, die wir sprechen. Wirklich? Beginnt das Gespräch nicht schon einen kurzen, aber entscheidenden Augenblick vorher, nämlich mit dem allerersten Anblick, den wir unserem Gesprächspartner schon beim Eintritt durch die Tür bieten, d. h. mit seinem ersten Eindruck von uns?

Warum ist der erste Eindruck so wichtig? Ist er, was ein bekanntes Wort sagt, immer richtig? Bei den meisten Menschen ist er es ganz gewiß nicht. Wir glauben es nur, weil wir alle späteren Eindrücke sofort – ohne uns darüber im klaren zu sein – im Licht des ersten Eindrucks sehen. Gefällt uns jemand auf den ersten Blick, sind wir geneigt, spätere Vorkommnisse negativer Art zu seinen Gunsten auszulegen. Denn wir urteilen aus der uns selbst nicht bewußt werdenden positiven Voreingenommenheit und erinnern uns, daß auch wir keine perfekten Wesen sind. Ist der erste Eindruck über den anderen aber schlecht, dann empfinden wir ein späteres Vorkommnis negativer Art sofort als eine Bestätigung, wir »haben es ja von Anfang an gewußt«! Schlußfolgerung: Der erste Eindruck ist ganz gewiß nicht immer richtig, er ist jedoch außerordentlich nachhaltig.

Den anderen noch im Bann des ersten Anblicks sofort mit einigen herzlichen Worten zu begrüßen und ihn dabei freundlich anzublicken, das heißt für ihn: »Ich freue mich, bei Dir zu sein – Du gefällst mir«. Dieses Gefühl zu haben, erfreut jeden, und jeder fühlt sich bei ihm sofort wohl.

Je mehr diese ersten Worte bei aufrechter Körperhaltung gesprochen werden und der Gesprächspartner unaufdringlich und doch bestimmt angeblickt wird, um so mehr stellt sich – bewußt oder unbewußt – bei ihm die Überzeugung ein: »Dieser Mann stellt etwas vor, mit dem kann ich mich unterhalten; er hat mir etwas zu sagen, was ich ihm glauben kann.« Es ist nicht übertrieben zu behaupten, daß schon beim ersten Eindruck unbewußt ein Teil der Entscheidung gefällt wird, ob der Kunde dem Verkäufer zuhören oder ob er ihn los sein will.

Viele machen sich Gedanken darüber, welche Worte sie zur Einleitung des Gespräches wählen sollen. Dabei kommt es gar nicht so sehr auf die Worte an, die wir im einzelnen sagen, als auf den Ton, auf die Art und Weise, *wie* wir sie sagen. Es muß uns gelingen, eine Atmosphäre der frischen Herzlichkeit zu erzeugen. Durch welche Worte dies gelingt, ist vorher kaum festlegbar. Wichtig ist auf jeden Fall, niemals irgend etwas Unfreundliches über den anderen zu denken. Der feinfühlige Mensch spürt das sofort.

Selten sind wir – ohne uns dessen bewußt zu sein – so aufgeschlossen für das Wesen eines anderen Menschen wie bei seinem ersten Anblick: daher die große Empfänglichkeit für das, was in ihm vorgeht. Machen wir uns folglich klar: *Wir* als die Eintretenden tragen die gute oder schlechte Atmosphäre in den Raum unseres Partners hinein, *wir* in unserem Büro oder in unserem Laden Stehenden verbreiten sie um uns! Es liegt in erster Linie an uns selbst, welche Stimmung während des Gesprächsverlaufes in diesem Raum herrschen wird. Deshalb die Grundregel, den ersten Eindruck so günstig wie möglich zu gestalten. Alles was dazu beiträgt, den ersten Eindruck ungünstig zu beeinflussen, ist an sich oft nur eine Kleinigkeit, in den Auswirkungen aber ein schwerer Fehler.

1. Die Wirkung der Persönlichkeit

Wer nach den Hintergründen des ersten Eindrucks fragt, stößt zwangsläufig auf die Frage nach den Hintergründen der Persönlichkeitswirkung überhaupt. Sie ist es, die den Eindruck im wesentlichen prägt. Deshalb seien hier – wenn auch knapp – die entscheidenden Zusammenhänge aufgezeigt. Dabei sind wir uns bewußt, daß die Persönlichkeitswirkung sich weit über die persönliche Gesprächseinleitung hinaus auswirkt, aus einleuchtenden Gründen sei sie aber gerade an dieser Stelle behandelt.

Es geht hier um die schlichte Frage: »Wieso nimmt uns unser Kunde das ab, was wir ihm sagen? Warum schenkt er uns von vornherein Glauben und Vertrauen — und zwar so weitgehend, daß er uns seine Interessen, sein Geld anvertraut?« Die Hintergründe der Persönlichkeitswirkung sind nicht ganz leicht zu fassen. Wenn wir aber bewußt darauf achten, können wir eine Anzahl von Voraussetzungen feststellen, warum der eine Mensch positiv und glaubwürdig wirkt, und warum der andere sich ständig selbst in ein zweifelhaftes Licht stellt.

Diese Voraussetzungen lassen sich in wenigen Stichworten zusammenfassen:

— Zunächst einmal muß uns der andere als ein sympathischer Mensch erscheinen, in dessen Nähe wir uns wohl fühlen, mit dem wir uns gerne unterhalten. Wirkt er auf uns unsympathisch oder gar ein wenig »widerlich«, wer wäre da noch geneigt, mit ihm ein ernsthaftes Gespräch zu führen?

— Dann muß er Sicherheit, Bestimmtheit ausstrahlen und überhaupt etwas Überzeugendes an sich haben, damit wir ihm die Richtigkeit dessen, was er sagt, glauben. Einen Teil dieses überzeugenden Moments macht das überzeugende Sprechen aus. Fehlt es an dieser Überzeugungskraft, dann kommen Zweifel und Kritik in uns nie ganz zur Ruhe.

— Schließlich treten Sach- und Fachkenntnisse sowie die echte Leistung des anderen in ihr Recht, wohlgemerkt aber erst an letzter Stelle! Wir können sie ja erst nach Verlauf einiger Zeit feststellen, und, wenn wir aus den bisher genannten Gründen mit ihm nichts zu tun haben wollen, wird er kaum noch Gelegenheit haben, uns seine Sach- und Fachkenntnisse zu zeigen.

Die Sach- und Fachkenntnis kann man lernen, die gute Leistung hängt von uns selbst ab. Die Geheimnisse der echten Persönlichkeit, nämlich das überzeugende Auftreten und das sympathische, verbindliche Wesen, kann man nicht »lernen«. Wir müssen sie im Laufe des Lebens in uns entwickeln. Selbstvertrauen und innere Freiheit sind die wesentlichen Voraussetzungen dafür. Nur in der beständigen Auseinandersetzung mit dem Leben können wir unsere natürlichen Hemmungen langsam aber sicher überwinden und damit aktiver und schwungvoller, begeisterter, optimistischer und heiterer werden. Setzen wir für den von Goethe gebrauchten Ausdruck »Charakter« den uns heute geläufigeren Begriff der »Persönlichkeit«, dann sehen wir diesen entscheidenden Gedanken in vollendeter Form in den Worten dieses großen Menschenkenners (im »Tasso«) ausgedrückt:

> »Es bildet ein Talent sich in der Stille,
> sich ein Charakter in dem Strom der Welt.«

Welche Momente sind es im einzelnen, die diesen beständigen Entwicklungsprozeß nach außen hin so ausdrücken, daß die anderen Menschen von der Kraft einer solchen »Persönlichkeit« in ihren Bann gezogen werden? Eine ganze Reihe von Untersuchungen sowohl in europäischen Ländern als auch in Amerika haben ergeben, daß je nach den besonderen Verhältnissen im Einzelfall die Hälfte bis reichlich Dreiviertel sämtlicher Kundenverluste auf persönliche Mängel der verkäuferischen Persönlichkeit, nicht jedoch auf sachliche Fehler, zurückzuführen sind. Das macht sehr deutlich, wie bedeutungsvoll die hier behandelten Fragen für den allgemeinen Lebenserfolg und insbesondere auch für den Erfolg in Verhandlungen sind.

a) Überzeugendes Auftreten

Das überzeugende Auftreten ist die erste Grundvoraussetzung des Erfolgs für jeden, der andere Menschen in irgendeiner Weise beeinflussen möchte, gleichgültig, ob es sich um die Politik, um den weiten Bereich der Menschenführung oder um das kaufmännische Leben handelt. Betrachten wir einmal die Erfolgreichen im Leben: Wie oft – so können wir bei schärferem Zusehen erkennen – sind es solche, die nur sicher und überzeugend aufzutreten verstehen, dabei an Intelligenz gar nichts Besonderes zu bieten haben.

Weit mehr als die meisten Menschen glauben, bestimmt schon die *Körperhaltung* die Einschätzung, die sie bei ihren Mitmenschen genießen. Wir können das bei Politikern und anderen im Blickpunkt der Öffentlichkeit stehenden Menschen genau beobachten. Den unbestrittenen Ruf echter Persönlichkeit genießen – mit wenigen Ausnahmen – vor allem Männer, die man in einer einwandfreien aufrechten Körperhaltung sehen kann. Wer sie nicht hat, genießt häufig weniger Ansehen als jene »Aufrechten«, auch wenn sie vielleicht in ihren Denk- und Geistesqualitäten mehr aufzuweisen hätten als diese!

Auch auf Straßen, in Lokalen oder auf Kongressen und Tagungen können wir die Wirkung der aufrechten Körperhaltung gut beobachten. Wer schon bei seinem Eintritt die Blicke der Anwesenden auf sich zieht, hebt sich durch die gute Haltung oftmals schon aus der Masse der anderen heraus. Die wirklich aufrechte Haltung vermittelt sofort das Gefühl, daß man es mit einer Persönlichkeit zu tun habe, die etwas darstellt, die weiß, was sie will, und auf die Verlaß ist.

Eine zweite, wesentliche Voraussetzung für die Persönlichkeitswirkung liegt im *Augenkontakt*, d. h. darin, daß man seinen Gesprächspartner wirklich anschaut und mit den Augen führt. Wer einem anderen offen in die Augen blickt, vermittelt den Eindruck eines Menschen, der seiner Sache gewiß ist. Er kann dadurch seinen Worten noch mehr Überzeugungskraft verleihen, wirkt einer Unsicherheit des anderen entgegen und erleichtert es, die Gedankengänge des Angesprochenen in seinem Sinne zu führen. Viele Menschen neigen dazu, im Gespräch fortwährend in die Gegend zu blicken, und sie reden so im wahren Sinne des Wortes an ihrem Partner vorbei. Sie verlieren an Wirkung und auch an Verhandlungserfolg und Umsatz.

Zumeist genügt es, diesen Fehler zu erkennen, um sich dann einige Zeit darauf zu konzentrieren, in allen Unterhaltungen dem Gesprächspartner in die Augen zu sehen. Dabei ist es selbstverständlich, die Menschen, die das ständige Anschauen nicht vertragen, nicht taktlos in unnötige Verlegenheit zu bringen.

Kleider machen Leute! Die *äußere Erscheinung*, also harmonische Bekleidung, bestimmt nicht unwesentlich gerade auch den ersten Eindruck mit — ein drittes Merkmal für das überzeugende Auftreten. Sauberkeit bis hin zur Vermeidung eines unangenehmen Körpergeruchs sollten selbstverständlich sein. Das gilt besonders für den Kopf, die Hände und die Oberteile der Kleidung, die sich beim Gespräch im unmittelbaren Blickfeld unseres Partners befinden.

Die äußere Aufmachung soll auf keinen Fall auffällig sein, vielmehr schlicht und geschmackvoll und für die jeweilige Verkaufstätigkeit zweckmäßig. Eine *allgemeine Regel* besagt, daß man im Verkauf immer ein wenig besser angezogen sein soll als der Durchschnitt der Kunden, mit denen man ständig zu tun hat. Aber nur ein wenig, nicht zu viel, sonst wird man als »feiner Pinkel« oder als »Giggerl« ebenfalls nur Ablehnung finden! Sich der Kundschaft in dieser Hinsicht anzupassen, verlangt im Außendienst ein gelegentliches Umziehen, wenn man mit Menschen aus unterschiedlichen Gesellschaftsschichten sprechen muß.

Im allgemeinen wird man auch nicht in *Berufs- oder Arbeitskleidern* mit seinen Kunden verhandeln. Wenn es allerdings nur auf fachliches Können ankommt, ist es vor allem im handwerklichen Bereich oft von Vorteil, wenn der »Fachmann« auch als solcher durch seine Kleidung erkennbar ist. – Alles aus dem Rahmen Fallende vermeiden: Schon das Abzeichen am Rockaufschlag hat manchen Gesprächspartner abgelenkt, nicht zum Vorteil des »Geschmückten«, ganz zu schweigen von Krawattennadeln, -kettchen oder gar von auffallenden Ringen.

Frauen sollten entsprechend ihrem Typ durch etwas Helles, Farbiges, Heiteres in unmittelbarer Gesichtsnähe dieses anziehender und weicher machen. Eine triste äußere Aufmachung macht sie auf den ersten Blick als Gesprächspartner uninteressant. Das hat sich in vielen praktischen Versuchen immer wieder eindeutig herausgestellt. – Eine Geschäftsfrau sollte auch als Geschäftsfrau in Erscheinung treten und nicht als Hausfrau, die ihre Kunden nebenbei abfertigt!

Das *Namensschild* auf dem Schreibtisch oder am Schalter, auf dem Rockaufschlag oder an der Bluse hat sich durchweg gut bewährt. Aus dem anonymen Individuum wird ein Mensch, dessen Namen wir kennen. Die Atmosphäre des Gesprächs wird persönlicher, der Kontakt zum anderen wird leichter, ganz abgesehen von dem Anreiz zur Selbsterziehung, der mit dem Heraustreten aus der Anonymität verbunden ist, und der nur nützlich sein kann. Die Erfahrung zeigt, daß bei zunächst versuchsweiser Einführung von Namensschildern auch Frauen ihre anfängliche Abneigung rasch ablegen.

Die äußere Erscheinung steht in engem *Zusammenhang mit dem Alter* der Menschen und damit mit der Erfahrung, ohne die wir oft einen Verhandlungspartner und Verkäufer nicht ernst nehmen. Das zu jugendliche Gesicht eines noch so tüchtigen jungen Mannes kann ein Hinderungsgrund für einen seiner Tüchtigkeit angemessenen Erfolg sein. Erst wer ein gewisses Alter erreicht hat, scheint etwas zu sagen zu haben und wird dementsprechend gehört.

Das ist aber nur die eine Seite der überzeugenden Persönlichkeit, über der die andere sehr gerne übersehen wird: nämlich ihre innere Kraft, die Lebenskraft, die Vitalität. Auch der Kraft- und Schwunglose, z. B. der nicht mehr im Vollbesitz seiner Vitalität lebende alte Mensch, wird nicht mehr voll akzeptiert. Die Vitalität ist gewiß keine typische Begleiterscheinung der Reife, sondern im Gegenteil der Jugend. Solange wir an einem Menschen nicht diese beiden Seiten zugleich in der einen oder anderen Form erleben, zweifeln wir. Nicht umsonst sprechen wir von den Menschen im besten Alter: sie haben noch die gesamte Lebenskraft der Jugend, aber schon gepaart mit entsprechender Erfahrung.

Erfahrung	⟷	Kraft (Vitalität)
↓		↓
Lebensalter		Jugendfrische

Diese einfache Gegenüberstellung veranschaulicht den besprochenen Zusammenhang. Wohl können wir uns nicht mehr Erfahrung oder mehr Jugendfrische zulegen, als wir nun einmal haben. Wir können aber unsere äußere Erscheinung *auf älter oder auf jugendlicher zurechtmachen* und auf diese einfache Art erfahrener oder vitaler bei unseren Kunden und Gesprächspartnern wirken, je nachdem, wovon wir uns mehr versprechen. Die Hilfsmittel dazu sind folgende:

- Bekleidung: helle Farben machen jugendlich und frisch, dunkle älter, seriöser, erfahrener.
- Schnitt des Anzuges: der sportliche Schnitt steht dem seriösen, gleichsam feierlichen gegenüber (z. B. Zweireiher).
- Farbe der Krawatte: sie hat, wie wir aus Reihenuntersuchungen verschiedener Art wissen, merkliche Auswirkungen. Auch hier steht die dunkle, seriöse dem in frischer Farbe oder in lebhaften Farbunterschieden gehaltenen Binder gegenüber.
- Wahl der Frisur: Haarschnitt: kurze Haare machen jugendlich, lange Haare älter. Die richtige Wahl der Frisur kann den Gesichtsausdruck entscheidend verbessern. Die Haare straff nach hinten zu kämmen, bedeutet die Stirn im Sinne der »Denkerstirn« optisch zu erhöhen. Koteletten in viertel oder halber Ausführung machen ein Gesicht sofort um 2 bis 3 Jahre älter, ein Schnurrbart um 5 Jahre älter. Natürlich dürfen diese nur einen ganz einfachen Schnitt aufweisen, ein Schnurrbart paßt auch nicht zu jedem Gesicht.
- Weitere Hilfsmittel: Die Gesichtsfarbe sollte frisch und gesund wirken, also eine bräunliche Tönung aufweisen, die Zähne werden um so »weißer« scheinen. Das bleiche Stubenhockergesicht verbinden wir alle unbewußt mit fehlender Kraft und Kränklichkeit.
- Der Hut – besonders in der kalten Jahreszeit – vervollstän-

digt die Kleidung des Mannes und verstärkt den Eindruck des Seriösen.

– Eine Brille, d.h. ein zum Gesicht passendes Brillengestell mit geschliffenem Fensterglas, kann ein weniger ausdrucksvolles Gesicht beleben. Nicht umsonst wird sie manchmal spottweise »Intelligenzprothese« genannt.

Manche mögen über diese Möglichkeiten, unser Äußeres vorteilhafter erscheinen zu lassen und dadurch mehr Überzeugungskraft und Erfolgschancen zu gewinnen, nur lächeln. Wer sich jedoch über die Zusammenhänge klar ist, der weiß, welche Wirkungen sie haben können. Ich kenne eine ganze Reihe von jungen Leuten im Außendienst, die ihre praktischen Verkaufserfolge dadurch beträchtlich erhöht haben und die übereinstimmend berichten, daß sie erst nach solchen Korrekturen ihrer äußeren Erscheinung für voll genommen werden. Ich kenne einige kluge Verkaufsleiter in bekannten Firmen, die einzelnen ihrer Herren ähnliche Ratschläge erteilten, durchweg mit ausgezeichnetem Ergebnis!

Eine vierte wichtige Voraussetzung für die überzeugende Persönlichkeitswirkung ist gutes *Benehmen.* Für den Partner Zeit zu haben, wenn auch nur beschränkte, ist das einfachste Gebot der Höflichkeit. In einer Verhandlung nebenbei geführte Telefongespräche können den Partner ebenso verärgern wie jene Verkäufer, die bei der Bedienung ihres Kunden ständig Nebenunterhaltungen mit Kollegen führen.

Vor den vielen kleinen *Unsitten* sollte man sich hüten, von denen man selber oft gar nichts weiß: dauerndes Reden mit den Händen, das Trommeln der Finger auf dem Schreibtisch, ständiges Spielen mit dem Schreibwerkzeug, fortwährendes Auf- und Abnehmen der Brille, und was es sonst noch gibt. Werden wir gelegentlich von wohlmeinenden Menschen auf solche Unsitten aufmerksam gemacht, dann sollten wir den

Hinweis ernst nehmen. Als ich vor einiger Zeit das Verkaufsgespräch eines Büromaschinenverkäufers mit dem Buchhaltungschef eines angesehenen Hauses beobachtete, konnte ich die verheerende Wirkung eines an sich kleinen Fehlers wieder einmal feststellen: Der Verkäufer, der seinen modernen Buchungsautomaten im Wert von einigen zehntausend Mark praktisch bereits verkauft hatte, verlor das Geschäft zum Schluß dadurch, daß er beständig mit dem Halter seines Kugelschreibers spielte. Das ständig wiederkehrende Geräusch hatte seinen Verhandlungspartner buchstäblich gegen ihn aufgebracht.

Wenn das Gespräch für uns kritisch wird, stellen wir manchmal plötzlich fest, daß wir *Hände* haben, und wir wissen dann nicht mehr, was wir mit ihnen tun sollen. Nehmen wir dann irgendeinen Gegenstand fest in die Hand, etwa den Taschenkalender oder einen Bleistift, und umfassen ihn fast krampfhaft! Der nervöse Bewegungsdrang reagiert sich dann in harmloser Weise ab. Manchmal stecken wir vorübergehend auch die eine Hand in die Tasche, vor allem in die Rocktasche. Dort wirkt sie natürlich und sicher. Auf alle Fälle müssen wir gerade dann, wenn das Gespräch für uns eine kritische Wendung genommen hat, jeden, auch den schwächsten Eindruck der Nervosität vermeiden, sonst ist das Gespräch für uns verloren.

Ein fünfter Quell der Ausstrahlung einer Persönlichkeit wird häufig übersehen: Die Fähigkeit der *Begeisterung*, die daraus erwächst, daß man *durch und durch überzeugt* ist von dem, was man dem anderen sagt, von der eigenen Idee, der eigenen Ware und dem Wert für ihn. Der Grund für die Wirkung der Begeisterung liegt darin, daß sie den Instinkt anspricht und den Verstand mit seinen möglichen Einwänden und Bedenken nicht zu Wort kommen läßt. Wer seine Sache klar und logisch einwandfrei, aber trocken, nüchtern und ohne Schwung vorträgt, mag sicherlich das Bestmögliche gesagt haben, aber er wird die Menschen selten beeinflussen können. Wer aber in erster Linie ihre Gefühle und Leidenschaften anzusprechen weiß und seine Sache mit Begeisterung vertritt, der packt sie, dem folgen die Menschen. Und darauf kommt es nicht nur in der Politik an oder in der Erziehung, sondern auch entscheidend im Geschäftsleben. Die Begeisterung unseres Partners kann uns befreien von Zweifeln und Ungewißheiten, in ihr steckt die vorwärtstreibende Kraft des Optimismus. Wir werden uns unseres eigenen Wertes wieder bewußt und unserer eigenen Sache sicher. Wir bekommen wieder Mut und das Gefühl, alle Schwierigkeiten schließlich doch überwinden zu können.

Jeder erfahrene Verhandler und Verkäufer, der die Kraft seiner eigenen Überzeugung auch nur hin und wieder bewußt einzusetzen weiß, spürt genau den Augenblick, da der bisher noch immer Zweifelnde von seinen Argumenten endgültig gepackt ist. Gepackt durch die *suggestive Kraft* seiner Gesprächsführung, indem er die Vorteile seines Vorschlages oder seines Angebotes lebendig schildert und dadurch die Gefühlskräfte des anderen weckt. Hier wird der Partner nicht beeinflußt durch die Raffinesse zweifelhafter Überredungstricks, sondern ganz einfach von seinen eigenen in ihm geweckten Vorstellungen.

Das ist das Geheimnis der Ausstrahlung mancher Menschen und Verkäufer, jener Ausstrahlung, die nüchterne Naturen nie ganz begreifen können. Erwecken wir deshalb in unseren Mitarbeitern mehr echte Begeisterung, Begeisterung für das Unternehmen, das sie beim Kunden repräsentieren, Begeisterung für die Waren oder Dienstleistungen und vor allem für die Möglichkeiten und Vorteile, die sie mit diesen Erzeugnissen den Kunden anbieten! Diese Begeisterung müssen wir auch für ihren Beruf als Verkäufer ständig pflegen. Sie werden auf die Dauer besser und mehr verkaufen! Größere Verkaufserfolge nach gelungenen Tagungen für Verkäufer beweisen das immer wieder.

b) Wirkungsvolles Sprechen

Die Sprache ist und bleibt das Werkzeug von Verhandlungspartnern und Verkäufern und vielen Berufen schlechthin! Wer dieses sein Hauptwerkzeug nicht beherrscht, bleibt immer eine Art Stümper, auch wenn er fachlich sehr tüchtig sein sollte. Deshalb müssen wir uns bemühen, mit diesem Werkzeug so gut wie möglich umzugehen. — Die wirkungsvolle Sprache ist natürlich und einfach. Alles Gekünstelte stößt nur ab. Zu leises Sprechen kann Unsicherheit und Ängstlichkeit verraten. Undeutliches Sprechen ist rücksichtslos. Wer zu letzterem neigt, möge einige Wochen lang täglich mehrere Minuten Flüsterübungen mit ausgeprägten Lippenbewegungen machen — er wird über den Erfolg erstaunt sein! Starker Dialekt sollte aus unserer Sprache verschwinden. Ein nur aufklingender kann die Eigenart unserer Persönlichkeit unterstreichen.

Was sollen die vielen sprachlichen *Unsitten*, die wir da immer wieder hören und die nichtssagenden Redensarten? Angefangen vom »nicht wahr« über das »woll«, »nich«, »gell« bis zum verdoppelten »nicht-wahr-nicht«? Oder jene Modewörter, mit denen jeder zu kämpfen hat, der viel reden muß: Das fünfte »ungeheuer« oder das zehnte »und so weiter« in wenigen Sätzen können die ganze Wirkung des Gesprächs zerstören.

Es gibt heute kaum eine bessere Möglichkeit der *Selbstkontrolle* als die durch das Tonbandgerät. Nehmen wir gelegentlich ein Gespräch auf Band auf und hören uns dann selbst sprechen: Kleine Unsitten und Schnitzer werden uns klar, und auch von der inhaltlichen Seite her werden wir viel über den richtigen Gebrauch der Sprache lernen können.

Wer feststellt, daß seine Gesprächspartner einen größeren Abstand als üblich einhalten, sollte seinen *Mundgeruch* überprüfen. Jeder Apotheker wird sofort helfen können. Ähnlich ist es mit einer Alkoholfahne, die auf viele Menschen, vor allem Frauen, fast wie eine Beleidigung wirkt.

Einige ganz einfache *sprachlich-technische Kunstgriffe* können die Wirkung unserer Worte in manchmal unerwarteter Weise steigern. Nichts ist schlimmer als eine immer in der gleichen Tonlage, in der gleichen Lautstärke und in der gleichen Geschwindigkeit dahinfließende einschläfernde Sprache. *Lebendigkeit* in die Stimme bringen, d. h. lebendigen Wechsel in den Redefluß im Sinne des natürlichen Miterlebens dessen, was wir da sagen! So können wir einmal ganz rasch reden (was bei einfach zu begreifenden Dingen möglich ist) und das andere Mal an der richtigen Stelle auch ganz langsam, ja sogar Sil-be-für-Sil-be. Auch können wir einmal ganz laut reden (was viele Menschen mit Eindringlichkeit verwechseln), in einem anderen Fall ganz leise sprechen, ja nur flüstern. Jeder erfahrene Redner und Gesprächspartner weiß, welche Möglichkeiten in diesem Variieren unserer Sprache liegen.

Vor dem *bewußten Steuern der Tonhöhe* sei gewarnt: es wirkt leicht gemacht oder gar pastoral. Sprechen wir mit innerer Anteilnahme, dann wird unsere Tonhöhe aus dem natürlichen Miterleben heraus von allein im lebendigen Wechsel richtig liegen. Sie bewußt steuern zu wollen, hieße unsere Konzentrationsfähigkeit überspannen, die wir in erster Linie für das Thema der Verhandlung benötigen.

Wie sollten wir nun *das wesentlichste Argument vorbringen*, als Argument, von dem wir wissen, daß es allein unseren Gesprächspartner oder Kunden im Grunde schon für unseren Vorschlag gewinnt? Zunächst können wir diesen besonders wichtigen Punkt ankündigen, z. B. mit den einfachen langsam gesprochenen Worten: »Und jetzt, Herr Städler, muß ich

Gute Körperhaltung

Die aufrechte Körperhaltung verrät im allgemeinen eine »Persönlichkeit«. Schon die Andeutung von schlechter oder auch zu forscher Haltung kann unsere Wirkung mildern und damit Erfolgschancen und Aufträge!

Echter Augenkontakt

Der offene Blick in die Augen des anderen vermittelt den Eindruck des Sicheren und Bestimmten. Der unstete, die Augen des Partners meidende Blick wird häufig als Unsicherheit gedeutet und bedeutet Verlust an Wirkungskraft.

Richtige äußere Erscheinung

»Kleider machen Leute«, d. h. gepflegtes und seriöses Äußeres. Faustregel: Ein wenig besser angezogen sein als der Durchschnitt der Kunden. Nichts Auffälliges, und nie als »feiner Pinkel« erscheinen. Die rechte Mischung von Erfahrung und Vitalität ausstrahlen, das Aussehen je nachdem auf älter oder auf jugendlicher korrigieren. Damen: Etwas Farbiges, Frisches, Freundliches in Gesichtsnähe.

Gutes Benehmen

Zeit haben für den anderen, mit ungeteilter Aufmerksamkeit für ihn da sein. Vorsicht vor kleinen Unsitten (z. B. Reden mit den Händen, Spielen der Finger mit Schreibgerät u. dgl.)! Keinerlei Zeichen von Nervosität: Sie mindern die Einschätzung des Partners und seines Angebots.

Innere Überzeugung und Begeisterung

»Dieser Vorschlag gibt diesem Menschen die beste Lösung seiner Probleme. Diese Ware erfüllt die Wünsche dieses Kunden!« – Menschen beeinflussen heißt: ihre Gefühle ansprechen, ihre Begeisterung wecken. Unser Partner spürt sofort ein bloß geheucheltes Interesse, deshalb mit dem Herzen dabei sein.

Ihnen noch etwas ganz Wichtiges sagen« oder »Und jetzt, Herr Händler, möchte ich Sie noch über etwas unterrichten, was gerade für Ihren Verkaufserfolg von entscheidender Bedeutung ist« oder »Und nun möchte ich Sie auf etwas aufmerksam machen, Frau Huber, was für Sie als Ausstellerin besonders wichtig ist«. Eine kurze Pause an dieser Stelle wirkt immer spannend und erregt Neugierde. Jetzt den wichtigen Punkt in langsamer und leiser Sprechweise darlegen; dabei anschaulich in der Sprache des Angesprochenen das schildern, worum es für ihn geht. Das wirkt eindringlicher als das laute aufdringliche Sprechen, das dann oft üblich ist.

Die *Pause* ist eine gefährliche Waffe im Gespräch, die sich für oder gegen den Sprechenden einsetzen läßt. Wenn irgendein Gedanke positiv für die Absichten des Verkäufers oder Verhandlers auf den Kunden wirken soll, muß ihm Zeit gelassen werden, diesen Gedanken ganz in sich aufzunehmen und ihn zu verarbeiten. Man sollte ihm diese Zeit durch das Einlegen einer kurzen Pause geben. Dann kann das Gesagte im Zuhörer nachklingen, in die Tiefe seines Bewußtseins und sein Unterbewußtsein absinken, dort Vorstellungsbilder wachrufen und so positiv für den Sprechenden wirken.

Wenn Ihnen *Ihr Partner* einmal *nicht richtig zuhören* sollte, empfiehlt sich das Einlegen einer kurzen Pause, an irgendeiner unerwarteten Stelle, mitten im Satz. Der Unaufmerksame wird dadurch ruckartig und doch nicht taktlos wieder zum Gespräch zurückgeführt. Man kann ihm natürlich auch eine Zigarette anbieten oder seine Aufmerksamkeit durch das Fallenlassen eines Bleistiftes oder einen ähnlichen kleinen »Zwischenfall« wiedergewinnen. – Wenn Sie die Aufmerksamkeit ihres Partners verlieren, dann haben Sie als Gesprächspartner zuvor einen entscheidenden Fehler gemacht: Sie haben ihn nicht wirklich interessiert! Machten Sie etwa den Fehler, zuviel geredet zu haben?

Betrachten wir die Wirkung der Sprache vom *Inhalt der Worte* her, dann kann die Forderung nach dem klaren und überzeugenden Sprechen nicht oft genug erhoben werden. Wir brauchen *eindeutige Formulierungen und überzeugende Wendungen*. Sie fliegen uns im allgemeinen nicht zu. Manche Menschen in leitenden Positionen sammeln sie in ihrem Notizbuch und prägen sie ihrem Gedächtnis ein. Täglich nur fünfzehn Minuten in einem guten Buch lesen, aber langsam, aufmerksam und kritisch, trägt wesentlich zur Hebung unseres allgemeinen Wortschatzes bei.

Ein ausgezeichnetes Übungsmittel ist der sogenannte »Zwecksatz«, den gute Redner hervorragend für sich einzusetzen verstehen. Fragen Sie sich: Was will ich jetzt zum Ausdruck bringen, was ist der Zweck meiner Worte? und formulieren Sie diesen Zweck ganz klar und knapp! So lernen Sie die Kunst, einen Tatbestand in möglichst wenigen Worten anschaulich und überzeugend auszudrücken. Dulden Sie dabei keine Unklarheit! Wer vor jeder Verhandlung, vor jedem Argument den Zwecksatz formuliert, dessen Sprache wird rasch an Präzision und Deutlichkeit gewinnen.

Eine der wichtigsten Voraussetzungen des wirkungsvollen Sprechens ist *das anschauliche Beschreiben*, möglichst aus dem alltäglichen Leben des Hörenden heraus. Was bedeutet das soeben Gesprochene konkret für *ihn*, wie sind die Auswirkungen auf *sein* Leben? Das gilt es einprägsam und plastisch in lebendiger Art gleichsam »auszumalen«. In den folgenden Teilen dieses Buches werden immer wieder Beispiele von Gesprächsausschnitten in der tatsächlichen Redeform gebracht. Lesen Sie bitte schon jetzt das Kühlschrank-Verkaufsgespräch in dem Kapitel »Der Abschluß« (Seite 344). Dort sehen Sie, wie der Verkäufer anschaulich beschreibt, was seine jeweiligen Gedanken für den vor ihm stehenden Kunden bei seinen Lebensverhältnissen praktisch bedeuten. Das ist nicht zuletzt der Grund für die erfolgreiche Wirkung seiner Worte.

Wie farblos und blaß erscheinen demgegenüber die *abstrakten Begriffe*, mit denen viele Verhandlungsführer üblicherweise argumentieren! Da wird z. B. von »Unkostenersparnis« geredet, statt etwa zu sagen: »So sparen Sie Woche für Woche dreihundert Mark Löhne« und das in langsamer und leiser Sprechweise, was diesen Worten erhöhtes Gewicht verleiht. Oder es wird von »robuster Qualität« gesprochen statt etwa zu sagen: »Noch nach Jahren wird dieses Gewebe trotz der täglichen harten Beanspruchung nichts von seiner Festigkeit einbüßen, und die Leuchtkraft dieser Farben wird Ihnen noch in 20 Jahren Freude machen«! – Ein letztes Beispiel: Die nüchterne Feststellung »aus reiner Wolle« läßt sich übersetzen: »Sehen Sie eihmal hier, wie weich und mollig sich das anfühlt, *das* ist Wolle!«

Sprechen Sie *die Sprache Ihres Partners*: Jeder will in seiner eigenen Sprache angesprochen werden! Beim einfachen Menschen wirken andere Worte als beim Gebildeten, beim Landwirt andere als beim Städter. Setzen Sie als Verkäufer nie zuviel bei Ihrem Kunden voraus! Sein Wissen und sein Verständnis für bestimmte Zusammenhänge der Ware, die er noch nicht kennt, sind im allgemeinen aus erklärlichen Gründen bescheiden.

Durch geschickte *Auswahl der Worte* können wir beim Gesprächspartner gerade jene Gedankenverbindungen wecken, die für ihn in seiner Erlebniswelt einprägsam sind. Denken Sie etwa an die zahlreichen Vorstellungen, die wachgerufen werden, wenn wir in irgendeinem Zusammenhang statt des abgegriffenen Wortes »Frau« einen der folgenden Ausdrücke gebrauchen: »Ehefrau«, »Gattin«, »Gemahlin«, »Frau Gemahlin«, »Dame«, »Dame des Hauses«, »Mutter«, »Mutter ihrer Kinder«. Jetzt wurden lediglich Hauptwörter ausgetauscht.

Um wieviel wird der Bedeutungsgehalt noch vertieft durch das Beifügen einfacher Beiwörter! Wenn man z. B. nicht von der *Dame* spricht, sondern von der jungen Dame, der jüngeren Dame, der Dame in den besten Jahren, der gebildeten Dame, der gepflegten Dame usw. Der echte Verhandlungskünstler spricht meistens eine einfache Sprache, aber er kann mit diesen einfachen Worten virtuosenhaft spielen und die gefühlsmäßige Einstellung seines Gesprächspartners zu seinen Gunsten beeinflussen.

Hüten Sie sich vor zuviel *Superlativen*! Wer immer nur das Beste, das Schönste und Größte anzubieten hat, macht sich rasch unglaubwürdig. Vermeiden Sie auch die Einheitsformulierungen und Routinephrasen, die es in jedem Beruf und in jeder Branche gibt: jene sachlichen und nüchternen, im Grunde lieblosen *Allerweltsausdrücke,* die, da überall gebraucht, abgegriffen sind und vom Partner deshalb gar nicht gehört werden. Lassen Sie ihn Ihre Ideen echt miterleben; deshalb nochmal: anschaulich sprechen!

Jetzt müssen wir noch eine für unsere tägliche Praxis wichtige Schlußfolgerung ziehen. Es gibt wohl kaum eine Verhandlung oder ein Verkaufsgespräch, wo nicht in der einen oder anderen Form irgendein Nachteil für den Partner zur Debatte stünde. Im Verkaufsgespräch ist es der klassische Nachteil einer jeden Ware und einer jeden Leistung: sie kosten Geld, sie verlangen ihren Preis. Aber es gibt eine bewährte *Technik der Nachteil- und Preisnennung,* die – so einfach sie im Kern ist – nicht von vielen beherrscht wird. Betrachten wir hier die Nennung des Preises als ein Beispiel für die grundsätzlich richtige Art, Nachteile jeglicher Form richtig auszudrücken.

Erste Forderung: *Keinerlei Unsicherheit* im kritischen Augenblick! Gerade wenn der Preis dem Kunden hoch erscheinen muß, ihn mit ruhiger und fester Stimme aussprechen! Alles, was unsicher oder »weich« wirken könnte, peinlich vermeiden: Es zieht sehr oft den endgültigen Mißerfolg nach sich. Also nichts Zaghaftes oder Unsicheres in der Stimme, kein ängstlicher Blick von unten her, keine Einschränkung, daß die Ware »allerdings« soundsoviel koste! Die gute Ware kostet nun einmal ihren guten Preis, die bessere Ware kostet ihren besseren Preis. Das ist eine Selbstverständlichkeit, und jedermann weiß es im Grunde. Weshalb also diese Unsicherheit?

Zweite Forderung: *Keinerlei Pause* unmittelbar nach dem Aussprechen der »gefährlichen« Zahl! Wie oft wird auf die Frage nach dem Preis etwa geantwortet: »Dreihundertfünfundachtzig Mark« — Pause, Stille! — Jetzt hat der Kunde die richtige Gelegenheit, die Zahl 385 wie in riesigen Ziffern vor seinem geistigen Auge zu sehen, sich zu denken: »Das sind ja praktisch vierhundert Mark«. Er stellt sich die vier Hundertmarkscheine vor und reagiert endgültig negativ. Deshalb niemals unmittelbar nach der Nennung des Preises oder dem Aussprechen des Nachteils jene gefährliche Stille eintreten lassen, in der beim Kunden jetzt einsetzende Gedanken und Vorstellungen gegen den Verkäufer bzw. den Gesprächsführer arbeiten. Das gilt immer dann, wenn irgendein negativer Punkt der Idee, des Vorschlages, des Angebotes, der Ware zur Debatte steht. Allein durch die Vermeidung der Pausen kann man den Nachteil verkleinern, durch das falsche Einlegen einer Gesprächspause dagegen den Nachteil erst richtig ins Bewußtsein dringen lassen.

Deshalb dritte Forderung: Unmittelbar nach der Nennung des Preises (bzw. des Nachteils) *in einem Atemzug weitersprechen* und eine *positiv* beeinflussende Bemerkung anfügen, z.B.: »Diese besonders gute Ausführung kostet 385 Mark. Sie haben dabei erstklassiges Material und eine ausgezeichnete Verarbeitung: Mit dieser Ausführung und *nur* mit dieser ist das leidige Problem auf lange Jahre hinaus für Sie wirklich gelöst.« Oder bringen Sie irgendeine andere psychologisch

Die Sprache ist *das* Werkzeug des Verhandlungsführers!

GRUNDSÄTZLICHES:

Ganz natürlich, einfach, frisch sprechen,
nicht zu leise und immer deutlich (Flüsterübung)!
Vorsicht vor unschönen Angewohnheiten (Nichtssagende Redensarten, Modewörter)
Vorsicht vor Mund- und Alkoholgeruch
(Gelegentlich Selbstkontrolle mit Tonbandgerät)

EINFACHE UND WIRKUNGSVOLLE HILFEN:

Sprachlich-technisch (formal):

Lebendig sprechen (nicht monoton, nicht pastoral): in Tonhöhe, Geschwindigkeit und Lautstärke dem Inhalt gemäß wechseln
Einen besonders wichtigen Punkt als solchen ankündigen (Spannungserregung)
Argumentationshöhepunkte: langsam und leise, Technik des Silbe-für-Silbe-Sprechens
Mit Pausen arbeiten: Zeit geben für volles Aufnehmen und Verarbeiten, aber nur da, wo sie für uns arbeiten. Wenn Partner nicht zuhört: überraschende kurze Pause oder kleiner »Zwischenfall«

Inhaltlich:

Klare und überzeugende, wirkungsvolle Formulierungen
Ganz anschaulich aus dem Alltagserleben des Angesprochenen beschreiben
Die Sprache des Partners sprechen
Durch Wortwahl die richtigen Gedankenverbindungen wecken
Vorsicht vor Superlativen
Keine Routinephrasen und Einheitsformulierungen

TECHNIK DER NACHTEIL- UND PREISNENNUNG

Keinerlei Unsicherheit: beste Körperhaltung, fester Augenkontakt, sichere Stimme
Jede Pause vermeiden: vertiefendes Nachdenken verhindern
Sofort den Hauptvorteil für den anderen in knapper, psychologisch lockender Form herausstellen, erst jetzt Pause.

eindrucksvolle, den ganzen Vorteil der Ware (bzw. des Vorschlags) noch einmal zusammenfassende Formulierung an dieser Stelle und dann erst lassen Sie Stille eintreten! Jetzt wirken die positiven Worte im bewußten Denken und im unterbewußten Empfinden nach, und die Reaktion fällt deshalb leichter und öfter positiv aus.

Der Preis steht hier, wie gesagt, stellvertretend für alle Nachteile, die wir unserem Partner in einer Verhandlung darlegen müssen. Vermeiden wir also jede Pause an der falschen Stelle, und lenken wir seine Gedanken sofort zu den für uns positiven Punkten! Wer sich diese Art der Nennung eines Preises oder eines Nachteils einmal zu eigen gemacht hat, der spürt immer wieder den Erfolg, den er damit erzielt.

c) Verbindliches Wesen

Neben dem überzeugenden Auftreten und dem dazugehörenden wirkungsvollen Sprechen ist für den allgemeinen Lebenserfolg und für den Erfolg in jeder Verhandlung und im Verkauf das verbindliche Wesen von größter Bedeutung. Es zeigt sich in der persönlichen Umgänglichkeit, in der Gewandtheit im Gespräch und in jener menschlichen Wärme, die übrigens bei Frauen im allgemeinen stärker ausgeprägt ist als bei Männern. Das ist auch der Grund dafür, weshalb die Frau für bestimmte Verkaufstätigkeiten geeigneter ist als der Mann.

Über die Notwendigkeit des *freundlich-heiteren Gesichts-Ausdruckes* brauchen wir hier nicht zu sprechen. Die amerikanische Lebens- und Erfolgsregel »keep smiling« (»Immer lächeln«) ist um die ganze Welt gegangen. Die Chinesen sagen in der schlichten und treffenden Art ihrer Sprichwörter: »Ein Mann ohne Lächeln soll keinen Laden aufmachen«. Eine Leichenbitter-, eine Saure-Gurken-Miene schreckt jeden von vornherein gründlich ab. Nur wer eine freundliche Miene und ein verbindliches Wesen zeigt, schafft die richtige Stimmung um sich. Lächeln und Freundlichkeit stecken an, sie strahlen Heiterkeit und Optimismus aus. Wenn wir damit beginnen, wird der andere es uns gleichtun.

Vier wichtige menschliche *Eigenschaften* sind psychologisch miteinander verwandt:

1. Das freundliche Gesicht.
2. Die innere Heiterkeit unseres Wesens, d. h. eine gewisse innere Ausgeglichenheit und das Stehen über den kleinen Mißlichkeiten des Alltags.
3. Der optimistische Blick in die Zukunft.
4. Die Freude am aktiven Zupacken.

Demgegenüber gehören die gegenteiligen Eigenschaften ebenso zusammen: Unfreundlichkeit und Saure-Gurken-Miene, die beständige Griesgrämigkeit im Herzen, der Pessimismus und das passive Warten. Welcher Gruppe der Erfolgreiche angehören sollte, das braucht gar nicht erst gesagt zu werden!

Machen wir uns klar: Für unsere Stimmung im Einzelfall und für unsere *allgemeine Lebensgrundstimmung* entscheidend ist nicht so sehr, was uns an objektiven Ereignissen im Leben begegnet, sondern wie wir darüber denken. »Unser Leben ist das, was unsere Gedanken aus ihm machen« sagt der spätrömische Kaiser und Philosoph Marc Aurel treffend. Jeder Gedanke birgt eine Kraft in sich, die in uns und auf uns wirkt. Haben wir frohe Gedanken, so werden wir froher Stimmung sein, denken wir Trübes, so wird sich die Trübseligkeit in uns breit machen, sind wir von schöpferischen Gedanken erfüllt, so werden wir angefeuert und begeistert handeln!

Die gleichen Ereignisse, die den einen völlig aus der Fassung bringen, berühren den anderen kaum, weil er eben anders darüber denkt. Jeder von uns erlebt von morgens bis abends viele größere und kleine unerfreuliche und angenehme Dinge: Es liegt nur an uns selber, ob wir vorzugsweise die einen oder die anderen sehen und sie innerlich erleben und auskosten. Immer das Positive des Lebens sehen: das Erfreuliche, das Begeisternde, das Beglückende! Wer es in den tausend kleinen Dingen des Lebens immer wieder von neuem sieht und sich daran erfreut, trägt einen beständig fließenden Quell der Lebensfreude in sich. Er wird ohne Anstrengungen stets ein freundlich-heiteres Gesicht zeigen und deshalb überall gerne gesehen sein!

Nun sind wir alle normale Menschen, und auch der Ausgeglichene hat hin und wieder seinen schlechten Tag und seine schlechten Stunden. Wie können wir uns *von bedrückter Stimmung befreien?* Es sind im Grunde zwei Methoden, die uns hier zur Verfügung stehen:

1. *Die Methode der körperlichen Bewegung,* die auf die Einheit von Leib und Seele zurückführt. Denken Sie an die typisch langsame Gangart der träumerisch Veranlagten, an das Ins-Rennen-Kommen der unermüdlichen Pläneschmieder, an das unbewußte Stehenbleiben von Spaziergängern während eines packenden Gesprächs, an den müden Schritt und die kärglichen Bewegungen der Traurigen, oder an die oft unsinnig erscheinende Bewegungsfreude des von einer tiefen Freude erfüllten Menschen. Die Seele oder den Gemütszustand unmittelbar zu beeinflussen, ist kaum möglich; wir können ihn jedoch von der körperlichen Seite her beeinflussen und verändern, denn diese unterliegt meistens unserem bewußten Willen. Wer sich in der Stimmung der Traurigkeit, des Ärgers oder jener ohnmächtigen Wut befindet, die man z. B. als Vertreter bei einem ungerechtfertigten Hinauswurf durch einen Kunden in sich verspürt, der braucht nur seinen Körper ordentlich zu bewegen. Herz und Kreislauf werden sofort verstärkt tätig und der gesamte Organismus mit frischem Sauerstoff angereichert. In der beständigen An- und Entspannung der Muskulatur werden die inneren Spannungen auf harmlose

Weise abreagiert, und der Gemütszustand wird sich rasch auf dem Umweg dieser kräftigen körperlichen Bewegung positiv verändern. Deshalb:

- einen flotten Spaziergang von wenigen Minuten Dauer in bewußt schneller Gangart bei aufrechter Körperhaltung und weitausschwingenden Bewegungen der Arme und Beine einlegen,
- ganz laut singen, etwa am Steuer des Wagens beim Weiterfahren zum nächsten Ort (übrigens auch ein ausgezeichnetes Mittel, um Müdigkeit zu vertreiben!),
- seinen Unmut laut und ungehemmt von sich geben, etwa ebenfalls im Wagen oder draußen auf dem Feld,
- kurze Zeit zügig und tief unter Ausnutzung des vollen Lungenvolumens, also auch mit dem Bauch und mit dem Brustkorb atmen!
- Wer gerne »mit dem linken Bein aufsteht«, der beginne den Morgen mit einer kräftigen Trockenmassage seiner Haut und anschließender kurzer Gymnastik: Er wird über die Wirkung dieser Methode selbst erstaunt sein!

2. *Die Methode der seelisch-geistigen Um-Konzentration*: Als von der Überwindung der Verhandlungsangst die Rede war (S. 34 ff.), wurde von ihr schon gesprochen. Im Kern handelt es sich hier wie dort um verwandte Probleme. Diese Methode bietet uns eine Reihe von Möglichkeiten:

- Hat sich jemand ungezogen oder gar flegelhaft uns gegenüber benommen, weshalb sollten wir uns über ihn ärgern? Legen wir uns besser die einfache Frage vor: »Habe ich mich vorbeibenommen oder jener? *Ich* habe mich ganz korrekt verhalten: *er* hat sich doch etwas zuschulden kommen lassen! Ihm fehlt es an der nötigen Erziehung und Selbstdisziplin. Soll ich ihm also die Ehre geben, mich noch stundenlang über ihn zu ärgern?« Vergessen wir nie: Jede Minute unseres Lebens, die wir uns ärgern, leben wir vergebens! Warum in einem solchen Fall nicht an den berühmten Ausspruch des Götz von Berlichingen denken und sich seinen Inhalt vielleicht bildlich vorstellen? Wie das seelisch ablenken und erleichtern kann!

— Die Erinnerung an das Gesetz der Wahrscheinlichkeit: In tausend Gesprächen etwa mit einem anderen Menschen ist es ganz unausbleiblich, daß man gelegentlich auch einen schlechtgelaunten oder unerzogenen Menschen vor sich hat. Wenn das jetzt wieder einmal der Fall war, weshalb sich um seine gute Stimmung bringen lassen? Das »freudige« Ereignis war nach dem Gesetz der Wahrscheinlichkeit »fällig«, freuen wir uns darüber, für einige Zeit werden wir vermutlich verschont bleiben!

— Sofort zu einem besonders guten Kunden oder besonders netten Gesprächspartner gehen, bei dem vermutlich alles bestens ablaufen wird.

— Ablenkung durch ein Zwischengespräch: Irgend jemanden auf der Straße oder den nächsten Polizisten ansprechen und ihn um irgendeine Auskunft (etwa über die Lage einer Straße oder eines Geschäftes) bitten, auch wenn man sie gar nicht braucht, weil man das Gefragte längst weiß. Sich auf die liebenswürdige Form der Anrede konzentrieren! Gerade darin liegt ein Zwang hoher Konzentration, denn niemand möchte sich wohl bei diesem Scheinmanöver »erwischen« lassen. Dann sofort zum nächsten Gespräch!

— Einige Minuten interessante Schaufenster ansehen, vielleicht solche mit Gegenständen für das eigene Hobby.

— Sich für 10 Minuten in ein Kaffee mit tief heruntergezogenen Fenstern oder auf den Bürgersteig setzen und sich für die Zeit des Kaffeegenusses auf die hübschen Beine weiblicher Passanten konzentrieren.

— Einige Minuten bewußt ein- und ausatmen (siehe Seite 35).

— Jemandem einen Gefallen oder Dienst erweisen.

- Das frech lachende Bild seines Jungen aus der Brusttasche holen und sich daran erfreuen.
- An schlechten Tagen den besten Anzug oder das beste Kleid anziehen, in dem man sich am wohlsten fühlt. Mit dem Wechsel des Anzuges steckt man sich zugleich in eine beruhigendere, sicher machende Haut.
- Sich zu einer wenig schmeckenden Arbeit einige Minuten lang bewußt aufraffen und so den Anfangswiderstand überwinden. Sehr oft stellt sich dann das sachliche Interesse ein, und man kann jetzt Aufgaben fast spielend erfüllen, die zuvor wie ein Berg vor einem lagen.

Natürlich lassen sich *diese beiden* im Prinzip verschiedenen *Methoden* in vielen Fällen *miteinander verbinden.* So empfiehlt es sich, sofort nach einer flotten körperlichen Bewegung das nächste Gespräch zu beginnen: Das neue Gesicht, das neue Problem und die neue Situation werden uns schnell in ihren Bann ziehen. Wenn Sie diese Methoden in den verschiedenen Anwendungsformen ein paarmal erprobt haben, dann werden Sie sehen, in welchem Maße sie ihnen helfen können, sich von Ärger und Niedergeschlagenheit rasch und wirksam zu befreien. Sie helfen Ihnen, die freudige Arbeitsstimmung gleichmäßig zu erhalten, trotz aller gelegentlichen Mißlichkeiten; sie helfen Ihnen, das wahre freundliche Gesicht zu zeigen (kein gemacht freundliches, das doch nur abstößt) und echte Verbindlichkeit des Wesens an den Tag zu legen.

Jeder von uns begegnet den Menschen lieber, bei denen er spürt, daß er sich ihnen mit seinen Sorgen und Problemen anvertrauen kann. Deshalb sollten wir *Helfer und Berater unserer Partner und Kunden* sein. Zeigen wir ihnen als Mensch zu Mensch echtes Verständnis für ihre persönlichen Anliegen, so werden wir rasch ihre Freunde sein. In vielen Fällen, besonders bei Partnern aus sozial einfachen Schichten, können wir oftmals die Rolle des Vertrauten übernehmen. Spürt der Partner bzw. Kunde diese Einstellung zu sich und seinen Problemen, dann faßt er schnell das gesuchte Vertrauen und verliert seine Angst, weil er spürt: »Hier will man mir helfen.«

Zur Verbindlichkeit des Wesens gehört, daß wir unsere Partner und Kunden *mit Namen ansprechen.* Kein Wort ist persönlicher als der eigene Name. Die schon beim ersten Anblick begrüßenden Worte »Guten Morgen, Herr Petersen« sind etwas ganz anderes als das unpersönliche und farblose »Guten Morgen«. Es sollte uns geradezu peinlich sein, den Namen eines für uns wichtigen Menschen nicht zu kennen. Der im Außendienst Tätige hält deshalb alle Namen auf der Kundenkarte fest, und zwar nicht nur den Namen des Chefs oder des Einkäufers, sondern aller gegebenenfalls einflußreichen Personen. Bei Dauerbeziehungen gehören die Namen der Kinder, ja auch der Name eines geliebten Hundes dazu; man wird nur Nutzen davon haben.

Wie findet man die Namen heraus? Soweit keine Visitenkarte zur Verfügung steht, beim ersten Gespräch ganz einfach danach fragen und notfalls die richtige Schreibweise sofort unter dem Hinweis kontrollieren: »Es wäre mir peinlich, Ihren Namen zu verunstalten«! Unser Namengedächtnis können wir schulen, indem wir den schwierig zu merkenden Namen unseres Geschäftspartners schon im ersten Gespräch bewußt mehrfach gebrauchen und uns dabei jedesmal ganz kurz auf die besonderen Gesichtszüge des anderen konzentrieren. Dadurch verbinden sich diese und sein Name in unserem Gedächtnis zu einer Einheit.

Für das verbindliche Auftreten kann viel gewonnen werden, wenn man eine möglichst *günstige äußere Atmosphäre* schafft (siehe auch Seite 28 ff.). So sollte man z. B. für das Verkaufsgespräch mehr gemütliche Sitzecken haben, von kleinen Aufmerksamkeiten und Erfrischungen Gebrauch machen und auch auf diese Weise die Erfolgschancen steigern.

In diesem Zusammenhang soll auch kurz etwas über die *Pflege der persönlichen Beziehungen* zu Kunden und anderen wichtigen Menschen gesagt werden. Welche Wirkung hat häufig eine einfache Glückwunschbriefkarte, auf der Sie handschriftlich Ihrem Partner mit einigen herzlichen Worten zum Geburtstag, zu einem bemerkenswerten Familienereignis oder zum Geschäftsjubiläum gratulieren! Echte Freude kann z. B. die beigelegte Fotografie seines Geschäftes oder einer anderen für ihn interessanten Sache bereiten. So eine individuelle Aufmerksamkeit wird nicht so rasch vergessen wie das sehr viel teurere Blumenbukett, samt anhängender Visitenkarte. Auch ein kleines Geschenk ganz persönlicher Art, bei dem der Gedanke mehr erfreuen sollte als der tatsächliche materielle Wert, ist oft angezeigt.

Größten Wert für die Pflege der menschlichen Beziehungen haben auch *kleine gemeinsame Erlebnisse*. Eine gemeinsame Mahlzeit in einem besonders hübsch gelegenen Restaurant auf einem Berg, in einem Wald, auf einem Turm, an einem Fluß oder See oder Flugplatz, der gemeinsame Besuch eines interessanten Theaterstückes, eines Zoos, eines Schwimmbades vielleicht außerhalb der Stadt in einer ruhigen Stunde, jedoch immer etwas, was für den Geschäftsfreund ein Ereignis außerhalb der täglichen Routine bedeutet – alles das wird lange in Erinnerung bleiben. Solche Dinge haben eine ganz andere Wirkung als das übliche *Werbegeschenk,* das heute seinen eigentlichen Sinn häufig gar nicht mehr erfüllt. Viele scheinen vergessen zu haben, daß das Werbegeschenk seinem Sinne nach oft in die Hand genommen werden und den Gebenden angenehm in Erinnerung rufen sollte. – Helfen Sie Ihrem Partner auch außerhalb der eigentlichen Berufsbeziehungen, wann immer das möglich ist; das schafft die besten Bindungen!

Die Kontaktpflege darf aber niemals zu intim werden. Regelmäßiger Familienverkehr oder *Duzfreundschaften* nehmen erfahrungsgemäß oft kein gutes Ende. Sie beseitigen den gewissen Abstand, der zwischen zwei Partnern erhalten bleiben sollte, damit Meinungsverschiedenheiten oder kleine Auseinandersetzungen in objektiver Weise geregelt werden können.

Unser ganzes Verhalten – ob im Beruf oder auf privater Ebene — sollte dahin zielen, bei den für uns wichtigen Menschen *in guter Erinnerung zu bleiben*. Für den Mann im Außendienst sind es nicht nur die Chefs oder Einkäufer, sondern *alle Mitarbeiter*, die eine für ihn mitentscheidende Tätigkeit ausüben, z. B. die ersten Verkäufer, Lagerverwalter, zuständige Sachbearbeiter. Jeder dieser Herren kann dem Vertreter das Konzept verderben, und die Freundschaft des Einkäufers nutzt nicht viel, wenn der zuständige Verkäufer die Konkurrenzfabrikate forciert. Auch hier können kleine Werbegeschenke oder Aufmerksamkeiten von Nutzen sein. Sie müssen allerdings auch echten Gebrauchswert haben. Ein Vermerk auf der Kundenkarte oder einer Übersichtsliste sollte zudem verhindern, daß z. B. der gleiche Drehbleistift mehrere Male kurz hintereinander überreicht wird!

Den *Verkauf eines größeren Objektes* wie eines Automobils, einer Waschmaschine, einer Büromaschine und dergleichen sollten wir nicht als erledigt betrachten, bevor wir uns nicht kurze Zeit nach der Lieferung davon überzeugt haben, daß der Kunde wirklich mit dem neuen Objekt tadellos zurechtkommt und es in vollem Umfang für sich auszunutzen weiß. Ein tüchtiger Verkäufer weiß alle inzwischen aufgetauchten Fragen seines Kunden sachgemäß und liebenswürdig zu beantworten. Das erspart spätere Reklamationen und ist zugleich die wertvollste Werbung, die es gibt: die Propaganda von Mund zu Mund. Eine besondere Aufmerksamkeit z. B. am ersten Jahrestag des Kaufes eines solchen Objektes (etwa ein kostenloser Wartungsdienst) kann der erste Schritt zu einem guten neuen Geschäft sein.

Freundlich-heiteres Gesicht

Wer kennt nicht die Wirkung des freundlichen, des lächelnden Gesichts? Aber das Herz muß dabei sein! Freundliches Gesicht, heitere Wesensart, Optimismus und aktives Zupacken gehören ebenso zusammen wie Saure-Gurken-Miene, Griesgrämigkeit, Pessimismus und passives Abwarten. — Kurze, aber flotte körperliche Bewegung gibt uns neuen Schwung und befreit von Niedergeschlagenheit und Ärger; deshalb zur rechten Zeit: Bewegung! Nicht im Negativen vergraben: immer das Positive und Schöne des Lebens sehen!

Helfer, Vertrauter, Berater sein

Echtes Verständnis für die Probleme und Sorgen des Partners haben und zeigen. Dann faßt er rasch Vertrauen, weil er spürt: »Hier will man mir helfen.«

Mit Namen ansprechen

Nichts ist persönlicher als der eigene Name! — In größeren Betrieben die Namen aller für einen selbst wichtigen Personen herausfinden und diese persönlich »pflegen«.

Günstige äußere Atmosphäre

Kunden zum Sitzen bitten, mit kleinen Aufmerksamkeiten, Erfrischungen, aufnahmebereit machen.

Persönliche Beziehungen pflegen

durch herzliche Glückwünsche zu bemerkenswerten Familien- oder Geschäftsereignissen, durch kleine Geschenke ohne großen materiellen Wert, durch Hilfeleistungen auch außerhalb der engeren Geschäftsbeziehungen, durch kleine gemeinsame Erlebnisse. — Vorsicht vor Duzfreundschaften! — Viele Freunde haben heißt viel Vertrauen genießen und viele Kunden haben!

bei allen Gesprächs- und Geschäftspartnern und deren Gehilfen, durch stets zuvorkommendes Verhalten, durch Wahrung der guten Haltung und des Gesichts auch bei Mißerfolgen, durch Überprüfungs- und Nachfaßbesuche. In guter Erinnerung sein heißt: auch künftig Erfolg haben und gute Geschäfte machen.

Je mehr Anstrengung es gekostet hat, einen Partner zum Kaufentschluß zu bringen, um so nötiger ist es, ihm eine bleibende Erinnerung an die Vorteile seiner Entscheidung mitzugeben. Es ist nie verkehrt, ihm in solchen Fällen bei der Verabschiedung noch eine »moralische Stütze« zu geben, die ihm helfen kann, seine letzten Zweifel über die Richtigkeit seines Entschlusses zu beseitigen. »Wer nur *etwas* von diesen Dingen versteht, wird Sie zu Ihrer Entscheidung beglückwünschen!« –

Die Feuerprobe für das freundliche und verbindliche Wesen können Sie dann bestehen, wenn Sie *Mißerfolg* haben und es nicht ganz leicht ist, im Augenblick die gute Haltung zu bewahren. Wer sie hier verliert, kann oft für immer verspielt haben. Bedanken Sie sich deshalb gerade bei Mißerfolgen für den Zeitaufwand und die Mühe Ihres Kunden, würdigen Sie vielleicht sogar die Gründe seines für Sie negativen Entschlusses ganz offen. Das ist nicht selten die beste Vorbereitung für den nächsten Besuch und seinen möglichen Erfolg. Der Tüchtige kann einmal verlieren. Verlieren darf er aber drei Dinge nie: Gesundheit, Freunde und Zeit.

d) Sach- und Fachkenntnis

Zu den bisher besprochenen menschlichen Voraussetzungen für die richtige Persönlichkeitswirkung gehört eine sachliche

Grundbedingung: die gründliche Sach- und Fachkenntnis. Ohne sie hat jede noch so vollendete Verhandlungs- oder Verkaufspsychologie wenig Sinn und Wert. Gründliche Sachkenntnis ist heute Voraussetzung für jeden Erfolg.

Sach- und Fachkenntnis heißt nicht nur Beherrschung dessen, was mit dem engeren Aufgabengebiet oder mit der zu verkaufenden Ware unmittelbar zu tun hat, sondern *auch aller mittelbar gegebenen Zusammenhänge*. Bei technischen Erzeugnissen muß beispielsweise ein ausreichendes Wissen vorhanden sein über die mechanischen Zusammenhänge, über das Ineinanderspielen der Kräfte im Antriebsaggregat oder im elektrischen Teil, über die Gründe für die Art der gewählten Ausführung, warum dieses oder jenes System unter mehreren möglichen gewählt, warum vor kurzem die eine oder andere Änderung vorgenommen wurde. So verlangt jede Branche ihre für sie typischen Kenntnisse, und das gleiche gilt sinngemäß für jede außerhalb des Kaufmännischen liegende Berufstätigkeit.

Zur guten Sachkenntnis des tüchtigen Verkäufers gehört auch die Kenntnis aller *Konkurrenz-Erzeugnisse*. Er muß über alle miteinander im Wettbewerb liegenden Fabrikate unterrichtet sein. Nur wenn er die Vor- und Nachteile, die besonderen Stärken und Schwächen jedes einzelnen Fabrikates kennt, ist er in der Lage, aus der Fülle des Angebotes die Typen und Marken auszuwählen und seinem Kunden zu empfehlen, die dessen Bedürfnissen am meisten entsprechen. Auch der Verkäuferstab eines Herstellers kann sein eigenes Erzeugnis nur dann richtig auf den Markt bringen, wenn er in der Lage ist, die besonderen Vorteile der eigenen Produkte überzeugend herauszustellen.

Neben der Beherrschung der typischen Probleme der Kunden und ihrer Branche sind *gute Marktkenntnisse* wesentlich. Was tut sich auf dem Markt, und wie wird er sich in den nächsten Jahren entwickeln? Hierzu nur einige wenige Stichworte: Kaufkraftentwicklung, Marktanteil, Preis- und Kalkulationsfragen, Vertriebswege, Sortimentsprobleme, Folgen der Automatisierung, sich wandelnde Grundsätze der Produktgestaltung, Werbeanstrengungen usw. usw. Was können wir vom Ausland lernen, besonders von jenem Land, das uns Jahrzehnte eines scharfen Wettbewerbs voraus hat: von den Vereinigten Staaten? Fragen über Fragen, die kaum ein Ende nehmen! Wer sich mit ihnen in der rechten Form auseinandersetzt, wird es bald an seinem geschäftlichen und persönlichen Erfolg feststellen können.

Diese umfassenden Sachkenntnisse können im Zeitalter der immer stärkeren Spezialisierung und Vervollkommnung von Rohstoffen und Fabrikationsmethoden im allgemeinen nur in Jahren *systematischer Arbeit* erworben werden. Wenige sorgfältig ausgewählte Fach- und Sachbücher und ihre zweckmäßige Auswertung, rationell zusammengestellte und wohlüberlegte Übersichtslisten, kleine und praktische Handkarteien und dergleichen können viel helfen.

Wer eine *schwierige Frage des Gesprächspartners* nicht auf der Stelle befriedigend beantworten kann, braucht sich gewiß nicht zu schämen, wenn er einen spezialisierten Kollegen oder einen Fachmann zu Hilfe ruft bzw. die Antwort kurzfristig in einem Brief folgen läßt. Im Gegenteil, er wird rasch Vertrauen gewinnen!

Vergessen wir über aller Sach- und Fachkenntnis aber nicht die Allgemeinbildung, das *Verständnis für die brennenden Probleme unserer Zeit*. Je mehr wir uns durch die dauernde Auseinandersetzung mit ihnen ein vernünftiges Urteil erlauben können, um so eher werden wir uns herausheben aus der Masse der »Nur-Fachleute«, denen letztlich der Überblick über die entscheidenden Zusammenhänge fehlt. Die tägliche Lektüre einer guten Zeitung, die uns immer wieder von einer

Sach- und Fachkenntnis im engeren Sinn:

Unmittelbare Warenkenntnis

Kenntnis aller mittelbaren Zusammenhänge, z. B. mechanischer, elektrischer, chemischer, physikalischer Art

Marktkenntnis in weitestem Sinn (Herstellung, Vertrieb, Verbraucherschaft)

(Hilfen: Fachbücher, Fachzeitschriften, persönliche Unterrichtung, Übersichtslisten, Handkarteien, Unterlagen von Herstellern usw.)

Allgemeinbildung:

Echtes Verständnis für die Probleme unserer Zeit

(Hilfen: Geistige Information jeder Art, wertvolle Bücher und tägliche Lektüre einer guten Zeitung)

---

etwas anderen Warte aus gesehen mit diesen Problemen in Berührung bringt, ist von unschätzbarem Wert.

2. Die üblichen Fehler und ihre Vermeidung

Schon in der Einführung wies ich darauf hin, wie oft mir bei der Beobachtung von vielen Hunderten von Verhandlungen und Verkaufsgesprächen auffiel, daß überall und immer wieder die im Prinzip gleichen Fehler gemacht werden. Das trifft auch auf die Begrüßung in Büros und Läden aller Art zu, um welche Verhandlungsebene und um welche Verkaufsstufe es sich im einzelnen auch immer handeln mag. Hier wie dort sind es die gleichen Fehler. Ich habe sie im Laufe der Jahre gesammelt und in einer übersichtlichen Liste zusammengestellt.

Jeder dieser einzelnen, zumeist nur kleinen, Fehler erweckt einen schlechteren ersten Eindruck, als man ihn bei seiner Vermeidung hervorrufen könnte. Er zerstört damit die gute *Atmosphäre*, die für die erfolgreiche Weiterführung des Gespräches so wichtig ist. Natürlich läßt sich über den einen oder anderen Punkt diskutieren. Was im einen Fall sehr richtig ist, mag in einem anderen verfehlt sein. Wir setzen voraus, daß hier nur der Durchschnitt aller Fälle erfaßt werden kann und daß sich die Anwendung der einzelnen Regel den besonderen Gegebenheiten anpassen muß.

Im Fall des Zweifels, ob man der Methode 1 oder der Methode 2 den Vorzug geben soll, war die *Richtschnur* meiner Überlegungen und Diskussionen mit Schulungsteilnehmern immer die gleiche: Wenn wir hundertmal der Methode 1 folgen, wie oft könnten wir mit ihr eine negative Einstellung unseres Partners bewirken und folglich einen gewissen Nachteil erleiden? Und wenn wir hundertmal der Methode 2 folgen, wie oft dürfte es da der Fall sein? Die Beantwortung dieser einfachen Frage weist uns den grundsätzlich richtigen Weg, ohne daß wir dem Einzelfall Gewalt antun müßten.

Alle diese Fehler sind verstandesmäßig oder logisch gesehen Kleinigkeiten, zum Teil vielleicht sogar »*lächerliche Kleinigkeiten*«. Sie sind aber psychologisch gesehen mehr oder minder schwerwiegende Fehler: Sie zerstören gleich zu Beginn eines Gespräches die positive Atmosphäre und damit echte Gesprächswilligkeit des Partners. Wem das nicht klar ist, der hat eine wesentliche Erkenntnis für den Erfolg im Leben noch nicht begriffen, daß der Mensch nun einmal kein rein logisches, kein Verstandeswesen, sondern zunächst einmal ein durch Gefühle gekennzeichnetes, ein Erlebniswesen ist!

Sie finden auf den folgenden Seiten die erwähnte Zusammenstellung der üblichen Fehler. Die beiden Übersichten, die zugleich das Ergebnis von Hunderten von Ausbildungsver-

DEN ERSTEN EINDRUCK GÜNSTIG GESTALTEN:

Er schafft Vorurteile, die gegen uns oder für uns arbeiten!

Die üblichen Fehler bei der Begrüßung vermeiden, deshalb:

1. Beim Eintreten besonders auf gute Körperhaltung achten.
2. Am Besuchten nicht vorbeisehen, sofort Augenkontakt: den Kunden von Anbeginn mit den Augen führen.
3. Kein routinemäßig-gleichgültiges, sondern ein freundliches Gesicht zeigen (»Ich freue mich, Sie zu sehen!«).
4. Kein hilflos wirkendes Manipulieren, kein Taschenwechsel: Tasche, Verkaufsständer, Schaustück, Prospekte, Hut nur in die linke Hand (bzw. Einklemmen durch Ellbogen oder Finger), die rechte Hand muß frei sein (Bedienung der Tür, Handgeben).
5. Tür nicht ungeschickt schließen (»Herumfummeln« an der Türklinke), sicher eintreten.
6. Kein aufdringliches Entgegenstrecken der Hand, die erste Bewegung des Besuchten abwarten, erst dann Händedruck (bei Höhergestellten, eher in der Stadt) bzw. zuerst ganz auf den Besuchten zutreten und ihm erst dann die Hand reichen (bei etwas schwerfälligen Naturen, eher auf dem Land).
7. Die Hand des Besuchten weder zu lasch noch zu kräftig noch zu lange halten: sympathischer Händedruck, dabei Blick in die Augen.
8. Keine Katzenbuckel-Verbeugung, sondern leichte Verbeugung aus der Hüfte, dabei Augenkontakt. Ausnahme: bei Begrüßung von Frauen leichter »Diener« mit nur kurzer Unterbrechung des Augenkontakts.
9. Kein zu leises oder zögerndes Sprechen bei den ersten Worten: Sicherheit auch in die Stimme! Deshalb auch keine zögernde Gesprächseinleitung, im Zweifelsfall zuvor überlegen und sofort beginnen.

10. Kluge Form der ankündigenden Vorstellung: »Mein Name ist
    ..., ich komme von...« oder ähnliche Formulierung.
    Bei nicht zu häufigem Besuch z. B.: »Sie erinnern sich vielleicht
    an mich: Mein Name ist...«
11. Kein unechter, routinehafter Begrüßungs-Redeschwall, sondern
    echte Freundlichkeit in die Stimme und Worte.
12. Das Auftragsbuch gehört nicht in die Hand (»Schon wieder ein
    Auftragsjäger!«), sondern in die Tasche.

*Der Besucher trägt die positive oder negative Atmosphäre selbst
in den Raum seines Gesprächspartners.*

BEGRÜSSUNG IM LADEN BZW. DES BESUCHERS

DEN ERSTEN EINDRUCK GÜNSTIG GESTALTEN:

Er schafft Vorurteile, die gegen uns oder für uns arbeiten!

Die üblichen Fehler bei der Begrüßung vermeiden, deshalb:
1. Nicht mit Kollegen herumstehen und schwatzen: Der besu-
   chende Kunde stört uns nicht, er ist das Ziel und der Sinn
   unserer täglichen Arbeit.
2. Keine schlechte Figur abgeben: aufrechte Körperhaltung, Sicherheit und Überzeugungskraft ausstrahlen.
3. Kein routinemäßig-gleichgültiges, sondern ein freundliches Gesicht zeigen (»Ich freue mich über Ihren Besuch!«).
4. Dem Besucher bzw. Kunden sofort in die Augen schauen und
   damit das Gespräch schon in die eigene Hand nehmen.
5. Den Eintretenden oder Näherkommenden sofort begrüßen.
6. Keine liebedienerische Verbeugung, gegebenenfalls leichte Verbeugung aus der Hüfte.
7. Bei Möglichkeit dazu dem Kunden oder Besucher das Tür-
   schließen abnehmen.
8. Durch kleine Höflichkeitsbezeugungen ihn gewinnen: Nassen
   Regenschirm abstellen, Pakete abnehmen und dergleichen Hilfeleistungen.
9. Keine Einheitsabfertigung: »Bitteschön?«, »Was darf es sein?«

(unnötige Beschränkung des Gesprächs auf die allenfalls schon vorhandene Kaufabsicht), sondern das Gespräch zugleich verbindlicher und gezielter einleiten, z. B.

»Womit kann ich Ihnen dienen« oder »helfen, gnädige Frau?«

»Was haben Sie für einen Wunsch, mein Herr?«

»Was kann ich für Sie tun, Frau Hofer?«

Der im Laden stehende Verkäufer, der im Büro Anwesende verbreitet die positive oder negative Atmosphäre selbst um sich.

Jeder in den Laden Kommende bietet eine echte Verkaufschance: Nutzen wir sie aus!

---

anstaltungen wiedergeben, bedürfen keiner weiteren Erläuterung. Sie stellen den Sachverhalt klarer dar, als es viele Worte vermöchten.

Da eine ganze Reihe von Verkäufern oder Vertretern ihre Gesprächspartner bzw. Kunden zu Hause in deren Wohnung aufsuchen, möchte ich die bereits erwähnten Übersichten durch eine kleine Zusammenstellung für diese besondere Situation ergänzen.

Richtiges Verhalten bei Begrüßung des Partners an der Wohnungstür:

— Kurz und kräftig läuten

— Zwei bis drei Schritte von der Tür entfernt stehen, auf der Seite des Schlosses (nicht der Scharniere)

— Im Licht stehen: gut erkennbar sein

— Aufrechte Körperhaltung

— Dem Öffnenden ruhig und freundlich in die Augen schauen und sich mit deutlicher, aber nicht zu lauter Stimme vorstellen

— Nach diesen ersten Worten und vielleicht einem kurzen Gespräch der persönlichen Kontaktgewinnung oder nach den ersten Worten der sachlichen Gesprächseinleitung (darüber später), an der ersten dafür günstigen Stelle einen Schritt nach vorn treten, sich deutlich hörbar die Schuhe auf der Matte abstreifen und fragen »Darf ich einen Augenblick hereinkommen«?

Dies sind Anregungen für »Wohnungstür«-Verkäufer, in der die Erfahrungen vieler erfahrener Leute zusammengefaßt sind. Ihre Beachtung verhilft zu einem guten ersten Eindruck und bedeutet *bessere Erfolgschancen* für das nun beginnende Gespräch. Selbstverständlich haben diese Gesichtspunkte über den Wohnungstürverkauf in seinen verschiedenen Spielarten hinaus weitere praktische Bedeutung, denn auch dieser Zusammenstellung liegt die Vermeidung der üblichen Fehler zugrunde.

Gehen Sie in Ruhe einmal die Kontrollfragen der für Sie in erster Linie interessanten Übersicht durch, und *prüfen Sie sich selbst!* Die kleinste Verbesserung der Begrüßungstechnik macht sich bezahlt, so oft wir einen anderen Menschen begrüßen, Tag für Tag vielleicht ein dutzendmal. Denn — es kann nicht oft genug gesagt werden — nur ich allein trage die positive oder die negative Atmosphäre in den Raum meines Gesprächspartners hinein, bzw. kein anderer als ich selbst verbreite sie um mich. Ohne positive Atmosphäre später kein positiver Abschluß! Nochmals: Jetzt gleich zu Beginn kann sie leicht geschaffen werden. Beginnt das Gespräch aber unter negativen Vorzeichen, dann ist es hinterher fast immer zu spät. Deshalb den ersten Eindruck absolut günstig gestalten: Die Vorurteile, die er schafft, sollen nicht *gegen* uns, sie sollen *für* uns arbeiten!

II.

Wie man schnell Kontakt gewinnt

1. Das persönliche Einleitungsgespräch

Schon in den ersten Minuten eines Gespräches muß man *echten persönlichen Kontakt gewinnen*. Der Übergang zum sachlichen Gespräch läßt sich auf manche Weise verbindlich gestalten, sofern man nicht aus gutem Grund rasch zur Sache übergehen will. Einige herzliche Worte schaffen schnell den gewünschten Kontakt, wobei es weniger darauf ankommt, was man sagt, als vielmehr darauf, wie man es sagt. Für die vielen Möglichkeiten eines Kontaktgewinnungsgespräches gebe ich wiederum eine Übersicht, in der sie nach einigen Grundgedanken geordnet zusammengefaßt dargestellt sind.

Nur zu zweien der dort behandelten Punkte sind zusätzlich Bemerkungen notwendig: Der erste betrifft das Befinden oder die *Gesundheit des Besuchten*. Daß hier etwas zu weit gehende Fragen schnell taktlos werden können, empfinden merkwürdigerweise auch sonst feinfühlige Menschen nicht immer. Auch wird häufig die Krankheit des Besuchten übermäßig strapaziert. Ich erlebte das einmal besonders eindringlich bei einem vielbesuchten Einkäufer, der mir nach der Besuchsankündigung eines Vertreters sofort sagte: »Passen Sie auf, der wird gleich auf meine Leber zu sprechen kommen!« So geschah es prompt. Später sagte der Einkäufer wörtlich: »Habe ich es Ihnen nicht vorher gesagt, daß Herr X sofort auf meine Leber zu sprechen kommen wird? Wissen Sie, wie oft ich meine Leber täglich besprechen darf? Neulich führte ich einige Zeit darüber Statistik: 3,6 mal! Wenn die Tür aufgeht und so ein ›Lebervertreter‹ streckt seinen Kopf herein, dann reicht es mir schon.« — Ein weiterer häufiger Fehler liegt in der gedankenlosen Frage: »Wie geht es denn, Herr Schneider?« Sie wird

Der Ton macht bekanntlich die Musik: deshalb gleich zu Beginn einige natürliche, herzliche Worte, bei denen es vor allem darauf ankommt, *wie* man sie sagt!

— Besuchsgrund angeben: sich bekanntmachen oder vorstellen.

— Dafür danken, daß sich der Besuchte die Zeit zum persönlichen Gespräch nimmt mit Hinweis auf seine Belastung.

— Irgend etwas aus dem Lebensbereich des anderen loben oder anerkennen (Ausstattung des Raumes, schöne Lage, Warenausstellung, Kinder usw.).

— Echte Teilnahme am Befinden und am Geschick des anderen und seiner Familie zeigen. Vorsicht: Positive Atmosphäre!

— Neutrales Einleitungsgespräch führen: Wetter, Verkehrsschwierigkeiten, Konjunktur, Ernte usw.

— Von besonderen Ereignissen ausgehen: Sportliche Veranstaltungen, lokale Geschehnisse u. dgl. — Beim Frühstück Lokalzeitung lesen!

— Gemeinsamkeiten mit dem Besuchten finden, z. B. gemeinsame Erinnerungen: Schulzeit, Jugend, Krieg (Vorsicht!), Urlaub und Reisen, Bekannte.

— Irgendwelche Veränderungen seit dem letzten Gespräch anerkennend erwähnen: Gebäude, Büro, Schaufenster, Personal usw.

— Humoristische Gesprächseinleitung: Vorsicht, muß gekonnt sein!

— Um Rat fragen: Ob Wagen richtig geparkt, in einer geschäftlichen oder persönlichen Angelegenheit, über Gestaltung eines Produkts u. dgl.

— Wenn nach gemachten Fehlern Vorwürfe zu erwarten sind, am besten sofort und offen den Fehler zugeben.

— Anknüpfen an früheres Gespräch oder an früher behandelte Punkte.

— *Immer richtig:* Besondere Interessen des Kunden als Ausgangspunkt des Gesprächs nehmen: Sein Automobil, seine Urlaubspläne oder -erfahrungen, Bauabsichten, seine Zigarettensorte, seine augenblickliche Tätigkeit, brennende Berufsfragen, sein Hobby (Vorsicht!) u. dgl.

— Unter Berührung eines wahrscheinlich vorhandenen besonderen Interesses des Partners sofort zur Sache kommen.

Den Gesprächspartner *persönlich* ansprechen!

---

zu einer leeren Redensart, wenn man dem anderen durch sofortiges Weitersprechen die Gelegenheit zur Beantwortung nimmt.

Der zweite besondere Hinweis scheint mir hinsichtlich des Hobbys notwendig zu sein. *Hobbygespräche* werden heute häufiger als einem lieb ist geführt, so daß oft das Gegenteil des verfolgten Zweckes mit ihnen erreicht wird. So erklärte mir einmal ein vielbesuchter Firmeninhaber: »Hätte ich doch den Leuten, die mich täglich besuchen, niemals gesagt, daß ich Briefmarken sammle! Auf allen Kundenkarten steht jetzt bei meinem Namen der Vermerk: ›Sammelt Briefmarken‹. Sie glauben gar nicht, welch dämliche Briefmarkengespräche ich jetzt täglich führen muß!« Hobbygespräche sind nur dann gut, wenn es gelingt, den anderen zum Reden über sein Hobby zu bringen und ihm geduldig zuzuhören — was fast automatisch bedeutet, daß man ihm immer sympathischer wird —, oder wenn man selbst wirklich etwas davon versteht und für den anderen ein interessanter Gesprächspartner ist.

Alles in allem: Für die erfolgreiche Kontaktgewinnung ist es besonders wichtig, den Gesprächspartner *persönlich anzusprechen*. Wenn das gelingt, ist das Eis meist schon gebrochen. Da man jedoch im heutigen Geschäftsleben, vor allem in der Außendiensttätigkeit, vorwiegend mit vielbesuchten Menschen zu tun hat, ist die Kontaktgewinnung durch ein persönliches Gespräch oft sogar falsch, weil man dem Besuchten so — wie er es empfindet — »nur die Zeit stiehlt«. Also *nicht lange herumreden*, lieber an ein vorhergehendes Gespräch anknüpfen oder auf eine andere Art rasch zur Sache kommen!

2. Verhalten in besonders schwierigen Fällen

Es gibt immer Fälle, in denen sich der notwendige Kontakt aus irgendeinem Grund nur schwer herstellen läßt. Hier muß man mit besonderer Überlegung und Vorsicht, zuweilen nach einem wohlüberlegten System vorgehen. Man darf nicht mit der Tür ins Haus fallen und gleich auf Anhieb zum Erfolg kommen wollen. Zuerst ist gerade hier eine günstige Atmosphäre zu schaffen, um den vorhandenen Widerstand zu beseitigen. Das kann auf verschiedenen Wegen geschehen.

Eine bewährte Methode ist die *Flucht in die Sachlichkeit*. Gerade wenn gewisse menschliche Abneigungen mitsprechen, ist es notwendig, sich auf die gemeinsamen sachlichen Interessen zu beschränken und das persönliche Moment zurücktreten zu lassen.

Eine zweite Möglichkeit für gute Taktiker: Die fehlende menschliche Atmosphäre gewissermaßen künstlich schaffen. Man kann etwa *den anderen zum Reden bringen*, am besten über sich selber, und aufmerksam und teilnehmend zuhören. Zunächst abweisend eingestellte Menschen und Kunden tauen dabei manchmal unerwartet rasch auf. Man kann den anderen auch in einer geschäftlichen oder allgemein interessierenden Angelegenheit *um seine Meinung bitten*, nach seiner Einstellung zur Neugestaltung eines Erzeugnisses oder nach seinen persönlichen Erfahrungen auf dem einen oder anderen Gebiet fragen usw. Mit dieser Bitte bringt man ihm Vertrauen und Wertschätzung entgegen. Gerade diese Möglichkeit wird von erfahrenen Verhandlungspartnern oft ausgenutzt. Man kann auch gemeinsam mit seinem Gesprächspartner oder Kunden *auf Dritte* schimpfen, was zuweilen eine beträchtliche psychologische Erleichterung für ihn bringen kann; doch auch hier besondere Vorsicht! Man kann seine Stimmung ferner durch eine *Aufmerksamkeit* oder Gefälligkeit bessern. — Sind *berechtigte Vorwürfe oder Kritik* zu erwarten, dann ist es am klügsten, gleich zu Beginn die gemachten Fehler offen zuzugeben: »Ich komme, damit Sie sich ihren Ärger vom Herzen reden können; ich weiß, wir haben uns Ihnen gegenüber ein tolles Ding erlaubt...«

All dies ermöglicht es uns, dem gegen uns vorhandenen Widerstand die Spitze abzubrechen, und auch die unbewußten Gefühle positiv für uns zu beeinflussen. Wir müssen uns darüber klar sein, daß Gefühle der Sympathie und Antipathie wechselseitig sind. Ist ein anderer mir unsympathisch, so kann ich es als wahrscheinlich annehmen, daß seine Einstellung mir gegenüber ähnlich ist. Seine Meinung über uns können wir dadurch verbessern, daß wir *selber eine positive Haltung* ihm gegenüber einnehmen (eine dritte grundsätzliche Möglichkeit). Es genügt, an seine wertvollen Seiten zu denken, z. B. an seine überzeugende Markt- und Sachkenntnis, seine Fähigkeit des logischen Denkens, daran, daß er ein Könner ist, und schon werden wir uns fragen, warum er uns eigentlich persönlich unangenehm ist. Die Antwort liegt auf der Hand: Es muß auch einen Grund bei uns geben. Wir schätzen ihn wahrscheinlich etwas falsch und einseitig ein!

Helfen wir uns in solchen Fällen mit der ganz *bewußten Selbstsuggestion,* daß wir ihm gegenüber nur voreingenommen seien, daß er eigentlich ein ganz netter Mensch ist! Dieser Gedanke kann uns immer dann, wenn wir an das bevorstehende unangenehme Gespräch denken, etwa am Vorabend, am Morgen und kurz bevor wir es führen, zusammen mit der Vorstellung seines lachenden Gesichtes, das wir irgendwo einmal gesehen haben, zu einer anderen inneren Einstellung verhelfen, die sich schon beim Eintritt in sein Büro in unserem

Gesicht bemerkbar macht. Bei einem kurzen erfrischenden Spaziergang beeinflussen wir uns vorher selbst noch einmal: »Herr Schmied ist im Grunde doch ein ganz netter Mensch!« — »Ich freue mich darauf, jetzt gleich den liebenswürdigen Herrn Schmied zu sehen!« Das hat in der Tat schon vielen Menschen wirklich geholfen. — Andere, die mehr vom materiellen Ziel ihrer Bemühungen ausgehen, helfen sich durch den intensiven Gedanken: »Herr Kurz ist mir so sympathisch, er hat das Geld, das ich haben will!« — »Das Geld von Herrn Kurz und damit er selber sind mir äußerst sympathisch!«

Es ist eine häufige Erfahrung, daß sich menschliche *Antipathien mit steigendem Kontakt verlieren*. Dadurch, daß man den anderen näher kennenlernt, daß man seine besonderen Verhältnisse und vor allem seine Probleme und Schwierigkeiten genauer beurteilen kann, gewinnen wir meistens so viel Verständnis für ihn, daß die frühere Abneigung fast, wenn nicht gar völlig verschwindet. Man lernt die bisher unbekannten angenehmen Seiten seiner Persönlichkeit kennen und schätzen und — auf einmal erscheint er durchaus sympathisch.

Schließlich sei noch auf eine vierte Methode hingewiesen, bei der man sozusagen *Hilfe von außen her holt,* sei es im wörtlichen Sinn oder dadurch, daß man sich die äußeren Umstände zunutze macht. Wir können Hilfspersonen zu unseren *Bundesgenossen* machen. Gelingt uns der direkte Kontakt mit einem Firmeninhaber schlecht, so können wir seine Frau, die Sekretärin, den Lagerverwalter, den ersten Einkäufer oder irgend jemand, der auf Grund seiner Persönlichkeit geeignet ist, für unsere Absichten gewinnen. Dieser wird uns dann an entscheidender Stelle eher zum positiven Ergebnis verhelfen können. — Durch kleine *Gefälligkeitsangebote* können wir ähnliches erreichen. — Bewährt hat sich auch, ein schwieriges Gespräch vor allem dann zu führen, wenn man unmittelbar *zuvor einen besonderen Erfolg* erzielen konnte. Die Freude über einen Erfolg beeinflußt unser Auftreten auch bei diesem schwierigen Kunden oder Gesprächspartner. Es lohnt sich also, solche Besuche taktisch richtig zu planen! — Schließlich sei nochmals an *die Tageszeit* erinnert, die für manchen impulsiven und cholerischen Menschen die einzige angenehme Stunde des Tages bedeutet: die Zeit unmittelbar nach dem Mittagessen (vgl. S. 30).

Sportliche Naturen können sich in menschlich schwierigen Fällen auch dadurch helfen, daß sie das ganze Problem von seiner gleichsam *sportlichen Seite* her betrachten. »Das möchte ich doch einmal sehen, ob ich dieses mein Ziel, Herrn Y zu gewinnen, nicht erreichen kann!« Besonders in der Verknüpfung mit ausgeprägtem Zielbewußtsein kann es diese Betrachtungsweise viel leichter machen, über Mißerfolge hinwegzukommen. Ein mit tierischem Ernst geführter verbissener Kampf hat sowieso weniger Erfolgsaussichten. Wer diese Dinge mehr von der sportlich-heiteren Seite angreift, wird mehr Chancen haben, eine *rettende Idee* zu bekommen. Einige werden nachstehend dargestellt.

In besonders delikaten Fällen, etwa dann, wenn die Absicht des Kunden bekannt ist, nie mehr mit uns zu arbeiten, lohnt sich die Ausarbeitung eines Feldzugsplans, dessen Ziel die langsame Gewinnung des persönlichen Kontaktes ist. Der zielbewußte Vertreter besorgt sich z. B. über einen ortsansässigen Fotografen ein gut gelungenes oder originelles *Lichtbild* des Firmeninhabers, das bei einem lokalen Ereignis aufgenommen wurde. Beim ersten Besuch stellt er sich nur mit seinem Namen vor und übergibt lediglich die Fotografie, die ihm »ein Zufall in die Hand gespielt hat«: der erste menschliche Kontakt ist geschaffen. Als psychologisch erforderliche Gegenleistung bittet man darum, vielleicht einmal in irgendeiner Angelegenheit mit der Bitte um Rat zurückkommen zu dür-

fen. Der weitere Verlauf ergibt sich von selbst: Beim dritten
Besuch wird geäußert, daß man Vertreter der Firma Zyxa sei,
und beim vierten erfolgt mit Sicherheit der erste Auftrag. Man
kann dem Besuchten in solchen Fällen nicht nur eine gute
Fotografie von ihm selbst überreichen, sondern auch von seinem Geschäft, von einem besonders gelungenen Schaufenster,
aus einem ungewöhnlichen Blickwinkel aufgenommen, von
seiner Heimatstadt, die man vor kurzem besuchte, oder aus
dem Bereich seines Hobbys, von dem man zufällig erfahren
hat.

Man kann als Vertreter von Fahrzeugen ein *originelles Modell* seines Wagens, das sich aus eigener Kraft bewegt, mit
naturgetreuem Geräusch ins Kundenbüro oder Vorzimmer
hineinfahren lassen, man kann mit fast jeder Ware, auf einen
Modell-Lastwagen aufgeladen, das gleiche tun. Man kann aus
einem Modell die hübsche Melodie einer Spieluhr erklingen
lassen; man kann als Vertreter von Kinderwäsche seinen Weg
durch eine reizend angezogene Puppe ebnen. Es gibt bei einigem Nachdenken derlei Möglichkeiten mehr, nur will jeder
Einzelfall sorgfältig überlegt sein. Eine gute Idee trägt, gerade in solchen Fällen, oft reiche Zinsen! — Immer wieder
gilt es, zuerst die menschliche Seite des Kunden zu gewinnen.
Wenn wir das erreichen, dann ist er bereit für ein sachliches
und fachliches Gespräch.

originelle Idee

POSITIVE ATMOSPHÄRE SCHAFFEN

Jetzt zu Beginn kann sie leicht geschaffen werden. Beginnt das Gespräch aber unter negativem Vorzeichen, dann ist es hinterher fast immer zu spät.

Ausführungsregeln:
Den ersten Eindruck günstig gestalten
       An die Wirkung der Persönlichkeit denken.
       Peinlich jeden der üblichen Fehler vermeiden.
Schnell persönlichen Kontakt gewinnen
       Der Ton macht die Musik!
       Herzliches Kontaktgewinnungsgespräch.
Deshalb:
       Verbindlich und höflich,
       überzeugend und sicher!

Auch im späteren Verlauf des Gesprächs immer darauf bedacht sein, die positive Atmosphäre aufrechtzuerhalten!

Was können wir zu Beginn mehr erreichen als die wirklich positive Einstellung unseres Partners zu uns? Wenn wir sie bewahren, haben wir dann nicht schon den halben Erfolg in der Tasche?

C.
SACHLICHE GESPRÄCHSEINLEITUNG

Nach der Begrüßung und persönlichen Kontaktgewinnung folgt die Einleitung des sachlichen Gespräches. Der Gesprächsführer muß auf sein Ziel lossteuern, denn er will doch schließlich etwas verkaufen! Das ist immer und überall dasselbe, es liegt in der Natur der Sache.

Läßt sich der erste Abschnitt jeder Verhandlung, die persönliche Begrüßung ohne weiteres in einer Zeiteinheit erfassen, die je nachdem von wenigen Sekunden bis zu einer Stunde oder noch länger reichen kann, so ist das bei der sachlichen Einleitung des Gesprächs in dieser Form kaum möglich. *In nur wenigen Sekunden* entwickelt sich die Art und Weise, wie man das Gespräch der sachlichen Absicht entsprechend einleitet. Trotzdem müssen wir wegen der psychologischen Bedeutung von einem eigenen Abschnitt der Verhandlung sprechen. Diese kurze Zeitspanne ist wohl mit ein Grund dafür, daß sich die meisten Menschen und speziell Verkäufer der entscheidenden Bedeutung dieser zweiten Phase nicht bewußt sind. Bleiben wir zunächst bei der Verkaufsverhandlung, denn hier wird besonders deutlich, was für alle Verhandlungen allgemein gilt.

Dies ist bereits *psychologisch der schwierigste Punkt*, wie ich bei verkäuferischen Ausbildungsveranstaltungen immer wieder festgestellt habe. Es ist bezeichnend, daß wir in unserer deutschen Sprache kein Wort oder keinen Wortbegriff haben entsprechend dem angelsächsischen »approach to the customer«. Wir müssen diesen Begriff im Deutschen mühsam umschreiben, denn die wörtliche Übersetzung »Annäherung an den Kunden« ist in vorliegendem Zusammenhang schlecht. Am treffendsten und prägnantesten können wir diesen Begriff wohl übersetzen mit der »Art und Weise, den Kunden anzupacken«. Daß der Angelsachse bei seinem ausgeprägten Wirklichkeitssinn in seiner Sprache einen eigenen Begriff dafür entwickelt hat, ist sicherlich kein Zufall. Bei Ausbildungsseminaren in den USA ergeben sich auch längst nicht die psychologischen Schwierigkeiten wie bei uns. Das habe ich drüben immer wieder feststellen können.

Dort ist man sich viel klarer darüber, was selbstverständlich auch in unserem Land erfahrene Verkäufer, die ihren Beruf ernst nehmen und selbstkritisch ausüben, wissen: Schon in der *ersten Minute* des sachlichen Gespräches *fällt die Entscheidung,* ob der Kunde dem Verkäufer zuhört oder ob er ihn loswerden will. Ist letzteres der Fall, schaltet er einfach ab. Wie oft kann man es in der Praxis beobachten, daß nach einer zunächst recht guten Gesprächseinleitung in dem Moment, wenn der Verkäufer zur Sache kommt, der angesprochene Kunde plötzlich »abschaltet«. Jetzt wird die zuvor gewonnene positive Atmosphäre wertlos, und jetzt ist mit dem Verlust dieses zweiten Verhandlungsabschnitts — der sich oft nur in wenigen Sekunden vollzieht — das gesamte Verkaufsgespräch verloren.

I.

Die übliche Methode: Generalfehler der meisten Verkäufer und Verhandlungspartner

Auf Grund meiner langjährigen systematischen Beobachtungen von vielen Verkaufsgesprächen in allen Branchen und Verkaufsebenen und von praktischen Übungen bei Verkaufsschulungen sowie auf Grund ihrer statistischen Auswertung bin ich sicher, daß das, was ich jetzt als den Generalfehler der meisten Verkäufer und Verhandler herausstelle, richtig ist. Der größte Teil dieser Gespräche in Büros und Geschäften verläuft nach dem Prinzip: Zuerst wird der Kunde mehr oder weniger herzlich begrüßt, je nachdem folgt ein kürzeres oder längeres Einleitungsgespräch der persönlichen Kontaktgewinnung, und wenn der Verkäufer dann zur Sache kommt, hält er sich meistens an ein ganz bestimmtes Schema.

Ob es dabei um Verkaufsgespräche von Einzelhandelsverkäufern, von Vertretern, von Verkaufsdirektoren oder von Anfängern geht, (oder ob es sich um die Eröffnungen von Verhandlungen anderer Art dreht), immer wird im Prinzip das gleiche Verfahren angewendet. Weil diese Phase der Verhandlung besonders entscheidend ist, bringe ich nun *einige Beispiele der üblichen Art,* das Gespräch zu eröffnen, die ich gesammelt habe. Unmittelbar voraus geht entweder die Vorstellung (Name und Firma) oder ein kurzes Einleitungsgespräch zur Gewinnung von persönlichem Kontakt.

Firmenvertreter für Feinkostartikel:
— »Wie Sie wissen, stellen wir ein hervorragendes Sortiment von Naturkonserven her, welches eine Reihe von Vorteilen bietet, nämlich . . .
— Sie haben sicher schon von unseren Erzeugnissen gehört.

Ich möchte Sie gerne mit unserem Lieferprogramm vertraut machen. Es setzt sich zusammen aus . . .
— Wir stellen keine x-beliebigen, sondern ausschließlich Spitzenartikel her, über die ich Sie informieren möchte. Ich empfehle Ihnen . . .«

Reisender für Haushaltstücher:
— »Ich hätte Sie gern über unser neuzeitliches Haushaltstuch unterrichtet, das eine Reihe von Eigenschaften miteinander verbindet wie bisher noch kein vergleichbares Tuch . . .
— Ich bringe Ihnen heute etwas Neues, ein Haushaltstuch mit unwahrscheinlichen Eigenschaften, nämlich . . .
— Darf ich Sie bekannt machen mit unserem Universal-Haushaltstuch, das die Vorzüge des Fensterleders verbindet mit . . .«

Automobilverkäufer:
— »Wie ich gehört habe, interessieren Sie sich für ein Automobil, und da möchte ich Sie mit unserem Fabrikat bekanntmachen. Wir haben jetzt eine Reihe von weiteren Verbesserungen . . .
— Ich habe gehört, Sie möchten sich in der nächsten Zeit einen neuen Wagen zulegen; ich möchte Ihnen deshalb gern mein Angebot machen. Unser Fabrikat hat folgende Vorzüge . . .
— Wir haben, wie Sie vielleicht wissen, die Vertretung der Marke A, und ich möchte mich gerne mit Ihnen über unser neues Modell unterhalten. Dieses ist ausgestattet mit . . .«

Kaufmännischer Mitarbeiter eines Rechenzentrums:
— »Ich komme von dem neueröffneten Rechenzentrum unserer Firma in X-Stadt und möchte Sie mit unserer Arbeit bekannt machen. Unsere Tätigkeit besteht . . .
— Wir sind ein Dienstleistungsunternehmen ganz besonderer

Art für elektronische Datenverarbeitung und können Ihnen anbieten ...
— Wie Sie vielleicht gelesen haben, machten wir vor kurzem hier ein neues Rechenzentrum auf, das die Aufgabe hat ...«

Vertreter einer Werkzeugfabrik:
— »Sie kennen sicher den Namen unserer Firma, die seit 40 Jahren Werkzeuge herstellt. Unser Programm umfaßt ...
— Wir stellen, wie Sie wissen, hervorragende Werkzeuge her, für die bei Ihnen sicher gelegentlicher Bedarf vorliegt. Da möchte ich Sie rasch informieren, was für ...
— In Ihrem Betrieb befinden sich ja viele Werkzeuge aller möglichen Baujahre, und da möchte ich Ihnen einige Vorschläge machen. Wir fabrizieren ...«

Werbedame für Lebensmittel-Markenartikel:
— »Darf ich Sie auch einladen, unseren Werbestand zu besichtigen, wir haben ...
— Darf ich Ihnen heute unser B-Produkt mitgeben, wie Sie wissen, ein hervorragendes ...
— Wir machen heute eine Werbung für unsere bekannte Marke C und da möchte ich auch Ihnen anbieten ...
— Ich möchte Sie rasch aufmerksam machen auf unsere wohlschmeckenden ...
— Darf ich Ihnen heute eine Kostprobe anbieten von unserem köstlichen ...
— Ich möchte Sie heute gerne verführen, ein Schlückchen unseres ausgezeichneten ...
— Ich besuche Sie heute von der Firma D mit unserem Spitzenerzeugnis ...
— Sie sehen, heute ist E wieder da und zeigt Ihnen etwas ganz besonders Schönes. Wir haben ...«

Akquisiteur für Maschinen (Werkzeug-, Kaffeemaschinen):

— »Ich bin Mitarbeiter im Hause F und möchte mich mit Ihnen gern unterhalten über unsere Kaffeemaschinen . . .

— Unser Haus ist Ihnen ja sicher nicht unbekannt, wir stellen seit einiger Zeit eine neuartige Anlage her, die . . .

— Wir haben, wie Sie wissen, einen hervorragenden Namen für die G-Maschine, und da möchte ich mit Ihnen über die Möglichkeiten sprechen, die Ihnen diese Maschine . . .«

Noch zwei Beispiele aus dem *Einzelhandel*. Nach der ersten Äußerung des Kundenwunsches in ganz allgemeiner Form wird gesagt:

Möbelverkäufer:

— »Da haben wir eine ganz herrliche Einrichtung hier, die besteht aus . . .

— Ich möchte Ihnen da zunächst dieses Zimmer empfehlen, das aus hervorragendem Material . . .

— Aber natürlich kann ich Ihnen da etwas ganz Ausgezeichnetes anbieten, das Ihnen ganz sicher gefallen wird. Es handelt sich um eine ungewöhnliche, vielfältige Kombination . . .«

Verkäufer hochwertigen Porzellans:

— »Da habe ich hier etwas ganz Elegantes, was bei einer kürzlichen Ausstellung . . .

— Hier sehen Sie gleich etwas besonders Apartes, das wir erst vor wenigen Tagen hereinbekommen haben: Es besteht aus . . .

— Da darf ich Ihnen hier etwas sehr Schönes anbieten, es ist hergestellt aus . . .«

Ganz bewußt wurden hier wirklich aus der Praxis gegriffene Beispiele aufgeführt, um deutlich zu machen, wie oft

immer wieder das gleiche Schema angewendet wird, und zwar
— es sei nochmals betont — quer durch alle Branchen und in
allen Verkaufsstufen. Es ist sicherlich nicht übertrieben, wenn
ich behaupte, daß alle diese Gesprächseinleitungen schematisch nach folgendem Prinzip aufgebaut sind:

»Herr Kunde, Herr Gesprächspartner, hier habe ich etwas
Interessantes für Sie: mein Angebot, meine Ware, mein
Vorschlag. Dieses mein Angebot hat folgende Vorzüge:
erstens, zweitens, drittens usw. . . .«

Kann man hier nicht wirklich von einem primitiven Schemagespräch der *Waren- und Qualitätsbeschreibung* sprechen?
Einem Gespräch, das zu deutlich spüren läßt, was man erreichen möchte: einen Auftrag, einen Abschluß. Nach meinen
jahrelangen sorgfältigen Erhebungen führen bei vorsichtiger
Zählung 80 Prozent aller Verkäufer — wahrscheinlich wäre es
korrekter, von 85 Prozent zu sprechen! — eben dieses primi-
tive Schemagespräch. Dazu *einige Gewissensfragen:*

1. Was interessiere eigentlich *ich* meinen Kunden bzw. Gesprächspartner? Jeder ist sich selbst der Nächste! — Weshalb
sollte ich für den anderen, nur weil ich ihn aufsuche bzw. weil
er mit mir spricht, interessant sein?

2. Was wird bei dieser Art der Gesprächseröffnung sofort
deutlich und was steht in der Regel auch später im Vordergrund? Doch nichts anderes als das Interesse des Verkäufers!
Welches Interesse sollte der Kunde daran haben?

3. Was geht unterdessen in den so angesprochenen Kunden
vor sich? Jeder — wer es auch sei — hat seine Sorgen und
Probleme, die ihn von morgens bis abends beschäftigen. Nehmen wir das praktische *Beispiel eines Einzelhändlers:* Während gerade ein Vertreter vor ihm steht und das »Einheits-
Feldgeschrei« der Waren- und Qualitätsbeschreibung von sich

gibt, gleitet sein Blick über die Regale seines Ladens. Er sieht noch genug vergleichbare Ware herumliegen, und da und dort Waren, die er nicht verkaufen kann und die zu Ladenhütern werden. Er verdankt sie auch dem »perfekten Qualitäts-Feldgeschrei« eines Reisenden! An sein überfülltes Lager darf er gar nicht denken. Oder an einen Wechsel, den er in wenigen Tagen einlösen soll, oder an Außenstände, die nicht hereinkommen, oder an seine aktive Konkurrenz, oder an die Laune seiner Frau, die er beim Frühstück über sich ergehen lassen mußte. Dort drüben ist der leere Platz von Fräulein X, die ihm heute morgen prompt einen Krankenschein schickte, weil er ihr gestern — wenn auch vorsichtig — die Leviten gelesen hatte wegen ihrer häufigen Gedankenlosigkeit. Und nun steht auch noch einer von den täglich 15 bis 35 Besuchern vor ihm, von dem ihm die meisten das gleiche sagen.

Bei eben der Situation wundert sich dieser — darf man ihn nicht getrost so nennen? — Einfaltspinsel von Durchschnittsverkäufer über das *»das fehlende Interesse des Kunden«*, der wiederum denkt: Was interessiert mich das alles? Wie werde ich diesen Schwätzer, der mir nur meine Zeit stiehlt, so rasch wie möglich los? So daß er reagiert: »Herr Verkäufer, Sie langweilen mich! Die Vorzüge Ihrer Ware und ihre ganze Qualität sind mir völlig gleichgültig, was soll ich mit Ihnen? Ich habe schon genug Ware hier, und ich habe weiß Gott ganz andere Sorgen. Ich darf Sie auf die Tür aufmerksam machen, bitte bedienen Sie sich derselben«!

Ist diese Reaktion unverständlich, oder ist sie nicht zwangsläufige Folge des ungeschickten Verhaltens des Verkäufers? Dieser Einheitsverkäufer tut alles, um seinen Kunden so deutlich wie möglich spüren zu lassen, daß er ihm etwas verkaufen will! Er erleidet seinen *verdienten Mißerfolg* deshalb, weil er mehr oder weniger deutlich sichtbar oder spürbar immer nur das eine durch die Luft schwenkt: seinen Auftragsblock!

Er klassifiziert sich selbst ein in die große Gruppe der gehaßten »Auftragsjäger«.

Erste Randbemerkung:

Statt des »Einheits-Feldgeschreis« der Warenbeschreibung wird besonders bei laufenden Besuchen des Wiederverkäufers häufig ohne weitere Vorrede einfach *direkt nach dem Auftrag gefragt:*

— Was brauchen Sie denn heute?

— Was darf ich aufschreiben?

— Was haben Sie heute für mich zu notieren?

Das Ergebnis ist im Regelfall das gleiche wie soeben beschrieben: »Schon wieder so ein Auftragjäger!«

Zweite Randbemerkung:

Was sollen die *nichtssagenden Einleitungsworte,* die man oft hört:

— Darf ich Sie fragen . . .

— Ich bin nur gekommen, um . . .

— Ich wollte nur mal hören, ob . . .

— Da ich gerade hier bin . . .

— Schon lange wollte ich Sie einmal besuchen, und gerade jetzt . . .

— Ich bin heute bei Ihnen vorbeigekommen, um Sie . . .

— Darf ich Sie einen kleinen Moment stören und Ihnen . . .

— Ich möchte Ihnen nur eben mal guten Tag sagen . . .

— Darf ich Ihre geschätzte Aufmerksamkeit in Anspruch nehmen und Sie . . .

— Darf ich Ihre kostbare Zeit für wenige Minuten beanspruchen . . .

Diese leeren Redensarten beweisen letztlich, daß man nicht weiß, wie man seinen Kunden richtig anpacken soll. Sie versuchen im Grunde nur die eigene Unsicherheit zu verbergen, und das spürt der Angesprochene schnell und reagiert entsprechend negativ.

Zurück zum Thema: Es liegt in der Natur dieser Einheitsmethode, daß der Verkäufer *sehr viel redet*. Hüten Sie sich wie vor Gift davor, zu viel zu sprechen! Vor allem fachlich gut geschulte, und dazu noch temperamentvolle und aktive Menschen neigen nun einmal dazu. Sie merken in Ihrem Eifer dann gar nicht, daß ihnen die anderen nicht richtig zuhören, oder innerlich nicht dabei sind. Besonders der Vertreter oder Reisende, der möglichst viele Besuche am Tag erledigen möchte, leiert oft sein Pensum nur herunter und glaubt, wenn er seine Argumente nur vorgebracht habe, dann müsse sein Kunde sie auch verstanden haben. Eine folgenreiche Überschätzung des Verstandes! Es kommt doch nicht auf das an, was ich sage, sondern nur auf das, was mein Gesprächspartner hört, glaubt oder annimmt. Dem vielredenden Verkäufer wird gar nicht bewußt, daß er seinen Kunden einfach überredet. Er ist der Ansicht, wenn er den Verstand des anderen gleichsam überwältigt, dann könne er ihn gewinnen.

Daß er seinen Partner überzeugen muß, um ihn wirklich zu gewinnen, und daß das etwas ganz anderes ist, merkt er allem Anschein nach überhaupt nicht.

Was ist die *Wirkung?*

1. Die Vielredner überlassen es dem bloßen Zufall, ob ihr an erster Stelle gebrachtes Argument den Kunden anspricht und für ihn einnimmt. Manchmal trifft das nach dem Gesetz der Wahrscheinlichkeit zu. Dies wiederum macht es viel schwerer, den grundsätzlichen Fehler zu erkennen.

2. Der Kunde, der schon zu Beginn des Gespräches vom Verkäufer mit einem Redeschwall über die angeblichen Vorteile der Ware überschüttet wird, empfindet das als aufdringlich und schaltet ab.

3. Der Kunde, der zu früh auf die vielfältigen Ausführungen oder Typen einer Ware, vielleicht noch mit deren Vor- oder

Nachteilen, hingewiesen wird, wird leicht hilflos. Alles erscheint ihm reichlich kompliziert, und er wird abgeschreckt.

4. Das »Qualitätsfeldgeschrei« führt häufig zu der gefährlichen Frage des Kunden: »Was kostet das denn?« Zu frühzeitige Fragen dieser Art können den Verkäufer leicht die Führung des Gespräches und damit seiner Erfolgsaussichten kosten.

Was bis jetzt über Verkaufsverhandlungen gesagt wurde, gilt genauso für Verhandlungen aller Art. Zwar werden in Gesprächen oder Verhandlungen allgemeiner Art nicht soviel Fehler gemacht wie im Verkauf, doch wird der Partner dort vielfach psychologisch ebenso falsch behandelt. Bevor wir nun im einzelnen über die Möglichkeiten sprechen, solche Fehler zu vermeiden, möchte ich eine kurze Zwischenbetrachtung einschalten.

II.

DIE BEDEUTUNG DER GEFÜHLSMÄSSIGEN ANTRIEBSKRÄFTE DES MENSCHEN

> »Hab ich des Menschen Kern erst untersucht,
> dann weiß ich auch sein Wollen und sein Handeln.«
> *(Schiller, Wallenstein)*

In unserer nüchternen Zeit hat sich — uns nicht immer ganz bewußt — die Überzeugung durchgesetzt, der Mensch sei ein reines Verstandeswesen. Stimmt das wirklich? In knappen Zügen soll hier eine Erkenntnis dargelegt werden, ohne die wir unsere Partner im privaten und beruflichen Leben schwerlich so anpacken und beeinflussen können, wie wir es wünschen.

 Mit wenigen Strichen können wir den Menschen in seinen entscheidenden Grundschichten zeichnen. Im tiefsten Innern des Menschen sind seine *animalischen Grundtriebe* verwurzelt (Befriedigung von Hunger und Durst, Befriedigung der Geschlechtsbedürfnisse) und die mit ihnen zusammenhängenden Instinkte. Dazu gehört auch die instinktive Menschenkenntnis, die für jeden Verhandlungsführer von unersetzlichem Wert ist. Auf diesen animalischen Grundtrieben bauen sich die (damit zusammen entscheidenden) *Grundtriebfedern des täglichen Tun und Lassens* auf. Hierher gehören der Selbsterhaltungstrieb, das Selbstentfaltungsstreben oder das Verlangen der Selbstverwirklichung und das Bedeutungsbedürfnis. Schließlich gibt es die *Interessen vielfältigster Art,* die uns reizen, bestimmte Dinge zu tun und andere nicht zu tun. Im Grunde sind die Interessen nur andere Namen für die vielen besonderen Erscheinungsformen dieser Grundantriebskräfte. Im Kern sind es immer wieder sie in tausendfältigen Spielarten, die den Menschen und damit die Welt bewegen. In unseren *Wünschen* wird uns klar — zu einem kleinen Teil bewußt, zum weitaus größeren Teil aber außerhalb unserer bewußten Erkenntnis —, welche Interessen und Antriebskräfte im Einzelfall in uns lebendig sind. Unserer Persönlichkeit gleichsam nur aufgepfropft ist unser *Verstand.*

Wie klein sind die Wirkungsmöglichkeiten des Verstandes auf unsere durch starke Triebe, Wünsche und Sehnsüchte gekennzeichneten Gefühle, wie schwach erweist sich in dem ständigen Widerstreit von Herz und Kopf der Kopf, wenn das Herz etwas zu erreichen oder zu haben wünscht! Wie klein im Vergleich zu den inneren starken Antriebskräften, d. h. zu der vom bewußten Verstand zunächst noch ganz ungeregelten »Energie«, ist unser bewußter »Wille«!

Schlußfolgerung: *Der Mensch,* unser Kunde und Verhandlungspartner, ist kein reines Verstandeswesen, sondern zu allererst ein Wesen aus Fleisch und Blut, *ein Gefühls- und Erlebniswesen.* Auf sein »Herz« kommt es oft weit mehr an als auf seinen Verstand. Wer das Herz eines Menschen gewonnen hat, der hat den ganzen Menschen gewonnen, denn der Verstand ist häufig nur ein Diener der Gefühlswelt. Wenn das Herz etwas will, findet der Verstand schnell eine Begründung, doch gegen Gefühle kommen meistens Verstandesargumente nicht an. Hat man die Gefühle des anderen, d. h. also seine Erlebnisschichten, seine Antriebskräfte und Interessen richtig angesprochen, dann gewinnt man seinen Verstand in den meisten Fällen wie von selbst.

Zuerst muß ich demnach *das Herz meines Partners gewinnen*. Wie kann ich es tun?

a) *Menschlich-persönlich* schon durch den ersten Eindruck (unser erster Grundsatz der Gesprächsführung: Positive Atmosphäre!) von mir, indem ich so gewinnend und überzeugend, so vertrauenswürdig wie nur möglich erscheine.

b) *Sachlich* indem ich meinen Partner von Anfang an auch in dieser Hinsicht als Erlebniswesen anspreche und seine Antriebskräfte und Interessen in den Mittelpunkt stelle.

Jeder Mensch denkt in erster Linie an sich selbst. Das ist auch der Grund dafür, daß fast alle Menschen, wenn sie von einem anderen irgend etwas wollen, von sich selbst ausgehen, d. h. von ihren eigenen Interessen. Der beschriebene Generalfehler der meisten Verhandlungspartner und Verkäufer zeigt dies deutlich. Weil der andere aber auch in seiner Welt lebt und von seinen und nicht von fremden Interessen ausgeht, deshalb ist das ganze Gespräch von Anfang an für ihn uninteressant, und auf diese Weise erreicht man wenig oder nichts.

Was sind die »Interessen« des anderen? Das, worum es hier geht, müssen wir von der Praxis her untersuchen. Wenn wir von den Interessen des Partners und Kunden ausgehen, dann heißt das nichts anderes als von seinen Sorgen und Nöten, von seinen Schwierigkeiten und Bedenken (verkäuferisch: »Einwände«), die ihn tagtäglich immer wieder von neuem beschäftigen. Sagen wir dafür allgemein: es sind *seine Probleme!* Hat der andere den Eindruck, daß wir ihm irgendeine Hilfe bringen, dann ist er sofort bei der Sache. Das ist die eine Seite der besonderen Interessen jedes Menschen. Die andere sind *seine Wünsche,* d. h. seine Hoffnungen und Sehnsüchte, die sich zum großen Teil aus seinen Sorgen und Problemen ergeben: Spürt er, daß wir ihm etwas anzubieten haben, das irgendeinen seiner Wünsche erfüllen kann, ist auch er bereit, sich mit uns zu beschäftigen.

Wer sich also in die Lage seines Gesprächspartners oder Kunden versetzen kann und *echten* Anteil an ihm nimmt, der kann in einem Jahr damit mehr Erfolg haben als andere im ganzen Leben. Stellt sich nämlich in seinem Partner das Gefühl ein: »Dieser Mensch bringt mir etwas, er will mir helfen«, dann ist im Grunde schon alles gewonnen. Deshalb steht am Anfang aller erfolgreichen Überlegungen die Frage: Wie würde ich an Stelle meines Partners denken und handeln? Was interessiert *ihn* wohl an dem, was *ich* ihm zu sagen habe, an dem, was meine eigenen Absichten sind?

Was interessiert den anderen? Das ist die Hauptfrage, die Sie sich stellen sollten. Ihre nur halbwegs richtige Beantwortung bedeutet vielfach den Schlüssel zu erfolgreichem Reden und Tun. Wo liegen *seine* Probleme und Wünsche? Von dieser Frage aus finden Sie in schwierigen Fällen und Situationen, auch in kritischen Augenblicken während einer Verhandlung, meistens den richtigen Weg.

Noch einmal: Wer als Verhandlungsteilnehmer oder als Verkäufer etwas will, sollte immer nur vom Interesse des Partners bzw. Kunden ausgehen, und nicht von seinem eigenen. Die große Mehrzahl aller Verkäufer tut aber gerade das, indem sie dauernd von der zu verkaufenden Ware redet, und wundert sich dann, wenn der Kunde nicht kaufen will. Übersetzen wir diese grundsätzliche Erkenntnis in die Praxis des

Gespräches, dann bedeutet das, besonders wenn wir uns an den Generalfehler der meisten Gesprächsführer erinnern: Stellen wir uns als kluge Verhandlungspartner nicht auf den »ICH-Standpunkt«, sondern nehmen wir sehr deutlich den »SIE-Standpunkt« ein! Schon durch die Wahl unserer Worte können wir das Gespräch leichter in die richtige Bahn lenken: Ersetzten Sie das »Ich« durch das »Sie«! Fast alles, was Sie in der Ich-Form sagen, können Sie auch in der Sie-Form ausdrücken. Sagen Sie nicht: »Ich bin der Ansicht«, »Meine Meinung dazu ist«, »Unsere Erfahrung sagt uns immer wieder«, »Ich rate Ihnen«, »Ich als Fachmann . . .«, sondern fragen Sie vielmehr: »Sind Sie nicht der Ansicht . . .?«, »Ist es nicht auch Ihre Meinung?«, »Haben Sie nicht diese Erfahrung gemacht?«, »Scheint es Ihnen nicht günstiger . . .?«, »Haben Sie schon gehört, was manche Leute mit Erfahrung auf diesem speziellen Gebiet sagen?« Stellen wir *unseren Gesprächspartner* schon von der Sprache her dahin, wo er hingehört: *in den Mittelpunkt des Gespräches!* Auf diese Weise machen wir aus dem vielleicht nur halb hinhörenden einen echten Gesprächspartner! So werden wir ihn auch leichter veranlassen, das zu sagen, worauf es ihm wirklich ankommt.

Wer als Verkäufer sein eigenes Interesse, den Auftrag in den Vordergrund stellt, indem er im Sinne des verkäuferischen »Feldgeschreis« ständig von seiner Ware redet, und den Kunden sehr deutlich spüren läßt, daß er ihm nur etwas verkaufen will, der wird nichts oder nur wenig verkaufen, allenfalls das, was der Kunde in der nächsten Zeit unbedingt braucht. Wer aber das Interesse des Kunden in den Mittelpunkt rückt, ihn spüren läßt, daß ihm in irgendeiner Form geholfen werden soll, daß ihm etwas gebracht wird, was er von der Ware erwartet, eine Hilfe für seine Sorgen und Schwierigkeiten oder für die Erfüllung seiner Wünsche, der erhält einen guten Auftrag meist von allein. Denn: Spürt der

Kunde, daß wir ihm mehr als eine »Ware« bringen, dann ist er sofort bei der Sache!

Betrachten wir diesen Punkt von der Seite der *Argumentierung* her: Der Verkäufer muß seine Argumente meistens von der Empfindungs- und Denkweise seines Kunden oder Interessenten herleiten; nicht die Ware, nur der Gesprächspartner bestimmt sie! Deshalb sollte er in seinem Verkaufsgespräch nicht die Vorteile der Ware anbieten, vielmehr das, was der Kunde von der Ware erwartet. Weil der Mensch eben nicht nur ein abstrakt denkendes Wesen ist, sondern ein Gefühls- und Erlebniswesen, gilt es für den erfolgreichen Verkäufer, die sachlichen Vorteile in das Subjektiv-Persönliche hinein zu übertragen. Es kommt nämlich nicht auf das an, was der Verkäufer sagt, sondern nur auf das, was der Kunde hört und glaubt, was ihn packt! Deshalb verpufft die beste fachliche Argumentation häufig ins Leere. *Der Weg zum Auftrag führt immer nur vom Kunden,* von seinem Denken und Erleben *her,* nicht von der Ware, vom Angebot oder vom Vorschlag her. Das gilt sinngemäß für Verhandlungen jeder Art.

Wir können es auch anders ausdrücken: *Verkaufen wir keine Ware, sondern das Endergebnis für den Kunden!* Wie eine Maschine arbeitet, interessiert die meisten überhaupt nicht, sondern nur, *was* sie arbeitet, d. h. welchen Nutzen sie bringt. Von hier aus gesehen muß das Angebot sofort und möglichst exakt passen, der Kunde muß überzeugt sein, daß ihm etwas gegeben wird, was er jetzt noch nicht hat: ein Vorteil, ein Wert, ein Erlebnis! — Viele ungeschulte Verkäufer, die nur von ihrer Ware reden, erwarten das Gegenteil: daß sich der Kunde nach ihrer Ware zu richten hat.

Wer sich an diese Grunderkenntnis des Erfolges hält, den anderen immer bei seinen Interessen anzupacken, der wird seinen Partner von ganz allein davon überzeugen, daß der

Besuch bzw. das Gespräch für ihn interessant und wichtig ist. Er wird jedes unnötige Herumreden vermeiden, das häufig Sympathie und Gesprächsbereitschaft kostet, und er wird ihn spüren lassen, daß das Gespräch keinerlei Verpflichtung noch irgendeine Belastung bedeutet. Von dieser Grundeinstellung ist es nur noch ein kleiner Schritt zu der Erkenntnis, daß »Verdienen« vom »Dienen« abhängt: Wenn wir einem anderen wirklich dienen, dann werden wir fast zwangsläufig an ihm *ver*dienen können!

Sie sollten sich deshalb merken: Wenn Sie von irgend jemand etwas wollen, dann sprechen Sie grundsätzlich zuerst von den Dingen, die den anderen interessieren. Meist bietet sich ein Zusammenhang mit ihren eigenen Absichten. »Jeder ist sich selbst der Nächste«: Nach dieser alten Weisheit sieht Ihr Gesprächspartner alles zunächst nur von seiner Warte aus. Packen Sie die Menschen darum bei ihren besonderen Interessen an, sprechen Sie damit zuerst ihr Herz an, der Verstand wird dann von allein nachkommen! Wie wir im nächsten Abschnitt sehen, stehen uns dazu geistige Werkzeuge zur Verfügung, die häufig wenig beachtet werden.

III.
DIE GEISTIGEN WERKZEUGE

Die Erkenntnis, daß wir unseren Gesprächspartner oder Kunden grundsätzlich bei seinen persönlichen Interessen anpacken müssen, ist nicht viel wert, wenn wir nicht wissen, wie wir das in der Praxis erreichen können. Dieses Nichtwissen verleitet dann die meisten Menschen dazu, *zu viel zu sprechen.* Sie versuchen, den anderen zu *über-reden.* Und je größer die Routine des einzelnen, um so größer ist die Gefahr des Einheitsvortrages, des Monologs für ihn!

DEN KUNDEN BEI SEINEN PROBLEMEN UND
WÜNSCHEN ANPACKEN

Nicht entscheidend:	*sondern:*
INTERESSE DES VERKÄUFERS	INTERESSE DES KUNDEN
ICH	SIE
WARE	KUNDE

Dem Kunden helfen,
Dem Wiederverkäufer verkaufen helfen,
Dem Partner bei der Lösung seiner Probleme
und bei der Erfüllung seiner Wünsche helfen!

NUR WER DIENT, KANN AUCH VERDIENEN!

Die Art, wie ich den Kunden anpacke, bestimmt in hohem Maß meinen späteren Erfolg oder Mißerfolg. Das Einheitsverkaufsgespräch der sofort einsetzenden Waren- oder Qualitätsbeschreibung muß ihn langweilen, solange er nicht innerlich angesprochen ist. Wer als Verkäufer, ohne es zu merken, sich selbst und sein Ziel: den Auftrag, in den Mittelpunkt stellt, wird ihn nur schwer bekommen. In den Mittelpunkt des Gesprächs gehört der Kunde mit seinen persönlichen Interessen; d. h. mit seinen besonderen Problemen, Nöten, Bedenken, Einwänden, mit seinen Wünschen, Hoffnungen und Sehnsüchten! Spürt der Kunde, daß ihm in irgendeiner Form weitergeholfen wird, dann kommt der ersehnte Auftrag meist von allein.

Ausführungsregeln:
Weniger reden — mehr fragen
Weniger reden — mehr zeigen

Der Redeschwall des Überredens hindert den Partner nur daran, einen Augenblick in Ruhe nachzudenken und das Gehörte auf sich wirken zu lassen. Was Sie schon im Schlaf aufsagen können, das hört er zum erstenmal! Das viele Reden verwirrt oder verstimmt nicht nur die meisten Menschen. Es verhindert gerade das, worauf es uns in erster Linie ankommen sollte: Das wirkliche Mitdenken, das selbständige Denken des anderen, ohne das wir ihn niemals im echten Sinn gewinnen können. Ja, man kann sogar durch unbedachtes Zu-viel-Reden über den Kaufentschluß des Kunden hinwegreden, weil man damit die aufkeimende Bereitschaft zum Geschäftsabschluß immer wieder zerstört. Deshalb: Weniger reden.

Wie sinnlos ist auch der immer und immer wiederkehrende Versuch des Über-redens, das zumeist an den eigentlichen Interessen des Kunden vorbeigeht! Nicht auf das Überreden, sondern auf das Überzeugen kommt es an.

Manche erfahrene Menschen, die die große Gefahr des Zu-viel-Redens erkannt haben, bemühen sich grundsätzlich, *rasch zur Sache zu kommen*. Sie nehmen, wenn das irgendwie möglich ist, Bezug auf ein früheres Gespräch oder auf ein früher irgendwann schon einmal behandeltes Problem ihres Partners. Dieser wird sich dann meistens von selbst äußern, weil er spürt, daß es um seine eigenen Interessen, seinen Vorteil, seinen Nutzen oder etwas Ähnliches geht. Das Gespräch läuft also durchaus im guten Sinn an. Oder sie nehmen Bezug auf eine andere Person, im Automobilgeschäft z. B. auf einen Vermittler, durch den man vom aktuellen Interesse des Partners gehört hat. Auch hier gibt es im allgemeinen keine Schwierigkeit, und das Gespräch läuft erfolgversprechend an.

Eine Technik eigener Art — mit der wir uns noch ausführlich beschäftigen werden — ist die psychologische »Überrumpelung« des Angesprochenen, indem man *unmittelbar von dem redet, worauf es dem anderen ankommt.* Nur selten ist das die Ware oder unser Vorschlag direkt, fast immer ist es ein Problem oder ein Wunsch des Kunden, wofür ein Vorteil unserer Ware oder unseres Vorschlags die Lösung bringt. Zwei einfache Beispiele: Der seiner Sache sichere Automobilverkäufer eröffnet das Gespräch mit einem Altwagenbesitzer: »Herr Grüner, ich habe Ihnen etwas Nettes mitgebracht!« — ? — »Ein nagelneues Automobil: das kann Ihnen sofort gehören; ich nehme Ihren alten Wagen mit und habe das Geld für ihn sozusagen schon dabei!« — oder der einer Sache sichere Direktverkäufer einer Firma, die gute kosmetische Erzeugnisse herstellt, eröffnet sein Gespräch an der Wohnungstür: »Sie werden sicher lachen, Frau Blauer, aber ich möchte etwas für Ihre Schönheit tun. Sie interessieren sich doch sicher für kosmetische Hautpflege? Wenn Sie mir nur sagen, welchen Hauttyp Sie haben, werde ich Ihnen sofort einige interessante Tips geben können . . .«

Nichts gegen diese direkte Art der sachlichen Gesprächseinleitung! Sicherlich ist die Methode der psychologischen »Überrumpelung« nicht jedermanns Sache, besonders nicht in der soeben geschilderten Behauptungs- und Feststellungstechnik. Diese kann leicht zu Widerspruch reizen. Doch es gibt noch wesentlich bessere Methoden. Damit stehen wir wieder vor der entscheidenden Frage: *Wie* können wir unseren Partner wirklich gewinnen, d. h. wirklich überzeugen? Zur Erreichung dieses Zieles gibt es zwei psychologisch besonders wirkungsvolle Techniken: Die richtige Fragetechnik und die richtige Zeige- oder Demonstrationstechnik. In ihrer klugen und praktischen Anwendung — nicht nur in der Einleitung des sachlichen Gespräches, sondern während seines ganzen Verlaufs, liegt zu einem guten Teil das Geheimnis des Könners.

Wir sind uns klar darüber geworden, daß die meisten Menschen in Überschätzung des Verstandes glauben, sie brauchten eine Sache nur gut zu erklären, dann müsse sie der zuhörende Gesprächspartner schon verstanden haben. Dieser Irrtum führt zur Gefahr der Verhandlungs- und der Verkaufsroutine: dem Einheitsvortrag! Die meisten Verkäufer reden viel zu viel, vor allem an den wirklichen Interessen ihrer Partner vorbei. Das Ziel unserer Bemühungen ist aber, den Verhandlungspartner für unsere Idee, bzw. den Kunden für unsere Ware zu gewinnen. Wie können wir dieses Ziel je erreichen, wenn wir nicht erfahren, *was der andere über das Angebotene denkt?* Es gibt nichts Besseres, das herauszufinden, als direktes Fragen.

Die Fragetechnik ist so wichtig für den Verhandlungserfolg, daß sie über das Thema dieses Kapitels hinausreicht. Der klaren Darstellung halber wird sie deshalb gleich in ihrer grundsätzlichen Bedeutung, d. h. auch von den Blickpunkten aus besprochen, die erst für den weiteren Verlauf einer Unterredung von Bedeutung sind. Nach dieser kurzen Zwischenbetrachtung kommen wir dann rasch zur sachlichen Gesprächseinleitung zurück und werden dann den großen Wert der Fragetechnik gerade auch für diese Verhandlungsphase noch besser zu schätzen wissen.

Die Frage ist in der Tat eine zugleich elegante und unerhört scharfe Waffe, denn mit ihr können wir einen Menschen am besten zum Denken zwingen. Wenn wir ihn etwas fragen, muß er diese Frage einfach beantworten, und wenn er sie sinnvoll beantworten will, muß er sich konzentrieren und seine Gedanken aussprechen. *Wer fragt, der führt.* Bringen wir also den anderen durch Fragen zum Denken und zum Reden!

Mit Zuhören können wir oft mehr erreichen und mehr verkaufen als durch Reden. Durch Fragen bringen wir den anderen zum Reden und machen ihn so zum *echten Gesprächspartner*. Durch Fragen öffnen wir das für ihn nötige Ventil, sich alle seine Gedanken, seine Probleme, Bedenken und seine Erwartungen von der Seele zu reden. Hören wir ihm zu! Die Kunst des Zuhörens mit echter Anteilnahme und Verständnis wird nur selten gelehrt, vielmehr immer nur das wirkungsvolle Reden, obgleich das aufmerksame Zuhören für den Erfolg oft viel wichtiger ist.

Wer viel fragt, redet selbst wenig und läßt den anderen reden. Er hat alle *Vorteile des Schweigens* auf seiner Seite. Wer nicht viel redet, hält seine eigene Meinung zurück, er drängt sie zumindest nicht in den Vordergrund. Er kann auch nicht viel Falsches sagen und so dem anderen unnötigerweise Angriffsflächen bieten. Wer viel redet, gibt, ohne es selbst zu wissen, die schwachen Punkte seiner Überlegungen und Argumentation preis und macht es dem Zuhörenden leicht, dort einzuhaken. Verhandlungskünstler können schweigen, kritisch zuhören, und sich den vielleicht einzigen schwachen Punkt aus den sonst wohlüberlegten Ausführungen des anderen herausgreifen, um diesen dann durch eine harmlos erscheinende, in der Sache aber hart zuschlagende Frage zu zerpflücken. Oft ist dadurch das ganze Konzept zerschlagen, und die besten Ausführungen sind nicht mehr viel wert!

Den anderen viel reden lassen, heißt fast automatisch seine *Sympathie gewinnen.* Er hört sich zumeist — wie alle Menschen — gern reden, und er genießt es, einen guten Zuhörer zu haben. Sein Bedeutungsbedürfnis wird gestärkt, er wird den Zuhörenden gern sehen. Und wenn dieser seine Ansicht teilt und unterstützt, wird er viel eher auch die Argumente seines Gegenüber akzeptieren. Erreicht ein Besucher durch richtiges Fragen, daß der andere ausführlich von seinen Problemen spricht, dann wird der Besuchte meistens feststellen, wie »glänzend er sich mit dem interessanten Besucher unterhalten habe«; tatsächlich hatte dieser aber nur ganz wenige, jedoch die richtigen Sätze gesprochen! Also: Zuhören schafft Sympathie.

Durch Fragen können wir den anderen am ehesten *zum Denken zwingen*. Durch Fragen, die er beantworten muß, locken wir ihn aus der passiven Rolle des bloßen Zuhörers oder Zuschauers heraus. Unsere Frage zwingt ihn, selbst mitzudenken und mitzuspielen. Mit seinen eigenen Äußerungen erwacht zwangsläufig sein Interesse, er bringt Einwände und stellt von sich aus Fragen, er denkt und überlegt und zieht aus seinen eigenen Überlegungen heraus Schlüsse, die *seine* Erkenntnisse sind. Lassen wir den anderen selber das entdecken, worauf es uns ankommt! Das wird er so rasch nicht wieder vergessen, und dafür wird er sich im Zweifelsfall mit der ganzen Kraft seiner eigenen Überzeugung einsetzen. So können wir durch gezielte Fragen *unsere* Gedanken zu Gedanken des anderen machen mit allen Vorteilen, die sich für uns daraus ergeben.

Der griechische Philosoph Sokrates, dessen berühmte Streitgespräche uns Plato überliefert hat, ist uns bekannt als der Meister der Fragetechnik, die er in unübertrefflicher Weise beherrschte, um seine Gegner dahin zu bringen, daß sie *sich selbst widerlegten*. Die »sokratische« oder die »Zersetzungsmethode« ist tatsächlich eine der besten Möglichkeiten, die falsche Sicherheit eines anderen zu erschüttern und gegebenenfalls auch zu zerstören, so daß er seine eigenen Fehler selbst erkennt. Um das zu erreichen, ist schon die Frage: »Warum?« in vielen Fällen eine sehr scharfe Waffe. Natürlich werden wir in der Praxis diese direkte Frage höflicher umschreiben: »Offen gestanden, habe ich nicht richtig verstanden, weshalb Sie zu dieser Ansicht kamen: würden Sie mir dies bitte etwas

Die große Gefahr der Verkaufsroutine: der Einheitsvortrag! Die meisten Verkäufer reden viel zu viel und noch dazu an den wirklichen Interessen ihrer Kunden vorbei.

WENIGER REDEN – ZUHÖREN KÖNNEN

> Durch Zuhören wird oft mehr erreicht als durch Reden
> Zuhören schafft Sympathie, Reden erregt Abwehr
> Nur der Redende deckt seine Karten auf

Die Frage als zugleich elegante und scharfe Waffe:

WER FRAGT, DER FÜHRT

> Durch Fragen den anderen zum Denken zwingen und zum Reden bringen
> Durch Einleitungsfragen die Weiche stellen für das Gespräch
> Durch Fragen die Ansicht und Interessen des anderen (seine Wünsche und Probleme) herausfinden
> Durch Fragen seine Aufmerksamkeit auf die für uns selbst wichtigen Punkte lenken
> Durch Fragen unsere eigenen Gedanken zu denen des anderen machen
> Durch Fragen (»Warum?«) seine falsche Sicherheit elegant zerstören
> Durch Fragen die verlorene Initiative des Gesprächs wiedergewinnen

NICHT ÜBERREDEN, SONDERN ÜBERZEUGEN

> Es kommt nicht auf das an, was ich sage, sondern nur auf das, was mein Partner denkt und glaubt!

---

genauer erklären?« Die Schemafrage »Warum?« steht für alle weiteren nachbohrenden Fragen, die uns Klarheit darüber geben sollen, was der andere wirklich denkt.

Natürlich geben wir uns mit einer ausweichenden Antwort nicht zufrieden. Im Zweifelsfall forschen wir durch weitere gut vorgebrachte, sachlich klar gezielte Fragen nach den *wah-*

ren Gründen und Zusammenhängen. Diese Technik spielt vor allem bei der Beantwortung von Einwänden eine große Rolle. Erschüttern wir also die Sicherheit unseres Partners durch kluges Fragen überall da, wo es uns Vorteile bringt!

Wer fragt, der führt! Solange ich frage, führe ich das Gespräch. Ich lenke die Gedanken des anderen in die von mir gewünschte Richtung. Deshalb ist die Frage auch eine ausgezeichnete Möglichkeit, die *verlorene Initiative* in einem Gespräch *wiederzugewinnen;* ist sie gleichsam der Gegenangriff, der mich aus der Rolle des zwangsläufig Verteidigenden befreit. Wenn das Gespräch eine für mich unangenehme Wendung genommen hat, greife ich ein kurz zuvor besprochenes Thema auf, richte eine daran anknüpfende Frage an den anderen, und schon habe ich Zeit gewonnen; zumindest eine Atempause, um mir über den weiteren Verlauf kurz Gedanken machen zu können. Meist habe ich mit einer klugen Frage das Gespräch wieder in meiner Hand.

Erhält man durch einen grobmassiven oder einen psychologisch klug gezielten Hieb einen *momentanen Schock,* dann kann man mit einer Verzögerungsfrage oft Zeit gewinnen und sich etwa so helfen: »Es tut mir leid, Herr Bauer, ich habe nicht ganz verstanden, was Sie soeben sagten. Wären Sie so liebenswürdig, es mir etwas genauer darzulegen?« Mit dieser einfachen Verzögerungsfrage kann man dem anderen oft seine Waffe gleichsam aus der Hand schlagen.

Übersehen wir auch nicht die *suggestive Wirkung,* die in solchen Fragen liegt, die den anderen mehr oder weniger zum Ja-Sagen zwingen! Meist handelt es sich hier um Bestätigungs- oder Kontrollfragen nach dem Muster:

— »Sie sind doch auch der Ansicht, daß . . .«

— »Stimmen Sie mit mir damit überein, daß . . .«

— »Vertreten Sie nicht auch die Meinung, daß . . .«

— »Haben Sie nicht auch diese Überzeugung gewonnen?«

Natürlich gibt es viele Arten von Suggestivfragen, welche die gewünschte Antwort unbewußt-anreizend herausfordern. Die suggestive Wirkung einer konsequenten und perfekten Fragetechnik werden wir bei den Problemen des Abschlußgespräches noch ausführlicher besprechen.

Wenn man alle Möglichkeiten zusammenstellt, ergibt sich eine ganze Reihe von *verschiedenen Fragearten,* die sich leicht nach einer wissenschaftlichen Aufgliederung für alle Anwendungsmöglichkeiten aufgliedern lassen. Die Frage ist nur, welchen praktischen Wert solche an sich richtigen und sauberen Zusammenstellungen haben. »Allzu scharf macht schartig!« In der Hitze des Gefechts, wenn sich die Aufmerksamkeit hundertprozentig auf den Gesprächspartner und auf den Gesprächsinhalt richtet, kann das mehr verwirren als helfen. Aus diesem Grund wird hier bewußt auf eine solche systematische Darlegung verzichtet. — Doch nun zurück zur sachlichen Gesprächseinleitung.

Nachdem der Kunde in der richtigen Form begrüßt und der persönliche Kontakt gewonnen wurde, zeigt sich der Wert einer klugen Fragetechnik. Sie ist — geschickt angewandt — fast eine Garantie dafür, daß man sofort die besonderen Interessen des Kunden erkennt und ein echtes »Gespräch« mit ihm beginnt. Der *Schlüssel zur richtigen sachlichen Eröffnung des Gesprächs* ist oft eine ganz einfache Ausgangsfrage:
— »Haben Sie schon von der oder jener Sache gehört?«

Oder man zeigt irgendeine Abbildung, ein Prospektblatt, die Ware im Original, irgendein Muster:
— »Wie gefällt Ihnen das?«
— »Was halten Sie davon?«

So viele Gesprächsgegenstände es gibt, so viele Ausgangsfragen für die richtige Eröffnung stehen uns zur Verfügung:
— »Kennen Sie schon . . .?«
— »Wie beurteilen Sie bei Ihrer langjährigen Erfahrung diese

Gegebenenfalls zu Beginn ein kurzer Hinweissatz:

— »Herr X, Sie haben sich doch stets mit dem Problem ... herumzuschlagen ...«

— »Sie sind doch immer an einem gewinnbringenden, umsatzstarken,
neuen Artikel interessiert, nicht wahr? ...«

— »Sind Sie nicht immer an einer Senkung Ihrer ... unkosten interessiert? ...«

— »Sind Sie nicht dauernd bemüht, in der ... angelegenheit einen
betrieblichen Fortschritt, mehr Umsatz, absolute Sicherheit ... zu
erzielen« bzw. »weniger Ärger zu haben ...«

— »Haben Sie in Ihrem Betrieb auch festgestellt, daß ...«

— »Sie haben doch die Sorge ...«

— »Haben Sie sich schon einmal darüber geärgert (oder ironisch
›gefreut‹), daß ...«

— »Ist Ihnen im Zusammenhang mit der ... angelegenheit schon
einmal ... lästig geworden?«

— »Haben Sie schon gehört, daß es auch für Sie eine Möglichkeit
gibt ...«

*Dann sofort die gezielte Frage, möglicherweise zusammen mit wir-
kungsvollem Zeigen:*

— »Wie gefällt Ihnen ...?«

— »Was halten Sie von ...?«

— »Kennen Sie schon ...?«

— »Wissen Sie, was das ist?«

— »Welche Erfahrungen haben Sie mit ... gemacht?«

— »Haben Sie schon einmal ... versucht oder ausprobiert?«

— »Haben Sie sich schon einmal mit ... beschäftigt?«

— »Was würden Sie von ... (z. B. einer Ware) halten, die ...«

— »Gesetzt den Fall, Sie fänden eine Möglichkeit ... (z. B. die
Ihnen Woche für Woche ... DM Unkosten einspart), wäre das
für Sie wohl interessant?«

— »Wenn ich Ihnen eine Möglichkeit aufzeigen könnte, die ... (wie
soeben), würde Sie das interessieren?«

*Im bes. bei routinemäßigen laufenden Besuchen von Wieder-
verkäufern:*

— »Wie ist dieser Artikel in der letzten Zeit bei Ihnen gegangen?«
— »Wie hat der Artikel A Ihrer Kundschaft gefallen?« »Was sagen Ihre Kunden dazu?«
— »Was sagen Sie zu dem Artikel B, den Sie neulich nahmen, um ihn einmal auszuprobieren? Wie beurteilen ihn Ihre Kunden?«
— »Hat Ihnen der Artikel C bis heute ausgereicht?«
— »Welche Erfahrung haben Sie mit... (z. B. diesem Verkaufs- ständer) gemacht?« Dann: »Worauf führen Sie diese Erfahrung zurück?«
— »Glauben Sie, Sie könnten durch... (z. B. diese Verpackung) mehr verkaufen als bisher?«
— »Was haben Sie denn das letzte Mal alles genommen? Wie sind die Artikel denn weggegangen?«

Lösung, Zweckmäßigkeit mit Schönheit zu verbinden?« oder »diese Neuerung? diese Besonderheit?« oder irgend etwas sonst Bemerkenswertes?
— »Haben Sie nicht auch die Erfahrung gemacht, daß die Hausfrauen, daß die Kunden bei Ihnen bevorzugt diese Sorte, diese Ausführung verlangen?«
— »Würden Sie als Verbraucher nicht auch diese Marke ver- wenden?«

Auf der gegenüberstehenden Seite finden Sie eine Übersicht von »Schemafragen« *für die kluge Gesprächseinleitung.* Ich habe sie im Laufe der Jahre systematisch gesammelt, und sie haben sich alle in der Praxis hervorragend bewährt. Der Begriff der Schema-Frage soll zeigen, daß die Frage der äußere Rah- men ist, den wir im Einzelfall nur noch mit Inhalt zu füllen brauchen. Verschiedene praktische Beispiele folgen in Kürze. Bitte lesen Sie diese Übersicht sofort aufmerksam durch. Es wird Ihnen auffallen, daß sie keine Fragen allgemeiner Art enthält, wie etwa: »Wie gehen die Geschäfte?«, die meistens nur zu einem zeitraubenden und fruchtlosen Palaver führen. Alle Schema-Einleitungssätze und -Fragen sind so sorgfältig ausgewählt, daß sie in der praktischen Anwendung immer auf ein bestimmtes Ziel gerichtet sein müssen. Auf diese Weise wird die Gedankenwelt des Kunden sofort auf seine speziellen Probleme gelenkt. Dann wird die Sache für ihn interessant. Sofort ist er von sich aus zum Denken und Sprechen bereit, und wir lösen ihm mit der Frage die Zunge! Ganz bewußt wird seine Kritik, werden seine Einwände herausgefordert, und je schneller sie einsetzen, desto eher beginnt das wirkliche Verkaufsgespräch. Hier einige *Beispiele für die praktische Anwendung* dieser Schemafragen im täglichen Verkaufsgespräch:

Firmenvertreter für Feinkostartikel:
— »Ich sehe, Sie haben eine gut dekorierte Zusammenstellung von (Brot, Fisch, Käse, Wurst usw.) hier. Welche Art: grob oder fein, oder: Welche Geschmacksrichtung geht bei Ihrer Kundschaft denn am besten?«
— »Wenn ich Ihnen eine besondere Delikatesse zeigen könnte, die zur Abwechslung von finanzkräftigen Frauen immer wieder gern auf den Familientisch gestellt wird, wäre das für Sie interessant?«
— »Sie haben, wie ich sehe, ein herrliches Brotsortiment. Sie verkaufen wohl viel Brot: Was halten Sie da von einem idealen Brotaufstrich, den Sie oft ohne Mühe zusätzlich umsetzen können?«
— »Wenn ich Ihnen die Möglichkeit zeigen könnte, Ihren Umsatz in ... in einem Jahr um die Hälfte zu steigern, vielleicht sogar zu verdoppeln, wäre das etwas für Sie?«

Reisender für Haushaltstücher:
— »Sie haben hier eine schöne Zusammenstellung von Reinigungsmitteln. Kaufen die Frauen bei Ihnen auch ihre Putztücher?«

— »Sie sind doch immer an gewinnbringenden Artikeln interessiert, nicht wahr? Wieviele Artikel von nicht einmal 3 Mark Verkaufswert haben Sie, die Ihnen schon beim Verkauf eines einzigen Stücks nahezu neunzig Pfennig, bald eine ganze Mark, Gewinn in Ihre Kasse bringen?«

Kaufmännischer Mitarbeiter eines Rechenzentrums:
— »Herr X, Sie haben doch Ihre täglichen und Ihre monatlichen Sorgen mit der Lohn- und Gehaltsabrechnung, nicht wahr? Was würden Sie von einer Lohnbuchhalterin halten, die garantiert weder krank werden noch heiraten oder Kinder bekommen kann, und die außerdem selbst nie eine Gehaltsaufbesserung haben will?«
— »Sie sehen sich doch sicher ständig nach modernen Arbeitserleichterungen und Arbeitshilfen für Ihre Abteilung um. Haben Sie sich schon einmal mit den Möglichkeiten der elektronischen Datenverarbeitung im Zusammenhang mit der Lohnabrechnung beschäftigt?«
— »Gesetzt den Fall, Sie fänden eine Möglichkeit, Ihre vielfältigen Abrechnungen mit absoluter Sicherheit auf die Minute genau und ohne Rücksicht auf personelle Schwierigkeiten hinter sich zu bringen, würden Sie sich darüber freuen, Herr Verwaltungschef?«
— »Haben Sie in Ihrem Betrieb auch schon festgestellt, daß die Arbeitsbelastung in Ihrer Planungsabteilung in den letzten Jahren erheblich angestiegen ist? Glauben Sie, daß Sie mit Ihrem jetzigen Stab von Mitarbeitern auch den kommenden Anforderungen gewachsen sein werden?«
— »Herr X, haben *Sie* sich schon einmal darüber gefreut, wenn ein paar Tage nach der Lohnauszahlung der Betriebsrat zu Ihnen kommt und Ihnen angeblich nicht exakt berechnete Löhne vorhält?«

Vertreter einer Werkzeugfabrik:

— »Für den Fall, Herr Werkstattchef, daß ich Ihnen eine Möglichkeit aufzeigen könnte, die Ihnen Woche für Woche dreihundert Mark Löhne spart: würde Sie das interessieren?«

— »Herr Betriebsleiter, Sie haben sich heute sicherlich auch, wie ich das überall höre, mit den Personalschwierigkeiten herumzuschlagen und dem dauernden Wechsel, ist es nicht so? Dort drüben haben Sie eine Mehrzweckmaschine stehen: Haben Sie da mit Ihren Leuten ausreichend kurze Umstellungszeiten erreicht, so daß Sie keine unnötige Stockung in Ihrer Fertigung haben?«

— »Herr Fabrikleiter, Sie haben doch sicherlich schon von dieser neuartigen Werkzeugmaschine gehört? Haben Sie die Maschine schon irgendwo arbeiten gesehen, was sagen Sie als alter Betriebspraktiker dazu? Wie beurteilen Sie diese neue Verarbeitungsmethode überhaupt?«

Akquisiteur eines Kaffeemaschinen-Herstellers:

— »Herr Verwaltungschef, in Ihren Büros werden doch täglich Hunderte von Tassen Kaffee gekocht, nicht wahr: Haben Sie schon einmal nachgerechnet, was bei Ihnen eine Tasse Kaffee kostet, bis sie zum Trinken fertig auf dem Schreibtisch steht?«

— »Sie machen doch gelegentlich einen Rundgang durch Ihre Büros, Herr Y: Haben *Sie* sich schon einmal darüber gefreut zu sehen, wie während der Arbeitszeit verschiedene Damen und gelegentlich auch Herren herumstehen und Kaffee kochen?«

Merken Sie das immer gleiche Verfahren? Durch sofortigen Hinweis die besondere Aufmerksamkeit gewinnen und nach dieser Vorbereitung (die nach einiger Erfahrung und gewonnener Sicherheit zum Teil auch wegbleiben kann) den Kunden gezielt im Sinne seiner Interessen anpacken! Merken Sie, wie immer vom Kunden, von seinen Sorgen und Wünschen die Rede ist? Spüren Sie, wie der Kunde unbewußt gezwungen ist, innerlich sofort mitzugehen? Sehen Sie nicht selbst, in welcher Weise die einfache Fragetechnik den weiteren Verlauf des Gesprächs bestimmt, wie der angesprochene Kunde, herausgefordert, seine Bedenken, seine Einwände aussprechen muß und dadurch das echte Verkaufsgespräch selbst einleitet?

Diese Art der psychologisch etwas überrumpelnden Gesprächseinleitung, die unmittelbar die besonderen Interessen des anderen ausspielt, verlangt *innere Sicherheit*. Alle Voraussetzungen der Persönlichkeitswirkung müssen deshalb eingesetzt werden: Körper- und Kopfhaltung, der freundliche und doch bestimmte Gesichtsausdruck, der ruhige Blick und vor allem die sachliche und überzeugende Sprechweise.

Nun ein Blick auf die typische *Situation im Einzelhandel*, die sehr deutlich ein weiteres Problem aufweist, das über den Einzelhandel und normale Verkaufsgespräche hinausreicht und in vielen Verhandlungsbereichen eine entscheidende Rolle spielt für die richtige Art, seinen Partner anzupacken. Es geht um die erforderliche Vorklärung des Wunsches, d. h. der Interessen des anderen. Hier im Einzelhandel unterbleibt sie nicht selten mit dem Erfolg, daß ein mögliches gutes Geschäft dem besseren Wettbewerber zustatten kommt.

Der *Hauptfehler* kann auf zweierlei Weise gemacht werden. Entweder setzt der Verkäufer viel zu rasch mit der Waren- oder Qualitätsbeschreibung eines bestimmten Artikels ein bzw. er zeigt zu früh etwas ganz Bestimmtes, noch bevor er weiß, ob diese spezielle Ausführung für den Kunden überhaupt interessant ist; oder der Verkäufer zeigt, fragt, erklärt so viel auf einmal, daß der Kunde verwirrt wird. Er hat einfach nicht die Zeit zu überlegen und wird deshalb hilflos.

Dieser Kardinalfehler kann vermieden werden, wenn man jeden nicht sofort klar erkennbaren *Kundenwunsch im großen vorklärt*, d. h. eine gewisse Vor-Auswahl trifft, die sich durch kluges Fragen schnell ergibt. Erst dann wird der Kundenwunsch im einzelnen festgelegt, vor allem durch gleichzeitiges Zeigen und Fragen. Auf der folgenden Seite finden Sie wiederum eine Übersicht, in der besonders bewährte Schemafragen für die allgemeine Vorklärung und für die Festlegung des Kunden im einzelnen zusammengestellt sind.

Außerdem sollen verschiedene *praktische Beispiele* deutlich machen, wie leicht sich das in der täglichen Arbeit des Verkäufers bewerkstelligen läßt. Auch hier sind die Schemafragen unabhängig von einer bestimmten Branche oder von bestimmten Verhältnissen.

Möbelverkäufer:

— »Haben Sie schon bestimmte Vorstellungen von diesem Zimmer? Was würde Ihnen wohl besser gefallen: was Modernes oder eher etwas Konservatives?«

— »Handelt es sich um ein großes oder ein kleineres Zimmer?«

— »Wie sind die Wandverhältnisse: Haben Sie große Wandflächen oder sind viele Fenster und Türen vorhanden?«

— »Hätten Sie viele Dinge in Schränken unterzubringen oder möchten Sie Ihre Bücher sichtbar werden lassen?«

Verkäufer von Porzellan oder Glas:

— »Für welchen Zweck möchten Sie das Porzellan haben: für den Alltag oder mehr für festliche Gelegenheiten?«

— »Was schwebt Ihnen vor: etwas schlichtes Modernes, ziehen Sie eher Dekor vor oder haben Sie irgendwelche andere besondere Vorstellungen? Wie ist die Art Ihrer Einrichtung, zu der es passen sollte?«

— »Haben Sie schon etwas Ähnliches benutzt (dabei die Ware zeigen), welche Erfahrungen haben Sie damit gemacht?«

1. ERSTE EINLEITUNGSFRAGE:
   Keine Einheitsabfertigung, sondern persönliche Bedienung des
   Kunden: Siehe Übersicht Seite 77, Ziffer 9!
   Falsch: Bitteschön? — Was darf es sein, bitte?

2. VORKLÄREN DES GENAUEN KUNDENWUNSCHES,
   falls er nicht klar genug geäußert wird, durch einfache Fragen,
   z. B.
   — Wozu möchten Sie das in erster Linie gebrauchen?
   — Für welchen Zweck, für welche Gelegenheiten, haben Sie
     sich das gedacht: Möglichkeit 1 oder 2?
   — Haben Sie bestimmte Vorstellungen von diesem . . .: das
     eine oder das andere?
   — Was schwebt Ihnen da vor: a, b oder c?
   — Zu welchen vorhandenen Sachen, zu welchen Gegeben-
     heiten irgendwelcher Art soll es denn passen?
   — Ziehen Sie eine bestimmte Farbe, Größe, oder ein be-
     stimmtes Muster vor?
   — Was gefällt Ihnen denn da besonders gut von den vor-
     handenen Möglichkeiten 1, 2 oder 3?
   Falsch: Zu rasch einsetzende Warenbeschreibung oder zu rasches
     Zeigen eines bestimmten Artikels; zuerst zielsicher die Vor-
     Auswahl treffen!

3. FESTLEGEN DES KUNDEN IM EINZELNEN
   durch Verbinden von Zeigen und Fragen: Ware vorlegen, demon-
   strieren, dabei geschickt fragen, z. B.
   — Wie gefällt Ihnen das?
   — Was halten Sie von so etwas?
   — Kennen Sie schon diese Möglichkeit hier?
   — Haben Sie schon Erfahrungen mit etwas Derartigem?
   — Haben Sie so etwas schon einmal versucht oder aus-
     probiert?

Jetzt klären sich aus der Reaktion des Kunden rasch sein wirklicher Wunsch und die gegebenen Möglichkeiten, von jetzt an nur noch gezielt anbieten!

Falsch: Zu viel auf einmal zeigen und fragen, von einer Möglichkeit zur anderen hin- und herschwanken und den Kunden so verwirren und ratlos machen.

DEM KUNDEN HELFEN:
Ihn aus der Qual der Wahl erlösen
durch gezielte Vorschläge und präzise Wahlmöglichkeiten!

— »Glauben Sie so etwas (Ware zeigen) würde sich bei Ihrer Einrichtung gut machen?«

Krawattenverkäufer:

— »Welche Art von Krawatten tragen Sie gern?«

— »Was schwebt Ihnen für eine Krawatte vor: Denken Sie an eine bestimmte Farbe oder an ein bestimmtes Muster?«

— »Zu welchem Anzug, zu welcher Jacke möchten Sie die Krawatte tragen?«

— »Wie sind Sie mit der Krawatte zufrieden, die Sie jetzt gerade tragen?« (Anknüpfen an diese!)

Anbieten eines Haarpflegemittels:

— »Übrigens Frau X, wie pflegt Ihr Mann denn sein Haar: wäscht er es häufiger oder was tut er sonst dafür?«

Anbieten eines Rasierwassers:

— »Ach Frau Y, wie rasiert sich Ihr Mann: mit der Klinge oder elektrisch?«

Anbieten einer Luxusseife:

— »Haben Sie schon einmal diese Schönheitsseife ausprobiert, die etwas ganz Besonderes vorstellt, vor allem bei diesem Preis? Lohnt sich die kleine Mehrausgabe für eine Seife, die Ihre Haut weich und geschmeidig macht, vielleicht nicht?

Meinen Sie nicht selbst, daß sich Ihre Gesichtshaut darüber freut, und Ihr Mann schließlich genauso?«

Anbieten von Handcreme:

— »Frau Z, haben Sie bei Ihren vielen Hausarbeiten nicht manchmal Schwierigkeiten mit Ihren Händen, weil sie zu trocken und rauh oder gar rissig werden?«

— »Hat Ihr Mann (Ihr Sohn, Ihre Tochter) nicht eine Arbeit, bei der er viel mit seinen Händen tun muß?«

Merken Sie, wie sich durch diese Fragetechnik sofort vieles vorklärt? Jetzt redet nicht der Verkäufer von seiner Ware oder seinem Angebot, sondern der Kunde von seinen Problemen und Wünschen, *er* steht im Mittelpunkt, er erlebt, daß der Verkäufer nur für *ihn* denkt, *ihm* hilft, sich nach *seinem* Geschmack richtet. Der Kunde fühlt sich gut aufgehoben, er kann und er muß sagen, was ihm gefällt und was ihm nicht gefällt. Der Verkäufer erfährt schnell seine Bedenken und Einwände und kann sie geschickt beantworten. Der Kunde fühlt sich wohl, jetzt wird er kaufen!

Was erreicht der Vielredner? Er wird das alles nie erfahren, er redet am Kunden vorbei und wundert sich noch über das »fehlende Kundeninteresse«!

Was ein kluger Verkäufer durch die einfache *Frage, die auf den Gebrauchszweck der gewünschten Ware abzielt,* erreichen kann, soll ein simples und gerade deshalb das Wesentliche treffend herausstellendes *Beispiel* veranschaulichen. In einem Konfektionsgeschäft fragen Sie nach einer *neuen Hose:* »Es kommt für mich aber nur eine gute Hose, eine Qualitätshose in Betracht.« Der Einheitsverkäufer greift automatisch Ihren Ausdruck »Qualitäts-Hose« auf und antwortet: »Mein Herr, Sie können ganz beruhigt sein, in unserem Geschäft gibt es nur Qualitätshosen. Ich darf Ihnen sofort einige zeigen.« Er führt Ihnen ein halbes Dutzend Hosen vor, bei jeder einzelnen versichernd, aus welchem guten Material sie gearbeitet ist. Das, was Sie sich beim Hinweis auf die Qualitätshosen gedacht haben, oder was Ihnen dabei irgendwie vorschwebte, wird überhaupt nicht angesprochen. Deshalb wird Sie dieses Verkaufsgespräch unbefriedigt lassen, und Sie werden mit dem üblichen »Danke schön, ich werde mir das überlegen, auf Wiedersehen!« das Geschäft verlassen und woanders hingehen.

Ein zweiter Verkäufer in einem anderen Geschäft, der Ihren Wunsch hört, weiß von dem einfachen Geheimnis seines Erfolgs. Er fragt direkt: »Mein Herr, zu welchem Zweck wollen Sie diese Hose tragen?« Jetzt sind Sie gezwungen, diese Frage zu beantworten. Sie werden von diesem Verkäufer zur Überwindung der Trägheit des Denkens und des Sprechens gebracht: »Wissen Sie, ich bin viel mit meinem Automobil unterwegs; an einem heißen Tag sieht die Hose nach wenigen Stunden nicht mehr schön aus. Ich möchte endlich mal eine Hose, bei der die Bügelfalten ordentlich halten, auch wenn ich einige Stunden im Wagen sitze.« Jetzt kann Ihnen der Verkäufer einige vorsortierte Hosen präsentieren mit den Worten: »Irgendeine dieser Hosen können Sie an einem noch so heißen Sommertag auf der langen Strecke von Frankfurt bis Hamburg tragen, Sie dürfen sich gemütlich in Ihrem Sitz räkeln. Wenn Sie abends aussteigen und die Hose nur wenige Minuten frei fallen lassen, wird die Bügelfalte genauso scharf sein wie am Morgen. Und dabei, mein Herr, dürfen Sie schwitzen, das macht dieser Hose überhaupt nichts aus.« Dieser Verkäufer hat sehr anschaulich etwas aus Ihrem Alltagserleben beschrieben und Ihnen eine Hose präsentiert, wie Sie seit eh und je eine haben wollten. Sie werden wahrscheinlich eine dieser Hosen kaufen wollen, auch wenn sie nicht die billigste ist.

Ein anderer, nicht allzu gut angezogener Kunde, der nach einem kleineren Angestellten aussieht, antwortet dem Verkäufer auf die Frage nach dem Gebrauchszweck der Hose folgendermaßen: »Ich habe einen Beruf, bei dem ich sehr viel sitzen muß, und ich möchte endlich einmal eine Hose haben, die nicht so rasch glänzt, wie das üblicherweise der Fall ist.« Hier kann der Verkäufer vielleicht genau die gleiche Hose wie soeben anbieten, sofern sie tatsächlich beiden Anforderungen genügt: »Mein Herr, wenn Sie eine dieser Hosen, die ich Ihnen jetzt hier zeige, mehrere Jahre lang Tag für Tag in Ihrem Büro tragen, selbst wenn Sie auf Ihrem Stuhl kein Schutzkissen haben sollten: dieser Stoff wird kaum jemals glänzen, dünn wird dieses robuste Material nicht einmal in zehn Jahren!« Wiederum ist aus dem Alltagserleben dieses Interessenten in überzeugender Form genau das dargestellt worden, worauf es diesem Kunden besonders ankommt. Auch jetzt wird dieser Verkäufer spielend seine Ware verkaufen.

Selbstverständlich läßt sich jedes tatsächliche oder geistige Werkzeug gut und schlecht gebrauchen. So kann man auch die *Fragetechnik in einem falschen Sinn anwenden,* was wir gerade bei Verkaufsgesprächen in Einzelhandelsgeschäften oft beobachten können. Insbesondere sind es drei Fehler, die wir häufig bemerken:

1. Die *ungeschickte Einleitungsfrage:* »*Bitte schön?*« oder »Was darf es sein?«, häufig noch recht routinemäßig ausgesprochen. Sie gibt dem Kunden von Anfang an das Gefühl der Einheitsabfertigung. Sie beschränkt das Gespräch auf die schon vorhandene Kaufabsicht des Kunden und verzichtet auf jede echte Entwicklung des Verkäufers in einem wirklichen »Gespräch«. Wie schon in der Übersicht auf Seite 76 Ziff. 9 kurz dargestellt, sollte der Verkäufer das Gespräch zugleich verbindlicher und gezielter einleiten, etwa durch die Frage: »Womit kann ich Ihnen helfen, mein Herr?« oder einer anderen der dort aufgeführten Formulierungen. Solche gezielte Fragen geben dem Kunden auf

der einen Seite das Gefühl einer echten persönlichen Bedienung, und auf der anderen Seite beginnt damit schon die Gesprächsführung durch den Verkäufer, was ihm meistens erhöhte Verkaufschancen einbringt!

2. Die nach der ersten allgemein gehaltenen Äußerung des Kundenwunsches einsetzende *Rückfrage: »Was darf es denn etwa kosten?«* oder »An welche Preislage haben Sie denn gedacht?« oder »Was wollen Sie etwa anlegen?« Warum mit dieser ungeschickten Frage den Kunden auf eine bestimmte Preislage festlegen, noch bevor er weiß, was es alles gibt, und ob ihm nicht etwas Teureres vielleicht noch besser gefällt? Der kluge Verkäufer klärt den Wunsch des Kunden von seinen Interessen, d. h. von seinen Problemen und Wünschen her vor, und schafft danach Kontakt zur Ware. Dann wird er niemals solch ungeschickte Fragen stellen müssen.

3. Das *»Examinieren« des Kunden* durch zuviele direkte Fragen. Manche Verkäufer wollen den Wunsch des Kunden sozusagen im luftleeren Raum klären und wundern sich noch, wenn sich dieser unbehaglich fühlt und etwas zu sehen verlangt. Man sollte nie zuviel auf einmal fragen und dafür lieber mehr zeigen. *Notwendige Fragen* braucht man nur *kurz* zu *begründen,* um den Kunden spüren zu lassen, daß man sie nur in seinem eigenen Interesse stellt. Begreift er auf diese Weise ihren Sinn, fühlt er sich doppelt angetan und vom Verkäufer entsprechend respektiert. Mehrere einfache und überzeugende Beispiele für solche erklärenden Zwischenbemerkungen finden Sie in der beigegebenen Übersicht zur Fragetechnik.

Zu den vielfältigen Verhandlungsgegenständen *nichtverkäuferischer Art* noch ein Wort: Durch die ausführliche Darlegung und die vielen Beispiele aus dem verkäuferischen Bereich dürfte das überall und grundsätzlich Gültige so klar

Falsch: *Was darf es denn etwa kosten?*
An welche Preislage haben Sie denn gedacht?
Was wollen Sie etwa anlegen?

Richtig: Den Kundenwunsch im großen vorklären von den Interessen, d. h. von den Problemen und Wünschen des Kunden her, dann rasch Kontakt zur Ware schaffen durch richtiges Zeigen!

Falsch: *Das »Examinieren« des Kunden* durch eine Folge von zu direkten Fragen.

Richtig: 1. Nie zu viel auf einmal fragen, mehr zeigen!
2. Notwendige Fragen kurz begründen. Der Kunde muß spüren, daß die Fragen nur in seinem eigenen Interesse gestellt werden, z. B.

— Welche Stromart haben Sie: davon hängt nämlich die Ausführung ab, die Sie benötigen würden?

— Möchten Sie mehr als 20 Zentner: dann wird der Preis günstiger für Sie?

— Möchten Sie das in grauer Farbe: das ist entscheidend für die rasche Liefermöglichkeit?

— In welchem Stadtteil wohnen Sie denn: das ist wichtig wegen des nächsten Zufuhrtermins?

---

geworden sein, daß sich weitere Sonderbetrachtungen erübrigen. Das um so mehr, als die Anwendung eines jeden Grundsatzes in der Praxis doch stets die sinngemäße Anpassung an die Besonderheiten eines jeden Einzelfalles verlangt, deren Erörterung den Rahmen einer Abhandlung wie der vorliegenden völlig sprengen müßte.

In kaufmännischen Unternehmungen lohnt es sich, z. B. anläßlich einer *Verkäuferschulung* sämtliche guten Einleitungsfragen für die wichtigsten Artikel bzw. Artikelgruppen zusammenzustellen. Die Fragen können nicht einfach genug sein und müssen ganz konkret auf die besonderen Verhältnisse abgestimmt werden. Meist bleiben von vielen Möglichkeiten nur einige wenige übrig, die einen wirklich guten Anwendungsbereich haben. Doch diese geben jedem Verkäufer die Gewähr, mit höheren Chancen eine Verkaufsverhandlung zu beginnen als üblich.

2. Das wirkungsvolle Zeigen und Vorführen

Bei den vorher gebrachten Beispielen zur Fragetechnik ist verschiedentlich bereits auf ein zweites geistiges Werkzeug hingewiesen worden, mit dem wir die Interessen unseres Gesprächspartners und Kunden besonders wirksam ansprechen: die Technik des Zeigens, Demonstrierens, Vorführens. Auch hier gilt die Grundregel: Weniger reden — mehr zeigen!

Der Mensch ist nun einmal ein Gefühls- und damit ein *Erlebniswesen:* Wir müssen die Dinge aus dem Reich des abstrakten Denkens herausnehmen und sie auf die Ebene des persönlichen Erlebens, auf die Ebene unserer fünf Sinne bringen. Da der durchschnittliche Mensch rund 78 Prozent sämtlicher gewonnenen Eindrücke durch seine Augen aufnimmt, dürfen wir ihn getrost auch ein *Augenwesen* nennen. Nur der kümmerliche Rest von rund 22 Prozent wird dem Menschen durch seine anderen Sinnesorgane vermittelt.

Von dem, was Sie Ihrem Partner sagen, behält er ein Zehntel, von dem, was Sie Ihrem Partner zeigen, behält er ein Drittel, von dem, was Sie ihm sagen *und* zeigen, behält er zwei Drittel.

Wie wir dieses Ergebnis noch verbessern können, werden wir bald sehen. Wir müssen also möglichst viel zeigen und dabei möglichst alle Sinne unseres Kunden ansprechen. Um so nachhaltiger wird die Wirkung sein. Wir brauchen jemand nur etwas zu zeigen, und er wird als normaler Mensch sofort das sehen, was ihn besonders interessiert. Selbstverständlich wird er sagen, was ihm gefällt, was ihm nicht gefällt. Auf diese Weise zeigt er uns bald, wie *er* über das Vorgeführte denkt, was mit seinen Interessen zusammenhängt.

Das *richtige Zeigen* ist eines der wirkungsvollsten Mittel des Überzeugens. Mit dem Ansprechen seiner Sinne packt man die Erlebniswelt und damit auch das Denken seines Partners. Mit den Augen fassen wir oft spielend das auf, was uns die beste Schilderung in Worten manchmal niemals vermitteln könnte. Deshalb: Weniger reden — mehr zeigen!

Das richtige Zeigen befreit den Kunden zudem aus der *Qual eines vielfältigen Angebots,* das ihn auf den ersten Blick zu erschlagen droht. Der kluge Verkäufer begrenzt deshalb das Angebot für den einzelnen Kunden nach der allgemeinen Vorklärung durch die Fragetechnik rasch auf einige wenige Erzeugnisse und beläßt bewußt nicht zu viele in der *engeren Wahl.* So wird z. B. der tüchtige Krawattenverkäufer die vorausgewählten Binder auf jeden Fall von der Stange herunternehmen, zum Halbknoten schlagen, dem Kunden deutlich sichtbar vor einem Spiegel an seinen Anzug legen oder auf angenehme Sichtweite in Ruhe zur Betrachtung vorhalten. Dann kann er mit der einfachen Technik der einengenden Entweder-Oder-Frage arbeiten: »Was gefällt Ihnen besser: diese Krawatte hier oder jene? Welche würden Sie vorziehen?«

Welche Preislage zuerst vorlegen: die teurere oder die billigere Ware? Hat sie einen relativ großen Preisspielraum, ist es im Zweifelsfall immer besser, zuerst die mittlere Preislage vorzulegen. Man merkt an der Reaktion des Kunden sofort, ob man mit weiteren Mustern besser nach oben oder nach unten geht. Bei Waren, die keinen allzu großen Preisspielraum haben, sollte man grundsätzlich mit den teureren anfangen!

So kann der Verkäufer notfalls auf die billigere Sorte ausweichen, ohne sich eine eventuell bessere Chance verbaut zu haben.

Richtig zeigen heißt bei vielen *Erzeugnissen wirkungsvoll demonstrieren und vorführen.* Es gibt in der Praxis kaum eine wirksamere Verkaufsmethode als die Vorführung der Ware. Schon einen *einfachen Becher* kann man vorführen, indem man ihn dem Kunden in die Hand gibt. Der Kunde spürt jetzt selbst, wie angenehm er in der Hand liegt, er empfindet das Gewicht und die solide Ausführung, er kann ihn drehen und wenden, das hübsche kunstgewerbliche Muster feststellen, er kann ihn hochheben, im Geiste zum Munde führen und den schönen Trinkrand genießen. Schon bildet sich das, worauf es in erster Linie ankommt: der Kontakt, die persönliche Beziehung zur Ware! Auf diese Weise stellt sie sich viel rascher und intensiver ein als durch die beste Rede.

Wie tot und nichtssagend stehen die meisten Artikel im Schaufenster oder im Ladenraum! Man kann sie sehen und doch nicht sehen. Wie lebendig und erstrebenswert werden sie für den, der einmal erlebt hat, wie sie etwa am eigenen Körper — im großen Spiegel gesehen — wirken, was alles mit ihnen zu machen ist und wieviel bequemer, leichter und schöner das Leben durch ihre Anschaffung werden kann! Oft wird durch das richtige Vorführen der Besitzwunsch erst geweckt oder in seiner vollen Stärke erst richtig entfaltet. Ein einziger Verkäufer, der seine Ware wirkungsvoll vorführt, verkauft mehr als zehn andere, die meinen, es ginge auch ohne diese Umstände.

Worin liegt das *Geheimnis einer guten Demonstration?* Um welchen Artikel es sich im einzelnen auch dreht, immer sind es die gleichen Grundgesetze, die über Erfolg oder Mißerfolg entscheiden:

Der Mensch ist ein Augen- und Erlebniswesen: durch Zeigen, Demonstrieren und Vorführen schaffen wir den Kontakt zur Ware. Durch das Sehen und Hören, durch das Tasten und Fühlen, das Riechen und Schmecken erwacht mit dem Ansprechen der Sinne auch die innere Erlebenswelt. Ähnlich wie bei der Frage gibt uns der Kunde auch beim Zeigen rasch und deutlich zu erkennen, wie er über alles denkt, was mit seinen Interessen zusammenhängt, und wir können uns sofort darauf einstellen.

Schon einen einfachen Becher kann man vorführen, indem man ihn dem Kunden in die Hand gibt. Er kann ihn drehen und wenden und selbst wahrnehmen: das Gewicht, die solide Ausführung, das hübsche kunstgewerbliche Muster, den angenehmen Trinkrand, wie gut er in der Hand liegt. Also:

Kontakt und persönliche Beziehung zur Ware bzw. zum Gesprächsgegenstand schaffen durch richtiges Zeigen und Vorführen der Ware im Original, von Mustern oder Proben, von Fotografien, Skizzen oder Zeichnungen, von übersichtlichen grafischen Darstellungen oder Statistiken, von Geschäftsberichten, Korrespondenz oder durch Gegenüberstellung zweier überzeugender Zahlenkolonnen!

Die kleinen »Überzeugungshilfsmittel« gebrauchen: Papier und Bleistift, Bandmaß, Lupe, Schublehre usw. Den Kunden selbst damit hantieren lassen!

Welche Preislage zuerst vorlegen? Bei Ware mit großem Preisspielraum zuerst die mittlere Preislage, bei geringem Preisspielraum zuerst die teurere. Je nach der Reaktion des Kunden dann mit weiteren Mustern nach oben oder nach unten gehen. So verbaut man sich selten den größeren Umsatz, ohne den kleineren zu gefährden!

1. Überall, wo eine Ware mehrere Anwendungsmöglichkeiten oder Arbeitsgänge erlaubt, kommt es zuerst auf die *Auswahl des wirkungsvollsten Effekts,* auf das »publikumswirksame« Moment an. Die Auswahl hängt natürlich vom jeweiligen Publikum ab, und der gezeigte Effekt muß von praktischer Bedeutung für den Interessenten sein. Nur keine langweilige Aufzählung! Fast jedes Erzeugnis hat seine besonderen Stärken, die wesentliche Verbesserungen oder Erleichterungen bringen.

Solche Effekte, die Aufmerksamkeit oder sogar Erstaunen hervorrufen, sind auch bei geringerer praktischer Bedeutung viel wirksamer als weniger in die Augen springende Momente — selbst wenn sie eine höhere praktische Bedeutung haben. Jede Frau, die z. B. sieht, mit welcher Leichtigkeit sich in einem Mixgerät Mayonnaise bereiten läßt, ist begeistert; denn in rund einer Minute kann sie das erledigen, was sie sonst nur nach einer langen und mühseligen Prozedur vielleicht zustande bringt.

2. Ein weiteres Geheimnis der Demonstrationswirkung liegt in der *Konzentration der Vorführung.* Alles, was den wirkungsvollen Effekt stört, muß weggelassen werden. Es soll immer nur ein Effekt, dieser aber hundertprozentig gezeigt werden. Liegt etwa während der Mayonnaisebereitung auf dem Vorführtisch nur ein aus Blech gearbeitetes Zubehörteil, z. B. ein aufsetzbares Schneid- und Schnitzelgerät, so können die Gedanken manches Zuschauers allein durch den Anblick dieses Gerätes völlig abgelenkt werden. Deshalb weg mit allem, was stören könnte! Am einfachsten oft dadurch, daß man ein Tuch darüber legt. Die Vorführung soll zudem rasch, gleichsam Schlag auf Schlag erfolgen. Sie muß daher bis ins kleinste *gut vorbereitet* sein. Es darf keine störenden Zwischenpausen geben, damit die Gedanken der Zuschauer nicht abwandern.

EINPRÄGSAM ZEIGEN, DEMONSTRIEREN, VORFÜHREN:

1. NUR WIRKUNGSVOLLE EFFEKTE:
   Auf das »publikumswirksame« Moment kommt es an! Sich ganz auf den jeweiligen Partner einstellen: Der gezeigte Effekt muß von praktischer Bedeutung sein.
   Jegliche Aufzählung wird langweilig! Bei reichem Sortiment die richtige Mitte wählen zwischen Gesamtvorführung und Einzelaufzählung, immer wieder die plakative Wirkung des Ganzen für sich arbeiten lassen!

2. KONZENTRATION IN DER VORFÜHRUNG:
   Wirkungsvoll, rasch, gleichsam Schlag auf Schlag (bestmögliche Vorbereitung in allen Einzelheiten).
   Keinerlei Störung oder Ablenkung vom jeweilig Gezeigten (auch das Auge nichts Ablenkendes sehen lassen).

3. DEN KUNDEN BETEILIGEN:
   Ihn mitarbeiten lassen, ihn selbst alles probieren lassen!
   Bei schwierigen Arbeitsgängen ihn durch suggestive Weisungen von einem Handgriff zum anderen führen!
   »Probieren geht über Studieren!«

So stellen sich die innere Beziehung zur Ware und der dringende Kaufwunsch ein.

---

3. Schließlich sollte man, wo immer sich das nur einrichten läßt, den *Interessenten selbst an der Vorführung beteiligen.* Er soll selbst mitwirken, er soll selbst alles probieren, damit das, was erreicht wird, mindestens teilweise schon *sein* Werk

ist. Erst dadurch stellt sich seine innere Beziehung zur Ware ein, und sie beginnt, *seine* Ware zu werden. Es ist ein großer Unterschied, ob man einer Reinigungsvorführung aus einigen Metern zusieht, oder ob man selbst die Reinigungsmaschine einschaltet und dann über die beschmutzten Flächen führt. Einfache Arbeitsgänge sollte der Kunde sofort ausführen. Bei schwierigen kann man ihn mit wenigen Worten von einem Handgriff zum anderen führen, so daß er gar nichts falsch machen kann und dann um so mehr beeindruckt ist von dem, was *er* so rasch und gut zuwege brachte. So wird der Kunde aus der Rolle des passiven Zuschauers in die des aktiven Schauspielers versetzt.

Noch einmal zurück zum Beispiel der Mayonnaisebereitung: Der kritische Augenblick ist hier das Ausschalten des Mixers im richtigen Augenblick. Der Vorführende kann seinem Kunden über diesen kritischen Augenblick leicht hinweghelfen. Er bittet ihn suggestiv alle Handgriffe zu tun; etwa: »Bitte schlagen Sie das Ei hier auf dem Mixerrand auf und werfen Sie es mit Dotter und Eiweiß hinein! Jetzt nehmen Sie bitte die Gewürze hier, Senf, Pfeffer, Salz und geben Sie davon ganz nach Ihrem Geschmack ein wenig in den Mixbecher. Und nun fassen Sie doch bitte die Öldose mit Ihrer rechten Hand und — ich darf für Sie einschalten (schon ist die Hand des Vorführers am kritischen Schalter) — lassen Sie einen dicken kräftigen Strahl Öl hineinlaufen!« Im Augenblick, da der erste Tropfen unverarbeitet in der Flüssigkeit oben stehenbleibt, schaltet er selbst ab mit den Worten: »Sehen Sie, gnädige Frau, so rasch haben Sie Ihre erste Mayonnaise im Mixer gemacht. Versuchen Sie einmal mit dem Löffel, wie herrlich sie geworden ist!« — Auch bei schwierigeren Arbeitsvorgängen läßt sich der *Kunstgriff des suggestiven Führens* gut anwenden. Der Interessent gewinnt auf jeden Fall den Eindruck, daß alles wirklich so leicht und einfach sei, wie es für den

Geübten tatsächlich ist. Auf diese Weise verliert der Kunde schnell die Anfängerangst und seine Feststellung, wie einfach das alles doch eigentlich sei, wird dann zur besten Note für den Vorführer!

Vergessen wir auch hier nicht die Umgebung und die äußeren Umstände. Lassen wir die *kleinen »Überzeugungs-Hilfsmittel«* für uns arbeiten! Papier und Bleistift sind alles, was wir brauchen, um während des Gespräches aufgeworfene Probleme durch eine kleine Skizze oder zwei überzeugende Zahlenkolonnen in kürzester Frist anschaulich darzustellen. Zahlen, die man schwarz auf weiß geschrieben sieht, die entscheidenden etwa kräftig eingerahmt, gehen leicht ins Bewußtsein ein. Die optischen Zeigemöglichkeiten im weitesten Sinn werden in der Praxis viel zu wenig ausgenutzt: Eine graphische Umsatz- oder Erfolgskurve, eine übersichtliche graphische Darstellung sonstiger Art, eine sofort erfaßbare statistische Zusammenstellung, Auszüge aus Geschäftsberichten oder Korrespondenz. Mit preiswerten aber ausdrucksvollen Fotografien kann man sehr viel erreichen. Der räumlich beschränkte Einzelhändler kann mit ihrer Hilfe das zeigen, was er nicht da hat. Der Außendienstverkäufer dagegen spart mit Fotografien das Herumschleppen dicker Koffer. Auch eine Zeugen- oder Referenzliste kann unbezahlbar sein. Gerade im Verkauf von Dienstleistungen läßt sich mit diesen indirekten Überzeugungshilfen oft hervorragend arbeiten. Mit einer Lupe, einer Schablone oder einer Schublehre können wir Feinheiten so zeigen und erklären, wie das sonst unmöglich ist.

Jedes Erzeugnis hat seine *besonderen Vorführbedingungen*, die man zumeist nur in Kleinarbeit ermitteln kann. Welche praktischen Vorführtechniken können uns im eigenen Haus weiterhelfen? Welche Demonstrations- und Vorführeffekte sind bei uns besonders wirkungsvoll, d. h. »publikumswirksam«? Welche Kniffe muß man dabei beachten, um das wirklich Beste herauszuholen? Oft sind gute Ideen das Wichtigste. Gerade bei Besprechungen oder Tagungen der Verkäufer-Teams stellen sie sich oft bei der Diskussion von allein ein. Wir müssen uns immer wieder bemühen, die bereits bekannten Demonstrationsmöglichkeiten noch wirkungsvoller zu machen. Alle »fünf« Sinne des Menschen sollten dabei angesprochen werden: Wo könnten wir die Wirkung noch verbessern?

Vorsichtig sollte man mit dem *Zeigen von Prospekten* während der Verhandlung sein. Die meisten Menschen fangen sofort an zu lesen, wenn sie Gedrucktes vor sich sehen. Wenn Sie Ihrem Kunden also zu früh einen Prospekt geben, wird der gewonnene Kontakt vielleicht wieder zerrissen. Prospekte sollten Sie erst am Schluß des Gespräches zeigen oder — wenn es schon vorher sein muß — nur fest in die Klarsichtmappe eingebunden, die Sie nicht aus der Hand geben. Brauchen Sie eine erläuternde Skizze oder etwas Ähnliches, dann legen Sie diese am besten ohne jeden Text in die Mappe ein. Im übrigen empfiehlt es sich, die Aufmerksamkeit des Kunden, der einen Prospekt oder eine Skizze betrachtet, mit einem Bleistift und nicht mit dem Finger zu steuern. Finger können erfahrungsgemäß leicht ablenken, besonders wenn irgendeine Kleinigkeit an ihnen dem anderen auffällt.

3. Die Kombination der Frage- und Demonstrationstechnik

Wir sind uns jetzt klar darüber, daß die Fragetechnik nach dem Stichwort: Wer fragt — der führt! ein wichtiges geistiges Werkzeug für jede Gesprächsführung ist. Auch wissen wir, daß das wirkungsvolle Zeigen kaum durch etwas anderes ersetzt werden kann. Wenn das so ist — und hierüber sind wir uns wohl einig — *kann es dann etwas Wirkungsvolleres geben* als die Kombination der Frage- mit der Zeigetechnik? Zu Beginn des letzten Kapitels wurde darauf hingewiesen, daß

Ihr durchschnittlicher Gesprächspartner von dem, was Sie ihm sagen *und* zeigen, etwa zwei Drittel behält. Dieses an sich schon erfreuliche Ergebnis läßt sich noch verbessern, indem Sie Ihren Partner zu eigener aktiver Denktätigkeit anspornen. Dies erreicht man am einfachsten durch gut gezieltes Fragen. Von dem, was Sie einem Menschen zeigen und zugleich im Gespräch so beschreiben, daß er mitdenken muß, behält er etwa vier Fünftel! Die richtige Verbindung des Fragens und Zeigens ergibt also eine bei weitem größere Wirkung.

In schwierigen Fällen ist es immer besser zu fragen und zu zeigen, und natürlich besonders dann, wenn wir schon zu Beginn eines Gespräches die Aufmerksamkeit des Partners hundertprozentig gewinnen wollen. Für diese wirkungsvolle und erfolgreiche Methode folgt jetzt noch eine Reihe von *Beispielen*, die alle *aus der Praxis des Geschäftslebens* stammen und sich gut bewährt haben.

Firmenvertreter für Feinkostartikel:
— »Herr X, wie gefällt Ihnen diese Verpackung? Was glauben Sie, könnten Sie durch diese Verpackung mehr verkaufen?«
— (Bei besonders praktisch zu öffnender Dose): »Kennen Sie schon diese einfache Öffnungsart für eine Dose?«
— »Bitte Herr Y, kosten Sie hiervon einmal eine Kleinigkeit: Wie würden Sie als Verbraucher diesen Geschmack beurteilen?«

Reisender für Haushaltstücher:
— »Herr X, Sie sind doch immer an einem umsatzstarken Artikel interessiert. Kennen Sie schon dieses neuartige Haushaltstuch?«
— »Herr Y, wissen Sie, was das ist?« (Ihm dabei griffbereit eine Ecke des Tuches hinhalten. Wenn er nicht reagiert:

»Bitte nehmen Sie das doch zwischen Daumen und Zeige-
finger!« Dann fühlt der Gefragte sofort das neue Material,
und sein sachliches Interesse ist geweckt.)
— »Glauben Sie mit diesem Tuch ein Glas absolut flusenfrei
abtrocknen zu können? Oder die Scheibe Ihrer Vitrine mit
einer einzigen Bewegung von der feinsten Spur von Fett
oder Staub zu reinigen?«

Automobilverkäufer:
— »Sie interessieren sich doch für ein neues Automobil, Herr
X: Wie gefällt Ihnen denn dieser Wagen hier?« (Dabei auf
angenehme Sichtweite schönes farbiges Foto des Wagens
ohne Typen- oder Markenbezeichnung zeigen)
— »Vom Autohaus X werde ich zu Ihnen geschickt, da Sie
sich für einen neuen Wagen interessieren. Was halten Sie
von dem Automobil hier?« (Dasselbe)
— »Haben Sie sich schon einmal darüber geärgert, daß Ihnen
morgens Ihr Bus vor der Nase wegfuhr und Sie zu spät an
Ihren Arbeitsplatz kamen? Wollen Sie so etwas für die
Zukunft ein für allemal vermeiden?« (Dasselbe)
— »Sie fahren doch täglich mit Ihrem Motorrad zur Arbeit:
Wollen Sie künftig nicht ganz bequem und immer trocken
hin und her fahren?« (Dasselbe)

Werbedamen für Lebensmittel-Markenartikel (Werbedamen
haben mit die schwierigste Aufgabe, weil sie nur wenige
Sekunden Zeit haben, Aufmerksamkeit und Interesse wachzurufen. Deshalb ist die Verbindung des Zeigens mit einer
Fangfrage, die normalerweise keinen psychologischen Widerstand hervorrufen kann, besonders wertvoll!):
— »Meine Dame, möchten Sie Ihrer Familie einmal eine besondere Freude (oder: eine besonders leckere Überraschung)
bereiten? Wie wäre es mit . . .?«

— »Haben Sie sich schon über ein leckeres Gericht (Getränk) für das bevorstehende Fest Gedanken gemacht . . .?«

— »Haben Sie Ihren Speisezettel für heute Mittag (für morgen, für den Sonntag) schon fertig? . . .«

— »Würden Sie sich über eine Bereicherung Ihres Küchenzettels freuen? . . .«

— »Wären Sie an einem neuen Lieblingsessen Ihrer Kinder interessiert? . . .«

— »Kochen Sie gern etwas Gutes? . . .«

— »Tun Sie gern etwas für Ihre Gesundheit oder die Gesundheit Ihrer Familie? . . .«

— »Haben Sie gern Abwechslung auf Ihrem Familientisch? . . .«

— »Wären Sie an einer Anregung für ein preisgünstiges Schnellgericht interessiert? . . .«

— »Wollen Sie Ihre Familie einmal mit einem neuen Gericht überraschen? Wie wäre es mit einem bekömmlichen Schnellgericht, das nicht viel kostet? . . .«

— »Trinken Sie gern wirklich guten Kaffee? Oder: Trinken Sie nicht gern gelegentlich ein Gläschen guten Wein? Kennen Sie schon die Marke? . . .«

— »Haben Sie schon einmal diese Marke in Ihrer Küche verwendet? . . .«

— »Ist Ihnen bekannt, wie vielseitig diese Marke verwendet werden kann? . . .«

— (Frau hat größere Mengen Waschmittel gekauft) »Ich sehe, Sie haben heute oder morgen Waschtag: Haben Sie sich schon für ein gutes und preisgünstiges Schnellgericht entschieden? . . .«

Anbieten von Waschmittel-Großpackung:

— »Kennen Sie schon dieses hervorragende Waschmittel und diese für Sie besonders günstige Sparpackung? Was schätzen

Sie, Frau X, wieviel Doppelpakete in dieser großen Sparpackung stecken?«

Anbieten von WC-Reiniger:
— »Haben *Sie* sich schon einmal über die »appetitliche« Arbeit gefreut, Frau Y, die Sie bei der gründlichen Reinigung
Ihres WC haben? Was würden Sie von einem WC-Reiniger
halten, der überall dort hinkommt, wo es Ihnen nicht gelingt, der alle schädlichen Bakterien vernichtet und für
einen angenehmen frischen Geruch sorgt, ganz automatisch
und ohne Mühe für Sie und in wenigen Minuten? Haben
Sie das schon einmal ausprobiert?« Oder: »Kennen Sie das
hier schon?«

Anbieten von typischen Geschenkpackungen:
— (Vor dem Weihnachts- oder Osterfest): »Haben Sie schon
einmal eine so schöne Zusammenstellung von Geschenkpackungen gesehen? Alles hochwertige Sachen, die das Herz
erfreuen und dabei doch praktisch sind: Braucht man sie
am Ende nicht doch? Wie gefällt Ihnen z. B...?« (Die
Geschenkpackung dem Kunden sofort in die Hand geben)

Anbieten von typischen Geschenkartikeln:
— »Haben Sie schon an das kommende Weihnachtsfest gedacht?« (Oder: »Haben Sie demnächst in Ihrer Familie
oder in Ihrem Freundeskreis einen besonderen Gedenktag,
z. B. einen Geburtstag?«) »Haben Sie da schon ein schönes
und doch preiswertes Geschenk für Ihren Mann (Ihren
Vater, Ihre Mutter, Ihren Sohn, Ihre Tochter, usw.)? Jetzt
könnten Sie in aller Ruhe etwas wirklich Gutes aussuchen,
was für lange Zeit Freude macht, und Sie hätten die Ge-
schenkfrage vom Hals. Wie gefällt Ihnen z. B. ...« (jetzt
sofort etwas zeigen und dem Kunden in die Hand geben!)

Anbieten von Körper-Spray:

— »Wenn Sie sich bei Ihrer Arbeit ordentlich angestrengt haben, Frau Z, ist Ihnen da noch nicht die Schweißabsonderung lästig geworden? Sie kennen das sicher auch bei anderen Menschen. Haben Sie schon gehört, daß es jetzt eine ganz einfache Möglichkeit gibt, sich zu helfen?« (Jetzt Körperspray zeigen und erklären, Kunden vielleicht zum sofortigen Gebrauch auffordern)

Merken Sie, wie der Kunde auch hier in jedem einzelnen Fall durch die Kombination des Zeigens und Fragens mit seinen Problemen und Wünschen konfrontiert wird, und zwar so, daß er sofort reagieren muß? Schon jetzt hat der Verkäufer das Interesse des Kunden gewonnen und in jedem einzelnen Fall das *Verkaufsgespräch mit der ersten Antwort des Kunden bereits begonnen.*

Hierzu ein weiteres praktisches *Beispiel.* Ein Vertreter zeigt dem *Einzelhändler* ein gut aufgemachtes Muster seiner Ware und fragt ihn gleichzeitig: »Wie gefällt Ihnen denn das?« Der Händler muß diese Frage aus der Welt seiner Interessen heraus beantworten. Er wird diese somit zu erkennen geben und sie sogleich in den Mittelpunkt des Gespräches stellen. So äußert einer spontan seine Ablehnung: »Wie mir das gefällt? Herr Vertreter, aussehen mag das ja ganz gut, aber mit dieser Sache können Sie zu Hause bleiben. Vor wenigen Tagen habe ich von einem Kollegen zufällig auf der Straße gehört, wie er bei einem Kunden damit hereingefallen ist. Ich — niemals!« — Ist es schlimm, wenn ein Kunde auf die erste Frage zur sachlichen Gesprächseröffnung in solcher Weise antwortet? Wenn es gelingt, ihn gleich zu Beginn dahin zu bringen, seine Karten offen auf den Tisch zu legen? Der erfahrene Verkäufer freut sich darüber, er weiß, daß ihm nichts Besseres widerfahren kann! Was ist den Worten dieses Händlers zu entnehmen? »Eigentlich gefällt mir Ihre Ware ganz gut. Ich habe jedoch das subjektive Vorurteil, weil ein Kunde eines Kollegen mit ihr angeblich nicht zufrieden ist. Den Grund kenne ich allerdings nicht.« Der weitere Verlauf des Gesprächs ist jetzt zu einem Teil festgelegt: »Warum war denn der Kunde Ihres Kollegen unzufrieden? Das ist wirklich sehr interessant: Was hat Ihren Kollegen zu seiner Ablehnung gebracht?« Wer fragt, der führt! Jetzt wird der angesprochene Einzelhändler zur Erkenntnis kommen, daß er den Grund eigentlich gar nicht kennt. Wenn er aber erst anfängt, sich mit dem Problem zu beschäftigen, wird er sehr viel leichter zu überzeugen sein, als wenn sein allgemeines Vorurteil überhaupt nicht erst ausgesprochen worden wäre. Die ganz einfache Frage: »Wie gefällt Ihnen das?«, die das Zeigen des Artikels begleitet, hat gewissermaßen die Weiche gestellt, über die das Gespräch dann auf das richtige Geleise gelenkt wurde.

Ein anderer Händlerkunde antwortet auf die Frage vielleicht: »Wie mir das gefällt? Oh Herr Vertreter, das gefällt mir sehr gut, aber der Preis, den Ihre Firma wieder einmal gemacht hat!« Auch hier verrät sich der Kunde sofort: Schon weiß ich als Verkäufer, daß dieser Kunde nichts mehr über die Vorzüge meiner Ware hören muß, er ist von ihnen überzeugt! Das ganze Gespräch wird in diesem Fall mehr ein Preiserklärungs- oder Qualitätsbegründungsgespräch, hoffentlich im guten Sinn dieses Wortes, nämlich, daß man die für den Kunden interessanten Vorteile lebendig und überzeugend herausstellt.

Ein dritter, vierter, fünfter mag antworten: »Ja, das wäre schon recht, wenn das Ding nur etwas solider gearbeitet wäre« oder »... moderner aussehen würde« oder »... eine glattere Oberfläche hätte«. Das Ergebnis der Frage ist in jedem Fall das gleiche: Immer lenkt die einfache Frage die Überlegungen über das Gezeigte und das folgende Gespräch sofort in die richtige Bahn.

Deshalb ist diese Art der Gesprächseinleitung — richtiges Zeigen und einfaches Fragen — so wichtig, weil wir *den Partner veranlassen* — ohne, daß ihm das bewußt wird —, seine Bedenken, seine Einwände und *seine Gedanken uns selber offenzulegen,* und das manchmal sogar gegen seine ursprüngliche Absicht. Niemals jedoch soll der Partner primitiv überredet werden, er muß echt überzeugt werden. Wenden wir also die einfachen und zugleich so wirkungsvollen Techniken des Fragens und Zeigens an. Wir werden die Menschen auf diese Weise leichter beeinflussen und von der Richtigkeit dessen überzeugen können, was wir ihnen anbieten.

IV.
Die Vielfalt der Kaufmotive

1. Ihre übersichtliche Erfassung und praktische Auswertung

Wie ist es eigentlich möglich, daß sich unsere Partner im Sinne unseres Vorschlages entscheiden bzw. daß die Kunden unsere Waren kaufen? Aus welchen besonderen Gründen tun sie das? In den vorherigen Abschnitten haben wir die Interessen unserer Partner und Kunden untersucht. Nun müssen wir uns mit der Frage beschäftigen, wie diese Interessen im einzelnen aussehen. Erst wenn wir uns darüber klar sind, können wir die Möglichkeiten erkennen, die uns bei unseren täglichen Bemühungen helfen können. Es würde den Rahmen dieses Buches sprengen, wenn wir das Thema »Kaufmotive« von allen Seiten her beleuchten, aber es ist so wichtig, daß wir uns in knappster Form hier damit beschäftigen wollen.

Die verschiedenen *Kaufmotive* sind unsere unsichtbaren Bundesgenossen im Kampf um den Kaufentschluß des Kunden. Ohne ihre Hilfe können wir selten etwas erreichen, mit ihnen fast alles. Der Entschluß des Kunden hängt hauptsächlich von der Motivation ab, die der geschickte Verkäufer bewußt weckt und in seinem Sinne lenkt. Wir wissen, daß die stärksten Motive meistens die gefühlsmäßigen sind. Deshalb müssen wir versuchen, die verstandesmäßigen Momente mit den gefühlsmäßigen zu vereinen. So führt z. B. die Wirtschaftlichkeit zurück auf das Gefühl des Gewinnstrebens, die Zweckmäßigkeit auf das Gefühl des Nützlichkeitsstrebens. Der zielbewußte Verkäufer braucht seinen Kunden nur vom Gefühl her miterleben zu lassen, was die Befriedigung dieses Gewinn- und Nützlichkeitsstrebens für ihn im täglichen Leben praktisch bedeutet.

Wir werden jetzt *sämtliche für die Praxis des Verkaufes wichtigen Antriebskräfte* in einer allgemeingültigen Aufstellung zusammenfassen. Aus ihr kann jeder dann im Einzelfall sehr schnell die für eine besondere Ware bedeutungsvollen Momente heraussuchen, z. B. für die erfolgreiche Werbung oder für die Schulung von Verkaufspersonal. Die zunächst verwirrend erscheinende Vielzahl der Beweggründe des Kaufes lassen sich schnell ordnen, wenn man zwischen den Kaufmotiven verstandesmäßiger Art und solchen gefühlsmäßiger Art unterscheidet.

Auf den folgenden Seiten finden Sie eine Übersicht über die Kaufmotive, die der Verfasser in langjähriger praktischer Arbeit zusammengestellt hat. Diese Zusammenstellung hat sich wegen ihres einfachen Prinzips und ihrer praktischen Handlichkeit immer wieder gut bewährt. Denn sie erlaubt eine rasche Anpassung an die jeweiligen Erfordernisse von speziellen Erzeugnissen oder Erzeugnisgruppen.

Die erste Gruppe umfaßt die *verstandesmäßigen Kaufgründe*. Sie sind allerdings bis zu einem gewissen Grad schon abgedroschen und wenig wirksam, weil fast jeder Hersteller und Verkäufer mit ihnen argumentiert. Der Kunde hat sie

(Vollständige Übersicht)

A. *Verstandesmäßige Kauf-*
   gründe:
1. Gewinnstreben, Wirtschaftlichkeit
   a) Geldersparnis
   b) Geldverdienen
   c) Geld-, Kapitalanlage
2. »Qualität« und Gebrauchswert
   a) Leistung und Zweckmäßig-
      keit
   b) Zuverlässigkeit und
      Lebensdauer
   c) Qualitätsmerkmale i. w. S.
      (Kundendienst, Form usw.)
3. Zeitersparnis
4. Arbeitsersparnis
5. Notwendigkeit, Pflichtbewußtsein

B. *Vorwiegend gefühls- oder*
   instinktmäßige Kaufmotive:
1. Besitztrieb, Unabhängigkeit
   a) Bedürfnis nach Fortschritt
   b) Wissensdrang und Neugier
2. Bedeutungsbedürfnis,
   Prestige, Repräsentation,
   Lebensstandard
   a) Drang nach Überlegenheit
   b) Wunsch nach Individualität
   c) Nachahmungstrieb

(Vereinfachte Übersicht)

A. *Kaufgründe verstandes-*
   mäßiger Art:
1. Geldersparnis, Wirtschaftlichkeit
2. »Qualität«
3. Zeitersparnis
4. Arbeitsersparnis
5. Geldverdienen, Gewinn-
   streben
6. Notwendigkeit

B. *Kaufgründe vorwiegend ge-*
   fühls- oder instinktmäßiger
   Art:
1. Besitztrieb (»Habenwollen«)
2. Bedeutungsbedürfnis i. w. S.
3. Glück und Freude (Erholung,
   Romantik, Spiel, Lieb-
   haberei, Selbstentfaltung,
   Abwechslung, Genuß usw.)
4. Bequemlichkeit
5. Sicherheit

3. Drang nach Selbstentfaltung
   und Selbstverwirklichung,
   Wirk- und Spieltrieb
   a) Sportlichkeit
4. Bedürfnis nach Freude und
   Glück
   a) Bed. nach Entspannung
      und Erholung
   b) Bed. nach Eindrücken
      und Abwechslung
   c) Materielles Genußstreben,
      Luxus
   d) Seelisch-geistiges Genuß-
      streben, Erbauung,
      Romantik
   e) Sehnsucht nach Geborgen-
      heit u. Halt, Anlehnungs-
      bedürfnis
5. Schenktrieb

C. *Zugleich instinkt- und verstandesmäßige Kaufgründe:*
1. Sicherheit (Angst)
2. Gesundheit und Hygiene
3. Schönheit und Eleganz
4. Bequemlichkeit
5. Gewohnheit, Vertrauen

6. Gesundheit
7. Fortschritt und Mode
8. Schönheitsverlangen
9. Nachahmungstrieb
10. Schenken

> Nicht die Ware, sondern Bedürfnisbefriedigung:
> Problemlösung und Wunscherfüllung verkaufen!

schon zu oft gehört und nimmt sie in vielen Fällen gar nicht mehr ernst. Das trifft vor allem beim üblichen Qualitätsbeschreibungsgespräch zu. In Gesprächen des Gebrauchswertes haben sie ihre Wirkung beim Kunden aber noch nicht verloren. Selbstverständlich fallen diese Wirtschaftlichkeits- und Verstandesargumente vor allem bei sachlichen und nüchternen Kunden auf fruchtbaren Boden, z. B. bei fachlich geschulten Einkäufern, technischen Fachleuten oder beim Verkauf von Investitionsgütern. Aber auch in diesem Kundenkreis sind die nur nüchternen Menschen seltener als man glaubt.

Diese verstandesmäßigen Kaufmotive *in der Praxis auszunutzen*, ist eigentlich kein Problem, denn sie werden meistens ganz offen besprochen. Wichtig ist hier nur überzeugendes Argumentieren, d. h. man muß die Kunst beherrschen, seinen Gesprächspartner im gewünschten Sinn zum Mitdenken zu bringen.

Die zweite Gruppe der Übersicht faßt die *vorwiegend gefühls- oder instinktmäßigen Kaufmotive* zusammen, geordnet nach einprägsamen Oberbegriffen. Diese Gruppe ist für die Praxis viel wichtiger.

Die manchmal unbegreifliche Kraft dieser Argumente liegt darin, daß der Angesprochene in den meisten Fällen selbst gar nicht weiß, warum er sich entscheidet und kauft. Wüßte er es, so würde er sich oft bestimmt *nicht* entscheiden und *nicht* kaufen. Hier kommen die unter der Schwelle des Bewußtseins liegenden, die geheimen Triebkräfte des Menschen ins Spiel, und deshalb wird der Mensch nicht selten der »Verführte«, ohne es zu merken.

Zur praktischen Verwertung dieser vorwiegend in unseren unterbewußten Gefühlsbereichen arbeitenden Momente: Die Kunst des guten Verhandlungsführers und Verkäufers liegt darin, die Gefühlsmomente so anzusprechen, daß der andere es nicht merkt, indem sie gleichsam nur leicht in Bewegung gebracht werden. Das genügt völlig, und ganz einfache Formulierungen, die »glatt« hinuntergehen, sind psychologisch am wirkungsvollsten.

Neben dieser zweiten Gruppe von Kaufmotiven gibt es eine dritte, ihr nahe verwandte. Die Antriebskräfte dieser dritten Gruppe unterscheiden sich von den bisher besprochenen insofern, als sie, obwohl *ursprünglich gefühls- oder instinktmäßiger Art, auch vom Verstand erkannt* werden und zu vielfältigen Überlegungen anregen. Auf Grund dieser doppelten Bedeutung spielen sie in den meisten Gesprächen eine große Rolle. Wer dieses Wissen um das menschliche Wesen in der Praxis richtig nutzt, wird bei Verhandlungen jeder Art erfolgreich seine Ideen durchsetzen, seine Ware oder Dienstleistung schneller verkaufen als normalerweise.

In der *praktischen Arbeit* wird man auch diese dritte Gruppe meistens »offiziell« ansprechen. Man kann etwa — natürlich in taktvollen Grenzen — jederzeit von der Sicherheit des Menschen sprechen. Dabei wird, je nach der Art des Bildes, das man in der Vorstellung des anderen wachruft, und je nach den gewählten Worten das angesprochen, was mit das stärkste Gefühl eines jeden Menschen ist, die Angst! Das gleiche trifft auch für die anderen im Rahmen der dritten Gruppe aufgeführten Momente zu.

Natürlich taucht beim Betrachten einer solchen Gesamtübersicht sofort die Frage auf, ob diese vielgestaltigen einzelnen Momente auch alle wirklich an der richtigen Stelle *eingeordnet* sind. Vor allem, wenn man Einzelfälle besonderer Art im Auge hat, ergeben sich manche berechtigte Zweifel. Wir dürfen indessen nicht übersehen, daß solche vielfältigen Überschneidungen in der Natur dieser komplexen, d. h. vielschichtig ineinander verwobenen Gefühlsbereiche, liegen, und daß zum anderen hier eine möglichst allgemein gültige Übersicht zusammengestellt werden soll. So wurde das Luxusbedürfnis im Zusammenhang mit dem materiellen Genußstreben behandelt und dieses wiederum zu den Wünschen nach Freude und Glück beigeordnet. Das Luxusverlangen hätte auch in den weiteren Bereich des Bedeutungsbedürfnisses eingegliedert werden können, denn in der Praxis wird es von dieser Seite her nicht selten seinen stärkeren Antrieb bekommen. Umgekehrt wurde der Nachahmungstrieb zusammen mit dem Bedeutungsbedürfnis genannt, und zwar vorwiegend aus praktischen Gründen. Er ließe sich ebenso zusammen mit der Sehnsucht nach Anlehnung und Geborgenheit behandeln, sofern man ihn nicht überhaupt als ein selbständiges Antriebsmoment betrachtet. Es ist unnötig, hier weitere Beispiele zu bringen. Entscheidend ist vor allem, eine sowohl theoretisch klar aufgebaute als auch für die Praxis handliche und nutzenbringende Gesamtübersicht zu erhalten. Wenn sich im Einzelfall innerhalb dieser Übersicht immer wieder Verschiebungen ergeben müssen und ergeben können, so spricht das nur für ihre Anpassungsfähigkeit und ihren praktischen Wert!

Bei der *Prüfung eines einzelnen Erzeugnisses* im Hinblick auf die zutreffenden Kaufmotive ist natürlich eine spezielle Aufstellung erforderlich. Manche Gesichtspunkte, die in der allgemeingültigen Grundbetrachtung vielleicht nur am Rande auftauchen, können dort Kernstück der Überlegungen sein. In der Praxis, besonders bei der *verkaufspsychologischen Schulung* von Verkäufern einer bestimmten Firma für gewisse Erzeugnisse, hat sich vielfach die Beschränkung auf zwei Kaufmotiv-Gruppen bewährt. Eine solche vereinfachte Zusammenfassung wird in der rechten Spalte der Übersicht über die Kaufmotive gebracht. Sie ist für den im abstrahierenden Denken nicht geschulten und im Druck seiner täglichen Arbei stehenden Durchschnittsverkäufer oft leichter faßbar und im Gespräch besser anwendbar: Die Beschränkung auf die Gruppe der verstandesmäßigen Kaufgründe einerseits und der vorwiegend gefühls- oder instinktmäßigen Kaufmotive andererseits, die in der Regel auch die zugleich instinkt- und verstandesmäßigen Motivationen in sich schließt, ist im allgemeinen ausreichend.

Auf den folgenden Seiten finden Sie zwei Beispiele für solche besonderen für die Praxis wichtigen Aufstellungen.

Bei der *praktischen Verkäuferschulung* muß konkret und in präzisen Formulierungen genau besprochen werden, wie diese vielfältigen Momente bei dem angesprochenen Kunden geweckt werden können. Die besten, d. h. die zugleich einfachsten und wirkungsvollsten Formulierungen müssen von den Teilnehmern mitgeschrieben bzw. ihnen hinterher in vervielfältigter, übersichtlicher Form ausgehändigt werden. Bei richtiger Regie ist das für alle Beteiligten hoch interessant und für die Firma besonders aufschlußreich. Verkäufer, die seit Jahrzehnten in ihrer täglichen Berufsarbeit stehen, wissen oft nur sehr wenig über die eigentlichen Kaufgründe ihrer Kunden. Das trifft nicht nur auf einen Einzelhandelskaufmann zu, sondern auch auf Vertreter und Reisende — selbst auf die »alten Hasen«. Bei meiner Schulungsarbeit habe ich das immer wieder feststellen müssen.

Wie spricht man die Gefühlswelt der Menschen an? In vollendeter Form und Kürze hat das, worauf es ankommt, der bekannte Industrielle Robert Bosch sen. in einem Brief ausgedrückt, in dem er sagt: »Kunden und Kinder (Beachten Sie bitte, daß er beide in einen Topf wirft!) werden nicht nur dadurch erzogen, daß man ihnen dauernd erklärt, Ratschläge erteilt oder Vorschriften macht. Erfolg hat vielmehr, wer die Gefühlswelt der Kinder und Kunden zu packen weiß und sie sympathische oder unerfreuliche Situationen lebhaft miterleben läßt.« Es kommt also darauf an, lebhafte Vorstellungsbilder zu wecken. Führen Sie dem Kunden, der sich auf ein für ihn ungünstiges Erzeugnis versteift, eine unangenehme

A. VERSTANDESMÄSSIGE KAUFGRÜNDE

1. *Qualität und Gebrauchswert*
   Vorzügliche Grundstoffe von immer gleichbleibend hoher
   Qualität
   Immer gleichbleibend gute Verarbeitung
   Immer gleich guter Geschmack
   Kein Eigengeruch, kein Annehmen von Fremdgeschmack
   Viele Geschmacksrichtungen und reiche Auswahl
   Überall leichte Einkaufsmöglichkeit
   Praktisch unbegrenzt haltbar, unempfindlich gegen
   Witterungseinflüsse
2. *Zweckmäßigkeit*
   Handliche Verpackung: Schutz vor Beschädigung oder
   Qualitätsminderung
   Leichtes Öffnen der Verpackung (Büchsenöffner dabei)
   Leichtes Herausnehmen aus Verpackung ohne Beeinträchtigung
   der Ware
   Einfache und risikolose Verarbeitung
   Zeit- und Arbeitsersparnis: tisch- oder tafelfertig
   Vielseitige Verwendung, auch für Camping
3. *Wirtschaftlichkeit, Preisgünstigkeit, Geldersparnis*
   Ausgiebigkeit (vielleicht gute Streichfähigkeit)
   Sicherheit gegen Übervorteilung durch Preisaufdruck

B. VORWIEGEND GEFÜHLS- ODER INSTINKTMÄSSIGE KAUFMOTIVE

1. *Freude und Glück*

Appetitliches, lockendes Aussehen	Besonderer Genuß
	Etwas »Besonderes«, Spezialität, Delikatesse, für
Reiche Auswahl der Geschmacksrichtung	Festlichkeiten

Abwechslung

Befriedigung über gutes
Gericht

Befriedigung über Lob für
Hausfrau von Mann und
Kindern

Befriedigung über gemütlichen
Familientisch

Bedürfnis der ganz Armen
nach gelegentlichem Luxus

Freude beim Einkauf wegen
lockender Aufmachung

Sammelpunkte o. ä. für
Kinder

Freude am Kochen

2. *Sicherheit und Unabhängigkeit (Besitztrieb)*
Risikolose Zubereitung (s. o.)
Leichte Vorratshaltung, auch ohne Kühlschrank, Reserve für
besondere Fälle
Absolute Gewähr für höchsten Wert (Gäste!)

3. *Bedeutungsbedürfnis, Prestige, Lebensstandard.*
Nachahmungstrieb
Hochgefühl, nur beste und hochwertige Nahrungsmittel zu
verbrauchen
Hinweis auf Besuch: etwas »Besonderes« (s. o.)
Feinschmecker von hohen Ansprüchen sein
Hinweis auf feine und angesehene Leute, die das gleiche
verbrauchen

4. *Gesundheit*
Unverfälscht, naturrein

Leichte Bekömmlichkeit

Absolut hygienische
Herstellung und Verpackung

Reichhaltigkeit d. Nährstoffe

Hoher Nährwert bzw.
kalorienarm

Verwendbar als Diät-,
Schon-, Kinder- oder
Krankenkost

5. *Bequemlichkeit*
Leichte und rasche Zubereitung (s. o.)

Manierliches Essen durch
Kinder

6. *Schenken*
Geschenkkorb

Geeignet z. Verschicken
(Ostzone)

MOTIVE FÜR DIE AUFTRAGSERTEILUNG AN EIN
RECHENZENTRUM
(Elektronische Datenverarbeitung, also Abschluß auf Mieten von
Dienstleistungs-Zeiteinheiten, nicht auf Lieferung
einer EDV-Maschine!)

A. VERSTANDESMÄSSIGE ABSCHLUSSGRÜNDE:

1. Gewinnstreben, Wirtschaftlichkeit, Auslastungsproblem
   (weder Überkapazität wie bei eigener Anlage noch Unter-
   kapazität)
2. »Qualität« und Gebrauchswert
   a) Leistung: rechnerisch absolut fehlerfrei
   b) Zweckmäßigkeit
   c) Zuverlässigkeit
   d) Volle Ausnutzung
   e) Beständige Anpassung an veränderte Verhältnisse
3. Zeitersparnis
4. Arbeitsersparnis: Personalentlastung, Wegfall der Arbeitsspitzen
5. Notwendigkeit, Pflichtbewußtsein

B. VORWIEGEND GEFÜHLS- ODER INSTINKTMÄSSIGE MOTIVE

1. Besitztrieb (»Habenwollen«), Unabhängigkeit, Überlegenheit
   Fortschritt, »modern«
   Wissensdrang, Neugier
2. Bedeutungsbedürfnis, Prestige, Individualität (Die persönliche
   Stellung als Spezialist — Wissenschaftlicher Anstrich — Best-
   informiert — Gewinn durch die persönliche Initiative bei
   Geschäftsführung — Schrittmacher und Vorbild)
   Nachahmungstrieb
3. Selbstverwirklichungsstreben, Drang zur Selbstentfaltung,
   Spieltrieb
4. Bedürfnis nach Freude durch Abwechslung und Eindrücke

C. ZUGLEICH INSTINKT- UND VERSTANDESMÄSSIGE GRÜNDE

1. Sicherheit (Angst!) (Solide Unterlagen — Bessere Dispositions-
   fähigkeit — Geschenkte Erfahrungen anderer — Weniger von
   Schätzungen abhängig — Möglichkeit zu rascheren und treffenderen Entscheidungen — Weniger vom eigenen Personal
   und seinen Unzulänglichkeiten abhängig — Absolute Ver-
   schwiegenheit — Erhöhte Kontrollmöglichkeiten — Weniger
   Angst vor Rückfall gegenüber anderen Personen oder Unternehmen — Größere innere Ruhe)
2. Bequemlichkeit (Abwälzung der Verantwortung auf betriebs-
   fremde Stelle)
3. Eleganz im übertragenen Sinn (Mehrfache Auswertbarkeit der
   Lochkarte)

Situation vor Augen, die er damit vielleicht erleben kann. Er
wird diese Ware auf keinen Fall kaufen, weil Sie sein Gefühl
dagegen mobilisiert haben! Und umgekehrt: Schildern Sie
Ihrem Kunden eine sympathische, ihn seelisch packende Situation, die durch eine bestimmte Ware entstehen kann. Er wird
nicht ruhen, bis er diese Ware besitzt, weil Sie seine Gefühlswelt und damit seine unbewußten Antriebskräfte in Bewegung gesetzt haben. Was im Verkäuferischen für die Ware
gilt, das trifft auf der Verhandlungsebene für das Ziel zu, das
der Verhandlungsführer erreichen möchte.

Wie kann man diese lebhaften Vorstellungsbilder wecken?
Durch eine ganz einfache Situationsschilderung in klarer
Sprache. Wie auf Seite 55 im einzelnen geschildert, kommt es
auf das anschauliche Beschreiben an, möglichst aus dem alltäglichen Leben des Hörenden. Je bildhafter und plastischer das
für ihn Richtige »ausgemalt« wird, um so lebhafter sind die
Vorstellungsbilder, die hervorgerufen werden. Vermeiden

Sie alles Phrasenhafte, es wirkt nur abstoßend! Es ist immer die natürliche, auf die Erlebniswelt der verschiedenen Menschen zugeschnittene Sprache, die sie packt. Die psychologische Wirkung des lockenden, Gefühl und Instinkt bewegenden Bildes weckt die »Leidenschaft« in dem Sinne, daß der Hörende das anreizende Bild und alle von ihm ausgehenden Gefühlsregungen und Wünsche mehr oder weniger widerstandslos »erleidet«. Alle Verstandesüberlegungen sind jetzt nahezu ausgeschaltet, zumindest ordnen sie sich dem gefühlsmäßigen Wünschen und Wollen unter.

Da der Mensch aber — wie Goethe sagte — zwei Seelen in seiner Brust trägt, ist es oft erforderlich, zusätzlich noch einleuchtende und *»diskussionsfähige« Verstandesüberlegungen* wachzurufen, um den Kunden ganz zu gewinnen. Denn die aus dem Unterbewußtsein kommenden Kaufantriebe sind für unser bewußtes Denken zuweilen nicht annehmbar. Oft genug betrügt der Verstand uns selbst, er findet Argumente, die in Wahrheit nur als Entschuldigung oder als Eselsbrücke dienen, um unsere Wünsche zu erfüllen. So ist ein wesentliches Kaufmotiv für uns oft unser Bedeutungsbedürfnis, z. B. das befriedigende Gefühl bei der Vorstellung, wie andere mit Neid auf uns blicken. Zusätzlich jedoch will unser Verstand beruhigt werden, in etwa durch eine überzeugende Berechnung der Wirtschaftlichkeit oder durch den hieb- und stichfesten Grund der Sicherheit. Die Sicherheit hat für den Verkäufer den Vorzug, daß sie im Verstandesbereich wirkt, daß sie »gesellschaftsfähig« ist, obwohl sie letztlich aus der unbewußten Angst des Menschen um seine Existenz erwächst. Oft braucht der geschickte Verkäufer nur an die Angst des Menschen zu appellieren, um vollends zu gewinnen. Aber gerade wenn die unbewußten Antriebskräfte des Menschen aktiviert wurden, muß man unbedingt mit einem soliden verstandesmäßigen Grund den Kauf untermauern. Die Beachtung dieses Grundsatzes ist häufig das Geheimnis des Erfolges von »Verkaufskanonen«, die ihren Kunden nichts verkaufen, womit diese — auf lange Sicht gesehen — nicht wirklich zufrieden wären.

Abschließend wird noch einmal der entscheidende Grundsatz herausgestellt: Verkaufen Sie nicht einfach »die Ware«, wie das im armseligen Verkaufsgespräch geschieht. Verkaufen Sie vielmehr die *Bedeutung* der Ware für den Kunden, ihre besonderen Vorteile für ihn, das, was sich der Kunde von ihr erhofft! Lassen Sie ihn den besonderen Wert Ihres Angebotes für ihn miterleben; dann verkaufen sie nämlich das, wonach jeder sofort greift: die Erfüllung seiner bewußten oder geheimen Wünsche!

Verkaufen Sie also Wunscherfüllung: Verkaufen Sie die Verschönerung des Lebens und die Erweiterung des Machtbereichs Ihres Kunden. Verkaufen Sie die persönliche Bedeutung und Geltung, die bewundernden Blicke der Nachbarn, die Überlegenheit über andere! Verkaufen Sie ihm das Gefühl, daß er mit der Ware etwas Sichtbares erreicht, was ihn mit Befriedigung erfüllt! Verkaufen Sie ihm Freude und Glück, Entspannung und Erholung, verkaufen Sie ihm neue Eindrücke und Abwechslung, genußreiche und romantische Stunden, verkaufen Sie ihm innere Geborgenheit und Halt! Verkaufen Sie Ihrem Kunden Sicherheit und Gesundheit, Schönheit, Eleganz, Bequemlichkeit und Nichtstun! Alles das können Sie verkaufen. Das reißen Ihnen dieselben Leute quasi aus den Händen, die Sie mit Ihrer »Nur-Ware« uninteressiert stehenlassen, wenn Sie den engen Zusammenhang des Angebotenen mit den begehrten Werten des Lebens nicht packend zeigen können.

Die Kaufmotive sind unsere notwendigen Bundesgenossen im Kampf um den Kaufentschluß des Kunden. Ohne ihre Hilfe können wir nichts erreichen, mit ihnen alles.

Die verstandesmäßigen Kaufgründe (Gruppe A) sind, da leicht zu erkennen und einfach anzusprechen, abgedroschen und oft nur wenig wirksam. Bei fachlich geschulten Kunden und bei Investitionsgütern i. w. S. spielen sie natürlich eine größere Rolle, aber auch hier bei weitem nicht immer die entscheidende.

Die untergründigen Antriebskräfte (Gruppe B und C) sind im allgemeinen viel wirkungsvoller. Ihre manchmal unbegreifliche Kraft liegt darin, daß der Angesprochene oft gar nicht weiß, warum er sich entscheidet. Man kann nur zum Teil offen von ihnen sprechen. Die Kunst liegt darin, die vom Kunden unbewußt begehrten Gefühlserlebnisse so anklingen zu lassen, daß sie dann von allein weiterarbeiten und vom Verstand aufgenommen werden.

Auf die Weckung lebhafter Vorstellungsbilder kommt es an: Führen Sie Ihrem Kunden eine ihm sympathische Situation vor Augen, die ihm die angebotene Ware vermitteln kann. Lassen Sie ihn diese miterleben, und er wird nicht ruhen, bis er diese Ware besitzt. Umgekehrt: Schildern Sie ihm eine unangenehme Situation, in die er vielleicht geraten kann, und er wird alles tun, sie zu vermeiden! Seine starken Gefühlsantriebe sind in jedem Fall Ihre mächtigen Gehilfen.

Verkaufen Sie nicht einfach »die Ware« (wie der armselige Einheitsverkäufer), sondern die Bedeutung der Ware für den Kunden, ihre besonderen Vorteile für ihn, das was er sich bewußt oder unbewußt von ihr erhofft!

Verkaufen Sie Wunscherfüllung, z. B. die Erweiterung des Lebensbereichs Ihres Kunden, die Möglichkeiten, zu denen ihm die Ware verhilft, die heimlich bewundernden Blicke der Freunde und Nachbarn, die Überlegenheit über andere, glückliche und genußreiche Stunden, ein gesundes Leben, die Freiheit von Sorgen, Bequemlichkeit und köstliches Nichtstun!

2. Die Entstehung des Kaufentschlusses

Bis jetzt untersuchten wir die Frage, aus welchen Gründen sich ein Mensch so sehr für irgend etwas interessieren kann, daß er schließlich sein gutes Geld hergibt, um es zu besitzen, kurz: *warum* er kauft. Nun gehen wir der oft erörterten Frage nach, in welcher Art und Weise der endgültige Kaufentschluß in der Seele des Kunden heranreift, also: *wie er kauft*. Merkwürdigerweise verwechseln viele Leute dieses »Wie?« mit dem »Warum?«! Doch die vollendete Beherrschung von allenfalls feststellbaren formalen Stufen des »Wie« hilft so gut wie gar nichts, wenn man das allein entscheidende »Warum« nicht oder ungenügend kennt. Wer den lebendigen Kaufwunsch nicht zu schaffen versteht, wird auf die Dauer nicht erfolgreich verkaufen können! Mit anderen Worten: jede *Überschätzung der formalen Seite* ist fragwürdig, denn auf sie kommt es viel weniger an als auf den durch die Kaufmotive bestimmten Inhalt des Gespräches.

In den letzten Jahrzehnten wurde eine stattliche Reihe von Betrachtungsweisen und Regeln entwickelt, die sich alle mit dem formalen Ablauf des Verkaufsprozesses beschäftigen. Von Wert können diese Formeln nur insoweit sein, als sie dem Verkäufer in tatsächlichen Verkaufsgesprächen weiterhelfen. Ob das immer der Fall ist, darf bezweifelt werden. Ein Verkaufsgespräch mit Erfolgsaussichten führen heißt, sich auf den Kunden und auf die sich beständig wandelnde Situation des stets fortschreitenden Gesprächs zu konzentrieren. Wer sich aber an ein bestimmtes formales Schema zu halten versucht, begibt sich in die Gefahr, die Dinge selber unnötig zu komplizieren. Der Praktiker vereinfacht jedoch schwierige Zusammenhänge, wo immer er nur kann, und kompliziert sie nicht selbst.

Solche Analysen des Verkaufsprozesses haben ihren Sinn in

der Herausstellung der Notwendigkeit, jedes Gespräch in einer gewissen formal-logischen Ordnung ablaufen zu lassen. In dieser wichtigen Erkenntnis liegt ihr Wert, aber er reicht nicht viel weiter. Deshalb kann uns *nur eine möglichst einfache Betrachtungsweise* helfen, die für die vielfältigen Verkaufsgespräche gültig ist. Das vorausgesetzt, scheint mir die Beschäftigung mit den vielen konstruierten Methoden und Formeln nur Zeitverschwendung zu sein.

Entscheidend für das Erreichen des Abschlusses, d. h. für die Zustimmung des Kunden zum Kauf, ist einzig und allein, sein Interesse voll und ganz zu gewinnen. Ist es nämlich hinreichend stark, dann kauft er. Zumindest ist er, etwa der schwerfällige, der bedächtige, der zögernde, abschlußreif. Dann liegt es nur am Verkäufer, ihn vollends zum Abschluß hinzuführen.

Auf der übernächsten Seite finden Sie eine einfache Übersicht, die die Entstehung des Kaufentschlusses aufzeigt. Diese Darstellung ist wohl so klar und eindeutig, daß sie keiner weiteren Erklärung mehr bedarf. Wenn wir unseren Kunden von der Ebene der Uninteressiertheit zur Ebene des Kaufentschlusses hinaufbringen wollen, dann müssen wir ihn zuerst auf die hohe Treppenstufe der Interessengewinnung hinaufbringen. Diese Betrachtungsweise erleichtert es uns, sofort *einige der häufigsten Fehler im Verkaufsgespräch* zu erkennen:

1. Zu rasches Abzielen auf den Abschluß, besonders beim eifrigen Verkäufer. Zuerst muß der Kunde Feuer gefangen, d. h. echtes Interesse gewonnen haben (Erkennen irgendeines besonderen Vorteiles für sich).

2. Zu lange Interessenerregung (Unnötiges Verharren auf dieser Stufe): Vor allem gut informierte Verkäufer zählen dem Kunden immer wieder neue Gesichtspunkte auf, um sein Interesse zu erregen — obwohl es schon längst gewonnen ist! Wenn durch *ein* gutes, den Kunden packendes Argument sein echtes Interesse geweckt wurde, können weitere ihn nur zu leicht vom Wesentlichen ablenken, langweilen oder zu unnötigen Einwänden anregen. Denn jedes Argument trägt irgendwelchen »Explosionsstoff« in sich; die absolut ideale Ware ist bis heute noch nicht erfunden! In der Beschränkung zeigt sich auch hier der Meister: *Ein* gut ausgespieltes Argument ist mehr wert als fünf schlecht angebrachte.

3. Abschlußangst des weichen Verkäufers (Unnötiges Festkleben auf der Interessensstufe): Keine Angst — typisch für zu sensible Verkäufer — vor der Abschlußangst des Kunden: Spürt man sein lebhaft gewordenes Interesse mit dem damit verbundenen Besitzwunsch, dann den Kunden sofort auf die Abschlußstufe führen, durch das elegante Abschlußgespräch! Warum den Braten zuerst gar machen, damit ihn der Konkurrent später verspeisen kann? Wir dürfen auf der einen Seite nichts erzwingen wollen, wir dürfen aber auf der anderen auch nicht über den Kaufentschluß des Kunden hinwegreden!

Noch einmal sei eindeutig festgestellt: *Entscheidend ist* und bleibt in erster Linie das *Wissen um die Kaufmotive*, denn nur sie führen zur Interessensweckung und zur Kauf*begierde*, der notwendigen Vorstufe des Kaufentschlusses.

Auch heute wird noch öfters die AIDA-Regel erwähnt, die folgende Stufen festsetzt: Aufmerksamkeit — Interesse — Drang zum Besitz oder Kauf — Abschluß. Sie klingt recht logisch. Ist sie auch psychologisch richtig? Was ist hier eigentlich für ein *Unterschied zwischen den drei ersten Stufen?* Sind sie im Kern nicht ein und dasselbe? Das Beispiel des Spontan- oder Impulskaufs zeigt es deutlich: Hier werden die ersten drei Stufen in einem Sprung genommen. Die AIDA-Betrachtung übersieht, daß wir nur dann auf etwas wirklich aufmerksam werden, wenn es für uns interessant, d. h. wenn es für uns von Bedeutung ist. Ist das nicht der Fall, haben wir

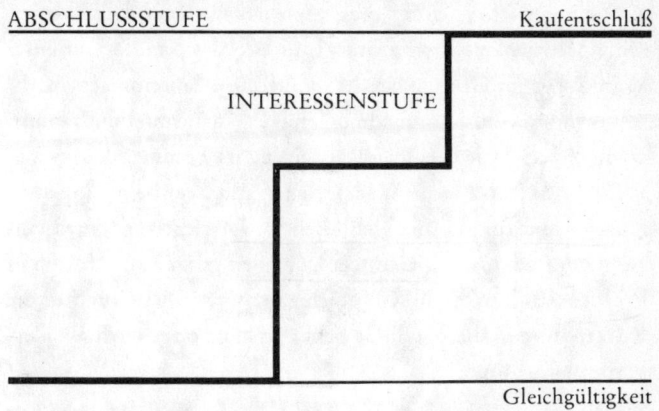

ABSCHLUSSSTUFE   Kaufentschluß

INTERESSENSTUFE

Gleichgültigkeit

das aufmerksamkeitserregende Moment sofort wieder vergessen! Und wenn wir die Bedeutung einer Sache für uns erkennen, dann können wir gar nicht anders, als sie haben, sie für uns ausnutzen zu wollen. Dafür sorgt die stärkste menschliche Antriebskraft: der Selbsterhaltungstrieb. Aufmerksamkeit und Besitzwunsch sind also an das Interesse gebunden. Sie sind psychologisch praktisch dasselbe.

Verkaufspädagogen, die das Verkaufsgespräch an dem AIDA-Schema aufbauen, kämpfen auch immer mit der gleichen Schwierigkeit: Was die Aufmerksamkeit weckt, erregt das Interesse und schafft auch den Drang zu Besitz und Kauf! Welches von vielen möglichen Argumenten soll nur zu welcher dieser drei Stufen eingesetzt werden? Die Argumente sind fast immer auswechselbar, und insoweit ist diese Stufung nur konstruiert. Welches wirklich eingesetzt wird, hängt nur ab von der besonderen Wesensart des Kunden. Da kann dem Verkäufer keine Erkenntnis von Stufen weiterhelfen. Das können nur Instinkt und richtige Beurteilung des Kunden.

Die Beantwortung der Frage, wie der Kaufentschluß heranreift: Mit dem voll erwachten Interesse des Kunden an einer Ware ist er im Grunde bereits »kaufreif«. Ein einziges durchschlagendes Motiv kann schon genügen, manchmal auch einige wenige, wenn sie genügend anreizen. Es kommt also immer auf die Kaufmotive an. Wer sie beherrscht, wer beim einzelnen Kunden die für ihn maßgeblichen in der richtigen Form einzusetzen und auszuspielen weiß, für den gibt es kein formales Problem. Es löst sich im Gespräch ganz von selbst. Nur wer die Kaufmotive in diesem Sinne beherrscht, ist oder wird als Verkäufer ein Könner!

V.

DAS RICHTIGE ANPACKEN DES KUNDEN
SPEZIELL IM AUSSENDIENST

Als von dem Generalfehler der meisten Verkäufer die Rede war (S. 94), wurde festgestellt, daß 80 Prozent aller im Außendienst tätigen Herren ihren Mißerfolg selbst herbeiführen, weil sie mehr oder minder deutlich sichtbar oder spürbar ihren Auftragsblock durch die Luft schwenken. Nur etwa 10 bis 15 Prozent verstehen es, den besuchten Kunden vom ersten bis zum letzten Augenblick ihrer Anwesenheit wirklich zu packen. Diese stellen nicht sich und ihre geschäftlichen Ziele, sondern ihn, den Kunden, und seine Interessen in den Mittelpunkt des Gesprächs. Sie wissen, daß ihr Kunde immer Zeit für sie hat, wenn er spürt, daß sie ihm helfen, daß sie ihm Umsätze erzielen helfen. Bei diesen wenigen wirklich Erfolgreichen ist allein der Gedanke entscheidend: Wie kann ich meinem Kunden *bei seinen Problemen und Aufgaben helfen?*

Bei der heutigen scharfen Konkurrenz und im Zeichen aller modernen Erkenntnisse, der Beherrschung der Rohstoffe und moderner Fertigungsmethoden bei fast allen Herstellern ist die Qualität der zu verkaufenden Erzeugnisse nicht mehr im gleichen Maße wie früher das vordringliche Problem. Die Qualität aller im Wettbewerb miteinander stehenden Produkte ist heute meistens gleich gut, die Ware ist mehr oder weniger die gleiche. Die Folge: das, was der Kunde heute zusätzlich zur Ware bekommt, wird immer bedeutungsvoller, z. B. die *Dienstleistungen,* die man *zusätzlich zur Ware* gibt, geben muß oder geben kann. Gerade diese Dienstleistungen laufen letztlich darauf hinaus, seinem Kunden bei der Lösung seiner besonderen Probleme zu helfen.

Die guten, die tüchtigen und aktiven Kunden, insbesondere die Geschäftsleute in der Großstadt, sind heute vielbeschäftigte und durchweg gehetzte Menschen. Sie werden überlaufen von Vertretern und Reisenden, je nach Branche erhalten sie zwischen 15 und 35 Besuche am Tag. — Diese sind für *Kürze und Sachlichkeit* dankbar. Reden Sie also nicht lange herum, sondern kommen Sie rasch zur Sache und halten Sie sich damit auch für später die Türen gerade dieser für Sie wichtigsten Leute offen!

Die nun folgenden zusammengestellten Hinweise für die richtige Bearbeitung der Kunden und Wiederverkäufer im Außendienst beziehen sich alle auf die relativ kleine, aber dafür um so bedeutungsvollere Gruppe der *wirklich Aktiven und Tüchtigen.* Diese werden auch in fünf und in zehn Jahren sicher noch ein gutes Geschäft betreiben. Bei den Schläfrigen wird es sich nicht lohnen, besondere Anstrengungen zu machen, dafür aber um so mehr bei denen, die den Löwenanteil des Geschäftsumsatzes bringen.

TYPISCHE INTERESSEN DES WIEDERVERKÄUFERS:

— Hohe Gewinnspanne bzw. guter Verdienst durch raschen Umschlag
— Leichtes Verkaufen oder zunehmender Umsatz durch hohen Bekanntheitsgrad
— Absolut zuverlässige und prompte Belieferung
— Umfassendes Sortiment, d. h. kleines Lager und einfaches Bestellwesen
— Einfaches und sicheres Zusatzgeschäft
— Zugkräftige Herstellerwerbung und gute Werbeunterstützung
— Geringer Platzbedarf
— Marktgerechte Packung: händlergerechte Verpackungseinheiten plus verbrauchergerechte, gefällige Einzelverpackung
— Aufgedruckter Preis (Vermeidung von Preisdiskussionen mit Kunden)
— Risikoloses Geschäft: keine Reklamationen bzw. Abnahme dieser durch Hersteller oder Großverteiler
— Zukunftssicheres Geschäft
— Lagerhaltung, Bestellwesen und Weiterverkauf möglichst problemlos

TYPISCHE INTERESSEN DES INDUSTRIEKUNDEN:
SACHLICHER ART:

— Fertigungsprobleme	— Platzverhältnisse u. Lagermöglichk.
— Personalprobleme	— Ausnutzung der Spezialisten
— Planungsprobleme	— Finanzierungsprobleme
— Marktbeurteilung	— Erzeugnis- und Sortimentsprobleme
— Vertriebsprobleme	— Marken- und Namensprobleme
— Konkurrenzprobleme	— u. a.

PERSÖNLICHER ART:

(Die zu treffende Entscheidung beeinflußt):
— Die Stellung des Gesprächspartners in seinem Haus
— Seine Beurteilung durch Vorgesetzte und Kollegen

OFT LOHNEN SICH EXAKTE ÜBERLEGUNGEN

(und schriftliche Festlegung in Stichworten), worauf es im weitesten Rahmen des Angebots ganz besonders ankommen könnte.

KÜRZE UND SACHLICHKEIT

bei der heutigen Überschwemmung mit Besuchen:
Nicht lange herumreden und kostbare Zeit stehlen, sondern rasch und richtig zur Sache kommen!

---

1. Die besonderen Interessen und Probleme des Außendienstkunden

Der Verkäufer im Außendienst hat es in der Regel mit Wiederverkäufern oder mit Industriekunden (weiterverarbeitenden Firmen) zu tun, darüber hinaus mit einer Reihe von Sonderkunden wie Behörden, Großabnehmern und anderen. Was sind nun die besonderen Interessen gerade dieser Kundschaft? Nehmen wir das Beispiel des Wiederverkäufers: Er betreibt sein Geschäft als ein *kaufmännisches Erwerbsunternehmen* letztlich nur seines Gewinnes wegen. Wenn man ihm »dienen« und helfen will, dann muß man ihn bei diesem Hauptmotiv seines Handelns anpacken, Geld zu verdienen und Gewinn zu erzielen, und zwar möglichst viel und auf eine möglichst leichte Art. Helfen wir ihm im weitesten Sinn zu raschem Warenabsatz, und wir werden sein bester Freund sein.

In der Übersicht auf der vorigen Seite sind — natürlich ohne daß sie eine erschöpfende Liste sein soll oder sein kann — die vielfältigen *Aspekte dieses Hauptmotives* eines jeden Kaufmanns zusammengestellt, und zwar in der Art, wie sie sich zur Verwertung durch den im Außendienst tätigen Verkäufer anbieten. Noch mehr ins einzelne gehende Erklärungen zu dieser Übersicht, welche die typischen Interessen des Wiederverkäufers und die typischen Interessen des Industriekunden gesondert aufzeigt, sind unnötig. Bei Behörden und anderen Sondergruppen von Kunden sind im wesentlichen die gleichen Gesichtspunkte maßgebend.

2. *Dem Kunden bei seinen allgemeinen Problemen helfen*

Wie sehr sich *der Markt von heute in einer vollständigen Umwandlung* befindet, merken wir nicht von einem Monat zum andern, aber sofort, wenn wir über einen größeren Zeitraum von fünf oder zehn Jahren hinweg denken. Wie radikal haben sich die Verhältnisse doch vielfach geändert, und wie weitgehend werden sie sich in den kommenden Jahren noch ändern! Wir sind im Zeichen unseres erfolgreichen Wirtschaftssystems in eine Phase des wirklich scharfen Wettbewerbs eingetreten, und dazu kommen in steigendem Maße die Auswirkungen des Zusammenwachsens des europäischen Marktes. Der gute Außendienstverkäufer kennt die Folgen: er weiß von der allgemeinen Unsicherheit sowohl im Handel als auch bei dem Heer der kleineren und mittleren Hersteller, die sich aus diesen immer unübersehbarer werdenden Wandlungen unseres Marktes ergibt.

Fragen über Fragen ergeben sich in diesem Zusammenhang für den, der offene Augen und Ohren hat. Der im Außendienst Tätige hat den großen Vorzug, weit herumzukommen und immer wieder Neues zu hören. Einen *Schatz an wichtigen Kenntnissen* können wir insbesondere dadurch *gewinnen*, daß wir

— selbst täglich eine wirklich gute Zeitung lesen,

— wenigstens auch die Überschriften ihres Wirtschaftsteils überfliegen,

— in interessante Veröffentlichungen, besonders Fachzeitschriften, schauen,
— uns gute Aufsätze herausholen,
— mit offenen Augen durch moderne Supermärkte u. dgl. gehen,
— uns neue Dinge von anderen Firmen ansehen,
— uns mit geistig lebendigen und gut unterrichteten Kollegen aus anderen Branchen im Restaurant und im Hotel unterhalten,
— ebenso mit unseren eigenen Chefs und wohlinformierten Persönlichkeiten des eigenen oder eines befreundeten Hauses,
— desgleichen mit wachen und überall »herumschnüffelnden« tüchtigen Kunden.

Picken wir uns alles das heraus, was *unserem Kunden bei seinen grundsätzlichen Überlegungen* über die Art seiner Geschäftsführung *helfen* kann! Eine Fülle von wertvollen Tips liegt hier für jeden greifbar, mit der er sich bei seinen Kunden fast unentbehrlich machen kann! Sie nämlich haben sehr oft nicht die Zeit, sich mit diesen Dingen zu beschäftigen, sie kommen nicht so viel herum wie wir. Deshalb sind sie uns dankbar für alle solchen Hinweise.

Das trifft vor allem auf die aktiven Händler und Kunden zu, bei denen sich der zusätzliche Zeitaufwand für uns lohnt. Wir brauchen nur eine *Stichwortliste von solchen interessanten Punkten* auf den perforierten Seiten unseres Taschenkalenders zu führen. Haben wir für einen Besuchsturnus bei sämtlichen wichtigen Kunden etwa sechs bis zehn solcher Stichworte beisammen, grenzen wir sie durch einen kräftigen Strich ab und tragen unter ihm die neuen auf uns zukommenden Punkte ein: So haben wir ohne jede bürokratische Arbeit von einem Besuch zum anderen für alle aktiven und geistig interessierten Kunden eine Liste von Stichworten, aus denen wir jeweils das für den einzelnen besonders Wertvolle herausholen können. »Herr X, haben Sie vor einigen Tagen im Wirtschaftsteil der ABC-Zeitung die Notiz über ... gelesen?« Schon ist die Wißbegier des anderen geweckt: »Was stand denn da drinnen?«

So werden wir schon nach zwei bis drei Besuchen zu dem Kreis derer gehören, die der Kunde jederzeit gern sieht, weil er sich sagt: »Jetzt kommt wieder dieser Müller, da werde ich bestimmt wieder etwas Interessantes und Wichtiges erfahren!« Wenn sich dieser Kunde dann mit uns in sein Büro, in seine Privatwohnung oder an einen anderen ungestörten Platz zurückzieht, um sich zehn Minuten lang wirklich ungestört mit uns unterhalten zu können, dann stellt er uns damit *das beste Zeugnis* aus, das wir als Verkäufer im Außendienst überhaupt erhalten können. Selbst wenn wir ihm dann in unserem eigentlichen Angebot gar nichts Besonderes zu bieten hätten, werden wir letztlich ein gutes Geschäft machen nach der alten römischen Weisheit: Ich gebe Dir, damit Du mir gibst!

Welche Dinge interessieren in dieser Hinsicht besonders? Sie sind selbstverständlich je nach Größe, Lage und Art des Geschäftsbetriebes, je nach der Branche des Kunden und den allgemeinen Marktverhältnissen seiner näheren Umgebung ganz verschieden. Hier einige Beispiele:

— Was dürfte sich auf unserem Markt und in unserer Branche im Laufe der nächsten Jahre insgesamt verändern, vor allem im Hinblick auf die modernen Entwicklungen der Europäischen Wirtschaftsgemeinschaft und dergleichen?

— Welche Änderungen sind von der Produktionsseite her zu erwarten, etwa durch das Heranwachsen neuer Großbetriebe, durch die Schaffung von bestimmten Markenartikeln oder Erzeugnissen von markenartikelähnlicher Geltung, durch moderne Formgestaltung, durch Rationalisierung und Standardisierung?

— Was können wir von dem gewaltigen Markt der Vereinigten Staaten lernen, der uns einige Jahrzehnte scharfen Wettbewerbs voraus hat? Welche Verschiebungen dürften sich durch unsere anderen Marktverhältnisse in Deutschland ergeben?

— Welche Probleme erwachsen für unseren Kunden aus anderen modernen Entwicklungen, aus der Selbstbedienung, den Supermärkten, den Diskont-(Rabatt-)Häusern, den Kataloggeschäften der Lebensmittelketten, der immer teurer werdenden Arbeitskraft und dem Schwinden der handwerklichen Leistung, dem seit Jahren anhaltenden und die ganze Wirtschaft befruchtenden, aber schon heute sinkenden Bau-Boom, dem Zug der Großstadtbevölkerung in Vorstädte und Trabantenstädte, der modernen Verkehrsentwicklung usw.?

— Wie dürfte sich inbesondere die Preissituation entwickeln, von der Seite der Produktion her, infolge des vielfach zu beobachtenden Aufbrechens der Preisbindungen, von der Seite der stets steigenden Vertriebskosten her?

Übrigens: Es lohnt sich, als Vertreter oder Reisender einmal einen ganzen Tag lang von morgens bis abends als aktiv Mitschaffender *im Betrieb eines wichtigen Kunden mitzuarbeiten*. Man wird mit offenen Armen empfangen und wird dann eine sehr viel bessere Kenntnis des Betriebes und seiner besonderen Probleme und Sorgen haben, ganz abgesehen davon, daß man auf diese Weise einen hervorragenden Kontakt zu den wichtigen Leuten der Firma herstellt. Ein solcher »verlorener« Tag kann reiche Zinsen und Zinseszinsen tragen.

Noch eine kleine Liste von Gesichtspunkten, die dem *Kunden außerhalb des engeren Geschäftes helfen* können:

— Anleitung zur Beobachtung der Kaufgewohnheiten der

Kundschaft und Rückschlüsse daraus für die Erhöhung des eigenen Umsatzes.

— Ist bei kleineren Geschäftsleuten die Spezialisierung des Sortiments (vor allem in der Nähe von Supermärkten oder Warenhäusern) oder seine Erweiterung ratsam? Das ist eine Entscheidung, die nicht selten das Aufblühen des Geschäftes oder seinen Bankrott bedeutet.

— Herausstellen einer guten und billigen Lockware, die Kundschaft ins Geschäft zieht und dadurch mehr Umsatz bringt.

— Gibt es im Augenblick irgendwo eine besonders günstige Einkaufsmöglichkeit für irgendeine den Kunden interessierende Ware?

— Gibt es irgendwelche das eigene Sortiment ergänzende Waren, die mühelosen Zusatzumsatz bringen, kann man den Kontakt zu deren Herstellern vermitteln?

— Werbemöglichkeiten besonders origineller oder neuer Art, die aus dem üblichen Rahmen fallen und Kundschaft anziehen.

— Muster von guten, also wirkungsvollen und doch nicht verletzenden Mahnbriefen bei sich führen und so beim Hereinholen von Außenständen des Kunden helfen. Kleinere Händler gehen hier erfahrungsgemäß oft sehr ungeschickt vor.

— Verkaufspsychologische Tips über die richtige Art der Kundenansprache geben, am einfachsten durch eine Erzählung mit wirkungsvollen Beispielen.

— Die wichtigsten Kaufmotive in der gleichen Form vermitteln: »Da habe ich doch vor wenigen Tagen in Bullendorf einen Händler getroffen, der in zwei Wochen sechs Stück von diesem Artikel verkaufen konnte! Wissen Sie, wie der das gemacht hat? . . .«

— Dem Händler ein gutes Abschlußgespräch beibringen, indem man es ihm einmal vorspielt.

- Gemeinsamer Kundenbesuch mit dem Kunden, z. B. auf einer Baustelle, in einem Betrieb, in einem Amt.
- Hinweise auf günstige Teilzahlungssysteme für die Kundschaft und deren Vermittlung (auch in anderen, nahegelegenen Orten, um den Vorteil des Versandhauses der anonymen Bezahlung ebenso ausnützen zu können).
- Den Händler auf das systematische Ansprechen des Schenktriebs hinweisen (s. Seite 180).
- Dem Händler beibringen, seine Kunden von Großobjekten zum Sitzen zu bringen (s. Seite 31).
- Den Slogan in die Händlerschaft tragen: Hinein in die Wohnungen der Kunden! Schlagt die Wohnungstürverkäufer mit ihren eigenen Waffen (s. Seite 31)!
- Den Händler darauf hinweisen, Erzeugnisse, die er verkaufen will, im eigenen Haushalt oder in der eigenen Werkstätte oder bei einem Kunden praktisch vorzuführen.
- Vermittlung eines spezialisierten Beraters, der dem Kunden bei einem besonderen Problem helfen kann.

Je mehr ein Vertreter zugleich echter Verkaufsberater ist, um so größer wird sein direkter Verkaufserfolg werden müssen. Oder mit anderen Worten: Je mehr er sich selbst verkaufen und gleichsam unentbehrlich machen kann, um so mehr Ware verkauft er von selbst!

3. Dem Wiederverkäufer verkaufen helfen

Genau das gleiche gilt natürlich für den Vertrieb des eigenen Sortiments. Der gute Verkäufer im Außendienst fragt sich stets: »Was interessiert *diesen* Händler fachlich?« Er bringt ihm dann nur jene Probleme näher, die ihn besonders angehen. In der Süßwarenbranche z. B. können sie je nach der Betriebsart des Wiederverkäufers ganz verschieden sein. Eine *Liste spezieller Punkte für die verschiedenen Geschäfts-*

typen von Wiederverkäufern oder Vertretungen kann da viel helfen, vor dem Besuch überflogen oder auch während des Gespräches mit den Worten überprüft: »Ich will mal sehen, was ich da noch Interessantes für Sie habe.« Hilfe, Rat und Tat sind heute fast immer nötig und werden mit Freude entgegengenommen. Auch hierzu einige Möglichkeiten:

— Nutzt der Händler die zur Verfügung gestellten Verkaufshilfen wirklich und richtig aus?

— Weiß er wirklich, was er mit den einzelnen Werbemitteln anfangen soll, damit sie nicht sinnlos ausgegeben werden? Werden die Prospekte den Kunden wirklich in der richtigen Form übergeben oder nur zum Verstauben in eine Ecke gelegt? Ein einfacher Prospektständer in der Nähe der Kasse oder der Tür kann viel helfen, dazu die aufmunternden Worte: »Nehmen Sie sich doch bitte von den Prospekten das, was Sie interessiert; dazu sind sie da!«

— Sind die Schaufenster des Händlers richtig dekoriert? Sind sie so gestaltet, daß Vorbeigehende wirklich stehen bleiben?

— Ist meine Ware im Geschäft dieses Kunden richtig angeordnet und ausgestellt? Stehen meine Erzeugnisse oder die der Konkurrenz vornean?

— Ist meine Ware richtig gelagert, oder könnten von dieser Seite her unnötige Reklamationen auftauchen?

— Kann ich dem Händler Unterlagen für seine Werbung zur Verfügung stellen: Kundenrundschreiben, Werbebriefe, gute Entwürfe, Klischees, Dias für Kinowerbung, Plakate, Hinweisschilder usw.?

— Macht er bei seinen Kunden den richtigen Gebrauch von Kostproben oder von Warenproben?

— Nutzt er die auf den Einzelhandel hinweisende Werbung meiner Firma, z. B. anläßlich besonderer Werbeaktionen, auch bei seinen Kunden aus? Weiß er überhaupt, daß wir solche kostspielige Werbung für ihn treiben (Muster zeigen)? Kann ich ihn mit einer in vertretbarem Rahmen gehaltenen finanziellen Werbehilfe an mich binden?

— Ist er über das firmeneigene Teilzahlungssystem für seine Kundschaft in vollem Umfang unterrichtet, und macht er davon Gebrauch?

— Arbeitet sein Verkaufspersonal einwandfrei und habe ich das richtige Verhältnis zu ihm? Kann ich ihn und sein Personal in der richtigen Form schulen und weiterbilden? Das wird schwierig, da die Zeit immer knapper und die Schulungswünsche von fortschrittlichen Firmen umfangreicher werden.

— Kann ich seine Kundschaft durch eine Sonderausstellung meiner Ware, bei deren Finanzierung unsere Firma mithilft, einmal massiv auf diese hinweisen (Werbedame, Dekorateur oder dergl.)?

— Habe ich genügend Argumente parat für die leichte Verkaufsmöglichkeit meiner Ware? Beispiele:

— ein bestimmter Händler hat 20 Stück in einer Woche verkauft;

— in der letzten Woche haben 15 Händler davon nachbestellt;

— mit unseren Erzeugnissen haben Sie keine Reklamationen;

— wir sind stets zu Ihrer Hilfe da, dort und dort sind unsere Kundendienststellen, die Ihnen die wenigen Reklamationen abnehmen, die Sie überhaupt bekommen.

Wer in dieser Weise seinem Kunden verkaufen hilft, dessen Ware fließt an den Endverbraucher ab, der braucht sich um Aufträge auf seinem Auftragsblock keine Sorgen zu machen!

Noch ein Wort zu der wichtigen Frage der *wirkungsvollsten Placierung* der eigenen Ware beim Wiederverkäufer, um deren Verkauf zu fördern. Die tüchtigen Vertreter und Reisenden kämpfen hier seit eh und je still und zäh um den besten Platz. Worauf kommt es dabei an, was bringt auf lange

1. Originalware möglichst an die Stelle, die nach Lage der Tür, der Gehrichtung der Kunden, ihrer Stellung beim Warten und während ihrer Bedienung am besten gesehen wird. Besonders vorteilhaft ist im allgemeinen der Platz auf dem Verkaufstisch in Nähe der Kasse, in Richtung zur Tür hin, oder in Regalen oder Ständern dahinter, an der Wand dahinter, oder davor.

2. Lieber einen sicheren Platz an zweitrangiger Stelle ausnutzen als einen weniger sicheren an erstrangiger Stelle.

3. Lieber Attrappe an der besten Stelle befestigen als Originalware nur vorübergehend an guten Platz bringen.

4. Höheneinordnung gemäß Rangfolge der erregten Aufmerksamkeit: Knapp unter Augenhöhe (Hals- und Kopfhöhe), dann darunter (Brust- und Bauchhöhe), dann darüber (Stirnhöhe und darüber), dann ganz unten (Knie- und Oberschenkelhöhe), bei den üblichen vier Fächern in SB-Läden.

5. Platzsparende Ware im Regal ganz vorne postieren und gegen Verschieben in den Raum dahinter sichern: Deshalb mit Händler oder mit verantwortlicher Verkaufskraft offen sprechen.

6. Bei relativ langsamem Umschlag, z.B. auch in kleineren SB-Läden, wird der Platz hinter der Ware im allgemeinen nicht beansprucht werden können. Hier Placierung am besten inmitten eines sich rasch umsetzenden Artikels (z.B. in Waschmittel). Der Platz hinter der Ware wird jetzt als Reserveraum für diesen verwendet.

Sicht den stärksten Erfolg? Die dafür entscheidenden Grundsätze sind in der obenstehenden Übersicht einmal festgehalten. Wie alle derartigen Zusammenstellungen ist sie natürlich sinngemäß zu verstehen. Viele Herren im Außendienst glauben, wenn sie ihre Ware, ihren Verkaufsständer, ihr Schaustück an der besten Stelle placiert haben, vielleicht noch gegen den Widerstand des Händlers, dann hätten Sie das Bestmögliche getan. Ob man den besten Platz aber nach drei Tagen noch hat, vielleicht sogar nur 10 Minuten nach Verlassen des Ladens, das überlegt man sich häufig nicht. Der *gute* Platz, den ich bis zu meiner nächsten Kontrollmöglichkeit, nämlich meinem nächsten Besuch, für meine Ware habe, ist viel mehr wert als der *beste,* der mir nur für wenige Tage zur Verfügung steht. Deshalb die in dieser Übersicht enthaltenen Grundsätze!

VI.
Warnung vor Missbrauch der menschlichen Antriebskräfte

Zum Schluß unserer Betrachtungen über die psychologisch richtige Art, unseren Gesprächspartner und Kunden anzupakken, darf ich noch eine Warnung anfügen. Ich bin weit davon entfernt, irgendwelche psychologischen Tricks mit gefährlichen Auswirkungen etwa zugunsten eines Hochdruckverkaufs zu verraten oder gar zu empfehlen. Der solide und verantwortungsbewußte Kaufmann *betreibt sein Geschäft nur auf lange Sicht,* und er wird sich hüten, die verborgenen Triebkräfte seiner Kunden zu mißbrauchen. Ein einziges Mal könnte er es vielleicht mit gutem Erfolg tun, aber er müßte dafür mit dem Verlust eines Dauerkunden und mit dessen warnender Gegenpropaganda bei Bekannten teuer bezahlen.

Ein Verkäufer, der nicht anständig genug ist, diese Grenzen einzuhalten, der möge es wenigstens auf Grund der geschilderten nüchternen Überlegung tun. Ein besonders erfolgreicher Automobilverkäufer, der schon in den zwanziger Jahren amerikanische Fahrzeuge in Deutschland verkaufte, hat mir einmal erzählt, daß der Verkaufsleiter der amerikanischen Fabrik damals in einer Rede vor den deutschen Verkäufern sagte: »Wir Amerikaner haben einen unerhörten Trick im Automobilgeschäft erfunden: Die Ehrlichkeit!« — Wer es aus anderen Gründen nicht kann, der möge eben *aus dieser Zweckmäßigkeit heraus ehrlich und anständig* sein.

Wenn aber der verantwortungsbewußte Kaufmann im Zeichen des immer schärfer werdenden Wettbewerbs durch das psychologisch bessere Anpacken seines Kunden und mit Hilfe der ihm bekannten Verkaufsmotive in der Lage ist, heute bereits das zu verkaufen, was morgen sein Konkurrent, oder gar der »Hochdruckverkäufer« an der Wohnungstür, spielend verkaufen würde, dann darf, ja muß er die aus der Natur des Menschen sich ergebenden Gesetzlichkeiten und die menschlichen Triebkräfte für sich einspannen. Er tut es ja nicht nur allein für sich, um seines persönlichen Gewinnes willen, sondern er tut es letztlich auch *im Interesse seines Kunden.* Das Wissen, wie weit man hier gehen, was man noch tun darf und was zu viel wäre, kann der Verkäufer nur durch die Kenntnis der Lebensverhältnisse seines Kunden und sein Gespür für dessen wirkliche Bedürfnisse erwerben. Wer die erforderliche Mischung von sachlichem Zielbewußtsein, menschlichem Taktgefühl und persönlicher Anständigkeit aufweist, wird so leicht nicht irren.

D.
ARGUMENTATION UND BEANTWORTUNG VON EINWÄNDEN

Nach der sachlichen Einleitung befindet sich der Gesprächsführer auch schon mitten in einem der wichtigsten Abschnitte jeder Verhandlung: der Phase der Argumentation und der Beantwortung von Einwänden. Es ist ein Kennzeichen des »Verhandlungskünstlers«, daß ihm das in dieser Form gelingt. Viele Verkäufer, die sich über die psychologische Bedeutung der Begrüßung ihres Kunden und vor allem der Art und Weise, wie sie ihn von der Sache her anpacken, nicht im klaren sind, verwechseln diesen Abschnitt mit dem Verkaufsgespräch schlechthin. Jetzt geht es um die Vor- und Nachteile des Vorschlages bzw. des Angebotes, um die Sorgen, Bedenken und Einwände des Partners, um seine besonderen Wünsche und um die Präsentation aller zugkräftigen Argumente des Gesprächsführers bzw. Verkäufers. Bevor wir uns mit den verschiedenen Grundsätzen im einzelnen beschäftigen, lohnt sich die Erinnerung an ein psychologisches Grundmoment der menschlichen Natur, das in diesem Zusammenhang besonders wichtig ist.

I.
DAS GESETZ VON DER TRÄGHEIT DES DENKENS

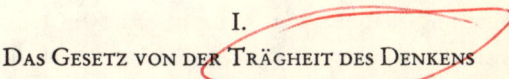

Jeder Verhandlungsführer und jeder Verkäufer will mit dem, was ihm als Ziel seiner Bemühungen vorschwebt, seinen

Partner bzw. Kunden in irgendeiner wichtigen Hinsicht beeinflussen. Ähnlich wie der Politiker übt er, ohne sich meistens darüber im klaren zu sein, einen »Menschen-Beeinflussungsberuf« aus. Der Politiker will möglichst viele Menschen so beeinflussen, daß sie seine politische Ansicht als die ihre übernehmen und ihm bei der nächsten Wahl ihre Stimme geben: davon lebt er. Der Verkäufer will und muß die Menschen dahingehend beeinflussen, daß sie sein Angebot als das bestmögliche empfinden und ihm dann ihren Auftrag geben: davon lebt er! Die *Gesetze der Menschenbeeinflussung* sind dort wie hier und überall die gleichen, sie müssen nur nach dem jeweilig verfolgten Zweck immer ein bißchen anders angewendet werden.

Wer das erkannt hat, wird schnell die Bedeutung des psychologischen Gesetzes erfassen, das am Anfang jeder geschickten Menschenbeeinflussung steht: das Gesetz von der Trägheit des Denkens. Wer gegen dieses Gesetz und seine Auswirkungen verstößt, erreicht wenig oder nichts. Wer es sich zunutze macht, der wird in Verhandlungen jeder Art und im Verkauf viel leichter erfolgreich sein.

Das Gesetz von der Trägheit des Denkens besagt ganz einfach, daß kein Mensch gerne denkt, wenn er nicht durch irgendeinen besonderen Anreiz zur Bildung bestimmter Gedanken gebracht wurde. Es gibt eine volkstümliche und etwas häßliche Formulierung dafür: *»Denken tut weh«.* Wer denkt schon gerne, und wer denkt schon gerne konzentriert, wenn folgerichtiges Denken diese Konzentration und damit seine Bemühung voraussetzt?

Schlußfolgerung: Da dies so ist, machen wir doch unserem Partner und Kunden *das Denken* leicht und angenehm! Nehmen wir es ihm einfach ab, indem wir es von vorneherein *in unserem Sinn beeinflussen,* indem wir es lenken. Was im Kopf unseres Partners vorgeht, während wir mit ihm sprechen, hängt in hohem Maße von uns selbst ab, d. h. von dem, *was* wir sagen und *wie* wir es sagen. Wir brauchen sozusagen nur die richtige Weiche richtig zu stellen, damit der Zug seiner Gedanken auf das für uns günstige Geleise gelenkt wird. Sorgen wir dafür, daß sein Denken, seine Phantasie, seine Vorstellungskraft, seine Gedanken genau in die Richtung geführt werden, in der wir sie brauchen! Am Ende wird er von selbst das Bedürfnis haben, das im Sinne unseres Vorschlages, unseres Angebotes oder unserer Verkaufsabsichten liegt.

Was unser Partner denkt, *hängt in der Tat weitgehend nur von uns selber ab.* Wir können ihn das für uns Positive oder das für uns Negative denken und erleben lassen, ganz wie wir wollen. Ein Musterbeispiel dafür liefert uns jeder gute und schlechte Redner: Der gute Redner beherrscht die im Kern so einfache Kunst, die Gefühle und Gedanken seiner Zuhörer fortwährend nach seinen eigenen Absichten lebendig zu machen, d. h. sie zu führen. Der schlechte vermag das nicht, die sachlich besten Argumente sind, gesprochen aus seinem Mund, wenig oder nichts mehr wert!

Noch zwei einfache Beispiele aus dem täglichen Leben: Viele Verkäufer lassen sich von ihren Kunden, die ihnen Einwände entgegenhalten, *den Gesprächsverlauf diktieren* und bleiben deshalb bei diesen Einwänden, d. h. im Negativen, stecken. Wie wollen die je verkaufen? Oder: Wenn jemand bei wiederholtem Besuch seinen Gesprächspartner gleich zur Begrüßung fragt, ob er seit dem letzten Gespräch nun seine Ansicht geändert habe. Auf diese ungeschickte Weise stellt er die vorhandene Meinungsverschiedenheit sofort wieder in den Raum, anstatt das frühere erfolglose Gespräch möglichst aus der Gedankenwelt des Partners herauszuhalten und es gegebenenfalls als seinen persönlichen Fehler erscheinen zu lassen. Wie will der jemals seinen Partner gewinnen?

Kein Mensch denkt gerne, wenn er nicht *den Anreiz zum*

Denken bekommt, und kein Mensch denkt gerne in einer speziellen Richtung, wenn sein Denken nicht zuvor in diese Richtung gelenkt worden ist. Deshalb helfen *Denkanstöße allgemeiner Art* zumeist nur wenig, z. B. die in Einzelhandelsläden häufig zu hörende Frage: »Darf es sonst noch etwas sein?« In die Empfindungswelt der so gefragten Kunden frei übersetzt, heißt das im Grunde nichts anderes als »Bitte strengen Sie Ihr Gehirn jetzt gehörig an, damit Ihnen noch weitere Artikel einfallen, die ich Ihnen gerne aus meinem reichen Sortiment verkaufen möchte! — Das Geld, das jetzt in *Ihrer* Geldbörse ist, sehe ich nämlich viel lieber in *meiner* Kasse!« Diese Frage hat deshalb meistens nur kümmerlichen Erfolg. Da müssen die Kunden schon in anderer, nämlich *in gezielter Weise* auf weitere Kaufmöglichkeiten hingewiesen werden, die natürlich im Rahmen ihrer besonderen Interessen liegen müssen. So braucht etwa ein Verkäufer von Säuglingsartikeln, bei dem soeben eine junge Mutter einen neuen Sauger einkaufte, nur zu fragen: »Ist Ihr Kind etwa auch so lebhaft, daß es sich häufig wund liegt?« Und schon bietet sich die Gelegenheit, eine dafür besonders gute Spezialsalbe zu empfehlen und zu verkaufen. Durch diese gezielte Frage wird das Denken des Kunden so geführt, daß dieser den Wert der zusätzlich zu verkaufenden Ware von sich aus zu besitzen wünscht.

Ein anderes Beispiel: Durch das *systematische Ansprechen des Schenktriebes* lassen sich in manchen Geschäften beachtliche Zusatzumsätze erzielen. In der Nähe der Kasse baut man eine hübsch aufgemachte Auswahl von typischen Geschenkartikeln auf. Auch hier hat der allgemein gehaltene Hinweis darauf nicht viel Sinn: Die Gedanken und Vorstellungen der angesprochenen Kunden müssen vielmehr in der richtigen Weise geführt werden: »Sehen Sie diese netten Geschenkartikel hier? Vielleicht haben Sie demnächst zu einem Geburtstag oder einem anderen feierlichen Anlaß jemanden in

Ihrer Familie oder im Freundeskreis etwas zu schenken. Jetzt könnten Sie sich in aller Ruhe etwas Geeignetes aussuchen, was viel Freude macht, und für Sie wäre das Problem gelöst!« Diese konkreten Hinweise lenken den Kunden ohne große geistige Anstrengung für ihn sofort auf die richtige Spur, und darauf kommt es an. Wenn Sie den Schenktrieb Ihrer Kunden richtig auszuwerten verstehen, dann verkaufen *Sie* rechtzeitig die richtigen Geschenke und bewahren Ihre Kunden vor übereilten Einkäufen in letzter Minute bei Ihrer Konkurrenz.

Im Gespräch können bestimmte *»Formeln« für geschickte Einleitungssätze* hervorragend helfen, das Denken des Kunden bzw. Partners in die Bahnen zu führen, auf die es uns ankommt. Mit ihrer Hilfe stellen wir ihn in Sekundenschnelle in eine bestimmte geistige Situation, aus der der Kunde dann durch die geweckten Vorstellungen sofort in unserem Sinn handelt. Die natürliche, an eine solche »Formel« gehängte Situationsschilderung in einfacher Sprache ist der ganze Kunstgriff. Lassen Sie z. B. die folgenden kurzen Sätze auf sich wirken:

— »Denken Sie manchmal daran, daß Ihnen ganz plötzlich ein Kind in Ihren Wagen laufen könnte?«

— »Vergessen Sie bitte nicht, wie rasch man sich eine gefährliche Erkältung holen kann!«

— »Stellen Sie sich vor, Sie würden heute abend in ein ganz besonders schönes und Sie berührendes Theaterstück gehen, auf das Sie sich schon seit Wochen gefreut haben!«

— »Was hätten Sie dazu gesagt, wenn Ihnen gestern Ihre Buchhalterin zum nächsten Ersten gekündigt hätte?«

— »Was meinen Sie wohl, was in einem Motor passiert, der nicht mehr genug Öl in der Wanne hat, wenn der Kolben mit hoher Geschwindigkeit und unter der irrsinnigen Explosionshitze mit immer weniger und weniger Öl in seiner Zylinderlaufbahn hinauf- und hinunterrast?«

In jedem dieser Fälle werden in unserem Herzen *sofort ganz bestimmte Gefühle* und in unserem Kopf sofort ganz bestimmte *Vorstellungen und Gedanken mit den für sie typischen Antriebskräften* lebendig. Wir erleben das Bild, das vor unser geistiges Auge hingestellt wird, und dieses beginnt auf der Stelle in uns zu arbeiten. Erinnern Sie sich bitte an die Technik der Nachteil- und Preisnennung, die im Zusammenhang mit dem wirkungsvollen Sprechen ausführlich behandelt wurde (s. Seite 57 ff.), und Sie haben ein weiteres leuchtendes Beispiel dafür, wie man das Denken seines Partners und Kunden im richtigen und im falschen Sinne führen kann.

Wer sich über die Bedeutung des Gesetzes von der Trägheit des Denkens klar geworden ist, der weiß, wie leicht es ist, die Gefühle und Gedanken der Menschen da hinzuführen, wo man sie selbst haben will. Der weiß auch, wie leicht es ist, umgekehrt *den Partner am Denken zu hindern*, indem man ganz einfach seinen Verstand beschäftigt und ihn auf eine für beide Teile positive Bahn lenkt. Das natürlich nur dann, wenn die Gedanken in eine für uns selbst gefährliche Richtung wandern könnten. Es geht auch hier (vergl. Seite 154) nur darum, durch eine einfache Situationsschilderung möglichst aus dem alltäglichen Erlebnisbereich im Partner diejenigen gefühlsmäßigen Vorstellungsbilder zu wecken, die dann in seinem unbewußten Fühlen und Denken alles weitere bewirken.

Jene wirksamen Gefühle und Vorstellungen zu wecken, welche die gewünschte Reaktion erzeugen, ist das Geheimnis der klugen Menschenführer ebenso wie der raffinierten Menschenverführer. Umgekehrt liegt in der klaren Erkenntnis dieser Zusammenhänge die einzige Möglichkeit für uns selbst, *uns zu wappnen gegen die raffinierten Beeinflussungen jener »Verführer«*, denen wir heute überall ausgesetzt sind: In der sogenannten öffentlichen Meinungsbildung aller Richtungen und Schattierungen, in der Politik, in der Werbung, bei allzu raffinierten Verhandlungspartnern und Verkäufern. Unser Schutz liegt im Zweifelsfall in der einfachen, sachlich schonungslosen Aufdeckung dessen, was man da mit uns treibt — sei es in ernster, sei es in humoristischer Form; eine scheinbar verborgene Waffe sichtbar zu machen, nimmt ihr in der Regel die Schärfe!

Welches sind *die wesentlichen Voraussetzungen* dafür, daß wir das Denken unseres Partners in der richtigen Form führen können? Die erste Forderung lautet: *Zielbewußtsein!* Ich muß zuerst mein eigenes Ziel ganz exakt festgelegt haben (s. Seite 20) und mir auch über das Ziel meines Gesprächspartners Klarheit verschafft haben (s. Seite 32). Nur dann weiß ich wirklich, was ich will und was der andere will, und nur dann kann ich versuchen, seine Gedanken und Vorstellungen in der für mich günstigen Weise zu lenken.

Diesem meinem Ziel muß ich alles unterordnen. Wer hier der stärkere ist, hat die größere Erfolgschance. Deshalb: *Nie den roten Faden,* nämlich das erstrebte Ziel bzw. den Abschluß aus dem Auge *verlieren!* Wer das Denken seines Partners in diesem Sinne richtig führt, vermeidet von vornherein manches Mißverständnis, das für ihn sonst zum Verhängnis werden könnte. Denn durch die zielklare Gesprächsführung stellt sich ein Mißverständnis viel früher heraus und kann dann noch im Stadium der Entstehung bereits bereinigt werden.

Wer beständig an sein Ziel denkt, das er mit der Verhandlung verfolgt, wird die Gedanken seines Partners auch dann nicht ablenken, wenn diesem noch so interessante Dinge durch den Kopf gehen. Haben diese mit dem Verhandlungsziel nichts zu tun, dann sollten sie vorher oder nachher besprochen werden. Nicht selten werden in der Praxis Gespräche mit den besten Erfolgsaussichten am Ende von sonst klugen Verhandlungsführern deshalb verloren, weil sie sich selbst *vom Ziel wegreden.* Umgekehrt: Lassen wir uns von einem zielbewußten Gesprächspartner nicht vom Ziele der eigenen Bemühungen ablenken! Wenn er uns zwischendurch eine noch so amüsante Geschichte mit pikantem Hintergrund aus seinem letzten Urlaub erzählt, um damit vielleicht sachliche Atmosphäre zu zerstören, können wir nach dem pflichtgemäßen Schlußgelächter sofort zum vorherigen Gedanken zurückführen: »Das ist ja wirklich eine tolle Geschichte! Wo waren wir stehengeblieben? Ganz richtig: ...«

Um das Gespräch zielbewußt zu führen, braucht man im richtigen Augenblick überzeugende Argumente. Deshalb ist es in jedem Fall der Mühe wert, sich den Schwerpunkt seiner Argumentation in den einzelnen Abschnitten rechtzeitig zu überlegen und die Argumentation für die verschiedenen Möglichkeiten des Gesprächsverlaufs parat zu haben. Natürlich *hängen die Argumente* zum guten Teil *vom Partner ab:* Bei einem kritischen, scharfrechnenden Kunden werden Wirtschaftlichkeitsmomente, bei einem Geltungssüchtigen werden Gesichtspunkte, die auf die Steigerung seines Ansehens hinauslaufen, größeres Gewicht haben.

Die bereits dargelegte Bedeutung der Interessen des Menschen bedeutet in diesem Zusammenhang, daß wir unseren Partner immer wieder bei diesen seinen Interessen anpacken müssen, *nicht nur* in der Einleitung des sachlichen Gespräches, sondern im gesamten Verlauf der Argumentation. Wir können ihn von dem Nutzen an der richtigen Stelle gar nicht genug spüren und erleben lassen, von dem Vorteil, dem Gebrauchs- und Erlebniswert für ihn, den wir ihm mit unserem Vorschlag bzw. unserem Angebot bieten. So kann als zweite Voraussetzung die Forderung aufgestellt werden: *Die Interessen des Partners in ihrem konkreten Nutzungs- und Erlebniswert in den Vordergrund stellen!*

Nur wenn wir das tun, lassen wir seinen »Denkmotor« anspringen. Erinnern Sie sich an die grundsätzlichen Überlegungen, statt des ICH-Standpunkts immer den SIE-Standpunkt einzunehmen? Tun wir das, dann wird mit Lebendigwerden persönlicher Interessen sofort *der Anlasser für den Denkmotor* betätigt. Man darf getrost sagen, daß das Gesetz von der Trägheit des Denkens nur in einem Fall nicht gilt, und daß Denken nur dann nicht »wehtut«, wenn es um uns selbst, wenn es um unsere Interessen, unsere Probleme und um unsere Wünsche geht. Eine Bestätigung dafür, den anderen immer von dieser Seite aus anzupacken!

Auch hier kommt es auf die *Beherrschung der entscheidenden Techniken* an: der bereits geschilderten Frage- und Zeigetechnik. Zu ihnen im vorliegenden Zusammenhang noch einige ergänzende Bemerkungen.

Zur Fragetechnik: Das viele Reden ist die große Gefahr der Verhandlungs- und Verkaufsroutine. Es führt im Verkauf zum Einheitsvortrag mit allen seinen mißlichen Folgen. Viel reden heißt: viel feststellen, viel behaupten! Der Vielredner macht sich schon durch sein vieles Reden unsympathisch, und außerdem *trägt fast jede Behauptung in sich den Stachel des Anreizes zu widersprechen,* der bei manchen Menschen ausgeprägt entwickelt ist. Aus diesen Gefahren befreit uns die Frage als zugleich scharfe und elegante Waffe der Gesprächsführung.

Wer es sich angewöhnt hat, statt Feststellungen zu treffen oder Behauptungen in den Raum zu stellen, seinen *Gesprächspartner so zu fragen, daß dieser,* durch die Frage gelenkt, *selbst herausfindet,* was er sonst bloß gehört hätte, der hat in der Verhandlungskunst schon viel erreicht.

Dafür einige Beispiele:
— Reisender zum Händler: »Meine Firma ist absolut fachhandelstreu, das ist für Sie das einzig Wahre!« Stattdessen:

»Haben Sie sich davon überzeugt, daß unsere Firma absolut fachhandelstreu ist? Sind Sie nicht auch der Ansicht, daß das Ihren eigenen Interessen entgegenkommt?«

— »Mit diesen beiden Sorten können Sie unmöglich auskommen!« Stattdessen: »Glauben Sie, daß Sie mit diesen beiden Sorten auskommen können?«

— Teppichverkäufer zum Kunden: »Jede Zeichnung dieses Teppichs *ist* stilrein und echt, daran gibt es nichts zu deuteln!« Stattdessen: »Sehen Sie sich einmal die Zeichnungen dieses Teppichs genau an: Sind Sie nicht durch und durch stilrein und echt, so, daß auch der beste Teppichfachmann daran nichts kritisieren kann?«

— »Diese wertvolle und wohlriechende Creme ist eine Erfindung *unseres* Werks!« Stattdessen: »Übrigens, Herr X, wissen Sie, wer diese ebenso wertvolle wie wohlriechende Creme überhaupt erfunden hat?«

— »Das Material dieses hochbeanspruchten Teils besteht aus den wertvollsten Grundstoffen«. Stattdessen: »Haben Sie sich einmal überlegt, Herr Fachmann, aus welchen Grundstoffen dieses sehr stark beanspruchte Teil hergestellt ist? Was meinen Sie als erfahrener Techniker, welche Legierungen hier verwendet sind?«

— »Moderne Marktuntersuchungen zeigen klar, daß der Verbraucher von heute immer größeren Wert auf Qualität legt.« Stattdessen: »Herr X, wissen Sie schon von dem Ergebnis der modernen Marktuntersuchungen, das gerade für Ihre Verkaufsbemühungen so wichtig ist?«

— Automobilverkäufer zum Interessenten, der einen Altwagen anbietet: »Ich kann doch Ihren Wagen nicht höher hereinnehmen, als ich ihn wieder verkaufen kann, sonst muß ich ja Geld drauflegen. Das können Sie mir doch nicht zumuten!« Stattdessen: »Kann ich ihren Wagen höher hereinnehmen, als ich ihn wieder verkaufen kann? Glauben

Sie, irgendein Kaufmann auf der Welt kann da Geld drauf-legen? Wollen Sie mir das zumuten?«

Sie merken selbst, wie die Technik der Feststellung, der Behauptung immer wieder Widerspruch herausfordert. Und spüren Sie auch, wie bei der Technik des Fragens der Kunde mitgehen muß, wie der Verkäufer *das Denken des Kunden im Sinne seiner Fragen führt,* wie er sich z. B. das fachmännische Interesse des anderen zu seinem Bundesgenossen macht? Bei der Technik des Fragens bestätigt uns unser Partner dasselbe gern, was er bei der Technik der Feststellung, der Behauptung sofort zu widerlegen geneigt ist.

Feststellungen hören wir täglich Dutzende: sie wandern meistens in das eine Ohr hinein und aus dem anderen wieder hinaus! Wer fragt, und dazu noch so fragt, daß es die unmittelbaren Interessen seines Gesprächspartners irgendwie anspricht, regt diesen durch seine Frage zum eigenen Denken an. Je mehr er es verstanden hat, die besonderen Interessen des anderen zu treffen, um so schneller ist der andere hellwach und denkt genau in der Richtung, die im Sinne des Fragenden liegt. Durch Fragen können wir also die Aufmerksamkeit unseres Partners sehr viel wirkungsvoller auf die für uns wichtigen Punkte hinlenken, als durch die in der Praxis üblichen Feststellungen.

Noch ein Wort zu *Kontrollfragen:* Wenn man dem Partner etwas ihm Neues in der Feststellungsform nahebringen muß, dann ist es nützlich, sich an das folgende Argumentationsverfahren zu halten:

Feststellen — beweisen — kontrollieren (anerkennen lassen)

Durch einfache Kontrollfragen können wir in fast allen Zweifelsfällen die volle Zustimmung des anderen, d. h. seine

Anerkennung der von uns zunächst nur festgestellten und dann bewiesenen Tatsache erhalten, indem wir ihn suggestiv führen:

— Haben Sie nicht den gleichen Eindruck?
— Habe ich zuviel versprochen?
— Ist das nicht auch Ihr Gefühl?
— Stimmen Sie damit überein?

Ein praktisches Beispiel: Ein Automobilverkäufer macht mit seinem Interessenten eine Probefahrt und sagt: »Die unwahrscheinliche Straßen- und Kurvenlage gerade dieses Typs wird Sie sicher interessieren, Herr X. (Feststellen). Bitte fahren Sie jetzt getrost mit 90 Kilometer in die vor uns liegende Kurve, nehmen Sie bitte kein Gas weg!« Der Interessent, der selbst am Steuer sitzt, tut es mit einigem Widerstreben (Beweisen). »Haben Sie von dieser Kurve nun etwas Besonderes verspürt (Kontrollieren)?« — »Ja, Herr Verkäufer, das ist wirklich unwahrscheinlich, das hätte ich doch nicht erwartet (Ergebnis: die echte Anerkennung durch den anderen)!« Erst nach der positiven Antwort des Partners lohnt es sich, weiterzuargumentieren. Bleibt jedoch die Anerkennung des zuvor Festgestellten durch den anderen aus, dann muß nochmals auf andere Weise versucht werden, ihn zu überzeugen, d. h. mit anderen Worten, mit anderen Beispielen und Bildern, mit anderen Beweisen.

Zur Zeigetechnik: Bei ihrer ausführlichen Schilderung haben wir gesehen, daß der Mensch vor allem ein Erlebnis- und insbesondere ein Augenwesen ist. Wir haben die Folgerungen aus dieser Feststellung gezogen, die sich insbesondere für die Einleitung des sachlichen Gesprächs ergeben. Diese Tatsache ist nicht nur für die Einleitung einer Verhandlung wichtig, sondern für deren gesamten Verlauf.

Der Mensch ist ein bildhungriges Wesen im wörtlichen und im übertragenen Sinn. Wo Sie im Sinne der Zeige- oder

Demonstrationstechnik mit *direkten Bildern* nicht arbeiten können, werden Sie diese *vielfach ersetzen* können *durch indirekte Bilder,* die Sie in der Vorstellungskraft Ihres Partners bzw. Kunden wachrufen.

Wenn z. B. die Vorführung einer Maschine oder eines Gerätes im Betrieb des Kunden nicht möglich ist, brauchen Sie nur das, worum es für Ihren Kunden speziell geht, plastisch zu schildern, etwa unter Zuhilfenahme der einfachen und wirkungsvollen Formeln: »Stellen Sie sich vor . . .« und »Was meinen Sie, was da passiert . . .«. Hier zwei Beispiele:

— Der Kleinwagenverkäufer zum Motorradfahrer (in langsamer und leiser, eindringlicher Sprechweise): »Stellen Sie sich einmal vor, Herr Müller, Sie wären heute morgen, als Sie wie jeden Tag auf Ihrem Motorrad hierher in die Fabrik fuhren — verunglückt. Sie wären mit harmlosen 60 Kilometern in eine Kurve hineingefahren — Laub auf der Straße, oben trocken, unten feucht; Sie geben Gas, wie Sie das als guter Fahrer in der Kurve tausendmal tun: Da geht Ihnen doch plötzlich der Schlitten hinten weg, und es haut Sie mit der ganzen Gewalt der 60 Kilometer auf einen Chausseebaum — vierkant mit dem Schädel hinauf! — Was meinen Sie, was Ihre Frau sagt, wenn sie diese Nachricht bekommt? Was würden wohl Ihre Kinder sagen, wenn Sie abends zur gewohnten Stunde *nicht* mehr nach Hause kommen?«

— Der Verkäufer von Dienstleistungen eines Rechenzentrums zum Verwaltungschef: »Stellen Sie sich einmal vor, Herr Hoffmann, Sie betreten einige Tage vor der Lohnauszahlung nichts Böses ahnend morgens Ihr Büro. Kaum sieht Sie Ihre Sekretärin, läuft sie Ihnen entgegen und eröffnet Ihnen als erstes, daß Ihr Lohnbuchhalter in der vergangenen Nacht mit einer verschleppten Blinddarmentzündung für einige Wochen in die Klinik eingeliefert wurde! Und der Teufel will es, daß dessen einzige Hilfskraft schon seit zwei Tagen mit einer schweren Grippe zu Hause liegt. Was meinen Sie wohl, Herr Hoffmann, wie Ihre vielen Löhne jetzt noch berechnet werden sollen?«

Wenn in unserer Phantasie, in unserer Vorstellungskraft ein lebendiges Bild geweckt wird, dann verfallen wir diesem in ähnlicher Form wie einem tatsächlichen Bild. Jede gute Geschichte, die wir hören, ruft solche Bilder in uns hervor. Und weil wir diese Bilder lieben, hören wir nette Geschichten viel lieber als belehrende Erklärungen.

Deshalb sollten wir eine Erklärung mit einer Story umhüllen: Eine *gute lebendige Geschichte* aus dem täglichen Leben wirkt stärker als das beste sachlich-abstrakte Argument!

»Herr Händler, ich war vor wenigen Tagen bei einem Ihrer Kollegen, mit etwa der gleichen Größe des Geschäfts, auch im Vorort einer bedeutenden Stadt, etwa 50 Kilometer von hier entfernt. Dieser Händler hat den Umsatz des Artikels, von dem wir gerade sprechen, von einem Monat zum anderen vervierfacht! Und wissen Sie, wie der das gemacht hat? Er fragte ganz einfach seine Stammkundinnen, von denen er weiß, daß es sich lohnen könnte: Kennen Sie schon das da? Und deutete hier auf unseren hübschen Verkaufsständer. Das hat ihm im vergangenen Monat einen zusätzlichen Gewinn von etwa 90 Mark in seine Kasse gebracht. Meinen Sie nicht, daß sich diese kleine Mühe lohnt?«

Eine gute Wirkung haben auch *ganz einfache Vergleiche,* die aber auf den ersten Blick sofort überzeugend sind:
— Der Partner sträubt sich gegen Neuerungen: »Glauben Sie, daß heute noch viele Leute den Radioapparat aus den zwanziger Jahren benützen? Oder haben Sie sich inzwischen nicht etwas Moderneres zugelegt: ein Gerät, das leichter handzuhaben ist und weniger Mühe und Risiko des guten Empfangs mit sich bringt?«

— Automobilverkäufer, wenn sich sein Interessent gegen die Nachprüfung seines Gebrauchtwagens wehrt: »Gibt es einen Bankkassierer auf der Welt, der einen nicht genaubekannten Geldschein nicht gegen das Licht hält und ihn nicht genau prüft?«

— Kunde verneint die Bedeutung von Qualitätsunterschieden, nach dem Stichwort: Ofen ist Ofen, Gewürz ist Gewürz: »Wenn Sie einen Volkswagen neben einen Mercedes stellen, sagen Sie dann auch: Auto ist Auto? Natürlich ist jedes Fahrzeug in seiner Art ausgezeichnet, ist deshalb aber schon eines wie das andere zu beurteilen?« Oder Vergleich mit der Zigarre: »Man sieht es ihr von außen nicht an, welcher Tabak da drinnensteckt, und man kann sich damit Freunde erwerben oder Freunde verderben, je nachdem, nicht wahr?«

— Bei engstirnigem Disponieren durch die Hausfrau: »Kaufen Sie auch Ihren Faden meterweise oder Ihre Nadeln stückweise ein?« Bei einem einkaufenden Metzgermeister: »Sie kaufen doch auch den Darm für Ihre Würste nicht eineinhalbmeterweise, nicht wahr?«

— Kunde glaubt, es wäre für ihn besser, etwas selber zu machen statt es fertig zu beziehen: »Macht Ihre Frau heute noch ihre Nudeln selbst? Oder näht sie ihre Kleider oder die für ihre Kinder auch noch selber?« oder »Zimmert der Schreiner heute seine Fenster und Türen noch selbst oder bezieht er sie nicht von einer Spezialfabrik?« oder »Machen Sie heute Ihre Medikamente auch noch selber, so wie das früher war?« oder »Drehen Sie Ihre Zigaretten auch noch selber?«

— Kunde will sich mit der Notwendigkeit einer periodischen Reinigung eines preisgünstigen Gerätes nicht abfinden: »Wenn Ihre Frau Ihre Wohnung mit dem Staubsauger gereinigt hat, muß nicht auch der Staubsauger immer wieder einmal sauber gemacht werden? Oder denken Sie vielleicht daran, ihn gleich wegzuwerfen, nur weil sie ihn hin und wieder leeren muß?«

— Kundin möchte gewisse Unbequemlichkeiten nicht in Kauf nehmen: »Wenn Sie eingekauft haben, müssen Sie die gekauften Sachen nicht auch nach Hause tragen oder nehmen Sie jedesmal eine Taxe?«

— Ein Metzgermeister wehrt sich aus angeblichen Ersparnisgründen gegen die bestmögliche Würzung seiner Würste: »Was ist Ihre Wurst ohne richtiges Gewürz? Ist das Gewürz für Sie nicht genauso wichtig wie der Schnaps für den Rausch?« oder »Was die Sonne für den Wein ist« oder »Was die Liebe für das Leben ist, ist das nicht das Gewürz für die Wurst?«

— Dem Kunden bzw. Partner geht etwas nicht schnell genug: »Sie möchten doch von uns eine ganz einwandfreie Lieferung: Besteht die Vollkommenheit einer Uhr darin, daß sie schnell geht, oder daß sie richtig geht?«

Lesen Sie diese Beispiele in Ruhe, und versetzen Sie sich einen Augenblick in die jeweilige Gesprächssituation. Merken Sie dann, wie das mit dem Vergleich geweckte Bild in Ihnen lebendig wird und Sie gefangen nimmt? Ein *treffender Vergleich rückt die bisherige schiefe Denkweise sofort zurecht*, und zwar ohne lange, meist schwierige und fruchtlose Diskussionen. Der Gesprächsführer hat in jedem dieser Fälle die *Fragetechnik* angewendet, so daß es kaum einen Anreiz zum Widerspruch geben kann. Der Gefragte kann die Frage höchstens verneinen, diese Verneinung wird aber meistens ohne gefährliche Spannung sein. Die Vergleichstechnik in der Hand des sie geschickt Gebrauchenden ist wirklich Gold wert.

Nachdem wir uns nun ausführlich mit der Beherrschung der entscheidenden Techniken beschäftigt haben, müssen wir noch eine dritte Voraussetzung für die Gedankenführung un-

seres Partners genauer betrachten. Sie läßt sich in der Grundforderung zusammenfassen: *Beste Wirkung sichern!* Der Könner im Verkauf ebenso wie der Verhandlungskünstler, der oft
schwierige und über längere Zeitperioden laufende Verhandlungen zu führen hat, weiß bestens mit den Kunstgriffen zu
arbeiten, welche die höchste Aufmerksamkeit und nachhaltige
Wirkung sichern können. Zusätzlich zu den entscheidenden,
bereits ausführlich besprochenen Grundsätzen für die richtige
Gesprächsführung sind es im wesentlichen die folgenden:

a) *Auf den richtigen Augenblick warten können:* Gerade
der Temperamentvolle erliegt nicht selten der Gefahr, sein
bestes Pulver zu früh und an der falschen Stelle zu verschie-
ßen. Gerade er sollte sich über diese (aus seiner sonst so positiv zu beurteilenden Wesensart sich ergebende) Gefahr im
klaren sein und sich mit um so besserer Vorbereitung und
wohlüberlegter Planung seiner Argumentation dagegen schüt-
zen.

b) *Äußerste Klarheit:* im Vorgehen, im Gedankenaufbau
und in der Ausdrucksweise! Absolute Geradlinigkeit der Gedanken, die so einfach, so klar wie nur möglich aufgebaut und
ausgedrückt sein sollen; nur keine weitschweifende und ver-
wickelte Art des Sprechens und des Vortrages! Gerade bei uns
verwechselt man gerne Wissenschaftlichkeit, tiefgründiges
Denkertum und Unverständlichkeit miteinander. Absolute
Klarheit ist nicht möglich ohne Beschränkung auf das Wesentliche, d. h. auf die wenigen entscheidenden Punkte, manchmal nur auf einen einzigen. Weniger Punkte, aber sorgfältig
ausgewählte und überzeugend dargestellte, sind wirkungsvoller als viele, die allein schon in der Häufung ermüden und
dann durch fehlende Konzentration beider Teile nicht gründlich und zwingend genug behandelt werden können.

c) *Das Gesetz der Steigerung beachten:* Häufig wird der
Fehler beobachtet, daß ein Verhandlungspartner in der Dis-

ICH MUSS DAS DENKEN MEINES PARTNERS IN MEINEM SINNE FÜHREN: seine Phantasie, seine Vorstellungen, seine Gedanken! Was in seinem Herzen und Kopf vorgeht, während ich mit ihm spreche, hängt fast nur *von mir selbst* ab, *von dem, was* ich sage *und wie* ich es sage.

Denkanstöße allgemeiner Art helfen zumeist nur wenig, es gilt die Vorstellungsbilder und Gedanken durch einfache anschauliche Situationsschilderungen *in gezielter Weise* zu wecken.

Erfolgreiche Formulierungen:

— »Haben Sie schon einmal daran gedacht . . .«
— »Stellen Sie sich einmal vor . . .«
— »Vergessen Sie bitte nicht . . .«
— »Was würden Sie dazu sagen . . .«
— »Was meinen Sie wohl, was passiert, wenn . . .«

VORAUSSETZUNGEN:

1. *Zielbewußtsein: Was ist mein exaktes Ziel und das meines Partners?*
   Ihm alles unterordnen, nie den roten Faden verlieren
   Den Schwerpunkt der Argumentation rechtzeitig überlegen
2. *Die Interessen des Partners in ihrem konkreten Nutzungs- und Erlebniswert in den Vordergrund stellen*
   Die dafür entscheidenden Techniken: die Frage- und die Zeigetechnik im direkten und im übertragenen Sinn beherrschen:
   a) Weniger feststellen, weniger behaupten — mehr fragen
   b) Kontrollfragen:
      Feststellen — Beweisen — Kontrollieren (anerkennen lassen)
   c) Die Vorstellungskraft ansprechen:
      Mit Geschichten arbeiten
      Beispielmethode
      Vergleichsmethode
3. *Beste Wirkung sichern:*
   a) Auf den richtigen Augenblick warten können

b) Äußerste Klarheit

c) Das Gesetz der Spannungssteigerung beachten

d) Mit Kernsätzen und dem Gesetz der Wiederholung arbeiten

> Die Gefühle und Gedanken des Partners dahin führen,
> wo man sie selbst haben will!

---

kussion über ein Problem die von ihm für richtig gehaltene Lösung gleich an den Anfang stellt, und dann die Begründung, die einzelnen Beweise dafür später anfügt. Dieses Verfahren schließt jegliche Spannung in seinen Ausführungen aus. Die Zuhörer wissen längst, worauf sie hinauslaufen, er wirkt langweilig. Sorgen Sie beständig für Spannung und für die Steigerung der Spannung. Bringen Sie deshalb Argumente und Beweise nach dem Grundsatz der Steigerung! Behandeln Sie zuerst die relativ schwachen Punkte und Gedanken, dann die stärkeren und argumentieren Sie erst zuletzt mit dem stärksten und absolut durchschlagenden Beweis, der auch den letzten Zweifler vollends überzeugen muß. Den stärksten Trumpf erst zum Schluß ausspielen, hat viele Vorteile.

d) Mit Kernsätzen und dem Gesetz der Wiederholung arbeiten: Einfache und klare, positive und eindeutige Sätze, die etwas Bestimmtes in einer unbewiesenen Behauptung ausdrücken und meist suggestiv einen dementsprechenden Schluß nahelegen, können wir als Kernsätze einer sehr wirkungsvollen Argumentationstechnik bezeichnen. Die ständige Wiederholung dieser positiven, eindeutigen, aber unbewiesenen Behauptung ist in der Praxis der Menschenbeeinflussung sehr bedeutungsvoll und oft von heimtückischer Wirkung. In der Verhandlung und im Verkaufsgespräch erweist sie sich vor allem zur langsamen, aber sicheren Aufweichung subjektiver Vorurteile als besonders erfolgreich. Später werden wir bei der Darstellung der verschiedenen Methoden für die geschickte Beantwortung von Einwänden noch genauer auf die »Tropfenmethode« zurückkommen. Wegen der grundsätzlichen Bedeutung mußte jedoch schon an dieser Stelle auf sie hingewiesen werden.

II.

VORTEILSARGUMENTATION

Argumentieren Sie positiv! Vom sachlichen Standpunkt aus gesehen gilt das gleiche wie von der bereits besprochenen menschlich-persönlichen Seite: Bieten Sie Ihrem Partner und Kunden immer Positives! Zeigen Sie Besseres und Schöneres auf, vermitteln Sie einen Nutzen, einen Vorteil, etwas Neues, ein erstrebenswertes Erlebnis, Ihre Grundhaltung muß immer bejahend und optimistisch sein! Das ist eine Grundforderung für jeden Erfolg in einer Verhandlung.

Im Verkauf bedeutet das, *die positive Seite der Ware herauszustellen*, d. h. unseren Kunden den Wert der Ware für ihn erleben zu lassen, sei es tatsächlich oder in Vorstellungsbildern, die wir durch unser Gespräch in ihm wecken. Wer glaubt, mit den Nachteilen des Konkurrenzfabrikates verkaufen zu können, verstößt gegen die Grundregel, Positives zu bieten, und wird — im Negativen bleibend — den Kunden kaum für sich gewinnen können.

Ist die *positive Atmosphäre* zu Beginn des Gespräches geschaffen worden, dann kommt es darauf an, sie während des weiteren Verlaufs *bis zum Schluß* zu erhalten. Überbrücken Sie deshalb unangenehm werdende Gesprächspausen dadurch, daß Sie Ihrem Partner etwas für ihn Interessantes in die Hand geben, durch kurze für ihn wichtige Fragen, vielleicht auch mit einem treffenden Witz (den man im Notfall unauffällig und mit einem Griff dem Stichwort auf dem inneren Umschlagblatt des Taschenkalenders entnehmen kann), eine angebotene Zigarette oder eine andere kleine Aufmerksamkeit! Drücken Sie sich nie vor der Beantwortung einer kritischen Frage; Ihr Partner merkt es doch! Im Zweifelsfalle können Sie immer einen Spezialisten oder erfahreneren Kollegen hinzuziehen oder auf (dann tatsächlich erfolgende) schriftliche Beantwortung in den nächsten Tagen verweisen. Seien Sie vor allem für Ihren Partner ganz da! Nebenunterhaltungen mit anderen oder nebenbei geführte Telefongespräche wirken störend und können leicht zum Verlust der günstigen Stimmung und des guten Willens des Partners führen.

Eine bekannte Regel besagt, man solle Gespräche stets so steuern, daß es dem Kunden oder Gesprächspartner immer leicht fällt, »Ja« zu sagen. Hier wird die positive Atmosphäre quasi zur *»Ja-Sage-Atmosphäre«.* Die Forderung nach ihr ist nun einmal eine Generalforderung, die für den gesamten Gesprächsverlauf gilt, und die — beständig im Hintergrund stehend — überall ihre Auswirkungen hat.

1. Nicht Qualität, sondern Gebrauchswert und Erlebnisse verkaufen

Heute wird vieles unter dem Stichwort »Qualität« angeboten, manchmal sogar ausgesprochen minderwertige Ware! *Der Begriff der Qualität* ist so *abgenutzt,* daß er vielfach gar nicht mehr ernstgenommen wird. Schon aus diesem Grund sollten von der sprachlichen Seite her an seiner Stelle andere Wörter gebraucht werden, die dem Kunden den Begriff der Qualität viel deutlicher machen, z. B.: ausgezeichnet, vollkommen, makellos, kostbar, erstklassig, hervorragend, vortrefflich, prachtvoll, vollendet gestaltet, mustergültig, über jedes Lob erhaben, dauerhaft, unverwüstlich usw. usw.

Außerdem ist »Qualität«, d. h. korrekter ausgedrückt, gute Qualität, heutzutage in weiten Bereichen des Warensortiments *eine Selbstverständlichkeit.* Moderne Forschung, neue Werkstoffe, automatische Verarbeitungsverfahren haben die Warenerzeugung fast überall entsprechend vervollkommnet. Ganz besonders gilt das von allen Markenerzeugnissen (im weitesten Sinn). Wer als Verkäufer die Qualität zu oft preist, läuft deshalb Gefahr, seinen Kunden zu langweilen, weil dieser das schon längst weiß. Ja, er sät manchmal Mißtrauen gegen sich selbst, weil er den Eindruck erweckt, er habe es wohl nötig, seine Qualität besonders zu betonen!

Worauf es dem Kunden ankommt, ist in erster Linie nicht die Qualität der Ware, einer Funktion, einer Dienstleistung, sondern *der Nutzungs- oder Gebrauchswert* der Ware bzw. der Dienstleistung. Was nützt ihm die ganze Qualität als solche, wenn er nichts damit anfangen kann? Wer kauft schon eine Ware nur deshalb, weil sie qualitativ gut ist? Der gute Verkäufer sieht die Ware mit den Augen des Kunden und spricht infolgedessen viel weniger von der »Qualität«. Er sagt dem Kunden vielmehr, was die Qualität im Gebrauch der Ware bedeutet. Das ist eine lebendige und auf die Praxis bezogene Beschreibung und immer eine, die dann wirklich »ankommt«. Reden wir als Verkäufer stets von dieser *Bedeutung der Ware für den Kunden,* von ihren besonderen Vorteilen, von ihrem Nutzen, von ihrem Wert für ihn, reden wir — wie man es auch ausdrücken kann — von der Idee dieser Ware, verkaufen wir dem Kunden die Erfüllung seiner zum Teil bewußten, zum Teil unbewußten Wünsche, verkaufen wir ihm eine Hilfe für die Lösung seiner Probleme, also das, was er mit dieser Ware und ihrem Wert für sich verbindet! Da der Mensch auch ein Erlebniswesen ist, erlebt er mit dem Gebrauch einer Ware immer etwas, und da bei vielen Artikeln dieses vermittelte Erlebnis im Vordergrund steht, können

DAS VORTEILGESPRÄCH FÜHREN

ARGUMENTIEREN SIE POSITIV!

Ausführungsregeln:

Nicht Qualität verkaufen, sondern Gebrauchswert und Erlebnisse
Keine Nachteil-, sondern Vorteilgespräche führen

---

wir auch sagen: Verkaufen wir keine Ware, keine Qualität, sondern den Gebrauchs- und *Erlebniswert* dieser Ware und ihrer Qualität!

Hat der Kunde diesen Wert unserer Ware für sein tägliches Leben begriffen, spürt er, daß er den Gebrauchs- und Erlebniswert *benötigt,* den er jetzt noch nicht hat, dann *will* er die Ware besitzen, und das Wichtigste ist geschafft. Jetzt will er von sich aus kaufen, und wir brauchen ihm eigentlich gar nichts mehr zu *ver*kaufen.

Weil es also beim Verkaufen und beim Verhandeln letztlich um die Vermittlung von Erlebniswerten geht, spielt die Kraft der eigenen Gefühle, *der eigenen echten Begeisterung* eine große Rolle. Mit eigener Begeisterung, lebhaften Bildern und Vorstellungen, die sie lebendig werden lassen, kann man in vielen Fällen mehr erreichen als durch jede andere Argumentation. Natürlich wäre es unglaubhaft, würde ein Verkäufer über die sachlichen Eigenschaften, über die Qualitätsmerkmale von Erzeugnissen, z. B. eines Stuhles, eines Eimers oder einer Maschine in Begeisterung ausbrechen. Aber über die Gebrauchsvorteile und Erlebniswerte für den Kunden, der sich ihrer zu bedienen weiß, kann man das sehr wohl.

Es handelt sich eben darum, dem Kunden gerade diesen Gebrauchswert in seinem Lebenskreis begeistert und anschaulich darzulegen. Wer das gelernt hat und den Kunden bei seinen eigenen Interessen »packt«, der kann nur erfolgreich verkaufen.

Bitte, lesen Sie jetzt auf Seite 124 nochmals die Geschichte des Hosenkaufs, die *den Unterschied zwischen der abstrakten Qualität und dem konkreten Gebrauchs- oder Erlebniswert* überzeugend deutlich macht. Zugleich zeigt sie das taktische Mittel auf, um in Sekunden diesen Gebrauchs- oder Erlebniswert des einzelnen Kunden festzustellen: die einfache Frage. Sie lenkt das Denken des Partners, indem sie auf das hinlenkt, woran dem Betreffenden bei seinen Interessen, bei seiner Lebensführung, bei seinen Arbeitsproblemen am meisten liegen muß. Einige weitere Beispiele des Gebrauchs- und Erlebniswertes im Gegensatz zur Qualität:

— Haushaltsmaschine: Tag für Tag Abnahme von Mühe und Arbeit vielerlei Art, Bereitung wohlschmeckender Speisen und Getränke, die es sonst nicht gäbe, strahlende Kinderaugen am Familientisch, Lob für die Hausfrau, dank der robusten Ausführung langjährige Dienste usw.

— Reinigungstuch: Blitzblanke Möbel, Bilder und Fenster (bei der Hausfrau, die den Putzteufel im Leib hat), ersparte Mühsal bei der täglichen Wohnungsreinigung (bei der behäbigen und bequemen Hausfrau), Ersparnis an Arbeit und besonders an Zeit (bei der Berufstätigen), absolute Sauberkeit und Hygiene vor allem in der Küche (bei der ängstlich um ihre Gesundheit Besorgten), anerkennende Bemerkungen von Nachbarn, die neidvoll die strahlende Sauberkeit bewundern (bei der immer auf ihre Nachbarn Schielenden) usw.

— Nähmaschine: Verwirklichung aller Möglichkeiten aus den Musterbüchern, bequemstes Einfädeln, müheloses Reparie-

ren von ausgerissenen Knopflöchern, z. B. an Kinderklei-
dung, praktisch nur durch einen einzigen Handgriff, individuelle Nähberatung bei einer guten Marke, Aufbesse-
rung einer Rente durch Nebenverdienst bei Ausfall des
Ernährers, sinnvolle Beschäftigung und Ausbildung der
Tochter, individuelle Note in der Kleidung, Stolz des Mannes auf seine tüchtige Frau, durch die Ersparnis flüssiges
Geld für die schönen und angenehmen Seiten des Lebens
(Fernseher, Urlaubsreise) usw.

— Dienstleistungsstunden eines Rechenzentrums: Rechnerisch
absolut fehlerfreie Werte, Wegfall von Arbeitsspitzen,
Überstunden und Termindruck, absolut pünktliche Verfüg-
barkeit von Unterlagen, bei Betriebserweiterung keine zusätzliche Personalausweitung, bessere Gewährleistung von
Vertraulichkeit innerhalb des eigenen Betriebs, Übergehen
der Verantwortung für pünktliche Erstellung auf eine be-
triebsfremde Stelle, bei manchen Arbeitsprogrammen zugleich erste Stufe zur Betriebsabrechnung usw.

Wenn man den Gebrauchs- und Erlebniswert als die praktisch bedeutsame Form der Qualität genauer untersucht,
kommt man auf eine Reihe von *besonderen Spielarten des
Gebrauchswertes*. Ihre Kenntnis erleichtert die richtige Verwertung des richtig verstandenen Qualitätsgedankens:

a) *Leistung*
b) *Zweckmäßigkeit*

Logisch gesehen sind diese beiden Momente, die der Einfachheit halber hier zusammengefaßt sind, gar keine Qualitätsmerkmale. Nicht selten wird in der Technik z. B. eine ungewöhnlich hohe Leistung erkauft durch einen Mangel an
echter Qualität, weil nämlich die besonders beanspruchten
Teile sehr schnell verschleißen. Das Entscheidende ist indessen
die psychologische Betrachtung durch den Kunden, und für

ihn sind Leistung und Zweckmäßigkeit ein Qualitätsmerkmal ersten Ranges von großer Wirksamkeit.

Weil Qualität und Gebrauchswert für den Kunden praktisch ein und dasselbe sind, steigert sich das persönliche Empfinden von der »Qualität« mit der Steigerung des Gebrauchswertes. Je leistungsfähiger das angebotene Erzeugnis ist, je zweckmäßiger seine Konstruktion gewählt wurde, je leichter es sich in der täglichen Praxis handhaben läßt, je vielseitiger es verwendbar wird, um so höher wird seine Qualität eingeschätzt. Wenn z. B. ein Automobil statt 115 Kilometer 135 fährt, wenn sich eine Maschine vereinfachter Bauart leichter und sicherer bedienen läßt, wenn die Paßform eines Schuhes fühlbar besser ist, wenn eine Delikatesse noch besser schmeckt; dann werden die meisten Menschen den Wert und die Qualität sofort entsprechend höher einschätzen. Um beim Beispiel des Automobils zu bleiben: Hier wird die Qualität zur raschen, billigen und bequemen Transportmöglichkeit, zur ungewöhnlichen Beschleunigung, zur Wendigkeit im Verkehr, zum leichten Einparken, zur Sicherheit in Kurven auch auf schlüpfriger Fahrbahn, zur Ellbogenfreiheit auf breiter Sitzbank usw.

c) *Zuverlässigkeit*
d) *Lebensdauer*

Sie sind die eigentlichen Erscheinungsformen echter Qualität. Ein Erzeugnis, besonders im technischen Bereich, muß heute absolut zuverlässig, es muß, soweit das nur möglich ist, narrensicher sein. Es muß eine lange, oft über Jahrzehnte gehende Lebensdauer versprechen. Der Verkäufer beweist seine Kunst, wenn er die absolute Zuverlässigkeit besonders unter extremen Bedingungen anschaulich macht und damit lebendig und überzeugend werden läßt. Bei ein wenig Nachdenken über die besonderen Verhältnisse des Gebrauchs bei ungünstigen Bedingungen findet man zumeist schnell verschiedene Argumente.

Eine Fallgrube, in die argumentationsschwache Verkäufer oft stürzen, liegt in der *Frage des Kunden* verborgen: »Wie lange wird dieses Erzeugnis voraussichtlich halten? Wie lange kann ich damit rechnen, daß es seinen Dienst einwandfrei erfüllt?« Nehmen wir ein praktisches Beispiel: Sie interessieren sich für den Kauf eines modernen Waschautomaten und stellen diese Frage in verschiedenen Geschäften. Im ersten, das die Marke A anbietet, wird Ihnen geantwortet, das hinge im wesentlichen von der Art und Weise ab, wie Sie die Maschine behandeln. Im zweiten, das die Marke B verkauft, werden Sie auf die unwahrscheinliche Qualität dieses Waschautomaten hingewiesen. Im dritten Geschäft antwortet der Verkäufer: »Unsere Marke C gibt Ihnen, wie Sie wissen, ein Jahr Garantie. Haben Sie schon einmal gehört, daß diese Garantie in irgendeiner Weise eingeschränkt wäre? (Antwort selbstverständlich: Nein.) Sehen Sie, der Hersteller C besitzt den Mut, jedem Kunden das absolut einwandfreie Waschen dieses Waschautomaten ein volles Jahr zu garantieren, und zwar ohne jeden Unterschied, ob er in einem Haushalt, in einem Hotel, in einem Sanatorium oder in dem Keller eines Miethauses steht. In solchen Häusern wird nicht selten bereits am frühen Morgen die erste Füllung Wäsche hineingegeben und spät abends die letzte herausgeholt. Wie oft wird hier an einem Tag gewaschen?« Antwort: »Acht- bis zehnmal«. Im Wechselgespräch mit dem Kunden wird jetzt eine kleine aber ergiebige Rechnung erstellt: Das sind in der Woche rund 50, im Monat rund 200 und im Jahr nahezu zweieinhalbtausend vollständige Waschvorgänge! »Wie lange, Herr X, werden Sie wohl brauchen, bis Sie mit Ihrem Automaten in Ihrem Haushalt so oft gewaschen haben werden?« Wenn jetzt der Kunde seinerseits, vielleicht mit Hilfe des Verkäufers, diese

Rechnung zu Ende führt, dann kann der Verkäufer mit Recht sagen: »Ist es also zuviel gesagt, daß Sie bei unserer Maschine C getrost mit einer Lebensdauer von 20 oder noch mehr Jahren rechnen können? Selbstverständlich eine ordnungsgemäße Behandlung der Maschine vorausgesetzt, aber da brauche ich bei Ihnen ja schließlich keine Bedenken zu haben!« — Natürlich wird dieser dritte Verkäufer seine Maschine C verkaufen. Sein Erfolg liegt wiederum darin begründet, daß er das Denken seines Kunden in der für ihn günstigen Weise führt.

e. Qualitäts-Merkmale im weiteren Sinn

Über die bisher besprochenen Gesichtspunkte hinaus wird am Ende jeder Vorteil, den ein Gegenstand bei irgendeiner Betrachtung nur haben kann, zu einem psychologischen Qualitätsmerkmal im weiteren Sinn. Hier sollen nur zwei in der Praxis besonders bedeutungsvolle herausgegriffen werden.

Der eine ist der *Kundendienst.* Überall taucht im Zusammenhang mit störanfälligen Erzeugnissen das Problem des Kundendienstes auf. Was nützt das beste Produkt, wenn man im Ernstfall Schwierigkeiten und Ärger hat und nicht weiß, an wen man sich wenden kann? Die großen Probleme, einen wirklich gut funktionierenden Kundendienst aufzubauen, kennen alle Firmen. Um so wirkungsvoller ist es, wenn man seinem Kunden sagen kann: »Wenn Sie heute hier im Rheinland wohnen, und es sollte Sie morgen irgendwohin nach Schleswig-Holstein oder in den Bayerischen Wald oder in das Ausland verschlagen: Genauso, wie Sie den Kundendienst unseres Hauses hier in den rheinischen Großstädten finden, werden Sie ihn in den entlegensten Landesteilen jederzeit in erreichbarer Nähe haben«.

Die Sicherheit des guten Kundendienstes und der Nachlieferung von Ersatzteilen muß bei langlebigen Gütern auch für die Zukunft gewährleistet sein. Hier ist es wiederum der

Den Gebrauchswert und Erlebnisse der Ware, also ihre Bedeutung, ihren Nutzen, ihre Vorteile, ihre Idee, ihren Wert für den Kunden, für sein tägliches Leben verkaufen, nicht ihre abstrakte Qualität! *Der Gebrauchswert wird erlebt in:*

> Leistung
> Zweckmäßigkeit (z. B. einfache Handhabung, Robustheit, Zeitersparnis usw.)
> Zuverlässigkeit
> Lebensdauer
> Kundendienst
> Formschönheit usw.

Aber: Gebrauchswert und Erlebnisse für den einzelnen Kunden!

> Der Anfänger verkauft »Qualitätshosen«. Der Erfahrene verkauft z. B. einem Reisevertreter das gute und glatte Aussehen einer bestimmten Hose nach einer stundenlangen Autofahrt an einem heißen Sommertag, und einem Büroangestellten die glanzfreie Sitzfläche nach jahrelangem Herumrutschen auf seinem Holzstuhl.

Also: Dem Kunden das verkaufen, woran ihm am meisten liegen muß!

> Ihn diesen ganz besonderen Wert unserer Ware für ihn irgendwie erleben lassen, tatsächlich oder in seiner Vorstellung!

---

besondere Vorteil von Verkäufern in alten oder gut eingeführten Firmen, den Kunden ganz offen zu fragen: »Brauchen Sie oder Ihre Kinder bei unserem Haus etwa irgendeine Sorge darüber zu haben, ob Sie auch noch in 10 oder 20 und noch mehr Jahren unseren Kundendienst vorfinden werden?«

Ein zweites Qualitätsmerkmal im weiteren Sinn, das heutzutage immer größere Bedeutung bekommt, ist die *Schönheit* des Erzeugnisses, bedingt durch *Form und Farbe.* Sie entscheiden mehr und mehr über Erfolg und Mißerfolg. Es gibt viele Beispiele dafür, daß Waren durch bessere und ansprechendere äußere Gestaltung hohe Umsatzsteigerungen erzielen. Auf der anderen Seite erleiden durch Vernachlässigung des Äußeren an sich hervorragende Erzeugnisse unaufhaltsam Mißerfolg.

Über Qualität kann man nicht sprechen, ohne auf den Wert eines gut eingeführten *Namens* hinzuweisen, des Namens sowohl des Herstellers als auch des Händlers. Der beim Verbraucher gut eingeführte Name gibt zugleich die Vorstellung von Qualität, besser gesagt, das unbedingte Vertrauen darauf, daß der angebotene Artikel die an ihn gestellten Erwartungen erfüllen wird. Dieses besondere Vertrauen ist der *ideelle Wert der Ware,* und in einer Zeit, in der es dem Durchschnittsverbraucher immer schwerer wird, die wirkliche Qualität zu beurteilen, oft der entscheidende. Dieses Vertrauen zu pflegen, muß das Ziel eines jeden guten Kaufmannes und auch jeder verkaufspsychologischen Bemühung sein.

2. *Keine Nachteil-, sondern Vorteilgespräche führen*

Es gibt nicht selten Verkäufer, die man als »*Nachteil-Verkäufer*« bezeichnen könnte. Sie lassen sich nämlich von ihrem Kunden das Nachteil-Gespräch aufnötigen. Wenn man insgesamt 15 Minuten für ein Gespräch zur Verfügung hat, und man redet davon zehn Minuten lang von den Nachteilen der eigenen Ware, wie sollte man da jemals eine Chance haben, den anderen zu überzeugen und zu gewinnen? Wir können es doch nur dadurch, daß wir unsere Vorteile im vollen Umfang in die Waagschale werfen. Und was für das Verkaufsgespräch gilt, gilt übertragen für jede andere Verhandlung.

Vermeiden Sie also, die von Ihrem Partner dargelegten *Nachteile* Ihres Vorschlages bzw. Ihres Angebotes *im einzelnen zu besprechen.* Je mehr sie über diese Nachteile reden, um so bedeutungsvoller werden sie erst. Je weniger wir von unseren Nachteilen sprechen, mit anderen Worten, je mehr wir sie in den Hintergrund treten lassen, um so weniger wichtig werden sie für den anderen, und um so weniger können sie uns schaden.

Also ist es in jedem Fall falsch, eine uns vorgehaltene Schwäche unseres Standpunktes durch ein totales »Schuldeingeständnis« unnötig zu unterstreichen, nach dem Muster des langsam und damit wirkungsvoll gesprochenen Satzes: »Ja, Herr Partner, da haben Sie allerdings recht (Stille)!« Nicht weniger falsch ist die unnötige psychologische Aufbauschung des vorgebrachten Nachteils durch sein Abstreiten: Je krasser das Abstreiten, um so mehr fühlt der andere sich gezwungen, seine Ansichten zu behaupten und sich damit noch mehr mit den Nachteilen zu beschäftigen! Ganz abgesehen von der Spannung, die der Gesprächsführer selbst heraufbeschwört.

Lassen Sie sich *nie in die Defensive drängen!* Es ist Ihre Aufgabe, das Denken Ihres Partners zu führen; es hängt weitgehend nur von Ihnen ab, was er denkt und empfindet. Gehen Sie deshalb über die schwachen Seiten Ihrer eigenen Überlegungen und Argumente elegant hinweg und lenken Sie ihn so rasch wie möglich auf einen für ihn vorteilhaften Punkt, auf *die unbestreitbare positive Seite Ihrer Argumentation* hin. Einige Beispiele:

— »Der Nachteil, Herr Scharf, den Sie soeben betonen, ist beim Zusammentreffen besonders ungünstiger Voraussetzungen für Sie durchaus vorhanden. Ich pflichte Ihnen hier völlig bei. *Die* ideale Ware muß in unserer Welt sowieso erst erfunden werden! Bedenken Sie bitte auf der anderen

Seite, welchen Vorteil Ihnen gerade diese Ware in Ihr Leben bringt, wenn Sie Tag für Tag den Nutzen davon haben ...«

— »Wenn man es so betrachtet, spricht allerhand für Ihre Ansicht. Insofern haben Sie durchaus recht. Haben Sie sich schon einmal das hier betrachtet ... — Wie gefällt Ihnen diese Sache?«

— Der Kunde bemängelt die Qualität eines Artikels: »Ihr Bedenken hinsichtlich der Qualität dieses Artikels leuchtet mir sehr ein, Herr Spitz. Geht es dabei nicht um die Frage, ob die Qualität für Ihre Zwecke ausreicht? Was haben Sie von einer Mehrausgabe, wenn sie Ihnen nicht mehr bringt?«

Dem anderen also zunächst recht geben, soweit er recht hat; vielleicht mit einer gewissen Einschränkung. Dann sofort über den Vorteil sprechen, der bei diesem Kunden an erster Stelle steht, und ihn durch eine anschauliche Situationsschilderung lebhaft miterleben lassen!

Wägen Sie die Vor- und Nachteile Ihres Angebotes für Ihren Partner richtig ab! *Alle Qualitätseigenschaften* einer Ware *stehen in zwangsläufigen Beziehungen zueinander:* Wenn irgendeine vom Kunden beanstandete negative Eigenschaft anders wäre, müßte fast immer auch irgendeine andere positive Eigenschaft anders sein, was dem Kunden zumeist nicht recht wäre. Die Vorteile und Nachteile hängen meistens eng miteinander zusammen, z. B.:

— Schöneres Aussehen: weniger Zweckmäßigkeit
— größere Festigkeit: mehr Gewicht und plumpere Form
— bessere Handlichkeit: weniger Robustheit oder Sicherheit
— höherer Nährwert: weniger guter Geschmack oder höhere Preise
— bessere Straßenlage: niedrigere Bauweise

Allgemein gilt: Je besser die Qualität, desto höher der

Preis und umgekehrt. Bei dieser Art der Argumentierung können Sie dem Kunden schnell überzeugend darlegen, daß die jetzt gewählte Lösung für ihn ein Optimum des Möglichen in jeder Hinsicht bedeutet. Er wird sehr bald einsehen, daß man nirgends alles auf einmal haben kann, daß man jedes besondere Plus meistens mit einem Minus erkaufen muß, und daß das Minus in Anbetracht des Plus am Ende gar nicht mehr so schlimm ist.

Bei Verhandlungen nichtverkäuferischer Art empfiehlt es sich, bei *einem weiten Spielraum von Vorschlagsmöglichkeiten* zunächst in die Richtung der Mitte vorzufühlen, damit man je nach der Reaktion des Partners dann nach oben oder nach unten ausweichen kann bzw. muß. Bei verhältnismäßig *begrenzten Möglichkeiten* sollte man im Zweifelsfall zuerst das Optimum oder Maximum für einen selber vorschlagen. Bei diesem Verfahren ist es meistens möglich, auf die weniger günstige Lösung auszuweichen, ohne daß man sich vorhandene bessere Chancen verbaut.

Wenn man es auf der anderen Seite mit *zwei Partnern,* z. B. einem Ehepaar zu tun hat, möchte manchmal der eine Teil sehr gern abschließen, der andere ist dagegen ablehnend eingestellt. Weisen Sie in solchen Fällen nachdrücklich auf die Vorteile hin, die dem Abschlußbereiten durch die positive Entscheidung bzw. durch die Anschaffung zuteil werden, und dann appellieren Sie taktvoll an die Großzügigkeit und das Verständnis des Ablehnenden!

3. Ein Wort zum Wettbewerber

Ein für mich stets gefährlicher Punkt und insofern ein Nachteil ist immer meine Konkurrenz. Ich handle sehr unklug, wenn ich sie von mir aus unnötig ins Gespräch bringe. Je mehr ich von meinem Wettbewerber spreche, desto stärker ziehe ich die Aufmerksamkeit gerade auf ihn. Ich mache damit ungewollte Propaganda für ihn und werde zum *Konkurrenzverkäufer.*

Natürlich ist ein Kundengespräch ohne gelegentliche Erwähnung und vielleicht auch nähere Erörterung der Konkurrenz manchmal gar nicht möglich; jedoch sollte ich selbst das Gespräch von mir aus nur in besonders begründeten Fällen auf meinen Wettbewerber bringen, z. B. dann, wenn ich weiß, daß sich mein Kunde schon mit ihm beschäftigt. Jetzt kann ich die auf die Konkurrenz zielenden Einwände meines Kunden selbst vorwegnehmen, meine Ausgangsposition ist dann taktisch viel günstiger, als wenn ich warte, bis mich der Kunde angreift.

In manchen Situationen kann man sich auch bewußt *an die Konkurrenz anhängen,* vor allem dann, wenn man überzeugend darlegen kann, daß man einem allgemein anerkannten, erstklassigen Wettbewerber in irgendeiner Hinsicht noch überlegen ist. Dann kann der Konkurrent sogar zum Vorspann werden; aber das sind — wie gesagt — wenige Ausnahmen.

Offenes Argumentieren gegen die Konkurrenz ist verpönt! Gibt sich Ihr Interessent als Anhänger eines Konkurrenzerzeugnisses zu erkennen, so kann ihn jedes Argumentieren gegen diese Ihre Konkurrenz um so mehr dafür eintreten lassen, und das Gespräch wird zwangsläufig immer negativer und für Sie aussichtslos. Warum sagen Sie nicht:

— »Dieser Wettbewerber ist eine gute Marke; wenn Sie diese Marke kaufen, haben Sie gewiß nichts Falsches getan!« Damit entwaffnen Sie Ihr Gegenüber; Ihr Kunde hat gar keine Möglichkeit mehr, mit Ihnen zu streiten. Sie schaffen eine günstige Atmosphäre und machen den anderen aufnahmebereit für Ihre eigenen Darlegungen: »Sie möchten doch sicherlich die wirtschaftlichste Möglichkeit ausnutzen, die Ihnen unser Markt heute bietet? . . .«

Wesentliche Grundgedanken, an der richtigen Stelle im Verkaufsgespräch mit einem Fachhändler immer wieder mit guter Wirkung auszuspielen:

1. *Was macht das Fachgeschäft zum Fachgeschäft?*

   Was ist seine Lebensgrundlage? (Mit Fragetechnik arbeiten!) — Selbstverständlich das umfassende Sortiment und die wirklich fachgerechte Bedienung des Kunden.

2. *Unterschied zwischen »Schrittmachern« und »Nachläufern«*

   In kluger Form den Unterschied zwischen diesen beiden Geschäftstypen herausstellen! Zu welcher Gruppe will der Kunde wohl gehören?

3. *Der Geschäftsgang von morgen*

   hängt ab von dem Ruf, den sich das Geschäft heute erwirbt.

4. *Das Zeitalter des anspruchsvollen Verbrauchers*

   Der Kunde stellt ständig steigende Ansprüche, auch nach ständig steigender Abwechslung: »Wollen die Frauen, die bei Ihnen kaufen, immer den gleichen Geruch in der Nase haben?«

5. *Mit dem Zeigenkönnen fängt das Verkaufen an*

   »Können Sie etwas verkaufen und daran verdienen, was Sie nicht zeigen?«

— »Jawohl Herr X, da haben Sie einen beachtlichen Vorteil berührt, ohne Zweifel. Was meinen Sie, wie die Sache aussieht, wenn Sie an . . . denken?«

— »Da sind Sie im allgemeinen (mit gewissen Artikeln) sicher sehr gut aufgehoben. Meinen Sie, daß das auch bei jenem Erzeugnis der Fall ist . . . ?«

Schon haben Sie elegant zu Ihrem eigenen Angebot hingeführt.

Selbst wenn es sachlich berechtigt wäre, ist es in jedem Fall falsch, etwas Schlechtes über einen Mitbewerber zu sagen oder abfällig über ihn zu urteilen. Das braucht gar nicht besonders betont zu werden; es würde mit Recht nur auf uns selbst zurückfallen. Im Notfall nur über die tatsächlichen negativen Seiten ganz sachlich berichten, das Urteil fällt der Hörende von selbst! Schimpfen ist immer ein Zeichen von Schwäche. Schimpfen überzeugt nie, macht einen schlechten Eindruck und lenkt letztlich das Interesse des Kunden um so mehr auf den Beschimpften.

Der kluge Verkäufer beherrscht *die Kunst der eleganten Argumentation gegen die Konkurrenz.* Es geht dabei darum, sich irgendeine für den Kunden unerfreuliche Situation herauszupicken, die ihn eventuell beim Konkurrenzfabrikat erwarten könnte. Diese Situation muß man ihm lebendig vor Augen halten, und zwar in geschickter und wirkungsvoller Frageform. Auf diese Weise wird nichts Ungünstiges behauptet, vielmehr läßt sich das Konkurrenzerzeugnis im selben Satz noch loben. Trotzdem aber ist jener bohrende Zweifel gesät, der psychologisch sehr oft viel wirkungsvoller ist als eine offene Kritik. Man braucht die Gedanken des Kunden nur mit den richtigen Fragen: »Stellen Sie sich vor ...« und »Was meinen Sie wohl, was passiert, wenn ...« im eigenen Sinne zu führen! Dafür einige Beispiele:

— Im Verkaufsgespräch mit einer Dame, die sich stark für einen billigen Konkurrenz-Waschautomaten ohne thermostatischen Überhitzungsschutz interessiert: »Stellen Sie sich vor, Sie geben ihre schönsten farbigen Tischdecken, die durch ein kleines Mißgeschick stark befleckt wurden, in Ihren Automaten und stellen ihn auf eine etwas längere Laufzeit ein, damit die Decken auch wirklich sauber werden. Was meinen Sie wohl, was in einer Waschmaschine passiert, die einen derartigen automatischen Überhitzungsschutz wie den in unserem Fabrikat *nicht* hat, wenn Ihre Buntwäsche immer heißer und heißer wird?«

— Im Verkaufsgespräch über eine schnellaufende Mischmaschine, die eine automatisch einsetzende Sicherheitskupplung aufweist, um Gefahr für Maschine und Leben im Fall des Eindringens von Fremdkörpern auszuschließen: »Stellen Sie sich einmal vor, Ihre Maschine läuft gerade auf vollen Touren, mit höchster Drehzahl, da fällt einem angelernten, etwas unachtsamen Arbeiter ein Werkzeug hinein: Was meinen Sie wohl, wenn dieses Metallstück mit höchster Geschwindigkeit drinnen herumgewirbelt wird, was passieren könnte?«

— Automobilverkäufer zu einem Interessenten, der sich für ein sonst hervorragendes, bei hoher Geschwindigkeit jedoch seitenwindempfindliches Fahrzeug interessiert: »Stellen Sie sich vor, Sie fahren an einem stürmischen Tag mit Spitzenböen über 100 Kilometer Geschwindigkeit auf der Autobahn von Frankfurt nach Köln, über die Höhen des Westerwalds. Sie haben in der Stadt einige Zeit verloren und drücken jetzt ein bißchen auf den Gashebel. Was meinen Sie wohl, was da passieren könnte, wenn Sie in einem Wagen sitzen, der nicht die Seitenwindsicherheit unseres Typs aufweist, wenn Sie plötzlich bei 140 Kilometer Geschwindigkeit an einem ungünstigen Geländepunkt eine Spitzenböe von über 100 Kilometer von der Seite her packt?«

— Der Vertreter einer Herstellerfirma, die im Gegensatz zu einem bestimmten Konkurrenten eine klare und saubere Verkaufspolitik betreibt, zu einem Händlerkunden an der richtigen Stelle: »Bei uns wissen Sie seit Jahren immer, woran Sie sind, und Sie werden es in den kommenden Jahren genauso wissen; ist dafür unsere Firma nicht seit langem bekannt? Meinen Sie wirklich, daß das woanders auch so ist?«

In den meisten Fällen empfiehlt es sich, unmittelbar vor dieser Argumentierung den besonderen *Pluspunkt des eigenen*

Erzeugnisses, der dem betreffenden Konkurrenten gegenüber herausgestellt werden soll, so darzulegen, daß ihn der Kunde voll gegenwärtig hat. Bei geschickter Handhabung dieser Methode, bei der der Name des Konkurrenten nicht einmal ausgesprochen werden braucht, bei der sich der Konkurrent in einem Satz vorher oder nachher sogar noch loben läßt, wird dieser wegen des zwangsläufig einsetzenden Mißtrauens des Kunden rasch ins Hintertreffen geraten. Im weiteren Verlauf eines solchen Gesprächs lassen sich dann auch leicht »negative Referenzen« gegen den Wettbewerber dadurch klug ausspielen, daß man den Kunden danach zu fragen provoziert. Plumper vorgehende Verkäufer weisen nach gründlichem Lob der Konkurrenzware auf »das gewisse Risiko« hin, das trotz der sonst so guten Eigenschaften dieser Ware für den Benutzer besteht. So erreichen sie die nachforschende Frage des Kunden, die es ihnen jetzt erlaubt, deutlicher zu werden.

Es gibt natürlich unfaire Verkäufer, die diese schöneunschöne Waffe nur zu gern im unlauteren Sinn gebrauchen. Davor sei ausdrücklich gewarnt. Der anständige und tüchtige Verkäufer weiß seine Konkurrenz durch Geduld, Takt und vor allem durch eigene Leistung aus dem Felde zu schlagen. So gewinnt er das Vertrauen seiner Kunden, ohne übles Mißtrauen zu säen und andere schlecht zu machen.

III.

MEINUNGSVERSCHIEDENHEITEN: JEGLICHE SPANNUNG VERMEIDEN

Wenn ich in einer (Verkaufs-)Verhandlung ohne Erfolg bin, dann kann dies nur zwei Gründe haben: einmal, daß mein Angebot oder mein Vorschlag für den anderen von der sachlichen Seite her nicht interessant ist, bzw. von ihm nicht

Kein »Nachteilverkäufer« sein, der die bestehenden oder möglichen Nachteile seines Angebots über Gebühr bespricht. Wo gäbe es *das* ideale Angebot? Weiß der Kunde das nicht selbst? Ihm also ruhig recht geben, soweit er recht hat, vielleicht mit gewisser sachlicher Einschränkung. Dann aber sofort hinüberspringen auf den Vorteil, der bei diesem Kunden an erster Stelle steht, und ihn diesen Vorteil durch anschauliche Situationsschilderung lebhaft miterleben lassen!

Vor- und Nachteile richtig abwägen: Alle Qualitätseigenschaften einer Ware stehen in zwangsläufigen Beziehungen zueinander. Wenn irgendeine vom Kunden beanstandete Eigenschaft geändert wird, muß fast immer auch irgend etwas anderes geändert werden, was dem Kunden zumeist gar nicht recht wäre, zum Beispiel: noch schöneres Aussehen, weniger Zweckmäßigkeit. Allgemein gilt: Je besser die Qualität, desto höher der Preis. — Überzeugend darlegen, daß die jetzt gewählte Lösung für den Kunden das Optimum des Möglichen in jeder Hinsicht bedeutet.

Über die Konkurrenz möglichst wenig reden, sie niemals selbst unnötig in das Gespräch bringen! Sie ist für uns immer ein Nachteil. Nur wenn ich weiß, daß mein Kunde sich bereits mit ihr beschäftigt hat, dann den entsprechenden Kundeneinwand vorwegnehmen: meine Position wird taktisch günstiger. — Selbstverständlich nichts Schlechtes über die Wettbewerber sagen, das würde nur auf uns selbst zurückfallen.

Elegantes Argumentieren gegen die Konkurrenz:
Zuerst den Vorteil des eigenen Angebots herausstellen, *dann* z. B. mit den Formeln »Stellen Sie sich vor ...« und »Was meinen Sie wohl, was da passiert, wenn ...« eine für den Kunden unerfreuliche Situation anschaulich schildern, die ihn eventuell beim Wettbewerbsangebot erwarten könnte.
Vorsicht: Der tüchtige Verkäufer schlägt seine Konkurrenz durch Geduld, Takt und vor allem eigene Leistung aus dem Feld. So gewinnt er das Vertrauen seiner Kunden!

als interessant empfunden wird; zum zweiten, daß ich mit Meinungsverschiedenheiten nicht fertig werde, die zwischen meinem Gesprächspartner und mir auftauchen. Hier begehen die meisten Verkäufer und Verhandler den zweiten Generalfehler.

Machen wir uns zunächst klar: Wenn zwei Menschen miteinander sprechen, dann ist es nur natürlich, daß beide immer wieder einmal verschiedener Ansicht über etwas sein können, erst recht dann, wenn es für den einen der beiden um sein Geld oder um andere mehr oder minder wichtige Interessen geht! Die Meinungsverschiedenheiten also, die in Verhandlungen oder Verkaufsgesprächen immer wieder auftauchen, *sind etwas ganz Normales.* Mit Meinungsverschiedenheiten fertig werden, sollte demnach das Grund-Handwerkszeug in einem Beruf wie dem des Verkäufers oder Verhandlers sein, die im Grunde einen Menschen-Beeinflussungsberuf ausüben! Trotzdem endet — das ist eine Tatsache — ein beachtlicher Prozentsatz aller Verhandlungen als Mißerfolg nur deshalb, weil der Gesprächsführer nicht die einfache Kunst beherrscht, Meinungsverschiedenheiten zwischen ihm und seinem Partner zu überbrücken.

Wer das nicht kann, läßt aus einer anfänglich oft harmlosen Meinungsverschiedenheit eine unnötige Spannung entstehen, die ihn letztlich als Verkäufer den Auftrag kostet, in zahlreichen Fällen sogar den Kunden. Wo fängt der Mißfolg an? Schon wenn wir die erste Meinungsverschiedenheit feststellen und die erste Spannung erkennen, sollten wir uns über die gefährliche Situation im klaren sein: *Jetzt geht es ums Ganze!*

Schon dieser Augenblick entscheidet über Erfolg oder Mißerfolg, sollte es uns nicht gelingen, die Meinungsverschiedenheit elegant zu bereinigen, bevor sie uns gefährlich werden kann: Wenn wir jetzt nicht auf der Stelle richtig reagieren, wird sich die bereits in der Luft liegende Spannung verschärfen. Die sachliche Meinungsverschiedenheit wird ins Persönliche übergehen, und dann ist es aus mit unserer Erfolgschance. Es kommt also ganz darauf an, daß ich die ersten Anzeichen einer aufkommenden Spannung spüre und unverzüglich entsprechend reagiere.

Merkwürdigerweise begreifen das viele sonst noch so gescheite Menschen nicht. Nach der Untersuchung einer großen amerikanischen Lebensversicherungs-Gesellschaft werden mehr als die Hälfte aller Morde und Totschläge in USA aus manchmal geradezu lächerlich unbedeutenden Anlässen begangen. Der Grund ist meistens dort wie auch bei jeglichen Verhandlungen die mangelnde Beherrschung der Gefühlsantriebe und des Temperamentes und demzufolge das Hochputschen der dann gefährlich werdenden Spannung aus der anfänglichen Meinungsverschiedenheit heraus. Im Gespräch zwischen zwei Menschen ist es ebenso. Durch eine sachliche Meinungsverschiedenheit oder durch ein menschlich-persönlich ungeschicktes oder unschönes Ansprechen des anderen entsteht eine leichte Spannung. Unser Temperament tritt ins Spiel, der kurze entscheidende Augenblick der Selbstkontrolle fehlt, in dem wir uns sagen: »Jetzt ist der kritische Punkt, an dem sich alles weitere entscheidet!« und wir lassen der aufgekommenen Spannung freien Lauf! Es ist in Gesprächen so oft zu beobachten: Kein vernünftiger Mensch wird es in einer solchen Situation aussprechen: *»Ich Verkäufer habe recht, Du Kunde hast unrecht.* Wenn Du das nicht einsiehst, dann bist Du beschränkt oder stur, dann muß ich Dir das deutlich mitteilen!« Aber durch seine ganze Art und Weise zu sprechen, durch die Veränderungen seiner Stimme, seiner Lautstärke und seiner Gesichtszüge gibt im kritischen Augenblick mancher Verkäufer genau das gleiche kund — und wundert sich dann später über seinen Mißerfolg!

Schlußfolgerung: Vermeiden Sie jegliche Spannung mit Ihrem Partner, vermeiden Sie jede unnötige Hervorhebung eines Gegensatzes, jeden ungeschickten Widerspruch, jede Belehrung, die so erscheinen könnte, als käme sie von oben herab! Insbesondere gilt:

Sagen Sie nichts Negatives über Ihren Partner: Achten Sie peinlich darauf, keine Äußerung über ihn oder über seinen Lebensbereich fallen zu lassen, die ihn negativ berühren, die ihn verletzen oder gar kränken könnte. Sollte es versehentlich einmal vorkommen: die Sache auf der Stelle so gut wie möglich bereinigen! Hat Ihr Partner eine Dummheit gemacht oder sich falsch verhalten, dann sagen Sie es ihm nicht direkt, sondern legen Sie ihm dar, was Sie alles richtig gemacht haben. Er sieht dann seinen Fehler selbst ein.

Vermeiden Sie ein krasses »Nein«, besonders zu Beginn des Gespräches! Verpacken Sie es geschickt und schwächen Sie es durch ein positives Argument ab! Wir können von den Engländern lernen, wie man es durch ein »Vielleicht« oder durch das Einfügen einer klug gewählten Bedingung vermeiden kann, seinen Gesprächspartner unnötig gegen sich aufzubringen. Zum Beispiel fragt ein Wiederverkäufer den Vertreter: »Den Artikel kann ich doch sicherlich umtauschen, wenn Sie wiederkommen, und ich habe ihn bis dahin nicht verkauft?« Statt des: »Nein, das geht wirklich nicht« lautet die Antwort: »Ich kann mir denken, daß das für Sie eine ideale Ware wäre. Herr X, stellen Sie sich vor, wie die Planung und die ganze Geschäftsführung des Kaufmanns beschaffen wäre, der so etwas tun würde! Könnten Sie sich in *Ihrem* Geschäftsbetrieb das denken?« — Jeder offene oder zu plump eingewickelte Widerspruch trägt das »Nein« durch die Betonung des Gegensatzes in sich und fordert den anderen unnötig heraus. Musterbeispiel: »Was Sie eben sagten, ist falsch, und das werde ich Ihnen jetzt beweisen!« Kluge Leute widersprechen grundsätzlich nicht direkt, nur in besonders begründeten Ausnahmefällen.

Vermeiden Sie spannungserregende Redensarten, die den anderen nur herausfordern! In der Praxis hört man oft folgende Formulierungen:

— »Sie müssen mir doch zugeben . . .«
— »Das müssen Sie doch schließlich einsehen . . .«
— »Sie können doch nicht sagen, daß . . .«
— »Wie können Sie so etwas überhaupt behaupten?«
— »Sie haben mich nicht richtig verstanden . . .«
— »Wie ich Ihnen schon ausführlich erklärt habe . . .«
— »Sie müssen unsere Vorzüge mitberücksichtigen . . .«
— »Sie müssen schon entschuldigen . . .«
— »Wenn Sie nur ehrlich sind . . .«
— »Jeder vernünftige Mensch weiß doch . . .«
— »Ja, das sagen *Sie!*«
— »Sie irren sich, wenn Sie glauben . . .«
— »Das trifft auf keinen Fall zu.«
— »Da sind Sie auf dem Holzweg . . .«
— »Ich als Fachmann . . .« (besonders bei häufiger Anwendung)
— »Bei meiner Erfahrung . . .« (besonders bei häufiger Anwendung)

Solche Redensarten müssen wir ganz bewußt aus unserem Wortschatz streichen. Erfahrene Menschen vermeiden sogar den Gebrauch von Wörtern wie »unstreitig«, »unzweifelhaft« und dergleichen, und sagen statt dessen »ich nehme an«, »es scheint mir im Augenblick« und dergleichen. So bleibt man mit seiner eigenen Ansicht bescheiden im Hintergrund, bringt niemand persönlich gegen sich auf und erleichtert ein fruchtbares Gespräch.

Lassen sie sich nicht herausfordern, reagieren Sie geschickt auf Spannungserregung durch den anderen: Stellt er Ihnen ein deutliches »Nein« entgegen, dann ist das für Sie als klugen Verhandler der richtige Ausgangspunkt für Ihre Argumentation. Sie brauchen nur mit der Schemafrage »Warum?« einzusetzen, höflich formuliert: »Offen gestanden, verstehe ich Ihre Ablehnung nicht so ohne weiteres. Würden Sie mir das bitte etwas genauer erläutern?« Nun muß der andere seine Ablehnung begründen, und er wird Ihnen dabei wahrscheinlich einige Angriffspunkte bieten, an denen Sie einhaken können. — Solche spannungsgeladenen Äußerungen des Partners haben zumeist folgenden Stil:

— »Das können Sie mir doch nicht erzählen . . .«

— »Na, aber hören Sie mal, das ist doch Unsinn . . .«

— »Das fehlt mir noch, daß Sie mir hier solchen kalten Kaffee vorsetzen . . .«

— »Da hat mir ein Fachmann neulich etwas ganz anderes gesagt als Sie . . .«

— »Ach Quatsch, ich bin ja auch nicht von gestern . . .«

Eine Gewissensfrage: Können Sie es ruhig hinnehmen und einfach »einstecken«, wenn ein Partner oder ein mißgestimmter Kunde mehr oder weniger ausfällig und »persönlich« wird? Merken Sie sich für solche Fälle die Schemafrage »Warum?«, die Ihnen — sofern Ihnen nicht etwas Besseres einfällt — immer aus der momentanen Klemme helfen und Ihnen eine kleine geistige Verschnaufpause gewähren kann!

Betonen Sie die Punkte der Übereinstimmung: Bei Meinungsverschiedenheiten können Sie diese größer oder kleiner erscheinen lassen, als sie wirklich sind. Betonen Sie deshalb zunächst nachdrücklich die Punkte, in denen Sie mit Ihrem Partner übereinstimmen; betonen Sie z. B. das gemeinsame Ziel, wenn die Ansichten lediglich über die Methoden oder Wege auseinander gehen! Je mehr Sie das Gemeinsame betonen, das Trennende aber unter den Tisch fallen lassen, um so sicherer bewahren Sie die positive Atmosphäre und damit Ihre Erfolgsaussichten.

Fassen Sie sich kurz: Durch vieles Reden können Sie nur selten einen anderen Menschen gewinnen, höchstens seine Abneigung. Nicht überreden, sondern überzeugen! Argumentieren Sie klar, sachlich und immer so kurz wie möglich!

1. Die Kunst des diplomatischen Nachgebens

Wer auf der eigenen Meinung beharrt, wer die Ansicht seines Partners bekämpft, wer es also nicht versteht, Meinungsverschiedenheiten zu überbrücken und sie zu Spannungen werden läßt, schafft sich selbst einen Todfeind im Herzen des anderen. Denn er bringt eine starke Triebkraft der menschlichen Natur gegen sich auf: das Bedeutungsbedürfnis, das Verlangen nach Anerkennung und Bejahung. Kann er im Ernst erwarten, daß sein Partner, der sein Gesicht genauso wahren will wie er selbst, jetzt nachgibt und sich gleichsam vor ihn kniet?

Was erreicht er dadurch, d. h. durch die Verneinung des anderen, durch die Verletzung seines natürlichen Bedeutungsbedürfnisses? Er *fordert ihn* heraus, *seine Meinung erst recht zu verteidigen,* sich also in die gleichen Gedankengänge wie bisher zu bohren, so daß er schließlich nur noch überzeugter ist. Mit Worten kämpfen beide scheinbar um die Sache, in Wahrheit wird jedoch nur um die eigene Bedeutung gekämpft, d. h. um die Frage: »Habe ich recht, oder hat der recht? Das wollen wir doch einmal sehen!« Wie soll da ein für beide Teile tragbares Übereinkommen erreicht werden? Sachliche und selbstkritische Menschen, die sich den besseren Argumenten eher beugen, sind sehr selten. Die Gefühlskräfte sind nun einmal viel stärker als Verstand und Logik. Jeder von uns ist oft voreingenommen und hat Vorurteile, denn die Ansichten jedes Menschen sind meist in seinen unterbewußten Gefühlen begründet. Wenn wir jemanden überzeugen wollen, müssen wir *zuerst sein Herz gewinnen*. Wir müssen ihm zeigen, daß wir sein Freund sind, dann folgt er auch unseren Argumenten, wenn sie etwas taugen. Zuerst müssen wir den guten Willen des anderen haben, den wir nie gewinnen können, solange seine Gefühle gegen uns eingestellt sind.

Der Kluge weiß, daß an allem, was gesagt oder getan wird, *immer etwas Richtiges* zu finden ist: Nur das braucht er *anzuerkennen,* und der andere wird sehr schnell wieder auf seiner Seite sein.

Hat es überhaupt einen Sinn, *unseren Partner ändern zu wollen?* Lassen wir ihm doch, soweit es geht und uns nicht schadet, seine Ansichten, seine Gefühle, seine Vorurteile (wir tragen davon nicht weniger mit uns herum!), denken wir aber immer an unser Ziel! Was hat ein Verkäufer davon, wenn er die Auseinandersetzung, die Diskussion gewinnt? Was nützt es ihm? Diskussion gewonnen — Geschäft zerronnen! Der erfahrene Mensch weiß, daß er eine Auseinandersetzung, einen Streit nur dadurch gewinnen kann, daß er es nicht zur Auseinandersetzung oder zum Streit kommen läßt. Wer von dem anderen etwas will (z. B. der Verkäufer, der des Kunden Geld will), wird immer der Verlierende sein: Der Taktiker behält nicht recht, sondern er geht auf den anderen ein und erreicht das, was er will! *Der kluge Verkäufer behält nicht recht — er verkauft!*

Es ist also immer die Kunst des diplomatischen Nachgebens, die im kritischen Augenblick weiterhelfen kann. Worauf kommt es dabei im einzelnen an?

Erste Regel: Ausreden (ausschimpfen) lassen

Als erstes müssen wir den anderen ausreden lassen. Sollte z. B. ein Beschwerdeführer erregt sein, müssen wir ihn schimpfen, ihn sich austoben lassen. Ärger oder Erregung, Sorgen oder Kummer, Bedenken oder Einwände muß er sich erst von der Seele herunterreden können, sei es objektiv berechtigt oder nicht. Hören Sie deshalb, auch wenn es schwerfällt, mit Selbstbeherrschung und Geduld zu! Zuerst muß der andere seine *Erregung abreagieren,* d. h. psychologisch: sich erleichtern, bevor er wieder ruhig denken kann. Unterbrechen wir ihn in dieser Phase nie, er *muß* seinen Ärger und seine Bedenken loswerden, auch wenn er unsinnige Dinge reden sollte.

Ihr Partner muß das Gefühl haben, daß Sie ihn anhören und seinen Gedanken wirklich nachgehen. Lassen Sie ihn seine Argumente vortragen. Er wird sich mit der Zeit erschöpfen, *es geht ihm sozusagen die Luft aus.* Schon deshalb wird er dann mehr aufnahmebereit sein für das, was Sie ihm zu sagen haben. — Leider gibt es für diese Regel, den anderen ausreden und sich ausschimpfen zu lassen, keinerlei Ersatz.

Es ist dabei tröstlich zu wissen, daß sich jeder, auch bei größter Erregung, nach einiger Zeit ausgetobt haben muß, **wenn er nicht zusätzlich gereizt wird.** Schütten Sie deshalb niemals Öl ins Feuer! *Je mehr der andere jetzt tobt,* um so besser ist die psychologische Situation später für Sie. Um so sicherer werden Sie schließlich gewinnen, wenn Sie nur die nötige Beherrschung und einige Geduld aufbringen können. Denn sein Anstandsgefühl wird ihn später selbst veranlassen, schlechtes Benehmen wiedergutzumachen. Er wird dann »weich« sein, so daß Sie ihn hinterher »kneten« können!

Zweite Regel: Verständnis zeigen und geschickt recht geben

Es ist eine Grundforderung des Erfolgs, immer verbindlich und freundlich zu bleiben, wenigstens jedoch sachlich — auch bei scharfen Angriffen. Erweisen Sie deshalb dem anderen vom ersten Augenblick an deutliches Interesse und Verständnis für seine Meinung, für seine Erregung, für seine Bedenken oder Einwände! Betrachten Sie das, was er sagt, vom Standpunkt Ihres Partners aus! Je mehr er spürt, daß Sie *sich in seine Lage hineinzuversetzen* bemüht sind und sie verstehen, um so mehr ist er aufnahmebereit für das, was Sie ihm später zu sagen haben. Sagen Sie ihm, wie wichtig Ihnen seine Ansicht ist, bedanken Sie sich bei jedem Beschwerdeführer für seine positive Kritik und Mitarbeit! Es wird wesentlich zur Schaffung einer versöhnlichen Atmosphäre beitragen.

Am besten zeigt man sein Verständnis dadurch, daß man dem anderen recht gibt. Wir brauchen ihm nicht sachlich recht zu geben, d. h. etwa klein beizugeben. Nein, es genügt zumeist, wenn er unser menschliches, unser persönliches Verständnis spürt. Der andere will eine Bestätigung dafür, daß man seine Argumente verstanden hat. Man erreicht oft schon viel, indem man die Einwände des Kunden mit dessen eigenen Worten einfach wiederholt. Bestimmt ergibt sich dann wenigstens ein Grund für seine Reaktion und für seine Gedanken: *Erkennen wir ihn offen an,* zeigen wir Verständnis für seine Argumente, ist er auch aufnahmebereit für unsere Gedanken.

Oft kann auch eine *kleine sachliche Einschränkung* die Tür für weitere vernünftige Überlegungen öffnen. Ein einfaches Beispiel: Ein Kunde hält Ihnen mit erhobener Stimme entgegen, nachdem Sie ihm soeben einen Preis genannt haben: »Was, soviel Geld? Hören Sie einmal, das ist ja wirklich ein starkes Stück!« Antwort: »Sie haben völlig recht, auf den ersten Blick erscheint dieser Preis wirklich sehr hoch zu sein!« Sie können ihm jetzt durch zweckmäßige Füll-Sätze weitere Zeit zur Beruhigung geben: »Ich muß Ihnen ehrlich sagen, als *ich* diesen Preis das erste Mal hörte, da habe ich mir auch an den Kopf gegriffen! Ich habe alles Verständnis dafür, daß Ihnen dieser Preis vielleicht sogar unverschämt hoch vorkommen mag« oder »Ich erlebe es immer wieder, daß fast jeder,

der diesen Preis das erstemal hört, sich über ihn verwundert«. Was bleibt ihm anderes übrig, als bei soviel Verständnis von Ihrer Seite sich zu beruhigen? Sie brauchen als kluger Verkäufer jetzt nur noch fortzufahren: »Wollen wir uns doch einmal in Ruhe fragen: weshalb kostet diese Ware so viel Geld?« und schon haben Sie bei der Begründung dieser für ihn so wichtigen Frage einen aufmerksam zuhörenden Kunden vor sich!

Dritte Regel: Nicht herumstreiten

Um Himmelswillen keinen Streit! Eine Meinungsverschiedenheit, eine Verstimmung, eine Spannung wird niemals durch Beharren auf dem eigenen Standpunkt oder gar durch Herumstreiten beseitigt. Nochmals sei gesagt: *Es geht dabei doch niemals um die Sache, sondern nur noch um die persönliche Geltung.* Wie könnte man eine solche Auseinandersetzung jemals gewinnen? Was wird durch sinnloses Herumstreiten überall und immer wieder an gutem Willen zerstört, im geschäftlichen wie im privaten Leben! Durch Wortstreit kann man eine Redeschlacht eventuell gewinnen, aber kaum etwas erreichen oder etwas verkaufen.

Die bereits erwähnten spannungserregenden Redensarten führen sehr oft zum Streitgespräch. *Alle Starrheit,* die äußerlich betonte Form des Endgültigen, z. B. des Unbezweifelbaren reizt zu Widerspruch und endet oft in hitzigen unsachlichen Diskussionen. Vermeiden Sie deshalb alles, was in dieser Richtung liegt! Immer beweglich zu sein, ist eine Grundforderung für den Erfolg im Leben. Lassen Sie sich in nebengeordneten Fragen oder da, wo es Ihnen nicht schadet, ruhig von einem Kunden einmal überzeugen, und bekennen Sie sich dann deutlich zu seiner Ansicht! Wer in Kleinigkeiten nachgibt, stärkt das Bedeutungsbedürfnis des anderen und gewinnt einen umso aufgeschlosseneren Gesprächspartner für die entscheidenden Punkte.

Nur durch Takt, nur dadurch, daß man *den Standpunkt des anderen ganz oder teilweise* oder aus einer besonderen Sicht gesehen offen anerkennt, kann man Streit vermeiden und diplomatisch nachgeben. »Sei klüger als die anderen, aber laß es sie nicht merken« sagt der berühmte Engländer Lord Chesterfield. Im folgenden Kapitel werden wir uns noch mit einigen bewährten Formeln des diplomatischen Nachgebens beschäftigen.

Vierte Regel: Fehler offen eingestehen

Ist wirklich ein Fehler gemacht worden, z. B. irgend etwas versprochen und nicht eingehalten worden, eine Leistung in mangelhafter Weise erbracht worden, hat es keinen Sinn, sich durch irgendeine *Ausrede* aus der mißlichen Lage herauswinden zu wollen. Mancher meint, er dürfe nichts auf sich sitzen lassen, er müßte sein Gesicht wahren. Natürlich merkt der andere dies sehr schnell. Und dann ist es aus mit der Glaubwürdigkeit und dem Vertrauen, und zwar ein für allemal.

Es gibt für *anständige und zugleich kluge* Menschen keine andere Lösung, als den begangenen Fehler offen zuzugeben, ihn zu bedauern, die Folgen auf sich zu nehmen und die Angelegenheit wieder in Ordnung zu bringen. Nur so kann man sein Gesicht wirklich wahren. Jeder Vernünftige weiß, daß wir alle nur Menschen sind, und daß jeder Mensch und jede von Menschen betriebene Organisation hin und wieder Fehler macht.

Je schlimmer das Geschehene ist, um so rascher und bestimmter sollte man selbst das aussprechen, was dem Gegenspieler schon auf der Zunge liegt, und zwar gerade in der von ihm zu erwartenden scharfen Formulierung! Dadurch nimmt man ihm den Wind aus den Segeln, man erspart sich und ihm heftige Gefühlsausbrüche. Sein Bedeutungsbedürfnis braucht er dann nicht mehr durch Kritik zu befriedigen, und sein Anständigkeitsgefühl wird geweckt. Sehr oft nimmt er dann die Haltung des Großzügigen ein, der Verständnis und Nachsicht aufbringt, denn das ist im Grunde die einzige Möglichkeit, die ihm sein Bedeutungsbedürfnis noch läßt.

Wilhelm Busch beschreibt die psychologische Wirkung dessen, der sich selbst kritisiert, in seinem bekannten Gedicht über die Selbstkritik:

>Die Selbstkritik hat viel für sich:
Gesetzt den Fall, ich tadle mich,
so hab ich erstens den Gewinn,
daß ich so hübsch bescheiden bin;
zum zweiten denken sich die Leut',
der Mann ist lauter Redlichkeit;
auch schnapp ich drittens diesen Bissen
vorweg den andern Kritiküssen;
und viertens hoff' ich außerdem
auf Widerspruch, der mir genehm.
So kommt es denn zuletzt heraus,
daß ich ein ganz famoses Haus.<

Müssen wir ausnahmsweise einmal *unangenehme Dinge verschweigen,* dann seien wir so vorsichtig wie möglich und flunkern nicht! Lügen kosten uns immer, wenn sie an den Tag kommen, Vertrauen! Stehen wir in jedem Fall zu dem, was wir tun oder was unsere Firma tut, so sieht jeder, daß er es mit anständigen Menschen und einem reellen Unternehmen zu tun hat. Er wird am Ende gar auf Grund des zunächst mißlichen Ereignisses noch mehr Vertrauen zu uns gewinnen. Das ist auch der Grund dafür, warum häufig aus solchen kleinen Mißlichkeiten die besten Geschäftsbeziehungen erwachsen.

2. Einige Grundformeln des diplomatischen Vorgehens

Wer es schwer hat, diplomatisch nachzugeben, besonders dann, wenn er gefühlsmäßig seinem Partner nicht positiv ge-

genübersteht, der sollte sich einige Grundformeln der Versöhnlichkeit und des diplomatischen Vorgehens merken:

»Ich kann mich irren . . .«

Wenn in einer Verhandlung eine Spannung aufzukommen droht, weil etwa der Partner in ziemlich scharfer Form widersprochen hat, müssen wir zunächst Verständnis zeigen: »Herr X, Ihre Meinung ist wirklich sehr interessant!« Diese Einleitungssätze können niemals falsch sein, auch nicht, wenn der Gesprächspartner etwas Unsinniges gesagt hat. Nach einigen kurzen Sätzen, in denen man die Ansichten des Partners anerkennt, kann man fortfahren: »Es kann durchaus sein, daß ich mich irre.« Solche Worte »Ich dachte darüber bisher anders, aber ich kann mich irren« üben einen starken Einfluß aus. Solche Zugeständnisse entziehen jedem Widerspruch den Boden. Sie appellieren an die menschliche Anständigkeit und fordern fast die Erkenntnis des anderen heraus, daß auch er sich irren könne.

»Wenn ich in Ihrer Lage wäre«

oder »Wenn ich Ihre Position hätte . . .«
oder »Wenn ich mich Tag für Tag mit Ihren Problemen herumzuschlagen hätte . . .«

Natürlich heißt der Folgesatz in jedem Fall ». . .dann würde ich selbstverständlich ebenso denken wie Sie, die Dinge genauso beurteilen wie Sie . . .«

Wie versöhnlich und dabei sachlich durchaus richtig ist eine solche Bemerkung, auf die dann der weitere Gedanke folgen kann: Worauf kommt es in dieser Angelegenheit in erster Linie an, oder: von der oder jener Seite aus betrachtet, oder bei Berücksichtigung dieses oder jenes Umstandes?

»Im allgemeinen, Herr Maier, ist Ihre Meinung nach der Erfahrung die einzig richtige. Die Praxis zeigt uns immer wieder, daß gerade Ihre Meinung in den meisten Fällen den Nagel auf den Kopf trifft. (Jetzt vielleicht eine eigene persönliche Erfahrung schildern, um dem anderen zu beweisen, wie sehr man mit ihm im allgemeinen übereinstimmt.) Nun Herr Maier, wie sieht es in dem besonderen Fall aus, von dem wir ursprünglich ausgegangen sind: Scheint da nicht ein kleiner und nicht unwesentlicher Unterschied vorzuliegen? Meinen Sie nicht auch, daß dies oder jenes der Grund für die Besonderheiten in unserem Fall ist?«

Je nach Lage der Dinge kann es taktisch auch klüger sein, den umgekehrten Weg zu gehen: »Ja, in dem besonderen Fall, von dem Sie ausgehen, ist Ihre Meinung die einzig richtige! ... Meinen Sie indessen nicht, daß der Umstand, den Sie hier selbstverständlich berücksichtigen müssen, im allgemeinen doch keine wesentliche Rolle spielt?«

Natürlich gibt es noch zahlreiche andere Formeln für diplomatisches Nachgeben. Wenn Sie sich jedoch auf die eben geschilderten drei Formeln beschränken und sie beständig im Gedächtnis haben, dann werden diese Ihnen elegant aus fast jeder gefährlichen Situation heraushelfen.

Sie werden bemerkt haben, daß bei all diesen Möglichkeiten stets eine bekannte Grundregel der diplomatischen Gesprächsführung angewandt wurde, oder besser *nicht* angewandt wurde: *Ja — aber!* Zuerst müssen wir Verständnis zeigen, d. h. »Ja« sagen; darüber kann es keine Meinungsverschiedenheit geben. Mit diesem »Ja« gewinnen wir die Gefühlskräfte des anderen, bevor wir mit »aber« seinen Verstand ansprechen. Mit der direkten Anwendung des Wörtchens »aber« muß man jedoch vorsichtig sein. *Es betont* in der Praxis oft *unnötig den in der Luft liegenden Gegensatz* und verschärft dadurch die Spannung. Aufmerksame und sensible Menschen brauchen dieses Wort nur zu hören, und schon merken sie, daß etwas nicht ganz stimmt. Man sollte am besten die Formel » Ja — aber« gar nicht anwenden. Man sollte vielmehr das nicht ungefährliche »aber« durch eine Frage, die die besonderen Interessen des Gesprächspartners anspricht, ersetzen. So kommen wir zu einer anderen und noch treffenderen Regel: » Ja — ?«

Noch ein Beispiel für die Anwendung dieser bewährten Grundformel der diplomatischen Gesprächsführung, welches *das Schema der Gedankenführung* veranschaulicht. Zwei Partner verhandeln miteinander: Der eine hat vielleicht mit etwas viel Worten seine Meinung A dargelegt, der andere hat ziemlich scharf widersprochen und seine Meinung B erläutert. Der erste erkennt rechtzeitig die Gefahr der Niederlage und antwortet: »Herr X, Ihre Meinung B ist für mich wirklich sehr interessant. Daß gerade Sie mit Ihrer langjährigen Berufserfahrung die Ansicht B vertreten, gibt mir, offen gestanden, zu denken. Gerade Sie erfahren ja immer wieder in der Praxis, wie die Dinge liegen. Es kann durchaus sein, Herr X, daß ich mich mit meiner Meinung A irre. Wollen wir uns doch einmal in Ruhe fragen: Worum geht es bei dem Problem A oder B eigentlich für Sie? Sind Sie nicht auch der Ansicht, es geht schließlich doch um nichts anderes als um die wirtschaftlichste Möglichkeit für Sie, dieses heikle Problem auf Jahre hinaus befriedigend zu lösen?«

Sie spüren die fast sichere Auswirkung der geschickten Gedankenführung nach der Formel: » Ja —?«. Merken Sie, wie dem Widersprechenden in keiner Weise sachlich recht gegeben wird, und wie er doch Verständnis und Anerkennung findet? Beachten Sie bitte, wie die Frage sein persönliches Interesse anschaulich herausstellt! Kann er eigentlich etwas anderes tun als diesem Gedankengang folgen?

JEGLICHE SPANNUNG VERMEIDEN

Denken Sie im kritischen Augenblick an das Bedeutungsbedürfnis, das jeder Mensch hat! Machen Sie sich diese Triebkraft eines Menschen, sein immer waches Verlangen nach Anerkennung und Bejahung, nicht zu Ihrem Feind, sondern zu Ihrem Freund und Helfer!

Nichts Negatives über den Partner

Kein krasses »Nein«

Keine spannungserregende Redensart

Sich nicht herausfordern lassen

Die Punkte der Übereinstimmung betonen

Sich kurz fassen

Ausführungsregeln:

Ausreden (ausschimpfen) lassen

Zugleich Verständnis zeigen, klug recht geben

Nicht herumstreiten, diplomatisch nachgeben

Fehler offen eingestehen

Verständnis zeigen und diplomatisches Rechtgeben heißt nicht die eigene Meinung aufgeben, sondern nur: menschliches, persönliches (nicht immer sachliches!) Verständnis für die Meinung, für die Bedenken, für den Einwand, für die Erregung des anderen haben und zeigen. Von irgendeiner Seite her ergibt sich bestimmt ein mindestens halbwegs vernünftiger Grund für seine Reaktion und sein Denken: diesen deutlich anerkennen!

FORMELN DES DIPLOMATISCHEN NACHGEBENS

»Ich kann mich irren . . .«

»Wenn ich in Ihrer Lage wäre . . .«

»Im allgemeinen — im besonderen« oder umgekehrt

Vorsicht vor der Grundformel »Ja — *aber*« (unnötige Gegensatzbetonung und damit oft Spannungsverschärfung), sie nur in der klugen Form anwenden: JA — ?

Also nach deutlichem »Ja«, d. h. nach Anerkennung der Meinung des Partners, mittels der Fragetechnik, die auf die besonderen Interessen des anderen abzielt, hinüberleiten zur Entfaltung der eigenen Gedanken, z. B. »Nun, Herr X, worum geht es denn bei dem Problem eigentlich für Sie? . . .«

Noch ein Wort zum *diplomatischen Verhalten:* Zahlreiche Menschen neigen dazu, es mit *Schmeichelei* oder gar mit Charakterlosigkeit gleichzusetzen. Warum eigentlich? Ein einfacher Vergleich: Wenn ein Ehemann seine Frau — oder umgekehrt — so diplomatisch behandelt, daß die beiden nicht bei jeder Meinungsverschiedenheit aufbrausen und sich dabei seelisch aufreiben, sondern eine glückliche Ehe führen: Wer käme auf die Idee, das als »charakterlos« oder überhaupt als irgendwie verurteilenswert zu betrachten? Es handelt sich hier nur um eine *gewisse innere Reife*, die uns erkennen läßt, daß nichts auf dieser Welt nur positiv oder nur negativ ist. Vielmehr ist das Positive und das Negative meistens eng miteinander verbunden, und es ist oft nur eine Frage des persönlichen Standpunktes, ob man zuerst einen positiven oder einen negativen Aspekt betrachtet. Wer diese Erkenntnis gewonnen hat, der entdeckt stets auch an Dingen, die ihm nicht gefallen, etwas, was durchaus anerkannt werden kann. Ein solcher Verkäufer oder Verhandlungspartner erweitert seinen Horizont, er zeichnet sich durch echtes Verständnis und Toleranz aus, und meistert viele Schwierigkeiten leichter. Er weiß auch, daß man immer etwas ab- und zugeben muß, erst recht, wenn man einen bestimmten Zweck verfolgt, und für ihn besteht keine Gefahr, »klug« mit »schwach« oder gar »charakterlos« zu verwechseln.

Fast jede Beschwerde oder Reklamation (meistens auch der Wunsch nach Umtausch) zeigt, daß irgendwo *ein Fehler gemacht* wurde. Entweder wurde dem Kunden eine Ware »angedreht«, oder der Verkäufer sprach im Eifer über eine Eigenschaft, die dann nicht ganz stimmte. Natürlich kann es sich auch um einen Fehler in der Auftragsabwicklung oder einer anderen Stelle der eigenen Organisation handeln. Auch ungerechtfertigte Beschwerden gibt es zuweilen; sie machen jedoch auf Grund sorgfältiger Erhebungen nur einen verschwindend kleinen Teil aller Reklamationen aus.

Allgemeiner Grundsatz: *Keine unangenehmen Auseinandersetzungen* mit dem Beschwerdeführer! Sie bleiben in der Erinnerung wach und haben üble Folgen für die Zukunft.

Die Beschwerde ist der klassische Fall der offenen Spannung. Die bereits dargelegten vier Regeln zur Vermeidung von Spannungen, die mit der Kunst des diplomatischen Nachgebens identisch sind, haben auch für die grundsätzliche Art, den Beschwerdeführer zu behandeln, ihre volle Gültigkeit.

Lassen Sie dem Kunden, auch wenn es schwerfällt, *Zeit, sich abzureagieren!* Es lohnt sich immer. Fassen Sie bei weitschweifigem Herumreden oder gar lautem Schimpfen über das Geschehene den sachlichen Inhalt der Ausführungen des Beschwerdeführers zusammen. Sie erreichen auf diese Weise eher das sachliche Gespräch, z. B. »Sie teilen uns also leider mit, daß Ihnen ein teurerer Anzug berechnet wurde, als Sie tatsächlich erhalten haben.« Selbstverständlich müssen Sie darauf hinweisen, wie wichtig die Beschwerde des anderen für Sie ist. Es schadet auch nie, wenn Sie sich bedanken für die wertvolle Kritik und die positive Mitarbeit des Kunden.

Je mehr sich Ihr Beschwerdeführer gehen läßt und sich schlecht benimmt, desto besser ist die Lage hinterher für Sie als Verkäufer und Gesprächspartner. Behandeln Sie ihn richtig und machen Sie ihm dann, wenn sein Anständigkeitsgefühl Ihr Bundesgenosse wird, ein großzügiges Angebot zur Wiedergutmachung. Er wird sich in vielen Fällen geradezu weigern es anzunehmen! Wurde zum Beispiel mit lauten Worten eine fabrikneue Ersatzware verlangt, so will er selber nun nichts anderes mehr haben als die Beseitigung des kleinen Fehlers, den die Ware beim Kauf hatte. Helfen Sie ihm jetzt, sein Gesicht zu wahren, indem Sie ihm etwas zur Selbstentschuldigung sagen, und er wird Sie stets in guter Erinnerung behalten!

Beschwerdeführer, vor allem erregte, als erstes *von den anderen Kunden wegführen!* »Die Angelegenheit ist uns so wichtig, daß ich Sie zu unserem Chef (zu unserem Geschäftsführer) bringen möchte. Darf ich Sie ins Besprechungszimmer führen und Sie um einige Augenblicke Geduld bitten? Herr X wird sogleich bei Ihnen sein!« Den Kunden in die »Beschwerdekammer« bringen: einen schallisolierten Besprechungsraum mit Doppeltür ausgestattet, mit möglichst bequemen und tiefen Sesseln. Ihn gleich Platz nehmen lassen! Allein das Sitzen im bequemen Sessel wird ihn schon ein wenig beruhigen. Es ist nicht unklug, ihm etwas zum Trinken oder Rauchen anzubieten und ihn wenige Minuten hier sitzen zu lassen.

Bei *telefonischen Beschwerden* weist man darauf hin, daß die fragliche Angelegenheit sofort von dem zuständigen Mann geklärt würde, man würde den Kunden so schnell wie möglich wieder anrufen; er möge sich kurze Zeit gedulden. Auf diese Weise gibt man ihm ebenfalls Zeit zur seelischen Abreaktion, bevor man bei ihm zurückruft.

Erledigen Sie Beschwerden, wenn irgendwie möglich, *mündlich!* Die schriftliche Ausarbeitung kostet zuviel Zeit und Mühe, und oft weiten sich Beschwerden erst durch den folgenden Briefwechsel zu heiklen Angelegenheiten aus!

Nehmen Sie *übertriebene Beschwerden* vor dem Kunden besonders wichtig! Bitten Sie ihn, nachdem er sich im lauten oder langen Gespräch abreagiert hat, die wichtigsten Punkte zu wiederholen, damit Sie die Sache schriftlich festhalten und die Hauptbeschwerdepunkte in seiner Gegenwart aufschreiben können. Der Hinweis »Das will ich mir genau notieren« wirkt oft wie eine unausgesprochene Bitte nach Sachlichkeit und Zurückhaltung. Aufgebauschte Beschwerden können Sie so häufig auf ein normales Maß zurückführen.

Wenn sich die ganze Angelegenheit von vornherein *nicht lohnt*, geben Sie dem Kunden am besten gleich recht, auch wenn er unrecht hat. Auf diese Art wird alles am einfachsten, schnellsten und billigsten erledigt. Lange Gespräche führen in solchen Fällen zu nichts, sie können sogar eine Geschäftsverbindung zerstören.

Halten Sie dem *Kunden* niemals seine *Fehler* vor: Zeigen Sie ihm, daß *Sie* sich richtig verhalten haben. Er merkt dann selber, daß der Fehler bei ihm liegt, und es bleibt kein unangenehmer Geschmack auf seiner Zunge liegen.

In wichtigen Fällen lohnt es sich, daß der Chef oder der Verkaufsleiter den Kunden persönlich aufsucht, wodurch ihm nachdrücklich die Bedeutung gezeigt wird, die man der Sache beimißt. Das Gefühl »*Die* nehmen mich aber ernst« führt rasch zu der Einstellung »*Das* ist eine Firma, mit *der* kann man arbeiten!«

Größte Aufmerksamkeit, wenn *eine Beschwerde in der gleichen Angelegenheit* häufig kommt: Da stimmt irgend etwas im eigenen Haus nicht. Forschen Sie nach der Quelle! Richtig ausgewertet, sind Beschwerden oft die besten Helfer zur Beseitigung von schwachen Stellen in der eigenen Organisation.

Unverschämte Beschwerdeführer mit maßlosen *Forderungen* lassen Sie in aller Ruhe abblitzen! Mit solchen Kunden können Sie nie etwas verlieren, sie sind am besten bei Ihrem schärfsten Konkurrenten aufgehoben.

Denken Sie bei allen Reklamationen daran: Ein verlorener Kunde ist viel schlimmer als ein Geschäft, bei dem ich nichts verdiene oder sogar manchmal drauflege. Er bringt mich wahrscheinlich um weitere Kunden und schädigt meinen guten Ruf. *Großzügigkeit* lohnt sich stets. Lieber ein Geschäft verlieren als einen Kunden! — Auf der anderen Seite vergessen Sie bitte nie: Die mit Geschick erledigte Beschwerde ist der Ausgangspunkt für weitere gute Zusammenarbeit und damit für weitere Geschäfte!

IV.

Einwände des Gesprächspartners

Nur Anfänger haben Angst vor der freien Meinungsäußerung des Partners bzw. Kunden, d. h. vor seinen Einwänden. Erfahrene und gute Verkäufer hören sie gern, denn sie sind eine wertvolle Hilfe. Das anfängliche »Nein« des Interessenten und seine Erklärung dafür sind der Ausgangspunkt für eine erfolgreiche Verhandlung, denn es zeigt, wo falsche Ansichten und Vorstellungen verborgen liegen. Es kommt nur darauf an herauszufinden, was hinter dem »Nein« verborgen ist. Wer sich nämlich soweit bemüht, daß er echte Einwände bringt, gibt damit sein wirkliches Interesse an der Sache zu erkennen.

Das anfängliche »Nein«, besonders wenn es in ostentativer oder auch in übertriebener Form erfolgt, ist oft gar keine Ablehnung, sondern nur der *Ausdruck von inneren Zweifeln* des Kunden. Helfen Sie ihm über diese Unsicherheit hinweg: Geben Sie ihm die Bestätigung, daß er mit der Anschaffung Ihrer Ware das für ihn Beste tut, daß Sie ihm die vorteil-

KEINE UNANGENEHMEN AUSEINANDERSETZUNGEN:

1. Den Beschwerdeführer ausreden oder sich ausschimpfen lassen

2. Ihm sofort Verständnis für seinen Beschwerdegrund: Ärger, Enttäuschung, Erregung, deutlich zeigen

3. Unter keinen Umständen mit ihm streiten, sondern diplomatisch nachgeben

4. Gegebenenfalls im eigenen Haus gemachte Fehler offen eingestehen und in Ordnung bringen

DEN BESCHWERDEFÜHRER

— sofort wegführen von anderen Kunden, in die »Beschwerdekammer«, und höhergestellte Persönlichkeit holen
— zum bequemsten Sitzen veranlassen und etwas anbieten
— ernst nehmen und ihm für wertvolle Kritik und Mitarbeit danken
— immer mündlich zufriedenstellen, keine schriftlichen Auseinandersetzungen!
— bei Übertreibungen durch schriftliche Notizen vor seinen Augen zu Mäßigung und Sachlichkeit zurückführen
— in kleinen Dingen sofort zufriedenstellen
— nicht auf seinen Fehler festnageln, das eigene korrekte Verhalten herausstellen
— in wichtigen Fällen als Chef oder Verkaufsleiter persönlich aufsuchen
— bei unverschämten Forderungen abblitzen und zum Konkurrenten gehen lassen

BESSER EINMAL EIN GESCHÄFT VERLIEREN ALS EINEN KUNDEN!

hafteste Lösung für sein Problem zu bieten haben. Bringen Sie ihn durch Ihre klare, positive Haltung über sein Bedenken hinweg! Lassen Sie ihn dabei sein Gesicht wahren, und er wird sich bei Ihnen wohl aufgehoben fühlen!

Einwände sind gleichsam die *Wegweiser zum Abschluß* oder die Stufen der Leiter zum Erfolg. Der Kunde gibt Ihnen durch seine kritische Äußerung selbst den Hinweis, wo Sie noch einhaken, mit welchen Vorteilen Ihrer Ware Sie noch aufwarten müssen, um ihn vollends zu überzeugen. Stufe für Stufe schreiten Sie diese Leiter hinauf, um oben angelangt, das Geschäft erfolgreich abschließen zu können. Deshalb: Die Einwände aus dem anderen, wie bereits ausführlich besprochen, durch Fragen und Zeigen herauslocken. Je eher wir seine Gedanken und Bedenken erfahren, um so günstiger in der Sache und angenehmer in der Form wird unser Gespräch mit ihm.

Über die Einwände des Kunden freuen wir uns also, denn sie sind *unsere beste Verkaufshilfe*. Wir »entgegnen« ihnen nichts, wir »widerlegen« sie nicht, und wir bringen keine »Gegenargumente«, das macht der Anfänger und Rechthaber. Machen Sie Schluß mit den auch heute noch in vielen Firmen üblichen »Gegen-Argumenten«, mit denen die Argumente der Kunden widerlegt werden! Schon diese Wörter allein können ein Streitgespräch mit allen seinen negativen Folgen hervorrufen. Es gibt nur eine kluge Behandlung oder Erledigung von Einwänden: ihre »*Beantwortung*«. In jedem Einwand unseres Partners steckt eine Frage an uns, die wir einfach beantworten.

An diesem Punkt zeigt sich eigentlich auch die ganze Problematik: Gerade bei der Behandlung von Einwänden kommt es entscheidend auf die Kunst an, *Spannungen zu vermeiden*. Deshalb lassen Sie mich hier noch einmal die bewährten Grundsätze wiederholen:

a) *Lassen Sie den Kunden reden,* und hören Sie ihn aufmerksam an. Auch dann, wenn Sie nach dem ersten halben Satz bereits wissen, was er sagen wird. Er muß seine Befürchtungen von der Seele reden, er muß sich psychologisch erleichtern können. Schon dadurch wird oft die ganze Situation entschärft. Den Kunden also auf keinen Fall unterbrechen!

b) *Erkennen Sie jeden Einwand,* d. h. jede Meinung des Kunden, auch seine falsche, im vollen Umfang *an.* Zeigen Sie ihm, daß Sie ihn verstehen und seinen Einwand ganz verstanden haben, z. B. dadurch, daß Sie ihn mit seinen eigenen Worten wiederholen. Wenn Sie ihm dabei, soweit vertretbar, recht geben, erkennen Sie mit dem Einwand des Kunden ihn selbst an. Übergehen Sie niemals einen ernstgemeinten Einwand! Je schlagfertiger, schneller, präziser im übrigen ein Einwand beantwortet wird, um so größer ist die Gefahr, daß sich der Kunde mißverstanden oder geschlagen fühlt.

c) *Vermeiden Sie jedes Streitgespräch!* Immer ruhig bleiben, freundlich und sachlich antworten, nicht das Opfer des eigenen Temperaments werden! Was haben Sie davon, wenn Sie den Streit gewinnen und den Kunden verlieren? Der gute Verkäufer behält nicht recht, er verkauft!

1. Die Arten von Einwänden

Es gibt eine Fülle von Betrachtungsmöglichkeiten und demgemäß viele Arten von Einwänden. Wir wollen hier bewußt nur zwei Unterscheidungsmerkmale behandeln, denn jahrelange Schulungserfahrungen haben gezeigt, daß dies für die tägliche Verkaufspraxis viel nützlicher ist, als wenn viele, für die Praxis relativ unwichtige Unterscheidungen dargestellt werden.

a) Echte und unechte Einwände (Ausreden)

Die echten, sachlichen, objektiven *Einwände* stellen an den Verkäufer keine hohen Anforderungen. Er braucht nur gute Warenkenntnisse zu besitzen, dann kann er auf sie sachlich eingehen und sie aufklärend im einzelnen beantworten.

Wir müssen in diesem Zusammenhang die sachlichen oder objektiven Einwände unterscheiden von denen aus mangelhafter Information. Die ersten richten sich etwa gegen Größe, Leistung, Farbe usw. der Ware oder des Angebots. Fachliches Verständnis, das der Kunde spüren muß, ist zur klaren Beantwortung notwendig. Zweckmäßige Methoden werden im nächsten Kapitel beschrieben. Bei den Einwänden aus mangelhafter Information liegen zumeist Unklarheiten oder falsche Ansichten vor, die der Kunde dann als Fragen an den Verkäufer heranträgt. Mit ruhigen und überzeugenden Erklärungen gibt man dem Kunden die nötige Aufklärung. — Tauchen derartige Einwände öfter auf, dann ist es nötig, die Art des Gespräches zu überprüfen. Man hat nämlich bisher am Kunden vorbeigeredet und vor allem die Fragetechnik vernachlässigt!

Bei den *unechten Einwänden* liegt die Aufgabe für den Verkäufer ganz anders. Die vorgebrachten kritischen Gedanken sind meistens unsachlich; denn der Kunde meint gar nicht das, was er sagt, er bringt vermeintliche sachliche Einwände vor und will in Wahrheit nur zum Ausdruck bringen: »Ich will nicht kaufen!«. Es handelt sich also um Scheineinwände, die von der verkäuferischen Alltagssprache treffend als Ausflüchte oder *faule Ausreden* bezeichnet werden. Vor allem, wenn mehrere solcher Ausflüchte aufeinander folgen, muß man als Verkäufer spüren, daß der Kunde nichts anderes als nur den Rückzug antreten will. Jetzt sachlich auf das einzugehen, was er zwar sagt, aber gar nicht meint, wäre verfehlt. Die meisten Verkäufer tun das aber. Hier liegt ein in der Praxis häufig anzutreffender und schwerwiegender Fehler, weil die Situation zwangsläufig von Augenblick zu Augenblick unerfreulicher werden muß. Deshalb faule Ausreden nicht ernst nehmen, sie überhören, humorvoll abtun, den Kunden ablenken, ihm ganz einfach recht geben und die Sache als erledigt betrachten! Man kann auch sagen, daß man später darauf zurückkommen werde, um das dann (ausnahmsweise) zu vergessen. Auf keinen Fall aber übersehen, den wahren Grund seines Widerstandes zu erfahren.

In der Praxis stößt man immer wieder auf unsachliche Einwände, die auf gefühlsmäßige Voreingenommenheit zurückzuführen sind. Es handelt sich um subjektive, d. h. um persönlich gefärbte *vorgefaßte Meinungen*, etwa nach dem Stichwort: »Das ist alles schön und gut, aber bei *mir* liegt nun mal ein besonderer Fall vor.« Bei sachlicher Beantwortung hilft uns hier noch am ehesten die Methode »Ja —?« nach dem Muster »... sehr interessant ... nicht ganz verstanden ... Inwiefern?« Doch sollte man bei solchen Äußerungen weniger verstandesmäßig von der Sache her vorgehen, als sich auf die Person des Kunden und seine Probleme konzentrieren. Wenn der Verkäufer dem Kunden seine persönliche Bedeutung klar macht, dann wird er meist leicht mit diesen subjektiven und gefühlsbetonten Einwänden fertig.

Musterbeispiel sind Fehlurteile oder für den Verkäufer ungünstige Kundenurteile in *geschmacklichen Fragen* der Formgebung und dergleichen. Ein praktischer Fall: Der Kunde versteift sich darauf, ein teures modernes Möbelstück sei nicht schön, und er lehne es deshalb ab. Antwort: »Richtig, Herr X, wenn man so will, könnte man das schon sagen. Schon die alten Römer haben gewußt, daß sich über den Geschmack nicht oder — anders gesagt — endlos streiten läßt. Gerade Ihr Urteil ist mir wichtig und interessiert mich sehr, denn Sie haben, wie ich von Anfang an merkte, ein ausgeprägtes Gefühl für ästhetische Fragen. Ich bin sicher, daß ich von Ihrem Urteil profitieren kann. Auch das Herstellerwerk legt immer Wert darauf, abgewogene Urteile über das Aussehen seiner Erzeugnisse zu erhalten. Wollen wir uns das Möbelstück doch einmal anschauen. Darf ich Sie fragen, was Sie von dieser unverwüstlichen Oberfläche halten?« Nach der gehörigen persönlichen Anerkennung des Kunden folgt also die Überleitung des Gespräches auf eine mehr am Rande der Form liegende praktische Frage, bei der sich ein besonderer Vorteil deutlich herausstellen läßt. Der zunächst herausgestellte subjektive Einwand tritt nun rasch in den Hintergrund.

Unechte Einwände sind häufig *Einwände aus bloßem Geltungsbedürfnis.* Sie kommen meist dann, wenn das Bedeutungsbedürfnis des Kunden vernachlässigt wurde. Es geht ihm jetzt nur darum zu zeigen, daß er *auch* eine Meinung hat. Diese Einwände sind oft hervorgerufen durch zu vieles Reden oder durch zu sicheres Auftreten. Sie können auch aus dem unbewußten Bemühen des Kunden kommen, seine vorhandene Unsicherheit vor sich selbst und vor dem Verkäufer zu verschleiern. Am besten: weniger reden, mehr fragen! Im Auftreten zurückhaltender oder bescheidener werden, gerade auf das Geltungsverlangen des anderen eingehen und ihm entgegenkommen! Sind diese Einwände allerdings wirklich albern, dann ist es am einfachsten, sie zu übergehen und sich in keiner Weise darauf einzulassen.

Eine besondere Art dieser Einwände aus Geltungsbedürfnis können wir oft bei den *Oppositionslustigen* beobachten, die widersprechen müssen um des Widerspruchs willen. Solche Menschen versteifen sich nicht selten auf ganz unsinnige unsachliche Einwendungen. Der Grund für ihr Verhalten ist nichts anderes als ein krankhaftes Geltungsbedürfnis, ihre Eitelkeit ist nichts anderes als verkapptes Minderwertigkeitsgefühl. Diese seelisch kranken Menschen sind im Grund bedauernswert: Geben wir ihnen ein wenig von der heißersehnten Bedeutung und Geltung, und sie werden uns rasch als sympathische Menschen empfinden und friedfertig werden! Erkennen wir ihren spritzigen Geist an oder das, was an ihren Ausführungen allenfalls anerkennenswert ist, nehmen wir ihnen auf diese Weise das Wasser von der Mühle, und sie werden ein Stück sachlicher: Dann, aber wirklich erst dann, gerade bei ihnen mit der klugen Fragetechnik weiter arbeiten.

Auch *Einwände aus Bosheit* oder dergleichen gehören in diese Gruppe: Manche haben nun einmal Freude daran, andere in Verlegenheit zu bringen. Sie bringen aus Stimmung und Laune Argumente vor, die in die Form von Einwänden gekleidet werden. Am besten überhört man sie, oder wenn es sich lohnt, bittet man um präzise Angaben, woraufhin das Gespräch in der Regel sofort eine andere Wendung nimmt.

Auch der *letzte Widerstandsversuch vor dem Abschluß* gehört hierher. Im vorgeschrittenen Stadium des Verkaufsgespräches findet man oft vermeintlich sachliche Einwände, die der Kunde in Wirklichkeit nur aus innerer Unsicherheit bringt: Er hat Angst vor der Entscheidung, er möchte Zeit gewinnen und den Kaufentschluß noch einmal hinausschieben. Diese Einwände sind fast immer an der unsicheren Art zu erkennen, in der sie vorgebracht werden, oder daran, daß sie bloße Wiederholungen von längst besprochenen Gesichtspunkten sind. Im Grunde ist dieser Kunde für den Kauf reif. Deshalb empfiehlt es sich, das Abschlußgespräch in kluger und eleganter Form, z. B. durch indirekte Abschlußfragen (Vorabentscheidungen) zu beginnen.

b) Offenkundige und verborgene Einwände

Auch diese Unterscheidung ist von großem praktischem Wert. Die *offenkundigen Einwände* stellen keine Probleme dar: Es handelt sich entweder um echte oder unechte Einwände, wie soeben besprochen, und sie werden demgemäß behandelt. Der Wert dieser Unterscheidung liegt darin, daß sie uns erlaubt, *die gefährlichsten Einwände und Widerstände,* die es überhaupt gibt, besser in den Griff zu bekommen: *die verborgenen,* die unausgesprochenen, die geheimen! Sie als Einwände oder Widerstände zu erkennen, ist im Gespräch besonders wichtig. Der Verkäufer weiß normalerweise nicht, welcher Art und Natur sie überhaupt sind, und darin liegt ihre Auswirkung. Viele sind in dieser Situation hilflos, sie fahren gewissermaßen mit der Stange im Nebel umher in der Hoffnung, schon irgendwo auf den Widerstand zu stoßen und herauszufinden, was da eigentlich los ist. Meist bedeutet das ein müdes Wiederholen von längst gesagten Argumenten und die Schaffung einer recht unerquicklichen Atmosphäre, die das Gespräch immer rascher zum Mißerfolg hinführt. Selbst bei sonst guten Verkäufern ist diese Hilflosigkeit häufig zu beobachten.

Der Kunde bringt hier *notfalls eine ganze Reihe* von »Einwänden«, korrekt gesprochen: *von Scheineinwänden* oder faulen Ausreden, hinter denen er den wahren Grund seines Kaufwiderstandes, d. h. den echten Einwand verbirgt. Von dem General-Scheineinwand »Zu teuer« bis zu ganz unsachlichen Befürchtungen und Behauptungen ist alles zu hören, was sich im Notfall von phantasiebegabten Leuten an den Haaren herbeiziehen läßt, um den wahren Grund des Widerstandes zu verschleiern. Die Ausflüchte sind gleichsam die Maske, hinter der der Kunde sein wahres Gesicht verbirgt. Worauf kommt es nun an?

Wenn ich nicht weiß, welcher verborgene Widerstand gegen mich steht, wenn ich z. B. nicht einmal weiß, ob er sich mehr gegen mich persönlich, gegen meine Ware oder gegen die von mir vertretene Firma richtet, dann muß ich als allererstes *herausfinden,* wo der *wahre Grund der negativen Einstellung* und des Widerstandes eigentlich liegt, und welche spezielle Bedenken meinen Kunden erfüllen. Ich muß die Maske, die er vor seinem Gesicht trägt, wegzunehmen verstehen: Ich darf sie ihm nicht — wie viele so schön sagen — vom Gesicht herunterreißen. Ich muß sie ihm so vorsichtig abnehmen, daß er sich das gefallen läßt! Ich muß herausfinden, was sich hinter ihr verbirgt, ich muß den anderen veranlassen, daß er den geheimen unausgesprochenen Einwand endlich ausspricht; sonst komme ich keinen Schritt weiter.

Das zu erreichen ist nicht ganz einfach. *Eine bewährte Methode* ist, jetzt von sich aus Einwände zu nennen, deren Unrichtigkeit man genau kennt: »Sicherlich gefällt Ihnen die Verpackung dieses Artikels nicht?« Antwort: »Ach nein, die gefällt mir sehr gut, aber ich fürchte eben, daß der Artikel doch nicht hinreichend bewährt ist für meine kritische Kundschaft!« Oder »Ich kann mir denken, daß die äußere Form dieses Maschinchens nicht zusagt, und daß Sie deswegen so zurückhaltend sind!« Antwort: »Auf die äußere Form lege ich bei solchen Dingen nun gar keinen Wert, die ganze Bauweise ist mir nicht robust genug!« Sie spüren, wie der so angesprochene Kunde durch die bewußt falsche Vermutung herausgefordert wird, spontan den wahren Widerstand zu äußern.

Ein *zweiter Weg* ist die bewährte Schemafrage »Warum«, die ungeniert mit einem Appell zur Offenheit gekoppelt werden kann: »Nun, Herr Müller, wie gefällt Ihnen denn der Artikel insgesamt? Seien Sie doch bitte so nett und sagen Sie mir ganz offen: Warum können Sie sich nicht entschließen?«

In besonders schwierigen Fällen empfiehlt sich eine *dritte Methode,* die einen wirkungsvollen psychologischen Kunstgriff in sich trägt. Wir können wie in anderen schwierigen

Situationen das Anstandsgefühl des Kunden ansprechen, etwa mit folgendem Gedankengang: »Herr Ackermann, im Grunde haben wir doch die wesentlichen Dinge besprochen, um die es hier geht, meinen Sie nicht auch?« (Ganz kurze Pause, damit der andere das vor sich selbst bestätigen kann.) »Auf der anderen Seite habe ich das bestimmte Gefühl, daß Sie irgendwelche Bedenken haben, die ich nicht kenne. Sicherlich habe ich mich als Verkäufer nicht klar und deutlich ausgedrückt, die Schuld kann im Grunde doch nur bei mir liegen. Darf ich Sie ganz offen fragen, welcher Art sind denn Ihre Bedenken?« Mit ruhiger Stimme sprechen, aufrechte Körper- und Kopfhaltung, und dem Kunden dabei fest in die Augen sehen: Wir haben ihn jetzt — psychologisch gesprochen — »an der Gurgel«. Er kann der Beantwortung dieser Frage kaum mehr ausweichen. In aller Regel läßt er sich jetzt dazu verleiten, A zu sagen »Oh nein, Herr Y, an Ihnen liegt es nicht, Sie haben sich sehr deutlich ausgedrückt«, und befindet sich dann in der Lage, daß er B (nämlich seinen eigentlichen Kaufwiderstand) kaum noch verschweigen kann.

Wer diese Methode des öfteren anwendet, deckt mit ihrer Hilfe fast immer stark gefühlsbetonte, d. h. *subjektive Vorurteile* auf, über die der Kunde selber nicht gerne redet. Würde er es tun, hätte er sie ja längst geäußert. Zuweilen hat ein unfairer Konkurrenzverkäufer erfolgreich Mißtrauen gesät, besonders dann, wenn unter Zögern und Verlegenheitsgesten berichtet wird, man habe um verschiedene Ecken herum von einer angeblichen Unzufriedenheit über das angebotene Erzeugnis gehört, und da sei man eben mißtrauisch. Jetzt kennt der Verkäufer den Grund der Hemmung des Kunden, und nun hat er die echte Chance, den entscheidenden Schritt weiter voranzukommen. Jetzt weiß er, wo er einhaken muß, und er kann sich mit guten Fragen nach Einzelheiten erkundigen.

Es gibt viele solcher oft *stark gefühlsbetonten Vorurteile,* die Sie mit den geschilderten Techniken *aufdecken* können. Je nachdem müssen Sie dann den Tatbestand sachlich aufklären oder auf die Person des Kunden abstellen und nicht zuviel mit dem Verstand argumentieren. Denken Sie etwa an folgende Vorurteile: »Grau ist die einzig mögliche Farbe für Büromaschinen« oder »Es gibt keine anderen guten Stoffe als nur englische«. Ein sachliches Gespräch über solche Ansichten könnte rasch zu einer unangenehmen Auseinandersetzung ausarten und hat nicht viel Sinn. Lenken Sie den Kunden mit dem Hinweis auf einen anderen wichtigen Punkt ab, oder entkräften Sie sein Vorurteil ganz nebenbei im Verlauf der folgenden Unterhaltung durch ein anschauliches Beispiel aus der Praxis! Auch mit der systematischen Fragetechnik (Zersetzungsmethode) können Sie allgemeine Behauptungen des Kunden durch ihn selbst präzisieren lassen, wodurch er oft am schnellsten seine falsche Meinung korrigiert.

Von solchen bestimmten Vorurteilen muß der unbestimmte *allgemeine Kaufwiderstand* scharf unterschieden werden, besonders im ersten Teil eines Gespräches: Meistens wird der Kunde hier falsch angesprochen, er wird gelangweilt. Auch hier gilt: Weniger reden — mehr fragen! Weniger reden — mehr zeigen! Den Kunden bei seinen Interessen anpacken!

2. Die Methoden der Einwand-Beantwortung

Voraus eine Reihe allgemeingültiger Regeln:
— *Von mehreren Antwortmöglichkeiten* natürlich nur die jeweils wirkungsvollste wählen, und eventuell die eine oder andere noch aushilfsweise heranziehen.
— *Bei längeren und komplizierten Überlegungen* die richtige Beantwortung der Einwände von Stufe zu Stufe der Überlegungen und von Fall zu Fall durch den Partner bestätigen

und anerkennen lassen, damit man sicher ist, ob er mitdenkt (gelegentlich Stufenmethode genannt).

— *Einem zu erwartenden Einwand vorgreifen,* ihn selber als positives Argument vortragen: Man befindet sich dann in einer günstigeren Position, als wenn man ihn später aus der negativen Stellung der Verteidigung heraus entkräften müßte. Man nimmt dem anderen dadurch den Wind aus den Segeln und kann das Problem so anpacken, wie es für einen selbst am günstigsten ist.

— *Einen häßlichen, besonders hart formulierten Einwand* versachlichen: Ihn sofort in gemäßigter Form wiederholen, beschränkt auf seinen sachlichen Gehalt. Vor allem ruhig bleiben. Ein Beispiel: »Was, Sie beziehen dieses Zubehörteil von dieser Bruchbude? *Die* Leute kenne ich schon lange, wie die ihre Klamotten zusammenschustern; damit können Sie mir gestohlen bleiben!« Antwort: »Ach so, Herr Schneller, Sie meinen, weil diese Firma sich aus einem kleinen Handwerksbetrieb entwickelte, deshalb könne sie keine einwandfreie Qualität liefern?« Darüber läßt sich jetzt sprechen!

— *Nach Beantwortung eines Einwandes,* der für den anderen mit dem Gefühl einer Niederlage verbunden sein könnte, keine Pause! Er könnte sich sonst seiner Niederlage erst richtig bewußt werden. Sofort das Thema wechseln, weitersprechen und einen für ihn positiven Punkt behandeln!

— *Zum richtigen Zeitpunkt der Einwand-Beantwortung:*

Sofort: Meist das einfachste und richtigste.

Mit gewisser Verzögerung: Bei allen explosiven, gefühlsbetonten Einwendungen, bei denen sich der andere erst beruhigen muß, um sachlich denken und sprechen zu können.

Später, sei es mündlich oder schriftlich: Um Zeit zu gewinnen, selbst mehr Klarheit zu bekommen, oder um inzwischen eine bessere Atmosphäre zu schaffen. Spätere schriftliche Be-

Nur Anfänger haben Angst vor der freien Meinungsäußerung ihres Partners. Seine Einwände aus ihm herauslocken durch Fragen und Zeigen: Je rascher wir seine Gedanken und Bedenken erfahren, desto zielsicherer und zugleich angenehmer wird unser Gespräch mit ihm.

Einwände »widerlegen« wir nicht, wir »beantworten« sie, denn in jedem Einwand steckt eine Frage an uns. Grundsätzlich:

a) den Anderen ausreden lassen, ihm aufmerksam zuhören, keinen echten Einwand übergehen

b) Jeden echten Einwand anerkennen, Verständnis für ihn zeigen

c) Jedes Streitgespräch vermeiden, diplomatisch argumentieren

Die als Einwand getarnte Ausflucht (»faule Ausrede«) erkennen:
Der andere meint gar nicht, was er sagt.
Deshalb nicht darauf eingehen!

Verborgene, nicht ausgesprochene Einwände:
Den wahren Grund der negativen Einstellung und des Widerstandes herausfinden, ihn am einfachsten unmittelbar und geschickt erfragen!

Bewährte Regeln:

— Von mehreren Antwortmöglichkeiten die jeweils wirkungsvollste bringen

— Bei komplizierten Überlegungen die Richtigkeit der Beantwortung von Stufe zu Stufe anerkennen lassen

— Einen zu erwartenden Einwand selber (als positives Argument) vorwegnehmen

— Einen häßlichen, übertrieben formulierten Einwand versachlichen durch Wiederholung mit eigenen Worten in gemäßigter Form

— Keine Pause nach der Beantwortung eines Einwands, dem anderen jedes Gefühl einer Niederlage ersparen

— Den richtigen Zeitpunkt für die Beantwortung wählen

EINWÄNDE DES KUNDEN SIND DIE STUFENLEITER
ZU UNSEREM ERFOLG,
DIE WEGWEISER ZUM ABSCHLUSS

antwortung wirkt immer besonders gründlich und vertrauenerweckend, und sie läßt einem selbst Zeit zur ruhigen Überlegung.

Überhaupt nicht: Bei unsachlichen, einfältigen Einwänden oder faulen Ausreden. Positive Atmosphäre erhalten! Auch wenn bei der Beantwortung unangenehme oder vertrauliche Dinge erwähnt werden müßten, über die man besser schweigt, ferner bei unwiderlegbaren Kundeneinwänden. Das Vorteilsgespräch führen!

Zuvor, als eigenes Vorwegnehmen eines Einwandes: wenn er bestimmt kommen wird. Die Initiative behalten! Jetzt wirkt das Argument ganz anders, der Partner spürt daraus die Sicherheit und vor allem das Bemühen, die Dinge von seiner eigenen Warte aus zu betrachten.

Nun zu den Methoden der klugen Einwand-Beantwortung im einzelnen: Es gibt mehr als ein Dutzend, das, wenn man es nicht zu gliedern versteht, immer unübersichtlich bleibt und an Wert für die Praxis des Alltags einbüßt. Seit einigen Jahren gliedere ich die einzelnen Verfahren in drei übersichtliche Gruppen auf, und ich habe damit immer wieder die besten Erfahrungen gemacht.

a) *Die verschiedenen Methoden der Plus-Minus-Argumentation*

Über das richtige Abwägen der Vor- und Nachteile, des Plus und Minus gegeneinander haben wir bereits ausführlich gesprochen. Auf dieser Grundlage sind auch die anderen Verfahren dieser Gruppe aufgebaut.

1. Plus-Minus-Methode. Die verschiedenen Eigenschaften oder Seiten des Angebots, von Waren, Marken oder Dienstleistungen bzw. des Vorschlages werden nach ihren Vor- und Nachteilen miteinander verglichen bzw. gegenseitig aufgewogen. Das kann sehr gut auch auf einer Liste in einem einfa-

chen Schema mit einer Plus- und einer Minusspalte geschehen. Wenn beim Vergleich das eigene und ein Konkurrenzerzeugnis herangezogen werden, sollte der kluge Verkäufer
auch die wichtigen Vorteile des Konkurrenzfabrikates anerkennen. Bei richtiger Gedankenführung kann sich der Partner schließlich wegen der Mehrzahl der positiven Gesichtspunkte kaum anders als für den eigenen Vorschlag entscheiden.

2. *Methode des Überspringens:* Der Nachteil wird, wenn
er unbestreitbar ist oder eine Diskussion sich nicht lohnt, einfach zugegeben. Dann springt man sofort zu einem für den
Partner besonders positiven Punkt über. Schon im Zusammenhang mit der Forderung, das Vorteilsgespräch zu führen,
wurde das Wesentliche darüber ausgeführt. (s. S. 207). Hier
ist auch die Formel »Ja — aber« anwendbar: »Jawohl, Herr
X, Sie haben völlig recht, der Motor hat nur 28 PS, aber
bedenken Sie bitte dieses Drehmoment und diese Straßenlage! Kommt es auf die tatsächliche Beschleunigung nicht viel
mehr an als auf die theoretische PS-Zahl?«

3. *Umkehr-Methode:* Der vom Kunde bemängelte Nachteil wird gerade als Vorteil der Ware herausgestellt, das Minus wird zum Plus gemacht. Beispiel: »Dieses sogenannte Er-
frischungsgetränk hat aber einen unangenehmen herben Geschmack!« — »Ja, das ist es ja gerade, Sie haben nachher nichts
Süßliches auf der Zunge liegen, was Sie nur noch durstiger
macht: Da sind Sie wirklich erfrischt!« Oder: »Der Wagen
hat ja nur eine Dreigangschaltung« — »Ja, sehen Sie, welcher Vorteil das ist: Sie müssen viel weniger schalten! Welche
Erleichterung gegenüber dem Vierganggetriebe!« Oder: »Bei
diesen Kondensmilchdosen kleben immer die Löcher zu.« —
»Haben Sie schon einmal daran gedacht, was dies für den
hygienischen Schutz der Milch bedeutet? Gerade weil sie zu-
kleben, verhindern sie das Eindringen von Bakterien!« —

Bei aller Sicherheit immer Vorsicht und Takt an den Tag legen: Der Kunde könnte sich sonst bloßgestellt und in seinem Geltungsbedürfnis verletzt fühlen!

4. *Abschwächungs- oder Bagatellisierungs-Methode:* Der Partner wird darauf hingewiesen, daß sein Einwand eigentlich gar nicht sehr wesentlich sei. Vorsicht: sein Bedeutungsverlangen! Niemals einen unangenehmen Kundeneinwand von oben herab mit einer Wendung abtun wie: »Ach wissen Sie, diese Sache ist ja heute längst überholt!« — Nebengeordnete Einwände in kluger Form bagatellisieren mittels der Frage »Worauf kommt es Ihnen denn hier in erster Linie an?« Dadurch das Denken des Kunden auf wichtigere und für ihn positive Punkte hinlenken!

5. *Tropfenmethode:* Wurde soeben ein Minus abgeschwächt, so wird bei der Tropfenmethode ein Plus ständig wiederholt. Bei der Darstellung des Gesetzes von der Trägheit des Denkens wurde bereits auf die Bedeutung des häufigen Wiederholens einer ganz eindeutigen und dabei unbewiesenen Behauptung hingewiesen. Cato arbeitete im römischen Senat nach dieser Methode, als er jahrelang bei jeder Gelegenheit immer wieder und so lange den berühmten Satz aussprach: »Im übrigen bin ich der Meinung, daß Carthago zerstört werden muß«, bis er die anderen Senatoren für seine geplanten kriegerischen Unternehmen gewonnen hatte. In der Politik und in der Werbung spielt diese Methode oft eine entscheidende und manchmal sogar heimtückische Rolle.

Im Verkaufsgespräch ist die Tropfenmethode besonders erfolgreich im Sinne der langsamen, aber sicheren Auflösung subjektiver Vorurteile. Ein Musterbeispiel sind Geschmacksfragen: »Ihr Wagen ist sicher sehr gut, aber ich halte ihn nun einmal für häßlich, und ich mag nicht in einem häßlichen Automobil sitzen!« Antwort: »Richtig, Herr X, ich kann mir denken, wie sehr Sie diese Frage beschäftigt. Sie führen die von Ihnen als nicht schön empfundene Form doch sicher auf unser heruntergezogenes Heck zurück, nicht wahr? Sehen Sie: Gerade weil wir diese Form haben, bieten wir Ihnen Sicherheit gegen gefährliche Seitenwindstöße bei hohen Geschwindigkeiten, wie Sie sie bei keinem anderen Wagen dieser Klasse antreffen können (Umkehrungsmethode)«. Damit wird der Widerstand schon »aufgeweicht«. Jetzt folgen am gleichen Tag, beim nächsten Besuch, bei einer Probefahrt immer wieder — wie unbeabsichtigt und am Rande gesprochen — kurze Hinweise (die kaum Widerspruch herausfordern können) auf die Eleganz gerade dieses Wagentyps, z. B. »diese elegante Stromlinienform, die zeitlose Schönheit, die ganz eigene Linie, kein Jedermann-Wagen, die Form für den soliden und konservativen Geschmack, diese bestechende Linienführung usw.« Diese Bemerkungen tun in der Häufung mehrerer Gespräche, einander in gebührendem Abstand folgend, ihre Wirkung. Auf diese Weise gelingt es nicht selten, nach einigen Wochen das subjektive Vorurteil des Kunden auszuräumen (außer es wäre extrem verankert) und ihn zu gewinnen. Zudem wird er die Schönheit des Wagens gegenüber jedem zu verteidigen wissen, der sie zu bezweifeln wagt! — Voraussetzung für die Anwendung der Tropfenmethode ist natürlich, daß man immer wieder Gelegenheit zu solchen Äußerungen hat, also laufende Kundenbesuche oder die Aufspaltung des Gespräches in verschiedene, zeitlich voneinander getrennte Abschnitte.

b) Die verschiedenen Methoden der Fragetechnik

Nach allem bisher Besprochenen stellt die auf Seite 230 entwickelte Grundformel: »Ja — ?« eines der wichtigsten Hilfsmittel für die Beantwortung von Einwänden dar. Deshalb ist diese Regel »Ja — ?« zugleich die prägnanteste Formel für fast alle Anwendungsformen der Fragetechnik bei der Beantwortung von Einwänden.

1. Zersetzungs-Methode: Sie wird auch die sokratische Fragemethode genannt und ist besonders wirksam, um die falsche Meinung des Partners »aufzuweichen« und zu »zersetzen« (vgl. S. 110): Durch gezielte Fragen kann man seine Einwände aufgliedern, zergliedern und Punkt für Punkt zersetzen. Allgemein gehaltene Einwände lassen sich mit den einfachen Fragen: Warum? Wer? Was? Wo? Wie? Wann? präzisieren. Der andere wird zum Nachdenken über das gezwungen, was er sagt; vor allem, wenn er eine Meinung mehr oder minder gedankenlos vertritt (z. B. weil ihm die Konkurrenz diese geschickt eingeimpft hat)!

Besonders bei unsachlichen, bei nicht hieb- und stichfesten Einwänden ist diese Fragetechnik besonders gut geeignet, das Verteidigungsgespräch zu vermeiden und das heiße Eisen der Begründung dem anderen zuzuspielen. Die Schemafrage »Warum?« ist hier eine wirkungsvolle Waffe, sie braucht — wie auf Seite 110 geschildert — nur in höflicher Form vorgebracht zu werden. Beispiel: »Ihr Reinigungsmittel ist mir zu scharf!« Das Begründen liegt jetzt beim anderen, und ich behalte die Initiative! Wechselt der Kunde nach vergeblichen Begründungsbemühungen das Thema, werde ich klugerweise sofort mitgehen, mich bemühen, ihm die Niederlage zu ersparen, und nicht etwa sagen: »Nun, jetzt sehen Sie ja selbst ein, daß . . .«

2. Methode, aus dem Einwand eine Frage zu machen:
Eng verwandt und eigentlich nur eine spezielle Anwendungsart der Formel »Ja —?« ist die in der Praxis hervorragende Technik, das Gegeneinander der Einwanddiskussion in das Miteinander der gemeinsamen Beantwortung einer aufgeworfenen Frage zu verwandeln, in dessen Mittelpunkt das eigene Interesse des Kunden steht. Das hinderliche »Nein« des Partners verschwindet, und der Gesprächsführer ist nicht mehr in

der unangenehmen Lage, seinem Kunden beweisen zu müssen, daß er unrecht hat. Die Anwendung dieser Methode ist sehr einfach, sie verlangt immer drei Schritte:

1. Anerkennung dessen, was der Kunde sagt.
2. Umbiegen seines abwehrenden Arguments in eine für ihn selbst sehr bedeutungsvolle Frage, mit der man seine Interessen und seine weitere Gesprächsbereitschaft gewinnt.
3. Kontrollfrage zum Abschluß, die ihn endgültig veranlaßt, auf den neuen Gedanken einzugehen.

Die folgenden *Beispiele* zeigen deutlich dieses wiederkehrende Schema:

— Händler zum Reisenden: »*Mein Sortiment* ist jetzt schon *viel zu groß*, danke nein!« Antwort: »Da haben Sie eine interessante Frage aufgeworfen, Herr X, nämlich die, ob es für Sie lohnt, neben den anderen Sorten, die Sie schon führen, noch eine weitere in Ihr Sortiment aufzunehmen. Stimmt das?« oder: ». . .nämlich die, wie Sie Ihr Sortiment so zusammensetzen, daß am meisten für Sie hängenbleibt; ist das nicht das Problem für Sie?«

— Händler: »Herr X. schauen Sie sich um in meinem kleinen Laden, ich habe hier doch *keinen Platz mehr* für ein solch sperriges Erzeugnis!« Antwort: »Das Problem, das Sie hier haben, ist in der Tat sehr wichtig für Sie. Gerade bei Ihren begrenzten Raumverhältnissen leuchtet mir das ein. Es geht doch um die Frage, ob Ihnen der Platz, den Sie für die Aufstellung dieses Artikels gebrauchen, auch den entsprechenden Umsatz und Gewinn bringt, meinen Sie nicht auch, Herr X?« — Bei den beiden im Kern sehr verwandten Einwänden steht jetzt die Frage im Raum: Welche Sorten lohnen sich am meisten, welche Ware bringt bei dem erforderlichen Platzaufwand am meisten ein? Eine lohnt sich immer weniger als die andere. Wenn mein Artikel eine größere Chance als ein bereits vorhandener verspricht, braucht der Kunde nur diesen auslaufen zu lassen und meinen dafür einzukaufen. Er hat keine Sortimentserweiterung, er braucht nicht mehr Platz als jetzt und erzielt doch mehr Verdienst!

— *»Schon wieder etwas Neues*, lassen Sie mich doch erst das alte Zeug verkaufen!« Antwort: »Das kann ich wirklich sehr gut verstehen, daß Ihnen heute die vielen neuen Artikel langsam zum Halse heraushängen. Es geht für Sie doch um die Frage, ob Ihnen ein neuer Artikel gefällt und Gewinn bringt: Sind Sie nicht auch dieser Ansicht?«

— *»Dafür habe ich doch kein Geld!«* Antwort: »Ich kann mir vorstellen, daß Ihnen das Problem sehr am Herzen liegt, das Sie hier anschneiden. Es geht doch darum, wie Sie Ihr Geld so einsetzen, daß es Ihnen am meisten Nutzen abwirft, nicht wahr?« Oder: ». . . wie Sie das Geld, das Sie noch frei verfügbar haben, auf lange Sicht am besten anlegen, ist es nicht so?«

— Handelsvertreter: »Der *Kofferraum* Ihres Wagens ist mir *zu klein*, ich brauche das Fahrzeug in erster Linie ja beruflich!« Antwort: »Sie berühren hier tatsächlich eine wichtige Frage. Es geht doch darum, ob der Kofferraum in Anbetracht aller Forderungen, die an ein hochmodernes Automobil dieser Klasse gestellt werden müssen, für Ihre praktischen Bedürfnisse ausreicht, meinen Sie nicht auch?« Oder: »Da haben Sie völlig recht, wenn Sie sich Ihren neuen Wagen so aussuchen wollen, daß er auch sämtlichen Anforderungen Ihres Berufs gerecht wird. Die Frage ist doch wohl die, ob das auch bei diesem Fahrzeug ausreichend der Fall ist, liege ich da richtig nach Ihrer Meinung?«

Merken Sie den *Kunstgriff*, der darin liegt, jetzt »alle Forderungen, die da gestellt werden müssen«, dem speziellen Einwand »Kofferraum zu klein« gegenüberzustellen? Jetzt wird zunächst über folgenden Punkt gesprochen: *Welche Forderun-*

gen sind die wichtigsten? Auf diese Weise erhält die Forderung »Kofferraum« die ihr zukommende Bedeutung, und andere wesentliche Forderungen, z. B. Sicherheit, Straßenlage, Wirtschaftlichkeit usw., treten in den Vordergrund. Diese Technik, die das für ein Erzeugnis Wichtigste herausstellt, ist die kluge Form der Bagatellisierungsmethode.

— Im nächsten Kapitel finden Sie eine Reihe von weiteren Beispielen für die praktische Anwendung dieser Methode.

3. Methode der nicht beantworteten Frage: Man sollte sie dann anwenden, wenn sich der Partner den besseren Argumenten hartnäckig verschließt. Bringen Sie ihn durch eine konkrete Frage zum Denken, und verzichten Sie im Zweifelsfall auf die Beantwortung! Die nicht beantwortete Frage wirkt im Kunden nach und tut im stillen, wenn Sie ihn längst verlassen haben, ihre Wirkung. Es ist oft klug, eine solche Frage am Schluß des Gesprächs, kurz vor der Verabschiedung oder unmittelbar danach, zu wiederholen: »Herr Schmalz, vergessen Sie nicht: Jetzt sparen Sie bei der Anschaffung dieser Anlage *ein*mal tausend Mark, doch in fünf oder zehn Jahren haben Sie dafür ein erhöhtes Risiko. Meinen Sie wirklich, Herr Schmalz, daß sich das lohnt?«

4. Vergleichsmethode: Handfeste Vergleiche, besonders in der Frageform gebracht, sind sehr wirkungsvoll. Bitte lesen Sie auf Seite 190/191 nach, dort finden Sie viele praktische Anwendungsbeispiele aufgeführt.

5. Berechnungsmethode: Sie ist angezeigt, wenn sich — im weitesten Sinn gesprochen — irgend etwas ausrechnen läßt, und wirkt dann besonders überzeugend. Ein anschauliches Beispiel wurde bereits auf Seite 203 gebracht, wo der geschickte Verkäufer das Denken seines zweifelnden Kunden zielbewußt führt. Einwand: »Dieser Waschautomat kann doch nicht lange halten!« oder: »Heute wird ja alles so gebaut, daß es nicht allzu lange hält; das wird bei diesem komplizierten Ding nicht anders sein!« Bitte, seien Sie so freundlich und lesen Sie an der angegebenen Stelle nach, wie elegant sich dieser Einwand beantworten läßt!

c) Die verschiedenen Methoden der äußeren Hilfen:

In dieser Gruppe läßt sich eine Reihe weiterer bewährter Techniken der klugen Einwand-Beantwortung zusammenfassen, bei denen man sich im direkten oder im indirekten Sinne eine äußere Hilfe zunutzemacht:

1. Zeugen- oder Referenzmethode: Bringen Sie einen von Ihrer Ware überzeugten und von ihr vielleicht sogar begeisterten Kunden mit dem Interessenten in Verbindung! Dieser Zeuge, dieser »neutrale Dritte«, wirkt oft Wunder. Er — und nicht Sie! — beantwortet jetzt die Einwände und klärt die Zweifel des Kunden.

Es lohnt sich, eine Liste von überzeugten und gewandten Kunden bei sich zu haben, von denen man sicher ist, daß sie gern und positiv ihre eigenen Erfahrungen schildern. Allein das Vorlegen einer solchen Liste wirkt nachhaltig: »Herr Parker, ich lege Ihnen meine Karten ganz offen auf den Tisch: Hier haben Sie eine Liste von Leuten, die Ihnen jederzeit gerne über ihre eigenen Erfahrungen Auskunft geben. Bitte, rufen Sie doch sofort eine der hier stehenden Telefonnummern an und lassen Sie sich von dritter Seite unterrichten!« Der Kunde wird auf diese Weise zum kritisch-interessierten Zuschauer und bildet sich jetzt viel leichter ein für Sie positives Urteil.

2. Beispielmethode: Berichten Sie anschaulich über Beispiele vergleichbarer Fälle! Das Bild eines verlockenden oder eines abschreckenden Beispiels wirkt bei Ihrem Gesprächspartner im Sinne Ihrer Absichten. Ein guter Fall dieser Beispielsmethode wurde auf Seite 189 geschildert, der Stil ihrer Anwendung ist auch bei der Beantwortung von Einwänden derselbe.

A. DIE VERSCHIEDENEN METHODEN DER PLUS-MINUS-ARGUMENTATION

1. Plus-Minus-Methode: Plus und Minus von Eigenschaften oder Erzeugnissen abwägend nebeneinanderstellen
2. Methode des Überspringens: Den Einwand anerkennen und dann sofort zum Vorteilgespräch hinüberspringen
3. Umkehrungsmethode: Den behaupteten Nachteil gerade von der Seite seines Vorteils für den Kunden sehen
4. Abschwächungs- oder Bagatellisierungsmethode: Vorsicht — das Bedeutungsbedürfnis des Partners nicht verletzen!
5. Tropfenmethode: Beständige Wiederholung des eigenen Standpunkts durch eindeutige, unbewiesene Behauptung, besonders gegenüber gefühlsbetonten Einwänden

B. DIE VERSCHIEDENEN METHODEN DER FRAGETECHNIK

1. Zersetzungs- oder Sokratische Methode: Durch kluges Fragen Einwände »aufweichen« und »zersetzen« — Schemafrage: »Warum?«
2. Aus dem Einwand eine Frage machen: Das Gegeneinander der Diskussion verwandeln in das Miteinander der gemeinsamen Fragebeantwortung
3. Methode der unbeantworteten Frage: Sie wirkt im Partner nach
4. Vergleichsmethode: Gute handfeste Vergleiche in Frageform ziehen den anderen rasch in ihren Bann
5. Berechnungsmethode: Den Kunden selbst durch kluges Fragen ausrechnen lassen, welche Vorteile ihn trotz seiner Bedenken erwarten

C. DIE VERSCHIEDENEN METHODEN DER ÄUSSEREN HILFEN

1. Zeugen- oder Referenz-Methode: Neutrale Dritte zu Bundesgenossen machen

2. Beispielmethode: Lockende, lohnende oder abschreckende Beispiele für sich arbeiten lassen
3. Kontaktmethode: Den Kunden in enge Beziehung zur Ware bringen, deren Reiz für sich einspannen
4. Methode des praktischen Versuchs: Den Kunden den Gebrauchs- und Erlebniswert des Angebots erleben lassen

---

3. Kontaktmethode: Lassen Sie Ihren Kunden Beziehung zu Ihrem Erzeugnis aufnehmen. Er wird dann seine inneren Widerstände leichter überwinden! In diesem Fall arbeiten die Momente für Sie, die bei der Behandlung der Zeigetechnik bereits ausführlich besprochen wurden. Hier kann man von dem Blumenverkäufer etwas lernen, der dem Interessenten so rasch, daß dieser kaum protestieren kann, seine Blumen in die Hand drückt mit der Bemerkung: »Hier sehen Sie selbst, sind diese Blumen nicht wunderschön?« Oder vom Neuheitenverkäufer, der das gleiche mit seinem neuen Artikel tut: »Ist das nicht eine ganz praktische Sache und so einfach, nicht wahr?« Danach sprechen die beiden oft über etwas ganz anderes, über das Wetter oder einen Autounfall, und geben dem Interessenten so Gelegenheit und Zeit, echten Kontakt mit dem Gegenstand zu bekommen.

Überlassen Sie ein wertvolles Großobjekt Ihrem Kunden für ein bis zwei Wochen zum Ausprobieren, wobei Sie ihm das Recht zur begründungslosen Rückgabe zusichern. Stellen Sie aber durch eine Nachfrage fest, daß er Ihre Ware wirklich benutzt. Nach kurzer Zeit wird er sich oft so an sie gewöhnt haben, daß er nicht mehr ohne sie auskommen kann!

4. Methode des praktischen Versuchs: Statt einer langen Diskussion kann der an Ort und Stelle durchgeführte oder der für später vereinbarte praktische Versuch des Kunden schnell davon überzeugen, daß Bedenken nicht gerechtfertigt sind. Einwand: »Die Handhabung dieses Gerätes ist wirklich kompliziert!« Antwort: »Ja, ich verstehe Sie vollkommen, es geht um die Frage, ob Ihre Arbeiter schnell genug lernen, dieses Gerät richtig zu bedienen. Wollen Sie es nicht sofort mit zwei Leuten, die Sie nicht gerade für die besten halten, praktisch ausprobieren?«

3. Wichtige Einwände (Kaufwiderstände) aus der Praxis und ihre Behandlung

In der Praxis, vor allem des im Außendienst tätigen Verkäufers, tauchen bestimmte Einwände immer wieder auf. Die wichtigsten werden nun besprochen mit Ausnahme derer, die mit dem Preis (z. B. »Zu teuer«) oder mit Rabatt zu tun haben. Auf sie wird später im Zusammenhang mit der Preisargumentierung eingegangen.

a) »Sortiment zu groß«
(Sortimentsprobleme und Beschränkung)
— »Da haben Sie eine interessante Frage aufgeworfen, Herr Händler, nämlich die, welche Zusammensetzung Ihres Sortiments Ihnen den besten Gewinn abwirft, nicht wahr?« oder »Das kann ich sehr gut verstehen, daß Ihnen das Sortimentsproblem heute ein großes Anliegen ist. Es läuft am Ende doch darauf hinaus, ob es sich für Sie lohnt, diesen Artikel in Ihr Sortiment aufzunehmen. Ist das nicht die entscheidende Frage für Sie?« Jetzt wird über die Frage des Nutzens gesprochen, wozu meist gute Argumente zur Verfügung stehen.
— Lohnt es sich für das Fachgeschäft, ein umfassendes Sortiment zu führen? Lebensgrundlage!
— Bestimmt nicht das Sortiment von heute den Geschäftsgang und den Erfolg von morgen?

- Beschränkung des Sortiments in einem Artikel führt nicht selten zu zusätzlichen Einbußen an anderer Stelle wegen mangelhaften Angebots: Gefahr von Kundenverlusten!
- Vergleich mit anderen Warengruppen, wo der Händler auch reichliches Sortiment bietet, aus seinem Angebot herausgegriffen. »Wenn Ihre Kundschaft dort eine reichliche Auswahl schätzt und das Sortiment für Sie Gewinn abwirft, meinen Sie nicht, daß das in unserem Fall ganz ähnlich ist?«
- Beispielmethode: Ein praktisches Beispiel lebendig schildern, wo sich ein vergleichbarer Geschäftsmann selbst erheblich geschadet hat durch Sortimentsbeschränkung an der falschen Stelle. So lassen sich unangenehme Erfahrungen immer gut vermitteln! Oder umgekehrt ein besonderes Erfolgsbeispiel plastisch schildern!
- Optische Darstellung der Umsatzsteigerung des oder der kritischen Artikel durch sofortiges Zeigen einer psychologisch eindrucksvollen Umsatzkurve mit der Frage: »Nun Herr X, was sagen Sie denn dazu?«
- Der schnell wechselnde Geschmack des immer anspruchsvoller werdenden Verbrauchers will befriedigt sein: »Mal was anderes!«
- Manchmal: Hervorkehren der Spezialität, die man bietet.
- Vorschlag: Die Sortierung des gleichen Artikels verringern und dadurch das Sortiment zu bereinigen, z. B. künftig nicht mehr vier Gewichtseinheiten Zucker anbieten, sondern nur noch zwei. Hier liegen oft noch beachtliche Reserven!
- Bei vielseitig verwendbaren Artikeln gibt es oft die Möglichkeit zur Sortimentsbereinigung.
- Wenn man mit sonstigen Artikeln gut eingeführt ist: »Bei welchen Lieferanten sind Sie am besten aufgehoben?« Die in den Jahren gewonnene Vertrauensbasis ausspielen.
- Reichlich Waren- oder Kostproben zur Verfügung stellen.

— Ohne langes Herumreden z. B. die Ware in einem Verkaufsständer überprüfen und ihn zum vollen Sortiment ergänzen. Dadurch das Denken des Kunden von Anfang an im günstigen Sinne ablenken.

b) »Kein Platz«:

— »Das kann ich Ihnen nachfühlen. Herr X, daß Sie heute große Platzsorgen haben (gerade bei Ihren besonders beengten Verhältnissen). Es geht für Sie doch um die Frage, ob der Platz, den Sie für die Ausstellung dieses Artikels benötigen, für Sie den entsprechenden Nutzen abwirft, ist es nicht so?« oder: »Das leuchtet mir ein, daß Ihnen die Platzfrage heutzutage ganz besonders am Herzen liegt ... Es geht für Sie doch darum, wie Sie den zur Verfügung stehenden Platz am gewinnbringendsten ausnützen. Ist das nicht Ihr Problem, Herr X?«

— Bei räumlich kleinen oder in platzsparenden Ständern und dergleichen geschickt untergebrachten Artikeln: Braucht nicht gerade dieser Artikel so wenig Platz? Und das besonders in Anbetracht des Umsatzes und des Gewinns, der in diesem kleinen attraktiven Ständer für Sie steckt?«

— Im späteren Verlauf mit Entweder-Oder-Placierungsvorschlägen arbeiten, z. B. »Glauben Sie, daß sich dieser Ständer an der Stelle hier auf Ihrem Verkaufstisch besser macht oder im mittleren Fach dieses Regals: Wo glauben Sie, daß er von Ihren Kundinnen besser gesehen wird?«

c) »Habe noch viel auf Lager« (Übersättigung)

Unmittelbare Verkaufsabsichten zunächst aufgeben, zum Beispiel antworten: »...Nun, ich bin ja gerade zu Ihnen gekommen, um Ihnen verkaufen zu helfen, damit Sie von Ihrem Lager herunterkommen!« Das entwaffnet und eröffnet zugleich die Möglichkeit eines offenen Gespräches über den echten Bedarf, in dem sich vieles klärt und vielleicht doch noch ein Auftrag zustande kommt.

— Die vielfältigen Möglichkeiten aller Verkaufshilfen aufzeigen!

— Eine besonders gut aufgemachte Ware als Zugpferd herausstellen.

— Überweisungs- oder Terminauftrag anstreben.

d) »Wird nicht gefragt, brauche ich nicht« (Mangelnder Bedarf)

— »Das kann ich gut verstehen, Herr Z, daß Sie in diesem Fall zurückhaltend sind. Es geht doch um die Frage, ob Sie diesen Artikel nicht gern verkaufen würden, wenn er bei Ihnen nur gefragt würde, nicht wahr?« Jetzt die Frage untersuchen: Warum geht er bei ihm nicht? Dabei Hinweis, daß die Sache in anderen vergleichbaren Verhältnissen ganz anders aussieht.

— Nach Anerkennung des Einwandes: »Wenn Sie mit Hilfe dieses Erzeugnisses ein besseres Geschäft machen würden...« oder: »Wenn Ihnen dieser Artikel nur einen greifbaren Nutzen bringt, würden Sie dann einen praktischen Versuch machen? Ihr ... Programm ist für Sie doch so wichtig, was würden Sie davon halten ...«

— Nach Anerkennung des Einwands: »Und wie steht es mit Ihren Werbemitteln? Sind Sie an der Werbung für diesen Artikel interessiert?« Antwort zumeist: »Ja«, jetzt Gespräch über Werbung eröffnen, dann an passender Stelle nach Lagerbestand und dergleichen fragen.

— »Das verstehe ich durchaus, daß Sie an einer Sache nicht interessiert sind, von der Sie sich nichts versprechen. Die Frage ist ja für Sie, ob Sie die besonderen Vorteile und Möglichkeiten, die Ihnen geboten werden, in Ihrem Unternehmen auch verwerten können?« Jetzt sofort Erörterung der besonderen Vorteile!

— Herausstellen der besonders leichten Verkäuflichkeit, z. B. durch eine hervorragende und in die Augen springende Verpackung, Fernsehwerbung und dergleichen. »Fällt eine solche Verpackung, wenn sie hier an dieser Stelle liegt, Ihren Kunden nicht in die Augen?« Das Placierungsproblem besprechen, alle Verkaufshilfen durchgehen, Nachfrage schaffen!

— Bei Abwehr eines im Sortimentsrahmen angebotenen speziellen Artikels sich nach dem Geschäftsgang der betreffenden Erzeugnisgruppe erkundigen: Wieviele Sorten, von wievielen Herstellern? »Welche von diesen Firmen unterstützen Sie besonders bei Ihren Verkaufsbemühungen?« Dadurch oft Gewinnung der Gesprächsbereitschaft.

— Beispielmethode: Aus der Praxis ein Beispiel bringen, wo ein vergleichbares Geschäft z. B. durch zweiwöchentlichen systematischen Wechsel spezieller ausgestellter Artikel besonders hohen Umsatz erzielte. Hinweis auf Abwechslungsbedürfnis.

— Kunde sagt »Vielleicht in vier Wochen«: »Warum wollen Sie vier Wochen lang auf ein mögliches gutes Geschäft verzichten? Was machen Sie, wenn Kunden hereinkommen, danach fragen und auf diesen Artikel bestehen? Macht es einen guten Eindruck auf Ihre Kunden, wenn Sie ein zweitesmal zu Ihnen kommen müssen, wenn Sie die Ware erst vom Großhandel beschaffen müssen?«

e) »Keine Zeit, interessiert mich nicht«

— »Wenn ich Ihnen eine Möglichkeit aufzeigen kann, bessere Geschäfte zu machen, haben Sie da nicht drei Minuten Zeit?«

— »Sie haben doch sicher eine Minute Zeit, wenn ich Ihnen eine schöne Gewinnmöglichkeit aufzeige?«

— »Sind Sie nicht an einem gewinnbringenden, umsatzsicheren Artikel« oder »an der Senkung Ihrer Unkosten interessiert...?«

— »Herr X, wollen Sie ein wirklich gutes Angebot ungeprüft abweisen, oder möchten Sie sich das nicht wenigstens kurz ansehen?« Meist folgt die Bejahung solcher Fragen (Sicherheit, Persönlichkeitswirkung!) oder ein kurzes Zögern; dann sofort mit einem präzisen Vorschlag kommen, der für diesen Kunden offensichtlich interessant sein muß.

— »Das überrascht mich gar nicht, wie könnten Sie auch? Schauen Sie sich bitte für einen kurzen Augenblick dieses Bild, diese Warenprobe an: Sie werden sofort sehen, was ich Ihnen bringe!«

— Bei vertrauteren Kunden ganz einfach fragen: »Was darf ich dann notieren? Ich schlage vor...« und sofort schreiben.

— »Das sehe ich ein, daß Sie jetzt keine Zeit haben. Sagen Sie mir einen Tag, an dem Sie Zeit haben, und wenn es Sonntagvormittag ist.«

— »Gut, ich kann entweder um 11.15 Uhr oder heute nachmittag um 15 Uhr wiederkommen: Was ist Ihnen lieber, wann werden Sie bestimmt dasein?«

f) »Schlechte Erfahrungen«

— Schemafrage: »Warum?«; den Unzufriedenen alles berichten lassen. Die Ursache klären: liegt sie in meiner Person oder in der eines anderen Verkäufers, in der Ware selbst oder beim Hersteller? Wo lag der Fehler: mangelhafte Information über die Ware, vielleicht überspannte Erwartungen? Hat der Kunde damals reklamiert? Liegen vielleicht »Kinderkrankheiten« vor?

— Vergleichsmethode: »Haben Sie nicht auch schon schlechte Erfahrungen mit einem Angestellten gemacht? Haben Sie ihn allein deshalb weggeschickt?«

g) »Ich will nichts Neues«

— »Das kann ich Ihnen wirklich nachfühlen, daß Sie bei den vielen sogenannten neuen Sachen reichlich kritisch sind. Für Sie ist allein wichtig, ob es sich um etwas wirklich Neues handelt, das Ihnen Gewinn und Geschäft bringt: Stimmen Sie damit überein?«

h) »Schlägt nicht rasch genug um«

— Anerkennen, dann: »Haben Sie schon einmal an das angelegte Kapital gedacht, das hier DM ... ausmacht? Was müssen Sie demgegenüber bei den Artikeln investieren, die sich rasch umschlagen?« oder (bei teuren Artikeln): »... an Ihren Gewinn, der mindestens DM ... beträgt?« oder: »den geringen Platzbedarf, das praktisch mühelose Verkaufen ohne Arbeit, und dergleichen.«

— Vergleich mit anderen wohlsortierten Artikeln, die sich auch nicht allzu rasch umschlagen, z. B. in einem Lebensmittelgeschäft mit Spirituosen: »Ich sehe, Sie haben da ... stehen: Verkaufen Sie davon jeden Tag eine Flasche von jeder Marke und von jeder Größe?«

i) »Ich kaufe nichts«

Häufig gleich zu Beginn: »Wollen Sie mir etwas verkaufen? Ich kaufe nichts!«

— »Seien Sie unbesorgt, ich will Ihnen gar nichts verkaufen! Ich bin hierhergekommen, um Ihnen lediglich etwas zu zeigen ...« Jetzt sofort zeigen und fragen! im früher besprochenen Sinn der richtigen psychologischen Sprache.

k) »Ich bin nicht zuständig«

Vor allem in großen Firmen öfters zu hören. Fragen nach dem zuständigen, meist höher gestellten Herrn führen oft ebenfalls zur Abwimmlung. Deshalb:

— Den Partner bei seinem Ehrgeiz packen »Wegen dieser kleinen Sache werden Sie Ihren Chef gewiß nicht brauchen« oder »Es handelt sich ja nur um eine Information, die Sie mir bestimmt geben können.«

— Sofort ein gutes fachliches Gespräch mit besonders interessanten Einzelheiten beginnen, so daß der zuerst Besuchte von sich aus den zuständigen Herrn herbeiholt, weil er der Überzeugung ist: *der* Besuch lohnt sich.

— Ihn als Bundesgenossen gewinnen, ihm das Angebot vortragen und ihn so behandeln, als wäre er der Chef selbst!

l) »Ihr Weihnachtsgeschenk war aber klein!«

— Preiswahrheit und geschäftliche Anständigkeit hervorheben: »Ich kann es gut verstehen, wenn Sie sich zu Weihnachten über ein größeres und schönes Geschenk freuen ... Nun, Herr X, wer bezahlt das am Ende? Ihnen als erfahrenem Kaufmann brauche ich ja nicht zu sagen, daß auch Geschenke irgendwo in der Kalkulation berücksichtigt werden müssen. Bezahlen *Sie* gern mit einer Lieferantenrechnung Geschenke Ihres Lieferanten an andere Leute, die Sie nicht kontrollieren können? ...«

m) »Sie sind heute schon der Zwölfte«

— »Da sehen Sie, wie geschätzt Sie werden, und welche Bedeutung Ihr Geschäft hat!«

— »Da können wir eine herrliche Mannschaft aufstellen, ich bin der Reservemann!«

— »Ich bin der erste, die anderen sind die letzten!«

— »Aber der erste von ...!«

— »Sind Sie nicht selber schuld, Herr X? Nehmen Sie zwei heraus, mich und einen anderen, dann sind Sie am besten bedient!«

— »Und der erste, der Ihnen so etwas Schönes bringt: Sehen Sie einmal her ...«

n) »Habe keine Zeit für Erklärungen bei jedem Kunden«

— »Das kann ich gut verstehen, Herr X, daß Sie nicht jedem einzelnen einen Vortrag halten können. Es geht doch darum, ob sich die paar Sekunden für die Aufklärung der Kunden über diesen Artikel für Sie lohnen, wenn Sie ... Pfennig bei einem Stück verdienen? Meinen Sie nicht auch?«

— »Meinen Sie nicht selbst, daß sich diese Packung von allein verkauft? Noch dazu, wo Ihnen die massive (Fernseh-) Werbung dabei hilft?« Jetzt sofort z. B. die Frage der Placierung in kluger Entweder-Oder-Form aufgreifen.

o) »Bei Ihnen muß ich teure Werbung bezahlen«

— »Wie können Sie wissen, was Ihnen unser hochwertiges Erzeugnis bietet, wenn wir es Ihnen nicht sagen? Wie sollen es Ihre Kunden erfahren, die bei Ihnen danach fragen?«

— Praktisch ohne Werbung keine Preissenkung möglich, da die Werbekosten pro Stück z. B. bei einem nicht zu teuren Markenartikel oft nur den Bruchteil eines Pfennigs ausmachen.

p) »Kaufe nur naturreine Ware«

— »Sie haben recht, heute wird viel von naturrein geredet. Was ist das überhaupt? Wenn Sie eine gute Tasse Kaffee oder ein Glas hervorragenden Sekt trinken, fragen Sie nur nach naturrein? Fragen Sie nicht vor allem danach, wie er Ihnen schmeckt und wie er Ihnen bekommt?«

q) »Bei mir nicht anwendbar«

Andere Formulierungen für diesen Einwand: »Bei mir herrschen besondere Verhältnisse« oder »Ich verspreche mir keinen Vorteil davon«.

— »Ja —?«: »Worauf kommt es Ihnen in erster Linie an?« oder »Was ist das Wichtigste für Sie?« oder »Was sind denn die größten Schwierigkeiten, mit denen Sie sich herumzuschlagen haben?«

Zum Beispiel: »Nun Herr Z, es leuchtet mir ein, daß Sie sich nicht für eine Sache interessieren können, von der Sie sich zunächst nichts versprechen. Worauf kommt es denn bei Ihnen in erster Linie an? Ist es nicht z. B. für Sie außerordentlich wichtig, daß Sie am 15. jeden Monats ganz exakte Unterlagen in der Hand haben für Ihre weiteren Dispositionen? Sehe ich das richtig, Herr Z?«

— Schemafrage: Warum? Warum nicht? Ein überzeugendes Beispiel aus der Praxis anschaulich schildern.

Im Kern handelt es sich hier um die Technik, die man auch bei anderen schlecht durchdachten oder auch subjektiven Einwänden oft erfolgreich anwenden kann, z. B. Einwand: »Ihre Maschine gefällt mir nicht« oder »ist mir nicht schön genug«:

— »Ja ich kann mir denken, daß Sie diese Frage beschäftigt. (Worauf kommt es Ihnen in erster Linie bei dieser Maschine an?) Es dreht sich doch für Sie darum, ob diese Maschine in Anbetracht aller Forderungen, denen eine moderne Anlage dieser Art gerecht werden muß, auch ausreichend formschön ist, nicht wahr?« (vgl. S. 256).

r) »Bin bestens versorgt«

Andere Formulierungen dafür: »Ich habe einen guten Lieferanten« oder »Ich bin bei Ihrer Konkurrenz gut aufgehoben, weshalb soll ich wechseln?« (Firmen- und Lieferantentreue). Noch gefährlicher: »Ich habe mich auf ein Fabrikat festgelegt und kann im Interesse meiner Lagerhaltung, meiner Monteurausbildung usw. davon nicht abgehen.« Wie kann man in solch schwierigen Fällen den besonders widerstrebenden, aber interessanten Kunden gewinnen?

— Grundvoraussetzung in jedem Fall: Planmäßiges, beständiges Arbeiten und Geduld; immer und immer wieder besuchen! Einen direkten Weg zum Erfolg gibt es kaum. Kunden, bei denen es sich lohnt, notfalls einige Dutzendmal besuchen. Die folgenden, in der Praxis bewährten Methoden wollen natürlich je nach dem Einzelfall sorgfältig ausgewählt und überlegt sein.

— Warum sich auf *einen* Lieferanten beschränken und verlassen? Warum auf nur einem Bein stehen? Mit den allenfalls vorhandenen Nachteilen oder Risiken arbeiten!

— Von der Kreditseite her anfassen: Für den Kunden ist es oft angenehmer, von mehreren Seiten her Kredit zu bekommen; damit kann er arbeiten!

— Durch eine Spezialität gewinnen: »Ihr jetziger Lieferant hat ein sehr gutes Programm. Nun haben wir Ihnen aber eine uns eigene Spezialität, etwas ganz Besonderes zu bieten. Warum wollen Sie sich dieses Geschäft entgehen lassen?«

— Das steigende Abwechslungsbedürfnis der immer anspruchsvoller werdenden Kundschaft ausspielen. Nicht »steril« werden, an morgen denken!

— An einem Ärger einhaken, der beim laufenden Dauergeschäft manchmal kaum vermeidbar ist, und diesen Fehler geschickt ausnutzen. Einer Mißstimmung auf den Grund gehen: »Ihr Lieferant, der mir bekannt ist, ist sicherlich eine gute und seriöse Firma. Wenn Sie Ihrem Lieferanten die Treue halten, so spricht das nur für die Anständigkeit in Ihrer Firma. Sind Sie dort völlig zufrieden: mit den Erzeugnissen und ihrer Qualität, mit dem Liefersortiment, mit den Lieferterminen, mit der Berechnung, mit der Hilfe und der Beratung bei schwierigen Produkten usw.?«

— Bei einem Vertreterwechsel einhaken! Voraussetzung: Ohr und Auge offen haben; »am Feind bleiben«, dort vielleicht einen netten »Spion« haben.

— Mit Telegramm oder Fernschreiben (die, da ungewöhnlich,

etwas aufhorchen lassen) ein für den Kunden besonders günstiges Sonderangebot ankündigen und dann sofort persönlich nachfassen.

— Testverkauf vorschlagen, z. B. Werbeverkauf mit Einsatz von eigenem Personal (Werbedamen).

— Selber die Nachfrage schaffen (Strohmannmethode): In relativ kurzen Abständen mehrere Bekannte oder Freunde beim widerstrebenden Händler nach dem eigenen Erzeugnis nachfragen und eine deutliche Enttäuschung über seine Lieferungsunfähigkeit ausdrücken lassen. Aber nur dann, wenn bei Auftragserteilung für Abverkauf gesorgt ist! In ähnlicher Weise läßt sich auch bei einem Großhändler durch einen oder einige persönlich verläßliche Einzelhändler bohren und die Lieferung nicht selten auf diese Weise erzwingen.

— Das Anständigkeitsgefühl des Umworbenen sich zum Bundesgenossen machen: wiederholtes Zuschicken von fachlichem Informationsmaterial besonders interessanter Art, Hinweise auf öffentliche Ausschreibungen und ähnliche Dinge, die ihm helfen und Erfolg bringen.

— Beim widerstrebenden Händler für sich persönlich etwas kaufen, notfalls einige Male, um dadurch ein Gespräch mit ihm auf freundliche Art »zu erzwingen«. Besonders in Lebensmittel- und ähnlichen Geschäften gut anwendbar.

— Sein Herz gewinnen durch persönlich interessierende Dinge, die man ihm zukommen läßt: Wiederholtes Zuschicken von interessanten Hobbyaufsätzen, von Briefmarken für den Briefmarkensammler, von preisgünstigen Neuheiten für den Liebhaber, Eintreten in seinen geliebten Verein (Zusammengehörigkeitsgefühl!), Überreichen einer für den anderen bestimmt sehr begehrten Fotografie. Vor allem bei handwerklichen Kunden rasch eine Aufnahme von ihnen selbst, ihren Kindern, ihrem Hund, ihrem Schaufenster, ihrem Heimatort machen und dann zuschicken oder beim nächsten Besuch mitbringen (Bitte lesen Sie auf Seite 85 die diesbezügliche Geschichte nach!).

— Überreichen eines Blumenstraußes am Jahrestag des ersten vergeblichen Besuches mit anhängender Visitenkarte und Aufschrift »Am Jahrestag meines ersten Besuches bei Ihnen«, oder von zehn Blumen anläßlich des zehnten vergeblichen Besuches, oder mit den Worten: »Ich habe heute Jubiläum bei Ihnen« — ? — »Mein 25. Besuch«, oder ähnliches.

— An den Widerstrebenden mit Humor appellieren, z. B. durch die lachend gesagte Bemerkung beim Abschied: »Ich darf Ihnen also heute dasselbe schicken wie die letzten Male, nicht wahr?«

— Bundesgenossen gewinnen, die den entscheidenden Mann dann ihrerseits beeinflussen: seine Ehefrau, ein Lagerverwalter, ein Meister, ein erster Verkäufer, und dergleichen (Persönlichkeitsfrage!)

— Sie durch etwas Originelles interessant machen, wie bei der Kontaktgewinnung in besonders schwierigen Fällen genauer besprochen (S. 86).

— Direkt nach dem Grund des Mißerfolges fragen: »Herr X, ich habe in der letzten Zeit so ungefähr alle guten Geschäfte für mich gewinnen können, und meine Artikel schlagen überall erfolgreich ein. Nur bei Ihnen komme ich trotz aller Bemühungen keinen Schritt weiter. Herr X, seien Sie doch bitte so freundlich und tun Sie mir den persönlichen Gefallen — es kostet Sie wahrscheinlich nur eine Minute: Sagen Sie mir ehrlich und ohne jede Beschönigung: Was mache ich bei Ihnen eigentlich falsch?« Bei zielbewußter und taktvoller Handhabung eine hervorragende Methode!

— Deutlich sichtbare Förderung des stärksten Wettbewerbers des Widerspenstigen, zugleich Einstellen von weiteren Besuchen bei ihm. Nicht selten kommt er dann von selbst, weil ihn das augenscheinlich hervorragende Geschäft seines Konkurrenten munter macht. Besonders im Markenartikel-Verkauf bewährt.

— Gibt es an einem Platz viele schläfrige Händler: einen jungen aktiven Mann, der gerade anfängt, in besonderer Weise fördern. Er wird dann oft zum Schrittmacher für alle Geschäfte an diesem müden Platz.

s) Verhalten bei Lieferschwierigkeiten

— Sichtbar die persönlichen Bemühungen für den Kunden in den Vordergrund stellen: »Die Firma (der Hersteller) hat die Ware nicht auf Lager und kann nicht liefern, *ich* werde mich sofort bemühen und das Äußerste tun, um Ihnen zu helfen ...« Dem Kunden das auch zeigen, z. B. durch Telefongespräch von seinem Büro aus. Jetzt gewinnt man an persönlichem Wert.

— »Brauchen Sie die Ware wirklich *so* dringend? Können Sie sich nicht die kurze Zeit noch irgendwie behelfen?«

— Dem Kunden über die Lieferlücke mit Ersatzware oder dergleichen hinweghelfen, wenn irgendwie möglich.

— Die Schuld abwälzen z. B. auf einen Unterlieferanten, der einen mit Einzelteilen hängen läßt. Vorsicht!

— Vorbeugen durch richtiges Erziehen der Kunden zum rechtzeitigen Disponieren! Freilich kann man das Herstellerrisiko nicht im vollen Umfang auf den Wiederverkäufer übertragen, aber der Verständnisvolle zieht seines eigenen Vorteils wegen doch häufig mit. In besonderen Fällen frühzeitig einen Auftrag als noch nicht wirklich verbindlich entgegennehmen, um sicher zu gehen.

V.

Ein Beitrag zur Verkäuferschulung:
Argumentations- und Einwandstraining

Was wäre ein Verkäufer ohne die Fähigkeit, mit seinen Argumenten spielen zu können? Was ihm an Pluspunkten zur Verfügung steht, muß er ebenso entwickeln können, wie er auf die Einwände seines Kunden »schlagfertig« und zugleich elegant zu antworten verstehen muß. Dazu müssen wir *unseren Verkäufern helfen.* Tun wir es nicht, haben wir vielleicht vielwissende, aber schlecht argumentierende Mitarbeiter im Verkauf.

Das ist das Kernstück jeder verkäuferischen Ausbildung. Langjährige Erfahrungen zeigen, daß Verkäufer aller Art bei richtiger Regie »spielend« lernen und im richtigen Sinn *mit Begeisterung bei der Sache* sind, denn jeder spürt, welche Hilfe ihm das für seinen täglichen und für seinen Lebenserfolg ist. Bei einem solchen Argumentations- und Einwandstraining kommt es — selbstverständlich mit Akzentverschiebung je nach den besonderen Verhältnissen des betreffenden Hauses — im wesentlichen auf die *Behandlung folgender Fragen* an:

— Welche besonders starken *Argumente* stehen uns für unsere Erzeugnisse bzw. unsere Erzeugnisgruppen zur Verfügung? Welche besonderen Qualitätsmerkmale (Plus) werden durch welche weniger schönen Eigenschaften (Minus) »erkauft« (vgl. S. 208)? Eine Übersichtsliste dieser Plus-Minus-Argumentationsmöglichkeiten kann eine hervorragende Verkaufshilfe sein, damit der Verkäufer mit dem einzelnen Plus und Minus spielen kann.

— Warum haben wir die Vorteilsargumente, mit anderen Worten: welches sind die wichtigsten *Kaufmotive* für unsere Erzeugnisse, und wie sprechen wir unsere Kunden wirkungsvoll auf sie an? Es lohnt sich, die auf Seite 145 geschilderten Kaufmotive sorgfältig durchzugehen und sie in einer übersichtlichen Zusammenstellung festzuhalten. Das Wichtigste: Konkret und anschaulich darlegen, mit welchen Formulierungen wir jedes einzelne Moment im Gespräch mit dem Kunden anwenden!

— In welcher Form können wir unser Angebot so *auf die besonderen Verhältnisse unseres Kunden abstellen, daß* er gerade den Nutzen für sich sofort erkennt? Gute Erfahrungen wurden mit einer »*Gebrauchswertliste*« nach folgendem Schema gemacht, in der die technischen oder fachlichen Qualitätsmerkmale übersetzt werden in die Kennzeichen des Gebrauchswerts für den Kunden (vgl. S. 200). Nur die letzteren sollten im Gespräch mit dem durchschnittlichen Kunden als Argumente eingesetzt werden.

Technische oder fachliche Merkmale	*Praktischer Gebrauchs- oder Erlebniswert*
Wirtschaftlichkeit des Automobils	Fahrt mit der vierköpfigen Familie zu den Schwiegereltern nach Nürnberg und zurück für insgesamt 18 DM.
Automatische Sicherheitskupplung	Sofortiges Stillstehen der Maschine bei falschem Handgriff: keinerlei Gefährdung, absolute Sicherheit.
Eingebauter Thermostat	Immer gleichbleibende behagliche Wärme.

— Damit berühren wir zugleich das Problem, daß der Laie meistens mit *Fachausdrücken*, Typenbezeichnungen, fachli-

chen Sortenbenennungen und dergleichen überschüttet wird.
Wie können wir derartige Fachbezeichnungen für jeden
Menschen verständlich »übersetzen«?

— Was sind unsere Nachteile und Schwächen gegenüber den
Wettbewerbern?

— Wie können wir von diesen geschickt hinüberspringen zu
unseren Vorteilen, zu welchen?

— Was sind die besonderen Stärken (Vorteile) und die besonderen Schwächen (Nachteile) unserer wichtigsten Konkurrenz?

— Wie können wir unseren Kunden deren Vorteile vergessen lassen und gegen unsere Konkurrenz argumentieren?
(vgl. S. 209 f.)

— Wo können wir unseren Konkurrenten vielleicht als Vorspann benutzen? (vgl. S. 210)

— In diesem Zusammenhang: Wann ist für uns der richtige
Zeitpunkt, um den *Preis* (als *den* Nachteil für den Kunden)
zu nennen bzw. zu besprechen (vgl. S. 282 f.)? Worauf
kommt es beim Aussprechen des Preises oder eines anderen
Nachteils vor allem an (vgl. S. 57 ff.)? Ist der hohe Preis des
einen oder anderen unserer Erzeugnisse ein Verkaufshin-
dernis oder etwa eine Verkaufserleichterung (S. 284 f.)? Wie
können wir Preise unseres Angebotes psychologisch herab-
setzen (s. S. 288 ff.)? Lohnt es sich für uns, im Preis bzw. im
Rabatt nachzugeben (s. S. 285 ff.)?

— Welche *Einwände* bringt unsere Kundschaft gegen uns vor,
und wie können wir jeden von ihnen auf die psychologisch
klügste Art beantworten?

Jedes gut geleitete *Einwandstraining* ist Gold wert. Alle
Mitarbeiter des Verkaufs werden mit praktisch allen wichtigen Einwänden, auch den ihnen bisher nicht bekannten, vertraut gemacht und so für ihre tägliche Berufsarbeit gewappnet. Bewährt ist das folgende einfache Schema:

Einwände	Möglichkeiten der Beantwortung
A.	1.
	2.
	3.
B.	1.
	2.
	3.
	4.
	5.
C.	1.
	2.

Die einzelnen Einwände und Beantwortungsmöglichkeiten werden vom Teilnehmerkreis gemeinsam erarbeitet. Bei richtiger Regie entsteht immer eine lebendige Diskussion, die straff gelenkt werden muß, und eine starke wechselseitige Befruchtung für alle Teilnehmer. Nach dem Training empfiehlt es sich, sämtliche Einwände und ihre Beantwortungsmöglichkeiten in der Reihenfolge ihrer praktischen Bedeutung zu ordnen und diese Zusammenstellung in möglichst handlicher Form nachträglich allen Teilnehmern zur Verfügung zu stellen. Diese Übersicht sollte auf halbsteifem Papier, mit Taben am Rande, in das Verkäuferhandbuch eingelegt werden. Sie erleichtert die Anwendung im praktischen Verkaufsgespräch wesentlich.

Ein solches Einwandtraining läßt sich gut auch in Gestalt von *gezielten praktischen Übungen* durchführen. Die Teilnehmer werden in zwei Gruppen geteilt: die Kunden und die Verkäufer. Die Kunden überlegen sich einen typischen Einwand, wie er in der Praxis immer geäußert wird. Auf jeden Einwand hat der gegenübersitzende »Verkäufer« sofort eine Antwort zu geben. Bei Hilflosigkeit eines Antwortenden oder zur Ergänzung der anderen Antwortmöglichkeiten werden in rascher Folge andere Teilnehmer eingeschaltet. Auf diese Weise entsteht ein lebhaftes Spiel aller Beteiligten. Auf die Behandlung folgender Fragen muß dabei geachtet werden:

— Welche *Meinungsverschiedenheiten* kehren oft wieder, und wie können wir sie elegant aus der Welt schaffen, bevor sie uns gefährlich werden?

— Welche Einwände unserer Kunden tragen erfahrungsgemäß oft *Spannung* in sich, und wie können wir diese gefährliche Spannung »entschärfen«? Entsprechende praktische Übungen werden in das geschilderte Einwandstraining eingebaut, indem der Kunde dem Verkäufer eine typisch spannungserregende Redensart entgegenhält (s. S. 220). Vorher sollten Zettel mit je einer solchen Redensart an die Gruppe der Kunden verteilt werden mit dem Auftrag, sie nach Möglichkeit vorzubringen. Bei Nichtgebrauch an den nächsten »Kunden« weitergeben. Der Verkäufer darf sich nicht herausfordern lassen! Gegebenenfalls Frage an die übrigen Teilnehmer: »Wer hätte hier anders geantwortet?«

— Vermeiden die Verkäufer selbst jede spannungserregende Redensart (s. S. 219)?

— Welche wichtigen Feststellungen kehren oft wieder, durch welche Fragen lassen sie sich dem Kunden viel wirkungsvoller nahebringen (s. S. 185 ff.)?

— Welche *Beschwerden* werden gegen unsere Firma besonders häufig vorgebracht, und wie werden wir mit ihnen fertig (vgl. S. 233 ff.)? Auch solche Beschwerden lassen sich gut in die praktischen Übungen einbauen.

— Welche Fehler kommen in unserem Haus häufiger vor, und welche sind die besten Stellungnahmen, um unsere Kunden schnell zufriedenzustellen (vgl. S. 226 ff.).

— Wie verhalten wir uns bei *Lieferschwierigkeiten* unserer
Firma? (vgl. S. 274)

Vorsicht mit *praktischen Übungen eines ganzen Gesprächs!*
Sie überfordern meistens die Übenden und die Zuschauenden,
vielleicht sind sie unterhaltsam, aber selten von praktischem
Wert, weil der Übungszweck in seiner Vielfältigkeit zerflat-
tert. Sie kosten wertvolle Zeit, die zu öfteren kurzen, aber
gezielten Übungen vieler Teilnehmer mit viel stärkerer Aus-
bildungswirkung ausreichen würde. Also: Normalerweise nur
in ihrer Aufgabenstellung eindeutig begrenzte praktische
Übungen machen!

Am Schluß von Übungen die Teilnehmer einzeln auf die
Punkte hinweisen, die sie zur Zeit noch nicht beherrschen und
auf die sie sich in ihrer täglichen Berufsarbeit bis zur nächsten
Zusammenkunft besonders konzentrieren sollten. Dabei be-
schränke man sich bewußt auf einen oder maximal drei Punk-
te, sonst leidet die praktische Arbeit darunter. Auch auf dem
Gebiet der Erziehung und der Selbsterziehung gilt das Wort:
»In der Beschränkung zeigt sich erst der Meister«!

E.
DAS ABSCHLUSSGESPRÄCH

ERSTER TEIL: PREISARGUMENTIERUNG

I.
DER PREIS ALS ARGUMENT

Jeder gute Verkäufer kennt die psychologischen Hintergründe des Preises! Die Einordnung dieses wichtigen Kapitels an dieser Stelle hat seine Gründe in der Übersichtlichkeit und der Zweckmäßigkeit für den praktischen Erfolg: Einmal ist die besondere Abgrenzung von der allgemeinen Argumentation nützlich und notwendig, und zum anderen beginnt mit der Preisargumentation häufig der einleitende Teil des Abschlußgespräches.

1. Der Preis als psychologischer Faktor

Solange wir nicht über den Preis einer Ware nachdenken, erscheint er uns, ausgedrückt in Mark und Pfennig, zunächst als eine objektive Gegebenheit. In Wirklichkeit ist dies nur beim kalkulierenden Kaufmann der Fall. Der Preis ist im übrigen etwas rein Psychologisches: *Je wertvoller der Kunde die Ware für sich empfindet, um so preiswerter* erscheint sie ihm, und je weniger Interessantes er an ihr findet, für um so teurer hält er sie. Für den Verkäufer ist deshalb die Erkenntnis wichtig: Je mehr die Ware einen dringenden Wunsch, ein bedeutsames Bedürfnis befriedigt, um so preiswerter empfindet sie der Kunde. Je mehr *der Wert der Ware* den Kunden *lockt*, um so weniger fragt er nach der Höhe des Preises. Deshalb sind die gefühls- und instinktmäßigen Argumente in der Praxis so wichtig. Einige einfache Beispiele: Wenn Ihre Frau oder Ihre Kinder neue Kleider brauchen, so erscheint Ihnen der Preis dafür häufig höher als der Preis für einen neuen Anzug für Sie selbst. Ein Geschenk, das zu machen Ihnen große Freude bereitet, kommt Ihnen meist billiger vor, als es ist; es bereitet Ihnen weniger Gedanken als ein weniger kostspieliges Geschenk, das Sie aus gesellschaftlichen Gründen ohne persönliche Anteilnahme kaufen und überreichen müssen. Wenn Sie einen guten Film sehen *wollen,* geben Sie ohne Bedenken eine oder zwei Mark mehr aus für einen besseren Platz; aber die 20 Pfennig, die Sie für eine Zahnbürste zuviel bezahlt haben, ärgern sie, weil Sie die Zahnbürste eben kaufen *mußten.*

Geschickte und erfahrene Verkäufer schildern deshalb den Wert und die besondere Kostbarkeit ihrer Waren, z. B. von Luxusartikeln, so, daß der Kunde einen noch höheren Preis als den wirklichen erwartet. Wenn sie den Kunden dann fragen, was dieser Artikel seiner Schätzung nach wohl koste, dann ist dieser meistens angenehm überrascht, wenn er den tatsächlichen Preis hört. — Also: Eine Ware ist so billig oder so teuer, wie der Kunde sie einschätzt!

Jeder erfahrene Verkäufer kennt den sogenannten *»Preisschock«.* Der Kunde hat gerade für einen Gegenstand und seine Vorzüge Feuer gefangen und hört dann schon den Preis. Er erscheint ihm sehr hoch, im ersten Augenblick vielleicht unerschwinglich. Seine Begeisterung weicht sogleich der Bestürzung: »Unmöglich, für mich unerreichbar, viel zu teuer!«

Dieser Preisschock muß vermieden werden. Deshalb darf das Verkaufsgespräch (außer bei Preisschlagern, die den Preis zum Türöffner machen) *nie mit dem Preis beginnen.* Läßt sich der Verkäufer schon zu Beginn auf ein Preisgespräch festnageln, so ist das sehr schlecht für ihn. Die Ursache liegt zumeist in seinem Warenbeschreibungsgespräch, das der Kunde mit der naheliegenden Frage beendet: »Was kostet denn das?« Der Preis gehört *möglichst an den Schluß* der eigentlichen Argumentation! Sonst beschäftigt sich der Kunde während des ganzen Gespräches mit dem Gedanken: »Aber der Preis, aber der Preis!« Die besten und einleuchtendsten Argumente kann er jetzt nicht mehr aufnehmen. Deshalb muß er immer zuerst hören und erleben, welche Vorteile mit der Ware für ihn verbunden sind, was er gewinnt, was sie so begehrenswert macht. Erst dann kann er die bittere Pille des Preises schlucken. Also: Zuerst den persönlichen Gewinn veranschaulichen, dann wird der Verlust leichter tragbar! Im Trott des Verkaufsalltags wird das häufig vergessen.

Umgehen Sie darum nach Möglichkeit die Antwort auf eine *zu frühe Frage nach dem Preis:* Sie können sie im Eifer des Gespräches überhören, Sie können sie mit einer geschickten Gegenfrage über eine für den Kunden wichtige und positive Angelegenheit überspringen. Sie können auf die Unmöglichkeit der sofortigen Beantwortung wegen der verschiedenartigen Ausführungen verweisen und dergleichen. Immer zuerst den Wert der Ware für den Kunden herausstellen! Die Preismitteilung fällt dann auf vorbereiteten Boden, die gefährliche Schockwirkung wird vermieden.

Weil der Preis etwas Psychologisches ist, kann man sich auch *an einen hohen Preis gewöhnen*. Wie bei jeder Gewöhnung braucht das seine Zeit. Kennt man einige Wochen lang den hohen Preis für eine begehrte Ware, so wird er im Laufe der Zeit immer mehr als normaler Preis empfunden. Wenn Sie also warten können, die Zeit für sich arbeiten lassen, können Sie in manchen Fällen nach einigen Wochen das Geschäft, das Ihnen anfänglich fast unmöglich erschien, fast spielend abschließen.

2. Der Preis als Qualitätsbeweis

Für den normalen Verbraucher ist es heute oft außerordentlich schwer, die wirkliche Qualität — mit Ausnahme bei einfachen Erzeugnissen — selbst zu beurteilen. Dies gilt für technische Erzeugnisse ebenso wie für Textilien, hochwertige Lebensmittel oder z. B. für Körperpflegemittel. Deshalb ist es durchaus verständlich, daß das breite Käuferpublikum der Meinung ist, eine *gute Ware müsse teuer sein,* und ein niedriger Preis bedeute Schundware.

Gute und zugleich billige Ware wird nicht selten zurückgewiesen! Zwar hat sich in den letzten Jahren manches gewandelt, aber es wird noch einige Zeit dauern, bis sich die breite Käuferschicht daran gewöhnt, daß auch eine gute Ware für einen mäßigen Preis zu haben ist.

Praktische Beispiele hierfür gibt es in Fülle. Hier nur ein einziges: In einem großen Kaufhaus wurde vor einigen Jahren bei Winterbeginn ein wirklich guter Herrenmantel aus gutem Stoff, in guter Verarbeitung und moderner Schnittform für den sehr günstigen Preis von DM 97.— angeboten, eine echte kaufmännische Leistung. Große Reklame: Ergebnis: Praktisch unverkäuflich. Die teureren, zum Teil aber schlechteren Mäntel gingen nach wie vor gut weg. Nach drei Wochen entschloß man sich, den Preis auf 147 DM zu erhöhen: Nach elf Tagen war die große Position ausverkauft!

Nicht nur bei Konsumgütern, auch bei Investitionsgütern oder Dienstleistungsangeboten wird immer wieder festgestellt, daß die Interessenten *niedrigen Preisen* bewußt oder unbewußt *mißtrauisch gegenüberstehen.* Das Vorurteil »Hoher Preis = Qualität« ist wie viele unserer Ansichten und Überzeugungen in den unterbewußten Bereichen verankert; mit noch so überzeugenden verstandesmäßigen Überlegungen kommt man nicht dagegen an.

Zwischenbemerkung: Wie gedankenlos und unkritisch der Durchschnittskonsument Zahlen und Preise aufnimmt, zeigt der praktische Versuch eines großen Lebensmittel-Filialunternehmens. Man bot unmittelbar nebeneinander an: eine Dose Ölsardinen für DM 0.45 und zwei Stück genau der gleichen Büchsen für DM 0.98. Ein hoher Prozentsatz von Käufern und Käuferinnen nahm jeweils zwei Büchsen mit.

Der psychologisch günstigere Preis ist vielfach der höhere, weil der Massenverbraucher von heute ein ´»erstklassiger Mensch« sein und deshalb *nur Qualität kaufen will.* Deshalb ist es manchmal tatsächlich klüger, einen höheren Preis zu verlangen, um auch stückmäßig mehr Umsatz zu erzielen. Natürlich will jeder Fall dieser Art sorgfältig abgewogen sein.

3. Fester oder »nachgiebiger« Preis

Es ist eine alte Erfahrung, daß jedes Nachgeben im Preis Schwäche verrät. Nur wer es notwendig hat, gibt sich mit weniger zufrieden. Das gilt besonders dem Dauerkunden und dem Wiederverkäufer gegenüber. Den Preis nicht halten und drängenden Kundenforderungen *nachgeben, bedeutet* auf lange Sicht, selber *Zweifel* an der sauberen Kalkulation und damit *an der echten Vertrauenswürdigkeit* der eigenen Firma zu säen. Für den Vertreter oder Verkäufer bedeutet es zudem häufig Verlust an Selbstvertrauen. Gute Ware kostet ihren guten Preis: Wo wäre das nicht so, und welcher normal denkende Mensch weiß das im Grunde nicht, auch wenn er es nicht wahrhaben will. Es lohnt sich und ist unbedingt notwendig, ein klares Preis- und Rabattgefüge zu haben!

Man sollte sich davor hüten, einen *Präzedenzfall für Preiszugeständnisse* zu schaffen! Wenn Sie ausnahmsweise einmal nachgeben müssen, dann nur bei ausreichender Sicherheit für zukünftige Geschäfte. Gewähren Sie deshalb den niedrigen

Preis oder geben Sie mehr Rabatt (was im Grunde dasselbe ist) *nur* (Ausgleichsmethode):

— für den Sonderposten mit kleinen Fehlern
— bei Verminderung des kostenlos mitgelieferten Werbematerials
— beim Versand der Ware in einfacherer Verpackung
— bei späterer Lieferung und dergleichen
— gegen einen sofortigen Auftrag auf eine größere Stückzahl als ursprünglich vorgesehen (betriebskaufmännisch durchaus gesund) oder auf eine bestimmte Menge und nur aus einem besonderen Grund, z. B. weil der Lagerraum dafür anderweitig dringend gebraucht wird.

In vielen Fällen erreicht ein *Appell an die Fairneß*, an das Anständigkeitsgefühl des Wiederverkäufers sein Ziel. Der ehrliche Händler will Sicherheit in seinem Geschäft, er will genau wissen, woran er ist. In demselben Augenblick, in dem er durch Gerissenheit oder Hartnäckigkeit einen kleinen Vorteil herausholt, überlegt er sich auch schon, ob sein Konkurrent vielleicht durch größeres Geschick noch mehr herausholen könne. Er wird erst recht kritisch und unruhig. Meist findet der Verkäufer volles Verständnis für seine Festigkeit, wenn er der Wahrheit gemäß sagt: »Sie haben den besten Preis, den Sie überhaupt bekommen können. Wir haben keinen einzigen Kunden, der bei der gleichen Stückzahl einen besseren Preis hätte als Sie. Muß ich als reeller Geschäftsmann dasselbe nicht den anderen Kunden auch sagen können?«

Ein entscheidender Gesichtspunkt für jeden vernünftigen Kaufmann wird mit dem Argument berührt: »In unserem Hause herrscht *Klarheit und Sauberkeit,* bei uns gibt es kein Preisgemauschel. Legen wir unsere Karten nicht offen auf Ihren Tisch? Wußten Sie nicht gestern, woran Sie sind, wissen Sie es heute, und werden Sie es morgen nicht genauso wissen? Wer als Geschäftsmann glaubt, durch Gemauschel weiterzukommen, der möge es tun. Wir halten uns lieber an solide Grundsätze und an Offenheit jedem Kunden gegenüber. Bei welchem Lieferanten sind Sie auf die Dauer besser bedient, wo können Sie mehr Vertrauen haben: bei dieser Einstellung oder bei der anderen?«

Im Notfall muß man auch einmal *auf einen Auftrag verzichten können*. Die alte kaufmännische Weisheit, daß die besten Geschäfte jene schlechten sind, die man nicht abschließt, sollte auch heute nicht vergessen werden. Hat man es mit einem jener maßlos fordernden Abnehmer zu tun, dann muß man an der richtigen Stelle auch ein festes »Nein« sagen und diese Kunden ruhig zur Konkurrenz abwandern lassen können.

Der Verlust eines Großhändlers oder Wiederverkäufers kann sich auf lange Sicht durchaus positiv auswirken. Man kann den Fall bei anderen Kunden besprechen. Das gibt einen festen Standpunkt, das strahlt Sicherheit aus und Überzeugungskraft, und das imponiert immer! Es gibt verschiedene Beispiele dafür, daß solche Kunden später reumütig zu ihrem alten Lieferanten zurückkehrten, denn überall wird mit Papier und Bleistift kalkuliert, und niemand verschenkt etwas. Meistens merkt der abgewanderte Kunde nach einiger Zeit den Pferdefuß eines anfänglich besser erscheinenden Angebotes.

Welche Verkaufsleitung hört nicht — zumindest gelegentlich — das »Feldgeschrei« ihrer Verkäuferschaft: »Gebt uns niedrige Preise, und wir werden mehr verkaufen!« Verkäufer, die das fordern, werden das Opfer der gleichen Forderungen ihrer Kunden, nur mit dem Unterschied, daß diese ein gutes Recht zur Forderung nach günstigeren Preisen haben. Wer sich jedoch für den Beruf des Verkäufers entschieden hat, muß die Fähigkeit besitzen, eine gute Ware zu einem ihr angemessenen Preis zu verkaufen! Hier scheiden sich die Geister, und hier zeigt es sich, wer in seinem Beruf ein Könner und wer eine Niete ist.

Der Preis ist — wie bereits dargelegt — eine vorwiegend psychologische Gegebenheit, er hängt ab von dem Preisgefühl. *Das Preisgefühl* habe ich als Verkäufer je nach der Güte meines Verkaufsgesprächs zu *steuern* und zu lenken. Wenn ich als Verkäufer ein psychologisch gutes Verkaufsgespräch führe, dann kann ich am Ende — selbstverständlich innerhalb vernünftiger Grenzen — fast jeden Preis erzielen!

4. Die Methoden der psychologischen Preisherabsetzung

Bei der Behandlung des wirkungsvollen Sprechens wurde (auf S. 57 f.) die Technik geschildert, die man beim Aussprechen eines Preises dem fragenden Kunden gegenüber anwenden sollte. Bitte lesen Sie jetzt die drei Forderungen, die dabei zu erfüllen sind, noch einmal nach.

a) Direkte optische Verbilligung: Der psychologisch richtige Preis liegt fast immer unter einer runden Summe. Bei kleinen Beträgen sind jedes volle Zehnpfennigstück und jede volle Mark, bei größeren jeder volle Zehner, Hunderter oder Tausender eine psychologische Schranke, deren Überschreiten Schwierigkeiten macht. Deshalb kostet ein Artikel häufig DM 0.98; DM 9.90; DM 198.— oder DM 1190.—. Vor einigen Jahren kostete ein Automobil bei mäßigem Umsatz längere Zeit DM 6150.—. Dann wurde der Preis gesenkt auf DM 5995.— bei zusätzlicher Berechnung von DM 155.— für die Heizung. Ergebnis: ein beachtlicher Verkaufsanstieg.

Das Beispiel dieses Autopreises zeigt zugleich die häufig angewendete Methode, einen nicht unbedingt wesentlichen *Bestandteil aus dem Gesamtpreis herauszunehmen* und besonders zu berechnen. Auf diese Weise wird ein psychologisch günstiger Preis für das Haupterzeugnis (der ja immer in den Vordergrund gerückt wird) ermöglicht.

Die modernen Zahlungserleichterungen des *Ratenkaufs* dienen ebenfalls hauptsächlich dieser optischen Senkung des Preises. Wird heute doch vielfach auch bei uns nicht gesagt: Das Schlafzimmer kostet DM 1600.— sondern: es kostet DM 80.— je Monat; das Fahrrad kostet nicht DM 230.—, sondern DM 6.90 pro Woche. Vor allem in den USA ist diese Methode weitverbreitet. Der Grund ist klar: Mit dem optisch billigen Monats- oder Wochenpreis ist die ersehnte Anschaffung in den Bereich der finanziellen Möglichkeiten gerückt, während die Bezahlung des Gesamtpreises zunächst jenseits der eigenen Grenzen zu liegen scheint. Daß dadurch beträchtlich mehr gezahlt werden muß, daß die Ware also teurer wird, spielt kaum eine Rolle! Die meisten Menschen sind keine kühlen Rechner, sondern sie betrachten die Dinge immer zuerst gefühlsmäßig.

b) Berechnungs-Methode: Der scheinbar billigere Ratenkauf führt uns zu der auch sonst vielseitig verwendbaren Methode, den zunächst hohen Preis *durch eine einfache* und sofort einleuchtende *Berechnung auf eine geringe Summe zu reduzieren,* die innerhalb der Möglichkeiten des Kunden liegt oder gar als Bagatellbetrag aufgenommen wird. Sie brauchen z. B. nur den Preis der für den Kunden wichtigen Menge zu nennen, und nicht den absoluten Warenpreis: Sprechen Sie also nicht von DM 3.—, welche die ganze Packung Badesalz kostet, sondern von den zwanzig Pfennig je Bad, oder von dem Preis je Pfund, je Kilogramm, je Flasche oder je Mahlzeit, je Urlaubstag, je Ausfahrt, je Theaterbesuch usw.!

Auch *bei langlebigen Erzeugnissen* läßt sich dieser Kunstgriff anwenden. Ein Kunde, der sich beruflich viel in der freien Natur aufhält, kauft sich einen leichten und angenehm zu tragenden Spezial-Regenmantel für DM 68.—eher, wenn er hört, daß er seine beständige Sorge, durchnäßt zu werden (kurze Situationsschilderung: Gesundheit, Erkältung usw.) für die nächsten fünf Jahre für nur fünfeinhalb Pfennig pro Kontrollweg im Freien los wird. Bei Investitions- oder ähnlichen Gütern ist dies nicht anders.

Die Kosten werden also durch die Summe der für den Kunden interessanten Zeiteinheiten *geteilt,* in der die Ware hält oder benutzt wird; so daß die Kosten pro Zeiteinheit berechnet werden: pro Jahr, Monat, Woche, Arbeitstag, Arbeitsstunde oder Überstunde. Die Kosten können auch geteilt werden durch die Kopfzahl der Belegschaft oder der beteiligten Arbeiter, durch die Zahl der Arbeitsgänge oder die produzierten Einheiten usw. In gleicher Weise wird die Kostenersparnis durch die Freistellung von teuer bezahlten Mitarbeitern für ihre eigentliche verantwortliche Tätigkeit pro entsprechender Einheit optisch wirkungsvoll berechnet. Umgekehrt lassen sich in manchen Fällen die *Kosten mit den Vorteilen multiplizieren,* z. B. bei verschiedenen Mehrzweckgeräten, so daß dem Kunden ein optisch imponierender Gegenwert für den bezahlten Preis vor Augen gestellt werden kann.

Man kann *die Mehrkosten ebenfalls zum Gegenstand der Berechnung machen:* Wie gering sind sie zumeist bei wirklich hochwertigen Waren im Vergleich zur Durchschnitts- oder minderen Warenqualität! Solche Zahlen wirken noch überzeugender, wenn man den Unterschied nach den Zeiteinheiten, der praktischen Nutzung oder Anwendung der Vorzüge berechnet. Bei kluger Handhabung dieser Berechnungsmethode lassen sich psychologisch besonders wirkungsvolle Effekte erzielen, die oft auf eine beträchtliche Verbilligung des Angebots hinauslaufen.

c) Vergleichsmethode: Auch geschickte Vergleiche verringern und »verbilligen« den Preis in vielen Fällen. Wählen Sie jedoch Ihre Vergleichsbeispiele möglichst aus dem Alltagsleben, z. B.:

— Das ist so viel wie täglich eineinhalb Zigaretten, wie eine Schachtel Zigaretten, wie eine Schachtel Pralinen, wie ein einziger Kino- oder Theaterbesuch, wie ein gutes Buch, wie eine Wochenendfahrt mit Ihrer Familie, wie eine kleine Urlaubsreise usw.

— »Wollen Sie nicht mehr als eine Mark sparen? Sie können sich eine schöne Tafel Schokolade extra leisten, sie wird Ihnen sozusagen geschenkt! Ist das nichts?«

— »Da gewinnen Sie pro Einheit fast zwei Mark, das ist schon wieder ein halber Stundenlohn Ihrer Bürohelferin!«

Diese Methode wird vor allem in der *Kombination mit anderen beschriebenen Verfahren* wirkungsvoll. Ein Beispiel: »Wenn Sie sich für Ihr neues Haus zu diesem besonders angenehmen Heizungs- und Entlüftungssystem entschließen, dann kostet Sie dies DM 2000.— extra. Rechnen wir bescheiden: Sie werden gewiß mindestens 20 Jahre lang Tag für Tag den Nutzen davon haben. Das sind in einem Jahr ganze hundert Mark oder an einem Tag noch nicht einmal dreißig Pfennig (Berechnungsmethode)! Das wären dann im ganzen täglich drei Zigaretten (Vergleichsmethode)! Meinen Sie nicht, daß die Annehmlichkeit und der Nutzen, die Sie zu jeder Jahreszeit davon haben, so viel wert sind?«

Ein Beispiel für die anschauliche Darstellung der *Verdienstspanne:* »Herr X, haben Sie sich schon einmal überlegt, wie viele Pfund Zucker Sie verkaufen müssen, bis Sie den gleichen Verdienst haben, der in diesem Behälter mit zehn unserer Erzeugnisse für Sie steckt? — Einhundertundachtzig Pfund Zucker in einhundertundachtzig Tüten! Was das an Arbeit für Sie bedeutet, wissen Sie selbst.«

Mehrkosten beim Kauf eines Qualitätserzeugnisses mit höherem Gebrauchswert: größere Leistung oder Zweckmäßigkeit lassen sich durch einfache handfeste Vergleiche leicht verständlich, vielleicht sogar besonders reizvoll machen:

— »Wenn Sie statt eines Volksempfängers von ehedem einen leistungsstarken Super haben wollen, muß dieser dann nicht auch mehr Geld kosten?«

— »Wenn Sie sich statt eines einfachen und harten Stuhls einen bequemen Sessel kaufen, müssen Sie da nicht auch mehr anlegen?«

— »Wenn Sie den Fernschnellzug benützen, müssen Sie da nicht auch einen besonderen Zuschlag bezahlen?«

5. Die Methode des Gesamtangebots

Im üblichen Verkaufsgespräch pflegen sich Ware und Preis gegenüberzustehen. Der Verkäufer verzichtet von vornherein auf den Einsatz gewichtiger Argumente. Nun hängt aber das Preisgefühl des Verkäufers von der Ganzheit des Angebots ab, also vom *gesamten Nutzungswert des Angebots*.

Dieser umfaßt die Ware selbst, ihre Qualität und ihren Nutzungswert, ihre Zuverlässigkeit und Lebensdauer, Garantie und Kundendienst, ihre Formschönheit, den guten Namen von Hersteller und Verkäufer, die ihm für alles bürgen, die Beratung des Kunden, die Lieferbedingungen, besonders die Lieferzeit, vielfach auch die Verpackung, die Abschreibemöglichkeit, den Wiederverkaufswert, weiterhin Geldersparnis, Zahlungsbedingungen und natürlich den Preis.

Darüber hinaus umfaßt das Gesamtangebot in speziellen Fällen z. B. noch: Markenzeichen, Grad der Bekanntheit, bessere Maschinenausnutzung, unbegrenzte Lagerfähigkeit, absolute Gewichtsgarantie bei gewichtsempfindlicher Ware, Abwälzung des Risikos auf den Lieferanten, Auslieferung zu einer bestimmten Zeit, die bequeme und saubere Art der Ablieferung, beständige Anpassung an den modernsten Stand, sicheres und fehlerfreies Hineinwachsen in modernste Arbeitsmethoden, Verwertung der allgemeinen und speziellen Erfahrungen aus der Zusammenarbeit mit den verschiedenen Auftraggebern, absolute Vertraulichkeit, usw.

Beispiel: Annahme eines *Gebrauchtwagens* beim Verkauf eines neuen Automobils. Das Angebot für den Altwagen lautet auf DM 3200.—; der Kunde könnte bei Direktverkauf im günstigsten Fall DM 3600.— erlösen. Dann müßte er: eine oder mehrere Anzeigen aufgeben, Zeitverlust durch Interessentenbesuche und Probefahrten sowie geldliche Aufwendungen auf sich nehmen, weiterhin Steuer und Versicherung, vielleicht Garagenmiete bezahlen, das Risiko des Finanzierens durch seinen Käufer übernehmen (vielleicht Wechsel, spätere Reklamation wegen tatsächlicher oder vermeintlicher Mängel, die in irgendeiner Form als nicht vorhanden zugesichert waren oder später als zugesichert behauptet werden, im ungünstigen aber durchaus möglichen Fall jahrelanges Prozessieren, um dann doch kein Geld zu bekommen). Alle diese Unkosten und Risiken sind beim Angebot von DM 3200.— für den Kunden bereits bezahlt bzw. abgesichert, also im Gesamtangebot enthalten. Zudem wird diese Summe sofort verrechnet (kein Zinsverlust) mit dem Gegenwert des neuen Wagens. Lohnt sich dieses Angebot nicht?

Das *Gesamtangebot für den Wiederverkäufer* umfaßt neben verschiedenen bereits genannten Punkten außerdem noch: Übernahme von Transportversicherung und Frachtkosten, Bestellung von Warenmustern, Geschmacks- oder Griffproben, Verkaufshilfen verschiedener Art, Vermittlung von Marktforschungsergebnissen, Werbung für den Fachhandel, Werbehilfen und Zuschüsse, Ausbildungsmöglichkeiten für den Händler und sein Personal, Sicherheit für den Fall von Reklamationen und dergleichen.

Sie sehen also, der Preis ist nur *ein* Faktor von rund einem

DER PREIS IST ETWAS PSYCHOLOGISCHES

Eine Ware ist so billig oder to teuer, wie der Kunde sie einschätzt. Seine Einschätzung meiner Ware hängt ab von der Art meines Verkaufsgespräches!

1. *Die wertvolle Ware verkaufen*

   Der Kunde von heute will »Qualität« und greift deshalb oft lieber zur teuren, weil »wertvollen« Ware. »Hoher Preis = Qualität«! Deshalb möglichst nur die beste Ware verkaufen!

2. *Den Preisschock vermeiden*

   Zuerst den Kunden den Wert der Ware für ihn so lebendig wie möglich erleben und die Ware so für sein Bewußtsein »billiger« erscheinen lassen, erst dann vom Preis sprechen!

3. *Den Preis halten*

   Nachgeben im Preis verrät Schwäche und erzeugt Mißtrauen.

4. *Den Preis psychologisch verbilligen*

   – durch direkte optische Verbilligung: möglichst unter der Barriere einer runden Zahl bleiben, den günstigeren Preis für das Haupterzeugnis (Nebenteile zunächst ausklammern) und bei Ratenkauf den Preis pro Zeiteinheit in den Vordergrund stellen.

   – durch Beziehen des Preises auf die kundenwichtige Menge, d. h. die einmalige Verbrauchsmenge oder die einmaligen Gebrauchskosten (Berechnungsmethode).

   – durch zugkräftigen Preisvergleich mit anderen und möglichst alltäglichen Ausgaben des Kunden (Vergleichsmethode).

5. *Den Preis durch die Ganzheit des Angebots niedriger machen*

   durch Herausstellung von Qualität und Nutzungswert, Zuverlässigkeit und Lebensdauer, Garantie und Kundendienst, Formschönheit, Hersteller- und Verkäufername, Kundenberatung, Verpackung, günstigen Lieferbedingungen, Lieferzeit, Abschreibemöglichkeit, Wiederverkaufswert, Geldersparnis, Zahlungsbedingungen und dergleichen mehr. – Alles das bekommt der Kunde zusätzlich zur Ware für sein Geld!

6. Den Preis in der richtigen Form nennen

Den Kunden nicht den Nachteil der Ware: ihren Preis, sondern die ganze Lockung der Ware erleben lassen (siehe Seite 58)!

Dutzend, manchmal auch von mehreren Dutzend gewichtiger Punkte. Die *Bedeutung des Preises wird meistens überschätzt.* Er ist nur einer dieser Faktoren, und es hängt von der Gesprächsführung des Verkäufers ab, ob dieser im Vordergrund steht oder andere Punkte aus der Gesamtheit des Angebots, die für das Preisgefühl des Käufers ebenfalls entscheidend sind.

Stellen Sie Ihr Gesamtangebot auf Grund der Verhältnisse Ihrer eigenen Firma und der Verhältnisse bei Ihren Kunden Punkt für Punkt zusammen, und arbeiten Sie damit: Es lohnt sich!

Einen absoluten Preis gibt es nicht. Je besser es der Verkäufer versteht, dem Kunden die für ihn wichtigen Faktoren deutlich und verlockend zu veranschaulichen, um so »billiger« erscheint diesem die Ware. Arbeiten Sie mit Ihrem Gesamtangebot, und Sie werden leichter verkaufen!

II.
HOHEN PREIS VERKAUFEN

Sämtliche Ausführungen dieses Buches dienen dazu, besser verhandeln und erfolgreicher verkaufen zu können, auch zu einem hohen Preis. An dieser Stelle soll das Wichtigste zur Erreichung dieses Ziels noch einmal zusammengefaßt werden: Hohen Preis verkaufen heißt *Qualität verkaufen.* Schließlich zielt das gute Qualitätsgespräch nur darauf ab, den höheren

Preis der echten Qualitätsware im Vergleich zu dem, was sie dem Kunden mehr gibt, glaubhaft zu machen. John Ruskin sagt hierzu einleuchtend:

»Es gibt kaum etwas in der Welt, was nicht irgend jemand etwas schlechter machen und darum billiger verkaufen könnte, und die Leute, die sich nur am Preis orientieren, sind dieses Menschen gerechte Beute.«

Ein Wort, das — nebenbei bemerkt — der Qualitätsverkäufer sauber auf eine Postkarte gedruckt bei sich führen und manchem seiner Gesprächspartner im richtigen Augenblick mit der Bemerkung zum Lesen hinreichen kann: »Übrigens, Herr Spärlich, kennen Sie dieses Wort eines klugen Mannes?«

Wir wissen (S. 208), daß alle Qualitätseigenschaften einer Ware in zwangsläufigen Beziehungen zueinander stehen; eine Erkenntnis, die Ausgangspunkt für die wirkungsvolle Entfaltung der eigenen Vorteile durch den klugen Verkäufer in der *Plus-Minus-Argumentierung* ist (S. 250 f.). Alles Gute auf einmal, nur Vorteile kann man nirgends finden oder bekommen, stets müssen wir für ein Plus irgendein Minus in Kauf nehmen. Jetzt, wenn es um den Preis geht, zeigt sich das in seiner vollen Bedeutung.

Der Feind des Guten war noch immer das Bessere, und das wird immer so bleiben: Die teuerste Ware ist oft auf die Dauer gesehen die billigste, *der hohe Preis* daher *der in Wahrheit niedrige*. Das ist ein einfaches Rechenexempel. Die zusätzlichen Werte und Vorzüge, die der Kunde durch die Qualität bekommt, braucht man nur den Werten einer vergleichbaren Konkurrenzware zuzurechnen bzw. abzuziehen, die der Kunde verliert, wenn er nicht Qualität kauft.

— »Wenn Sie diesen Unterschied nüchtern betrachten, meinen Sie da nicht selbst: Die fünfzig (fünftausend) Mark, die Sie jetzt sicherlich sparen können, würden Ihnen eines Tages vielleicht noch teuer zu stehen kommen?«

Soll ein *langlebiger Artikel* für viele Jahre gute Dienste leisten, dann liegt der Qualitätsgedanke natürlich besonders nahe. Um einen billigeren Mitbewerber aus dem Felde zu schlagen, genügt zuweilen die einfache Frage:

— »Wie oft in Ihrem Leben werden Sie eine Nähmaschine kaufen?«

— »Wie oft wollen Sie in den nächsten zehn Jahren eine neue Anlage dieser Art in Ihrer Fabrikhalle aufstellen lassen?«

Bei der Plus-Minus-Argumentation muß immer *ein Nachteil eines Konkurrenten* berücksichtigt werden, der durch geschicktes psychologisches Hochspielen mittels eines lebendigen Beispiels aus der Praxis für den Kunden zu einem echten Risiko werden kann. Der Hinweis des Kunden auf die dort günstigere Einkaufsmöglichkeit wird erfolgreich entkräftet durch die Antwort:

— »Natürlich können Sie auch jenes Erzeugnis kaufen, das nicht zu Unrecht seinen guten Namen erworben hat. Nichts gegen dieses Erzeugnis! Sie sparen beim Einkauf tatsächlich tausend Mark — und das ist viel Geld —, wenn Sie bereit sind, dafür das Risiko auf sich zu nehmen (milder ausgedrückt: beim Zusammentreffen ungünstiger Voraussetzungen das auf sich zu nehmen, was die Leute in dem vorhin berichteten Fall X erlebt haben). Diese Entscheidung liegt natürlich bei Ihnen, die kann Ihnen niemand abnehmen.« Selbstverständlich wird der anständige Verkäufer die Grenze einzuhalten wissen, die ihm bei dieser Kunst, Nachteile des Konkurrenten für sich selbst einzuschätzen, nun einmal gesetzt sind (vgl. S. 214).

Der hohe Preis ist demnach der Beweis für hohe Qualität, ja geradezu seine Garantie; und die hohe Qualität sichert den in Wahrheit niedrigen Preis!

Manche Firmen, besonders im technischen Bereich, die für ihre *hervorstechende Qualität* bekannt sind, berechnen besonders hohe Preise *ohne* jede formelle *Garantie*gewährung. Sie begründen das sehr überzeugend: Gerade weil wir keine formelle Garantie geben, brauchen wir eine durch nichts eingeschränkte, eine absolute Sicherheit für die beste Qualität jedes einzelnen Fertigungsstücks. Das geringste Abweichen von diesem Grundsatz würde einen nicht wieder gutzumachenden Schaden am Ruf unseres Erzeugnisses bedeuten. Deshalb müssen wir die hohen Preise berechnen: sie sind die Garantie dafür.

Beim Verkauf von Qualitätsware mit verhältnismäßig hohem Preis können Sie auch die *Vorbereitungsmethode* anwenden: Bieten Sie zuerst eine weniger wertvolle oder höchstens eine durchschnittliche Ware an, in jedem Fall eine, die in ihrer Qualität deutlich erkennbar unter dem Niveau des Kunden liegt. Er wird protestieren oder zumindest sich unbefriedigt zeigen. Haben Sie ihn so vorbereitet, wird er Ihre Qualitätsware, die Sie von Anfang an verkaufen wollten, um so eher als die für ihn einzig richtige empfinden. Diese Methode gilt für Gebrauchs- und Konsumwaren in gleichem Maße wie für den Verkauf von Maschinen, Dienstleistungen oder Investitionsgütern. Diese Art des Vorbereitungsangebotes macht den Kunden beträchtlich aufgeschlossener für den von vornherein auf ihn gemünzten Vorschlag, der für ihn jetzt *die* Lösung aus den entstandenen Schwierigkeiten bedeutet.

In manchen Fällen, vor allem bei weiter verarbeitenden Industriekunden einiger Branchen, ist es wichtiger, die einfache, direkte Frage zu stellen: »*Welcher Preis kommt für Sie in Frage, Herr X?*« Manchmal ist der Kunde gerade an teueren Waren und damit an hohen Preisen interessiert, weil sich hohe Investitionen in teureren Maschinen unter Umständen schneller bezahlt machen.

A. GRUNDFORDERUNGEN

1. *Der hohe Preis garantiert die hohe Qualität, und die hohe Qualität sichert den in Wirklichkeit niedrigen Preis!*

   a) *Preisargumentation im Zusammenhang mit Qualität:*
   Plus und Minus aller Eigenschaften des Angebots für den Kunden klug gegeneinander abwägen und ausspielen

   b) *Der Feind des Guten ist das Bessere:* Die teuerste Ware erweist sich auf die Dauer oft als die billigste, der hohe Preis daher als der niedrigere

   c) *Den bescheidenen Mehraufwand für die wirklich hochwertige Ware* im Vergleich zur weniger wertvollen deutlich machen: Berechnungsmethode!

   d) *Bei langfristigen Anschaffungen* den Gedanken eingehen lassen: »Wie oft in ihrem Leben werden Sie ein solches Produkt kaufen?«

2. *Ein kluges Qualitätsgespräch führen heißt ein gutes Gebrauchswert-Gespräch führen:*
   Den Kunden den besonderen Nutzungs- und Erlebniswert des Angebots für ihn lebendig miterleben lassen

B. WESENTLICHE HILFEN

1. *Zusätzlich zur Qualität die Ganzheit des Angebots verkaufen,* also alles das psychologisch wirkungsvoll verwerten, was der Kunde zusätzlich zur Ware bekommt

2. *Den Kunden auf die hohe Qualität geschickt vorbereiten:*
   Zuerst ein unter seinem Niveau oder ein weniger gut geeignetes Produkt anbieten und dabei dezent auf dessen gewisse Mängel verweisen

3. *»An welchem Preis sind Sie interessiert?«*
   Manchmal hervorragendes Hilfsmittel, besonders bei Weiterverarbeitern.

4. *Die verschiedenen Methoden der psychologischen Verbilligung und die Technik der klugen Preisnennung*

gerade beim Verkaufen des hohen Preises immer klug gebrauchen.

C. VORTEIL EINER KLAREN UND SAUBEREN PREIS- UND RABATT-POLITIK

»Wir haben die für unsere Kunden günstigste Kalkulation. Keiner hat einen günstigeren Preis. Jeder Kunde weiß bei uns genau, woran er ist: Welche Leistung er bekommt und was die Ware kostet. Kann es eine andere reelle Geschäftsgrundlage für beide Teile geben?«

III.
PREIS- UND RABATTEINWÄNDE AUS DER PRAXIS UND IHRE BEHANDLUNG

1. »Zu teuer«:

In den meisten Fällen ist das nur ein Scheineinwand im Sinne der unechten oder verborgenen Einwände, eine typische »faule Ausrede«. Deshalb auf den wirklichen Grund des Widerstandes durchstoßen! Die einfache, in verbindlicher Form zu bringende Gegenfrage (Schemafrage »Warum?«) kann viele Geschäfte retten:

— »Zu teuer: Wie meinen Sie das?«
— »Inwiefern halten Sie das für zu teuer?«
— »An welchen besonderen Punkt denken Sie, wenn Sie diesen Preis für zu hoch halten?«
— »Kennen Sie einen Artikel auf dem Markt, der Ihnen zu diesem Preis mehr bietet?«

Jetzt klärt sich rasch, was los ist, der wirkliche Grund des Widerstandes stellt sich heraus. Zumeist vergleicht der Kunde jetzt mit einem anderen Artikel dieser Art. Man selbst ist nun

in der Vor- und Nachteilargumentation, die dem guten Verhandler alle Möglichkeiten gibt, sich richtig zu entfalten. Ein
Beispiel:

— Kunde mit nicht gesunder Haut, die ihm Beschwerden bereitet, antwortet auf das Angebot einer Spezialseife: »Eine
Spezialseife brauche ich nicht, die ist mir zu teuer!« — »Inwiefern halten Sie diese Seife für zu teuer?« — »Das ist zu
viel Geld für mich, ich brauche sie eben nicht« (Kunde sieht
den besonderen Wert für sich nicht ein)! — »Das kann ich
gut verstehen, daß Sie zunächst Bedenken haben wegen des
Preises. Wieviel mehr kostet diese Seife eigentlich gegenüber der, die Sie bisher immer benutzen?« (Ja —?) — »Das
sind 60 Pfennig pro Stück.« — »Und wie lange reicht das
Stück im allgemeinen?« — »So drei Wochen.« — »Nun,
wenn Sie drei Wochen lang durch das Waschen mit dieser
Spezialseife Ihre Haut wirklich so pflegen können, daß Sie
keinerlei Ärger mit ihr haben, lohnt sich da die Mehrausgabe von ganzen drei Pfennigen am Tag vielleicht nicht?«
(Berechnungsmethode.) — »Na ja, da haben Sie schon
recht . . .«

(a) »Zu teuer« aus dem Mund eines Wiederverkäufers:

— »Was verkaufen Sie lieber, bei welchen Artikeln verdienen
Sie mehr, bei billigeren oder bei teueren?«
— »Womit sind Ihre Kunden auf die Dauer zufriedener?«

(b) Händler: »Das wird mir diesmal zu viel, diesen Artikel
kann ich nicht auch noch bestellen!«

— »Wenn das so ist, wäre ich der letzte, der Ihnen etwas
aufschwatzen will. Herr Kurtzig, nur die Frage: Was machen Sie, wenn Ihnen dieser Artikel in Kürze ausgeht?

Werden Sie auf ihn verzichten oder werden Sie ihn dann bei einem Großhändler kaufen, was meinen Sie?« — Händler bejaht letzteres. — Jetzt auf die Möglichkeit von Lieferverzögerung hinweisen, auf verärgerte Kundschaft, vielleicht auf die Gefahr eines Bonusverlustes oder dergleichen.

(c) Buchhaltungschef: »Ihre Buchungsmaschine ist mir zu teuer«

Hier eine grundsätzlich andere Antwortmöglichkeit, die eine besondere Anwendungsform der Berechnungsmethode ist:

— »Es tut mir leid, Herr Bärmlich, daß Sie dieser Ansicht sind. Gesetzt den Fall, ich böte Ihnen eine Möglichkeit, Ihre Buchungsunkosten nicht unbeträchtlich zu senken, wäre das für Sie nicht interessant? Tatsächlich gibt es nämlich zwei Preise für unsere Buchungsmaschine: den Preis von DM 12 000.—, den Sie kennen, und den von DM 24 000.— (DM 60 000), den Sie im Augenblick noch nicht kennen, weil Sie diesen Preis erst im Laufe der nächsten zwei Jahre (5 Jahre) ohne diese Maschine bezahlen werden.« — Jetzt erfolgt meistens Widerspruch oder Bitte um genauere Erklärung mit nachfolgender Diskussion darüber.

(d) »Gut, aber teuer«:

— »Warum teuer?« — »Bei Ihnen DM 15.80, bei Ihrer Konkurrenz nur DM 13.80 die gleiche Einheit.« — »Zu diesem Preis können wir Ihnen den Artikel auch liefern, ich dachte nur, Sie legen auf Spitzenqualität Wert, stimmt das?« Dann mit dem Risiko arbeiten, daß anspruchsvolle Kunden unzufrieden sind und abwandern: »Ist Ihnen das zwei Mark bei Ihrem Einkaufspreis wert?«

— »Nun, Herr X, bei der Konkurrenzware, die Sie — wie Sie eben sagten — 20 Prozent billiger einkaufen als unsere, brauchen Sie 2 Gramm Beimischung auf ein Pfund, bei unserer Ware, die Sie 25 Prozent mehr kostet, brauchen Sie $2^{1}/_{2}$ Gramm auf ein Kilogramm: Sie können doch rechnen?«

2. Rabatteinwände:

Die folgenden Antworten sind Beispiele für die wesentlichsten Möglichkeiten. Im Kern sind die verschiedenen Rabatteinwände miteinander verwandt, was sich auch daraus ergibt, daß man die Antworten zum Teil fast austauschen kann:

(a) *Verdiene zu wenig an Ihrem Artikel«:*

— »Sie glauben also, daß Sie nicht genug verdienen: Ist Ihnen unsere Gewinnspanne zu klein, oder dachten Sie ursprünglich an einen höheren Umsatz?« Mit dieser gezielten Frage klärt sich oft der wahre Grund des Widerstandes.

(b) *Staffelrabatt bei Konkurrenz«:*

— »Die Frage, die Sie hier aufwerfen, ist wirklich sehr bedeutungsvoll für Sie. Sie läuft doch darauf hinaus, ob Sie an diesem Erzeugnis genug verdienen, ist es nicht so, Herr X?«

(c) *Ihre Konkurrenz gibt mir 3 Prozent mehr«:*

Mit der Ganzheit des Angebots arbeiten! Sich fragen: Was biete ich und der Konkurrent nicht? Es läßt sich ganz bestimmt etwas finden. Ist z. B. bekannt, daß der Konkurrent mit erhöhtem Rabatt ins Geschäft kommen will und daß das möglicherweise seine Kraft übersteigt (dafür gibt es viele Beispiele in allen Branchen!) Antwortmöglichkeit:

— »Herr X, natürlich können Sie auch dort einkaufen, da haben Sie *jetzt* den unbestreitbaren Vorteil von 3 Prozent mehr Rabatt. Die Frage ist nur, was Ihre Kunden, von denen Sie ja schließlich leben, tun, wenn Sie später einmal Kundendienst brauchen. Auch wenn Ihr Sohn einmal an dieser Stelle steht und Ihr Geschäft weiterführen wird, wird unser Haus noch existieren. Brauchen Sie bei dem Rang und der Politik unserer Firma da einen Zweifel zu haben? Können Sie das mit der gleichen Sicherheit von allen miteinander konkurrierenden Firmen in unserer Branche sagen? Was haben Sie von 3 Prozent mehr, wenn Sie als Händler die Hilfe des Herstellers (bzw. Großverteilers) brauchen und sie nicht oder nicht ausreichend bekommen? Was werden dann Ihre Kunden zu Ihnen sagen?« Dabei einige Firmennamen bereit haben, die noch vor wenigen Jahren mit Rabatt um sich warfen und heute nicht mehr existieren, und anschaulich auf die jetzigen Schwierigkeiten der Händler hinweisen, die es damals für besonders klug hielten, mit diesen zu arbeiten.

(d) *»Ich kaufe nur mit Rabatt«:*

Immer wieder bestehen Kunden (Händler ebenso wie Einkäufer von den großen Firmen mit starkem Eigenbedarf) auf Bruttopreisen mit möglichst hohem Rabattabzug. Auf einen Nettopreis wollen sie sich nicht einlassen, der für sie oft beträchtlich günstiger wäre! Diese falsch rechnenden Kunden korrigieren:

— »Ich sehe, Sie sind auf günstigste Einkaufsmöglichkeiten aus; nun, das leuchtet mir wirklich ein. Wie soll ich es verstehen, Herr X, daß Sie *nur* mit Rabatt einkaufen? Sie sind als erfahrener Kaufmann doch mit dem Kalkulieren und seinen Problemen vertraut. Möchten Sie wirklich, daß Ihr Lieferant den Preis zuerst überhöht, damit Sie dann Rabatt abziehen können? Was versprechen Sie sich davon, Herr X?«

— Nach Anerkennung des Einwandes wie soeben: »Glauben Sie, Sie kaufen dann am günstigsten ein, wenn Ihr Lieferant mit Preisen und Rabatten ein optisch schönes Spielchen betreibt? Oder liegt Ihnen als kalkulierendem Kaufmann nicht an der nüchternen Zahl, die Sie Ihrem Lieferanten dann in Mark und Pfennig zu bezahlen haben? Wo fühlen Sie sich besser aufgehoben, was liegt mehr in Ihrem Interesse als Kunde?«

— Subalterne Einkäufer glauben manchmal durch hohe Rabatte bei ihren Vorgesetzten Eindruck zu schinden. Sie sind zu überzeugen, daß sie beim Arbeiten mit Nettopreisen dem scharf rechnenden Vorgesetzten viel mehr imponieren können.

(e) *»Ich will Sonderrabatt«:*

— Nach Anerkennung des Wunsches: »Wenn wir Ihnen noch 10 Prozent Sonderrabatt geben, müssen wir diesen als anständige Kaufleute allen anderen Abnehmern auch geben. Abgesehen davon, daß wir das von der Kalkulation her gesehen unmöglich können, was würde geschehen, wenn alle Händler diesen Sonderrabatt haben?« Selbstverständlich Weitergabe an den Verbraucher, der besondere Vorteil zerrinnt, es gibt keinen klaren Preis mehr, also nur ein Nachteil, auch für den Fordernden!

(f) *»Habe Abschluß bei einem Konkurrenten von Ihnen,* da bleibt mir keine Luft mehr für weiteres Disponieren«:

— »Ist es wirklich ein Vorteil für ein Fachgeschäft, sich auf
lange Sicht selbst die Hände zu binden bezüglich der Erzeugnisse, die man vertreibt? Wovon leben Sie als Inhaber
eines Fachgeschäfts?« Jetzt den Grundgedanken: Fachgeschäft in den Mittelpunkt stellen (s. S. 211)! Auf den
echten Geschäftsvorteil bedacht sein!

— Manchmal ist der Hinweis auf das gute Zusatzgeschäft mit
den eigenen Artikeln erfolgreich, wenn ein solcher nicht zu
ändernder Abschluß vorliegt.

(g) *»Was, nur 2 Prozent Skonto?«*

— Auf die Notwendigkeit hinweisen, Rohstoffe, Löhne,
Steuern usw. bar zu bezahlen, auf die saubere Kalkulation
der Preise und die Seriosität der Firma verweisen: »Sollen
wir höhere Preise berechnen, nur damit wir dann mehr abziehen können? Wäre das ein anständiges, sauberes Ge-
schäftsgebaren? Würden *Sie* als Kaufmann das für besser
halten?«

(h) *Grundsätzliches Vorgehen gegenüber Rabattjägern:*

— Eine ganz klare und saubere Preis- und Rabattpolitik betreiben!

— »Sie haben den günstigsten Preis, den irgendein Händler
Ihrer Abnahmemenge von uns bekommt ... Wie ich das
Ihnen sagen kann, muß ich es morgen ... Anständige
Firma, kein Preismauschel!« (s. S. 286)

— Am einfachsten und wirkungsvollsten ist es oft, typischen
Rabattjägern eine Karte »Er gab stets die höchsten Rabatte« (aus dem Verlag Peter Basten, Aachen, Rolandstr.
7—9) zu zeigen, mit der Frage: „Herr Y, möchten Sie eines

Tages so aussehen wie der da? Oder glauben Sie, ich möchte einmal so herumlaufen wie der da?«

— Kunde soll eine größere Menge abschließen, dann hat er zumeist erhöhten Rabatt und die sonstigen allgemeinen Vergünstigungen gewonnen.

3. Kunde wehrt sich im Teilzahlungskauf gegen Anzahlung

»Haben Sie kein Vertrauen zu mir?«:

— Den Stil der Antwort darauf ausrichten, daß diese Frage mit menschlichem Vertrauen überhaupt nichts zu tun habe, sondern eine nüchterne kaufmännische Angelegenheit sei: »Wir müssen unsere Steuern bezahlen, wir müssen beim Lieferanten rechtsverbindlich bestellen, wir haben Lagerunkosten! Wie sollen wir als reelle Geschäftsleute diese Verpflichtungen erfüllen, wenn wir nicht von Anfang an mit wenigstens einem bescheidenen Teil der Kaufsumme arbeiten können? Das ist der einzige Grund, weshalb es ohne Anzahlung nicht geht. Glauben Sie, irgendein Unternehmen könnte sich auf die Dauer anders verhalten?«

ZWEITER TEIL: DER ABSCHLUSS

Wie für das Verhandeln und das Verkaufsgespräch allgemein, so gibt es leider auch für die schwierige Phase des Abschlusses keine Patentlösungen und Zauberrezepte. Allerdings sind bei allen noch so verschiedenen Möglichkeiten meistens *bestimmte Gesetzlichkeiten* wirksam, mit denen wir uns jetzt beschäftigen. Werden sie beachtet, dann ist das »Wie« weitgehend eine Frage der Persönlichkeit des Gesprächsführers, der Ausstrahlung seiner Wesensart, seiner eigenen inneren Überzeugung und seines Schwunges. So ist es auch hier: Gelingt es, den anderen in den Bann der eigenen Persönlichkeit zu ziehen, dann hat man den erfolgreichen Abschluß des Gespräches zumeist in der Tasche!

Die folgende »schulmäßige« Betrachtung der Vorgänge in der Gefühlssphäre des Partners bzw. des Kunden, die einander vielfältig überschneiden, das Studium der verschiedenen Kniffe und Erfahrungsregeln könnten beim »Anfänger« das, worum es hier geht, recht *kompliziert erscheinen* lassen. In der Praxis aber ist für den einigermaßen Erfahrenen und für den, der sein Gebiet sachlich beherrscht, alles viel einfacher, als man auf Grund theoretischer Darlegungen meint. Jeder Mensch mit offenen Augen kann sich folgende Grundregeln bei kritischer Selbstbeobachtung und systematischer Bemühung aneignen.

I.

ABSCHLUSSWIDERSTAND

1. Falsches und richtiges Verhalten bei Abschlußwiderstand

a) Keine Hochdruck- oder Trick-, nur echte Beratungsmethode: Die »Verkaufskanone« im schlechten Sinn führt uns den *Hochdruckverkauf* vor, jene Aufdringlichkeit, welche die Kunden in übler psychologischer Überrumpelung »abschießt«. Andere wiederum sind Meister im *Trickverkauf*. Sie suggerieren übertriebene und falsche Vorstellungen und nutzen den günstigen Augenblick rücksichtslos aus. Größte Vorsicht vor solchem Verhalten! Zwar lassen sich damit Augenblicks- und Eintagserfolge erzielen, aber meistens dürfen sich diese »Verkaufskanonen« später bei ihren Kunden nicht mehr sehen lassen.

Doch können wir von diesen Hochdruck- und Trickverkäufern *manches lernen:* Beobachten Sie auf Jahrmärkten oder an Wohnungstüren die reißerischen Methoden und die Arbeitsweise im kleinen. Ihnen können die Augen aufgehen über die hochgradige Beeinflußbarkeit der Menschen, wenn sie nur von der »richtigen« Seite her gepackt werden! Sie erkennen sofort die dabei benutzte psychologische Hintertür: es sind meistens die verschiedenen Kaufmotive und ihre bedenkenlose Ausnutzung. Verkäufertypen dieser Art wird eine solide Firma auf die Dauer niemals beschäftigen, wenn sich auch die etwas mildere Gattung bei der Einführung guter neuer Erzeugnisse oft bewährt.

Das Gegenteil der Hochdruckmethode ist der *Mitleidsverkauf.* Wer es nötig hat, um einen Auftrag zu betteln und sich selbst zu erniedrigen, der möge sich einen anderen Beruf suchen!

Für den tüchtigen und weitblickenden Verkäufer gibt es nur die echte *Beratungsmethode:* er fühlt sich als der Treuhänder der echten Kundeninteressen, er will dem Kunden nichts *ver*kaufen, er will ihn vielmehr dahin bringen, daß er selbst kaufen will. Gewiß ist es manchmal nicht falsch, dem Kunden mit gelindem Nachdruck zu seinem »Glück« zu verhelfen. Aber nur dann, wenn es sich um eine auf lange Sicht wirklich richtige und zweckmäßige Anschaffung handelt. Der tüchtige Verkäufer wird im scharfen Wettbewerb von heute und im noch schärferen Wettbewerb von morgen in vielen Fällen gar nicht anders handeln können. Soweit er sich dabei jedoch im Rahmen des Kundeninteresses hält, wird ihm niemand deshalb einen Vorwurf machen.

b) Ruhe und positive Atmosphäre: Spüren Sie einen speziellen Abschlußwiderstand, dann heißt es ruhig bleiben und Ruhe zeigen! Die *gewisse Nervosität,* die in solchen Situationen wohl jeden Menschen irgendwie beschleicht, dürfen Sie auf keinen Fall nach außen hin erkennen lassen. Denn Ihr Partner wird in seinen Bedenken durch jede noch so schwache innere Spannung und Erregung Ihrerseits sofort wesentlich bestärkt. Das gilt vor allem auch bei Verhandlungen über den Schreibtisch hinweg.

Deshalb gerade jetzt nicht zu viel reden, keine unruhigen Bewegungen, keinen unruhigen Blick zeigen, Hände ruhig halten, sicher, bestimmt und lieber etwas langsamer sprechen! Entspannt wirken und in jeder Hinsicht positive Atmosphäre um sich verbreiten: die *Erwartung, daß Ihr Kunde kauft,* muß für Sie ganz selbstverständlich sein. Sie müssen diese Erwartung durch Ihre ganze Persönlichkeit, durch Ihre Haltung, Ihr Auftreten, Ihre Stimme, Ihre Art zu argumentieren ausstrahlen!

Stören Sie die positive Atmosphäre auch nicht durch *psychologisch ungeschickte Ausdrücke!* Vermeiden Sie z. B. das Wort »kaufen«, gebrauchen Sie dafür »anschaffen«, »erwerben«, »zulegen«; sprechen Sie nicht von Ihrer »billigen« Ware, was leicht zu einer Herabminderung ihres Wertes werden könnte, sondern bezeichnen Sie sie als »preiswert« oder als »preiswürdig«!

c) Unbedingte Zielsicherheit und Initiative: Es steht fest, daß bei aller notwendigen Vorsicht viele Verkäufer zu weich sind. Sie geben den Kampf um den Kunden zu früh auf. Vor allem der Feinfühlige, der sonst gute Voraussetzungen für den verkäuferischen Erfolg mitbringt, ist hier in besonderer Gefahr. Verpassen Sie den *Augenblick der Kaufbereitschaft* Ihres Kunden nicht, sonst macht der Wettbewerber morgen *Ihr* Geschäft! Reden Sie auf keinen Fall nach Art der temperamentvollen Vielredner den Kunden über seinen Kaufentschluß hinweg! Denken Sie als Verkäufer im Außendienst nicht, Sie würden unverschämt erscheinen oder Ihren

Kunden in Verlegenheit bringen, wenn Sie ihm Ihr weiteres Angebot unterbreiten, nachdem er schon etwas gekauft hat. Seien Sie sicher: Ihr Händler kauft sowieso nicht (höchstens ganz ausnahmsweise) Ihnen persönlich zuliebe, sondern er kauft in Wirklichkeit Ihres Angebots wegen bei Ihnen!

Lassen Sie sich von den Meistern des »Entschlußverschiebens« nicht immer wieder auf später vertrösten. Gefällt Ihrem Kunden das, was Sie zu bieten haben, und spüren Sie, daß er Ihre Ware gern hätte, dann nicht nachgeben! Meistens hat er *nur Angst vor der Entscheidung,* zu der er sich noch nicht aufraffen kann. Nur keine Furcht vor dieser Angst des Kunden! Nicht aufgeben, diese geschickt überwinden, sonst entgeht Ihnen ein sicheres Geschäft! In dieser Lage braucht man dem Kunden gar nichts aufzudrängen. Man braucht ihm nur über seine Entscheidungsangst hinwegzuhelfen. Das erfordert allerdings einige Zähigkeit in der Sache, die sich mit Liebenswürdigkeit in der Form sehr wohl vereinen läßt.

Der Verkäufer sollte also in jedem Fall *die Initiative behalten:*

— Lassen Sie sich bei nicht vermeidbaren Verzögerungen, wenn z. B. noch wichtige fehlende Informationen eingeholt werden müssen, unter keinen Umständen das Heft aus der Hand nehmen: Bringen Sie vielmehr das ergänzende Material persönlich, und holen Sie es persönlich wieder ab!

— Schlagen Sie einen provisorischen Einbau für Erprobungszwecke vor!

— Lassen Sie ihre Ware zu praktischen Versuchen da, übernehmen Sie gewisse Garantien für Ihren Interessenten!

— Schreiben Sie einen geschickten und zielbewußten Nachfaßbrief mit klärenden, optisch-anschaulichen Hilfen!

— Suchen Sie sich Bundesgenossen durch Beeinflussung von weiteren Personen usw!

— Lassen Sie sich nicht abspeisen mit: »Ich melde mich wieder bei Ihnen«, sondern schlagen Sie selbst vor: »Ist es Ihnen recht, wenn ich nächsten Dienstag vorbeikomme, oder ist es Ihnen gegen Ende der Woche lieber?«

So behalten Sie in jedem Fall die Initiative und gehen mit ganz anderen Chancen in die Abschlußphase Ihrer Verhandlung hinein.

2. Abgrenzung des Widerstands

Stellen Sie bei Ihrem Gesprächspartner einen allgemeinen Abschlußwiderstand fest, windet sich Ihr Kunde also im entscheidenden Augenblick um eine klare Äußerung herum bzw. kommt er mit unechten Einwänden (mit »faulen Ausreden«), dann vermeiden Sie einen häufigen und schwerwiegenden Fehler! Viele *vermuten* in dieser schwierigen, aber durchaus noch nicht hoffnungslosen Lage irgend etwas vielleicht Naheliegendes als Grund des Widerstandes und argumentieren dann in Richtung dieser Vermutung. Die Tatsache, daß sie zufällig hin und wieder richtig vermuten, mag der Grund dafür sein, diesen schweren Fehler als solchen nicht zu erkennen.

Jetzt müssen Sie zu allererst *eindeutig herausfinden,* welches der *wahre Grund der negativen Einstellung* und des Widerstandes ist. Gegen einen Widerstand können wir mit den dafür geeigneten Waffen doch erst dann vorgehen, wenn wir ihn genau kennen. Wir müssen also diesen allgemeinen Abschlußwiderstand im einzelnen kennenlernen. Wir müssen ihn abzugrenzen und genau zu lokalisieren verstehen, wir müssen aus dem verborgenen einen offenkundigen, ausgesprochenen Einwand machen (siehe auch S. 243 ff.).

3. Ist der Partner abschlußreif?

In besonders schwierigen Verhandlungen bzw. Verkaufsgesprächen taucht für den wachsamen Verhandlungsführer nicht selten das Problem auf, ob sein Partner schon abschlußreif ist, d. h. ob er es riskieren darf, das endgültige Abschlußgespräch einzuleiten und durchzuziehen. Auf der einen Seite will man natürlich jeden Fehler einer unnötigen und gefährlichen Verzögerung vermeiden. Auf der anderen Seite weiß man, daß ein zu früher Vorstoß leicht ein formelles »Nein« herausfordert, was dann die Erfolgschancen wieder vermindert. Wenn sich aber feststellen läßt, ob der Kunde wirklich kaufreif ist oder nicht, dann lösen sich diese Schwierigkeiten sofort auf.

Oft *gibt der Kunde selber zu erkennen,* daß er im Grunde genommen kaufwillig ist, auch wenn er vor der Entscheidung und vor der Geldausgabe noch etwas zurückschreckt. Er zeigt es mehr oder minder deutlich durch sein ganzes Benehmen, durch seinen Gesichtsausdruck, durch die Art seines Sprechens oder durch bestimmte Fragen, etwa nach dem möglichen Liefertermin, nach einer kleinen Veränderung, an der ihm liegt, nach der Abwicklung von etwa vorhandenen Garantieverpflichtungen. Er möchte eine Auskunft über die richtige Handhabung und Pflege des Artikels, bei empfindlichen Textilien über die richtige Art sie zu waschen oder zu reinigen. Er erkundigt sich, wie weit ein altes Gerät oder eine alte Maschine in Zahlung genommen wird, ob und wie Teilzahlung möglich ist. Er fragt nach der Möglichkeit eines zunächst unverbindlichen Zurücklegens der Ware, nach einem noch günstigeren Preis und ob das Produkt wohl wirklich das Richtige für ihn wäre. Bei Ehepaaren wandern gerne vielsagende Blicke zwischen Mann und Frau hin und her. Der geschickte Verkäufer kann all das, was ihm erfahrungsgemäß einen wertvollen Hinweis gibt, hin und wieder auch ein wenig provozieren.

Im übrigen gibt es eine gewisse Technik, dem Kunden *Kontrollfragen* von leicht suggestivem Charakter zu stellen. Sie schaffen oft von einem Augenblick zum anderen völlige Klarheit, z. B.:

— »Welche Farbe würde Ihnen am besten zusagen?« oder noch direkter: »Welche Farbe wollen Sie eigentlich haben, schwarz oder rot?«

— »Sie wollen doch schon im Sommerurlaub mit Ihrem neuen Automobil wegfahren?«

— »Das wollen Sie doch schon auf die kleine Reise in der nächsten Woche mitnehmen, von der Sie vorhin sprachen?«

— »Wann wollen Sie die neue Anlage denn in Betrieb nehmen?«

— »Sie wollen die Kiste doch noch vor Ostern geliefert bekommen?«

— »Diese Krawatte paßt doch sehr gut zu diesem Anzug, finden Sie nicht auch?«

Besteht einiger *Zweifel, ob ein Kernargument* vom Partner innerlich wirklich *anerkannt* wird, kann man sich ebenfalls mit suggestiven Kontrollfragen helfen, die etwa in folgendem Sinn aufgebaut sind (s. S. 112): »Herr X, wir haben uns schon einmal über das Problem ... unterhalten. Sie stimmen doch jetzt mit mir überein, daß ...« Aus der Art der Beantwortung erkennt man in vielen Fällen sofort die Situation und kann dann unverzüglich zum eigentlichen Abschlußgespräch übergehen.

II.

— Zwölf bewährte Methoden übersichtlich dargestellt —

1. Zusammenfassungs-Methode

Während des Gesprächs wird die Aufmerksamkeit des Partners oft durch Besprechung von nebengeordneten oder unwesentlichen Dingen etwas abgelenkt. Das bedeutet immer eine gewisse Entfernung von der Abschlußmöglichkeit. Deshalb im entscheidenden Augenblick alle wichtigen Vorteile für den Interessenten, vor allem in Anbetracht seiner besonderen Wünsche konzentriert zusammenfassen! Das kann auch übersichtlich in Stichworten auf einem Blatt Papier geschehen. Dann sofort das eigentliche Abschlußgespräch beginnen!

2. Plus-Minus-Methode

Weil sich dieses Verfahren abgewandelt hervorragend für die Beantwortung von Einwänden eignet, wurde es bereits auf Seite 250 behandelt. Der kluge Verhandlungsführer erscheint hier in der Rolle des neutralen Sachwalters der Interessen seines Partners. Auch hier am Ende der Abwägung von Vor- und Nachteilen des Angebots für diesen sofort das Abschlußgespräch im engeren Sinne beginnen!

3. Vertrauens-Methode

Sie ist vor allem bei länger- oder langdauernden Geschäftsbeziehungen fast nicht zu ersetzen. Für Vertreter und Verkäufer aus größten Unternehmen mit bestem Namen ist dies eine hervorragende Abschlußgrundlage ebenso wie für Inhaber oder deren Frauen von kleinen Geschäften, Reparaturbetrieben und dergleichen. Das in Jahren erworbene Vertrauen war und ist noch immer die beste Grundlage auch für künftige Geschäftsabschlüsse. Im Zweifelsfall genügt der Hinweis, daß dem Kunden auch jetzt und künftig in ähnlich guter Form geholfen würde wie in der Vergangenheit.

4. Kundendienst-Methode

Eine ausgezeichnete Hilfe vor allem bei langlebigen Erzeugnissen aus fast allen Branchen oder bei ihrer Natur nach stör- oder schadensanfälligen Waren! Verkäufer in bedeutenden Firmen, die sich für den so schwierigen Aufbau eines wirklich zuverlässigen Kundendienstes einen Namen gemacht haben, sind hier besonders stark. »Wie Sie wissen, sind wir immer für Sie da, sollten wir Ihnen einmal irgendwie helfen können.« — »Auch in 10 oder 20 und 30 Jahren wird unser Haus jederzeit zu Ihren Diensten stehen, wenn Sie es einmal brauchen sollten!« — Die Kundendienstmethode ist z. B. im Automobilverkauf ein bewährtes Verfahren für die Gewinnung des Anschlußauftrags auf den nächsten Wagen. Der kluge Verkäufer kann sie im kritischen Augenblick selten ohne Wirkung einsetzen.

5. Kontakt-Methode

Sie ist ebenfalls zu der Beantwortung zahlreicher Einwände ausgezeichnet verwendbar und wurde deshalb auf S. 260 schon dargestellt. Bitte lesen Sie jetzt dort noch einmal nach! Ist ein allenfalls vorhandener Abschlußwiderstand durch den engen Kontakt mit der Ware oder mit dem Angebot überwunden, ist der Besitzwunsch durch die innere Beziehung zum Produkt lebendig geworden, dann kann man den Kunden meistens auf der Stelle mit einem gut überlegten Abschlußvorschlag zum Kaufentschluß bringen.

6. Begeisterungs-Methode

Besonders beim schwerfälligen, sich nur langsam entscheidenden Kunden muß der temperamentvolle Verkäufer versuchen, das Herz dieses Menschen dadurch mitzureißen, daß er seine eigene echte Überzeugung (von der Güte des Angebots und vor allem von seinen Vorteilen für den Kunden) begeistert ausspricht und den anderen so zu packen versteht.»Wenn jemand so begeistert von seiner Firma und seiner Ware und von deren Vorteilen für mich sprechen kann, dann *muß* doch etwas daran sein!« Gelingt es, den zögernden Kunden auf diese Weise mitzureißen, dann ist man rasch mitten im Abschluß.

7. Methode des besonderen Entgegenkommens

Hier wird dem Kunden durch irgendein besonderes Entgegenkommen ein Anreiz gegeben, der ihn dann positiv beeinflußt. Vor allem die Erfüllung besonderer Wünsche sollte man anbieten, wie das Anbringen von Besonderheiten, Veränderungen irgendwelcher Art, die sich oft aus den Einwänden des Kunden ergeben. Beim Wiederverkäufer können das sein: kostenlose Vorführungen, Einschaltung in eine Werbeaktion, Gewährung spezieller Valutafristen (Vorsicht: keinen Präzedenzfall schaffen!), oder man kann auch so tun, als wäre die Lieferung im jetzigen Zeitpunkt besonders schwierig. Die so entstehende nicht unwesentliche psychologische Bindung führt dann rasch zum Abschluß.

8. Nachteil- oder Verlust-Methode

Machen Sie die Nachteile für Ihren Kunden deutlich, die durch Verzicht auf den Abschluß des Geschäftes für ihn eintreten werden oder können! Rechnen Sie ihm möglichst genau vor, auf welchen Nutzen oder Gewinn pro Tag, pro Woche, pro Monat, pro Jahr er verzichtet, welchen Verlust er also bewußt auf sich nimmt! Kaum etwas schmerzt uns so wie die Vorstellung eines für uns ganz unnötigen Verlustes. Das ist oft wirkungsvoller als die psychologisch manchmal verschwommenere Aussicht auf irgendwelche Gewinnmöglichkeiten. So kann man einen Händler darauf hinweisen, daß seine Konkurrenz sicherlich das Geschäft machen wird, falls er nicht oder nicht ausreichend disponiert. Die angebotene Ware könnte auch in dieser besonderen, netten oder praktischen Ausführung später nicht mehr oder möglicherweise nicht in ausreichender Menge oder zu diesem Preis greifbar sein. — Bei diesem Verfahren ist allerdings einige Vorsicht angezeigt, denn man argumentiert praktisch aus dem Negativen heraus, und das ist naturgemäß nicht sehr gut.

9. Methode der letzten Gelegenheit

Manche selbstsicheren Verkäufer von Großobjekten haben mit ihr gute Erfahrungen gemacht, sie ist weitgehend eine Persönlichkeitsfrage. Beim Verlassen des Kunden wendet man sich unmittelbar an der Tür, ehe man die Klinke herunterdrückt, nochmals zum Kunden, stellt in wenigen Sätzen und in ganz bestimmten, konkreten Formulierungen die besonderen Vorteile für ihn heraus. Man sagt etwa: „Jetzt bietet sich Ihnen die letzte Gelegenheit, Herr Moorstadt, sich einen unserer neuen Buchungsautomaten kurzfristig zu sichern!" Dann folgt sofort der einleitende Abschlußsatz: „Wollen Sie den Automaten zum 15. Februar, oder genügt Ihnen der 1. März?"

10. Konzentrations- oder Abgrenzungs-Methode

Das Gesamtangebot wird bei dieser Methode frühzeitig auf einen für diesen Kunden entscheidenden Punkt konzentriert und möglichst scharf abgegrenzt. Z. B.: »Wenn Sie sich darüber klarwerden können, daß Sie mit dieser Werkzeuganlage 25 Prozent Ihrer heutigen Arbeitszeit einsparen werden, wäre das für Sie der entscheidende Gesichtspunkt, um sich zur Anschaffung zu entschließen?« In der Bejahung durch den Kunden liegen natürlich eine große Vereinfachung für die gesamte Verkaufsbemühung und ein entsprechender Zeitgewinn. Für den Abschluß braucht man dann nur darauf zurückzukommen. — Vorsicht: Jeden Eindruck des Druckverkaufs vermeiden! Bricht der Kunde später doch aus seiner eigenen anfänglichen Erklärung aus, müssen wir natürlich im breiteren Rahmen argumentieren.

11. Methode des Reservearguments

Manche erfolgreiche Verkäufer empfehlen, während des gesamten Verkaufsgesprächs ein besonders gutes Argument in Reserve zu halten, um es im Notfall immer noch als zusätzliches »schweres Geschütz« einsetzen zu können. Bei einer größeren Zahl hervorragender Argumente und Kaufmotive mag das eine gute Politik sein, um den letzten Widerstand des Kunden beseitigen zu helfen. Im allgemeinen wird man jedoch schwerlich auf den Einsatz wirkungsvoller Argumente während des Gespräches verzichten können und wollen.

Erscheint der Auftrag als Ganzes noch fraglich, ist es oft klug, einen Teil des Auftrags vorab zu entscheiden. Wenn über das Gesamtobjekt eines Transportwagens noch nicht entschieden wird, kann man z. B. die Sonderausführung der Reifen schon im vorhinein festlegen, weil hier besonders lange Lieferzeiten berücksichtigt werden müssen und somit die Auslieferung des gesamten Objekts in Frage gestellt ist, wenn nicht in Kürze bestellt wird. Das bedeutet natürlich fast zwangsläufig die Einleitung des Gesamtauftrags.

Die Methode des Teilauftrags ist ihrer Natur nach nah verwandt mit dem Kunstgriff der Vorab- oder der Teilentscheidung, über den wegen seiner Bedeutung für die Praxis noch genau berichtet wird.

Oft ist es übrigens klug, zuerst den festen Auftrag für eine billigere Ausführung zu erreichen und dafür die Unterschrift des Kunden zu bekommen, um ihn später, wenn der Auftrag als solcher gesichert ist, auf die bessere und teurere Ausführung umzuändern.

III.
DIREKTE ABSCHLUSS- ODER KAUFAUFFORDERUNGEN

— Falsche und richtige Methoden —

Völlig falsch sind Kaufaufforderungen folgenden Stils, die manchmal von unerfahrenen oder nur an ihre Provision denkenden Vertretern zu hören sind:
— »Hier sind soundsoviele Päckchen, versuchen Sie es doch einmal!« (Der Kunde hat die Ehre, als Versuchskaninchen zu dienen!)

— »Auch Sie können mithelfen, diesen Artikel einzuführen! Bestellen Sie deshalb . . .« (Der Kunde hat das beruhigende Gefühl, sich als Rammbock oder als »Weichmacher« betätigen zu dürfen!)

— »Sie können getrost das große Paket nehmen, ich garantiere Ihnen, daß es kein Ladenhüter wird!« (Ungewöhnlich beruhigend!)

Falsch sind auch Kaufaufforderungen der nachstehenden Art, wie sie immer wieder angewendet werden:

— »Wollen Sie das nun kaufen?«

— »Entschließen Sie sich nun dazu?«

— »Darf ich jetzt notieren?«

— »Ich darf also den Auftrag jetzt ausschreiben?«

Wenn der Kunde nicht schon längst kaufentschlossen ist, fordern diese plumpen und abschreckend direkten Fragen die übliche Antwort heraus: »Nein, kaufen will ich das nicht« oder »Danke, zunächst nicht, das muß ich mir zuerst noch einmal überlegen« oder »mit meiner Frau, oder mit Herrn soundso besprechen«.

Machen Sie den Auftrag selbst niemals zum Gegenstand einer Frage durch derartige psychologisch falsche Redewendungen! Stellen Sie Ihren Kunden niemals vor die »Gesamtentscheidung«: Auftrag ja oder Auftrag nein! Es kostet viele Geschäfte. — Streichen Sie für diesen Zusammenhang auch das Wort »kaufen« oder ähnliche Ausdrücke aus Ihrem Wortschatz, die den Kunden auf die Geldausgabe oder andere direkt negative Momente hinweisen!

Etwas besser sind in der Praxis häufig benützte Kaufaufforderungen etwa in folgendem Stil:

— »Ist es Ihnen recht, wenn wir das Ergebnis unserer Besprechung jetzt kurz schriftlich festhalten . . .«

— »Darf ich das jetzt in Ihrem Sinne zusammenfassen . . .«

Auch solche Formulierungen werden in kritischen Fällen

nicht allzuviel einbringen, weil die bewußte Aufmerksamkeit des Kunden auch hier zu sehr darauf gelenkt wird, daß jetzt die von ihm gefürchtete Entscheidung erfolgen soll, wogegen sich sein Widerstand erneut aufbäumen kann.

Viele Wege führen zum Erfolg: Sie sind alle richtig, wenn:

1. der Kunde weiß, daß er nicht übervorteilt werden soll (kein Hochdruck- und kein Trickverkauf!)
2. eine durch und durch positive Abschlußatmosphäre herrscht, wenn der Kunde also spürt, daß er von uns etwas bekommt, was ihm in irgendeiner Weise weiterhilft. Dieses Gefühl verhindert fast mit Sicherheit das Aufkommen eines weiteren Widerstandes.
3. wir die geistige Führung des Gesprächs fest in unserer Hand behalten.

Bei den Menschen, die ziemlich genau wissen, was sie wollen, und die sich jede Entscheidung gut überlegen, ist es nach wie vor das Beste, *ganz offen und unverblümt* über ihr Anliegen zu sprechen und ihnen in eben dieser Form den *Abschlußvorschlag* zu unterbreiten. Ob das in humoristischer oder in »feierlicher« Form geschieht, hängt ganz vom Einzelfall ab: von der persönlichen Art des Verkäufers, von seiner Kenntnis und seinen Beziehungen zum Kunden und von der Gesamtsituation. Grundsätzlich darf man sagen: Jede Methode, die den soeben nochmals aufgezählten Forderungen gerecht wird, ist bei dem dafür geeigneten Partner gut und richtig, wenn sie zum Abschlußerfolg führt. Das ändert nichts daran, daß es eine Reihe von Kunstgriffen gibt, die uns in schwierigeren Fällen viel helfen können.

So erweist sich die *Entweder-Oder-Form*, die helfen kann, das Denken der Menschen zu führen, bei jeder unmittelbaren Kaufaufforderung von großem Wert. So kann man mit sicherer Stimme und in bestimmter Form etwa sagen:

— »Ich glaube, wir haben alle Punkte jetzt hinreichend ge-

Viele Wege führen zum Erfolg! Aber alle unterliegen den gleichen
Gesetzen:
— Kein Hochdruckverkauf, kein Trickverkauf: Nur echte Be-
  ratung
— Ruhe und Sicherheit: Positive Abschlußatmosphäre
— Unbedingtes Zielbewußtsein: Die Initiative behalten
Keine Angst vor der »Entscheidungsangst« des Partners:
Der Kunde sagt oft nur »Nein«, weil er an der Berechtigung
seines Besitzwunsches zweifelt; die eindeutig positive Haltung
des Verkäufers bringt ihn darüber hinweg
Abschlußwiderstand, falls nötig, durch präzise Fragen abgrenzen
Ist der Kunde wirklich abschlußreif? Das notfalls durch einfache
Kontrollfragen klären
Methoden, Widerstand zu überwinden und Abschluß einzuleiten:
1. Die wichtigsten Vorteile für den Kunden zusammenfassen
2. Vorteile durch Abwägen von Plus und Minus herausstellen
3. Das in den Jahren erworbene Vertrauen ausspielen
4. Den Kunden durch die Vorteile des hervorragenden Kundendienstes packen
5. Den Kunden durch engen Kontakt zur Ware vollends
   gewinnen
6. Den zögernden Kunden durch Begeisterung mitreißen
7. Den Kunden durch besonderes Entgegenkommen an sich
   binden
8. Verluste oder Nachteile bei Nichtabschluß klar machen
9. Kurz vor Verlassen des Kunden die letzte Gelegenheit bieten
10. Das Angebot frühzeitig auf einen entscheidenden Punkt ab-
    grenzen (Vorsicht!)
11. Ein besonders gutes Argument für die letzte Widerstands-
    überwindung in Reserve halten (Vorsicht!)
12. Zuerst einen Teil des Auftrags eindeutig klären
Kaufaufforderungen
nicht in der falschen Form, die den Auftrag selbst zum Gegenstand einer Frage macht,

sondern in der richtigen Art von den Interessen des Kunden her, und möglichst in der Form der Entweder-Oder-Frage, die es leicht macht, das Denken des Kunden gezielt zu führen!

POSITIVE ABSCHLUSSATMOSPHÄRE:
Keinerlei Kaufwiderstand mehr aufkommen lassen!

klärt. (Kurze Pause, in der sich der Kunde das selbst bestätigen kann.) Möchten Sie nun das wollene Wäschestück oder diese kräftige Baumwollausführung haben?« oder

— »Wollen Sie die Oberfläche nun verchromt oder schwarz?«

— »Was sagt Ihnen nun mehr zu: Wollen Sie das jetzt in der braunen Farbe nehmen, oder ist die rote mehr nach Ihrem Geschmack?«

— »Entscheiden Sie sich nun für diese mehr eleganten oder für diese robusten Handschuhe?«

— »Wollen Sie den schottischen Whisky oder diese deutsche Marke mitnehmen?«

— »Wollen Sie nun 40 Stück bestellen oder genügen Ihnen 25?«

— Eine andere sinngemäße Anwendung der Entweder-Oder-Frage, die den Kunden zwar nicht ausdrücklich, aber doch unausgesprochen vor eine Alternative stellt: »Werden Ihnen 100 Meter reichen?« (unausgesprochen bleibt: »oder brauchen Sie noch mehr?«)

Klüger als die direkten Kaufaufforderungen (zum Teil auch in der Entweder-Oder-Form) sind *verdeckte Aufforderungen*, bei denen aus der Sicht des Angesprochenen argumentiert wird. Man fragt also nicht in irgendeiner Form nach dem Auftrag (den *ich* haben möchte), vielmehr nach dem Bedarf (den *der andere* hat). So fragt etwa der Vertreter den Händler vor Beginn der Saison seiner Artikel:

— »In den kommenden zwei, höchstens drei Wochen können
wir noch glatt liefern. Wieviel brauchen Sie denn für die
nächsten sechs bis acht Wochen?«

— »Bedenken Sie bitte, wie rasch dieser vielgefragte Artikel
in den heißen Sommermonaten weggekauft wird: Mit wieviel Stück möchten Sie sich für den bevorstehenden Sommer
eindecken?«

Beim Festlegen von Größenordnung oder Stückzahl ist es
überhaupt klug, aus der Sicht des Kunden optisch gewinnend
zu argumentieren, z. B.:

— »Hier schlage ich Ihnen vor, nicht zu viel zu nehmen;
nehmen Sie einmal ... (das Maximum des für den Kunden
Möglichen, von dem man notfalls immer noch nach unten
ausweichen kann).«

Mit dieser Gruppe der verdeckten Kaufaufforderungen, bei
denen nicht nach einem Auftrag, sondern nach dem Bedarf
des Kunden gefragt wird, sind wir schon in unmittelbare
Nähe der Abschlußtechniken gerückt, die in unserer Zeit immer bedeutungsvoller werden und den Könner kennzeichnen.

IV.

DIE INDIREKTE ABSCHLUSSTECHNIK DER
PSYCHOLOGISCHEN SACKGASSE

Die folgende dargestellte Methode, die der Verfasser die
Methode der »psychologischen Sackgasse« nennt, ist ebenso in
der einen oder anderen Form das Geheimnis der raffinierten
Wohnungstürverkäufer (die einem Menschen etwas verkaufen, was er weder braucht noch will) wie von moralisch hoch-
stehenden Gesprächsführern und soliden Verkäufern in guten
und weltbekannten Firmen. Der Unterschied zwischen beiden liegt lediglich darin, daß der erste dieses »geistige Werk-

zeug« mißbraucht, während es der zweite nur im Rahmen der echten Interessen seines Partners einsetzt. Der Kunde wird, da er keinerlei Grund hat, sich zu sträuben, in eine Sackgasse geführt, die immer enger wird, und in der es für ihn immer schwerer wird, umzukehren und wieder herauszukommen.

Im Zeichen des scharfen und stets schärfer werdenden Wettbewerbs verlangt das erfolgreiche Verkaufsgespräch *die rechte Mischung von Energie und Takt*. Das Gespür für die richtige Grenze zwischen beiden muß der Verkäufer von Haus aus mitbringen und durch kritische Selbstbeobachtung in seiner praktischen Erfahrung ständig verfeinern. Ohne absolute Zielsicherheit: »Ich muß und ich werde den Abschluß bekommen« geht es nicht. Der Kunde darf von ihr nur nichts in unangenehmer Form merken. Er muß auf verbindliche und elegante Weise dahin geführt werden, wo ihn der Verkäufer haben will. Diese Verbindung von sachlicher Härte und Eleganz in der Form gewährleistet das richtige Führen des Kunden in jene psychologische Sackgasse. Sie ist ein hervorragendes, man könnte sagen »raffiniertes« Hilfsmittel zur suggestiven Lenkung des Kundenverstandes in der vom Verkäufer gewünschten Weise.

Das bewußte kritische Denken wird fast völlig ausgeschaltet, weil es systematisch am selbständigen Tätigwerden gehindert wird! Das ist der Grund für die zuweilen fast unglaubliche Wirkung dieser Methode.

1. Vier wichtige Kunstgriffe

In der Übersicht auf Seite 341/42 sind die vier Kunstgriffe zusammengestellt, auf die es dabei ankommt und die wir jetzt nacheinander eingehend betrachten werden. Voraussetzung sind auch hier die positive Abschlußatmosphäre und die feste Führung des Gesprächs durch uns: Wir müssen die Initiative des Gesprächs immer in der Hand behalten! Durch eine konsequente Technik des geschickten Fragens und Führens können wir das erreichen und den anderen von einer für ihn interessanten Entscheidung zur anderen lenken. Erst wenn wir die Initiative verlieren, d. h. wenn uns die geistige Führung des Gesprächs entgleitet, hat er die Möglichkeit, am Ende noch abzuspringen und uns den Auftrag zu versagen. Dann liegt die Schuld des Mißerfolgs im wesentlichen jedoch bei uns! Beachten wir diese Voraussetzung genügend, dann kann im Kunden keinerlei Kaufwiderstand mehr aufkommen, und der Erfolg ist für uns so gut wie sicher.

Erster Kunstgriff: Im »Nichtwirklichkeitsfall« sprechen

Die meisten Kunden bekommen unbewußt immer ein wenig Angst, wenn sie spüren, daß es jetzt um ihr Geld geht. Deshalb empfiehlt sich besonders in der Einleitung und der ersten Phase des Abschlußgesprächs die Technik, nur für den Fall der Möglichkeit oder noch besser gesagt: im »Nichtwirklichkeitsfall« zu sprechen. Das Gespräch wird also unter der ausdrücklich ausgesprochenen Voraussetzung »Wenn« begonnen. Auf diese Weise kommt die typische Abschlußangst viel weniger auf bzw. wir überwinden sie leichter.

Sagen wir da also ruhig, in verbindlichem, nettem Plauderton z.B.:

»Wenn . . .

»Falls . . .

»Sofern . . .

»Vorausgesetzt, daß . . .

»Für den Fall, daß . . .

»Nehmen wir an . . .

»Sollten . . .

. . . Sie sich demnächst etwas derartiges zulegen (beim Wiederverkäufer »hinlegen«) sollten, würde Ihnen dann mehr zusagen . . .?«

. . . Sie sich für eine solche Anschaffung entscheiden würden, wäre Ihnen dann lieber . . .?«

. . . Sie einen praktischen Versuch mit unserem Material machen sollten, möchten Sie da in erster Linie . . .?«

. . . Ihre Tochter das einmal selbst ausprobieren sollte, glauben Sie da, es wäre besser . . .?«

Beachten Sie bitte, daß das Zeitwort jetzt immer in die Form des Konjunktivs, des Möglichkeitsfalls gebracht wird. Es ist die Technik des Sprechens-als-ob, die einen Anfangswiderstand des angesprochenen Kunden nahezu ausschließt: Es wird so gesprochen, als ob es jetzt überhaupt nicht um einen Auftrag ginge! Der Kunde wird vor keinen Entscheidungszwang gestellt; weshalb sollte er also Angst vor der Entscheidung, weshalb sollte er Abschlußangst haben und sich wehren?

Zweiter Kunstgriff: Vorab- oder Teilentscheidungen treffen

Jetzt wird dem endgültigen Kaufentschluß vorgegriffen, d. h. es wird so gesprochen, als ob die Gesamtentscheidung zu kaufen schon gefallen sei. Jetzt werden lediglich Vorweg-Entscheidungen oder Teilentscheidungen getroffen, die eine starke suggestive Wirkung in dem gewünschten Sinne haben. Die Teilentscheidung ist der Kern dieser Methode überhaupt. Der Verkäufer legt Einzelheiten über die Ware, über die Lieferung oder dergleichen fest, bevor überhaupt das tatsächliche »Ja« gesagt ist. Steht der echte Kaufgrund im Hintergrund, dann kommt das »Ja« in der Regel von selbst.

Solche Teilentscheidungen sind z. B.: Größe, Geschmacksrichtung, besondere Ausführungsart, Farbe, Ausstattung, Zubehör, Sonderänderungen, Stückzahl oder Menge, Lieferzeit,

Berechnungsweise, Verpackung, Ablieferungsort usw. Nahezu jede Ware oder Dienstleistung, jedes Geschäft hat seine besonderen Probleme, die man auf solche Weise vorweg festlegen und klären kann. Dabei steht die gesamte Gesprächsführung zunächst immer im Zeichen des »Als ob« oder »Wenn«. Diese Gesprächsführung lenkt die zu kritische Aufmerksamkeit des Interessenten ab. In vielen Fällen sagt er sich dann am Ende, daß nun alles geklärt und weiteres Zögern unnötig sei — er gibt sein endgültiges »Ja«, und der Gesamtauftrag ist perfekt.

Es versteht sich von selbst, daß mit der psychologisch einfachsten und am wenigsten Widerstand hervorrufenden Teilentscheidung begonnen wird. Argumente, welche die kritische Aufmerksamkeit des Kunden wachzurufen geeignet sind, werden erst später vorgetragen. Der Kunde ist dann meistens schon ziemlich tief in die »Sackgasse« gewandert, seine kritische Haltung ist weniger scharf, und wenn er bei richtiger Gesprächsführung spürt, daß alles eigentlich nur in seinem eigenen Interesse bedacht und festgelegt wird, dann folgt er naturgemäß der Festlegung auch des kritischeren und gefährlicheren Punktes leichter und mit weniger Vorbehalt. So erweist sich eine *bestimmte Reihenfolge der Teilentscheidungen* im allgemeinen als recht vorteilhaft:

(1) Zuerst werden, immer im Zeichen des »Wenn«, die technischen oder fachlichen Dinge festgelegt.

(2) Dann ist es sehr klug, dem Kunden gleichsam »wohlriechende Lockspeisen« anzubieten, d. h. ihm zumeist branchenübliche Dienst- oder Sonderleistungen in einer psychologisch etwas hochgespielten und dabei menschlich gewinnenden Art so anzubieten, daß er mit Genugtuung oder Begeisterung zustimmt. Der Kontakt zu ihm wird auf diese Weise so eng, daß man dann auch zu der letzten und gefährlichen Gruppe übergehen kann:

(3) Die kaufmännischen Teilentscheidungen wie Zahlungsweise, Verpackungstyp, Versendungsart und Lieferzeit.

Ein Wort zu den *auftragfördernden »Lockspeisen«:* Überall und in allen Branchen gibt es die Möglichkeit, vor allem kleine Wünsche des Kunden in netter Form zu erfüllen oder ihm kleinere oder größere Gefälligkeiten zu erweisen. Und überall lassen sie sich mit einiger Phantasie finden, ohne oder ohne nennenswerten Kostenaufwand. Nutzen Sie diese Möglichkeiten, die sich ihnen hier bieten, Ihren Kunden psychologisch an sich zu binden! Stellen Sie solche zusätzliche Dienstleistungen oder ähnliches Entgegenkommen dem Kunden zunächst als Möglichkeit vor, und stellen Sie dann die *Schlußfrage:*

— »Wären Sie daran interessiert?«
— »Wäre Ihnen daran gelegen?«
— »Wären Sie damit einverstanden?«
— »Erschiene Ihnen das nicht vorteilhaft?«
— »Würden Sie sich darüber freuen?«
— »Würden Sie das begrüßen?«

Das Ergebnis wird in 95 von 100 Fällen ein für Sie gewonnener Kunde sein!

Eine Reihe von praktischen Beispielen werden der Einfachheit und Übersichtlichkeit halber sofort bei der Darstellung des nun folgenden Kunstgriffes gebracht, der im engsten Zusammenhang mit der richtigen Handhabung der Teilentscheidungstechnik steht.

Dritter Kunstgriff: Gezielt fragen (Entweder — oder)

Der Wert dieser Methode läßt sich beträchtlich steigern durch die geschickte Anwendung der Alternativtechnik oder noch präziser gesagt der Entweder-Oder-Frage. Über ihre Wirkung sprachen wir bereits bei der klugen Voranmeldung

(S. 23). Die Entweder-Oder-Frage lenkt den Kunden sehr viel sicherer in die vom Verkäufer vorgezeichnete Richtung des Denkens als das bloße Forschen nach der Teilentscheidung allein. Die Entweder-Oder-Frage muß nur bei aller Liebenswürdigkeit in bestimmter Form und mit sicherer Stimme gestellt werden. Nur dann erhält man eine entsprechend klare Antwort.

Bei den Vorab- oder Teilentscheidungen, die in der Entweder-Oder-Form gestellt werden, wird der Kunde also nicht gefragt, *ob* er kaufen will — das macht der verkäuferische Anfänger —, sondern:

— *was:* Ausführung A oder B, Größe 1 oder 2, Farbe schwarz oder rot, mit oder ohne Zubehör usw.

— *wieviel:* 5 oder 3 Stück, 150 oder 100 Beutel, 20 oder 10 Meter, einen großen Behälter oder 10 Zugbeutel

— *wo:* hier oder in der Wohnung, im Büro oder im Lager, Placierung der Ware hier oder dort,

— *wann:* sofort oder morgen oder in einer Woche, zu frühem oder spätem Termin

— *wie:* Einheits- oder Sonderverpackung, Berechnung als Barverkauf oder Belastung des Kontos, Auslieferung sofort ab eigenem Lager oder Überweisungsauftrag auf Termin. *Wer fragt, der führt!* Wer sich fragen läßt, wird geführt! Der Gefragte wird jetzt also antworten:

— »Grün gefällt mir nicht, da ziehe ich rosa entschieden vor«

— »Ja, wenn schon, dann lieber morgen, in einer Woche ist es mir zu spät«

— »Ein ganzer Behälter ist mir für den Anfang denn doch zu viel, da nehme ich zunächst einmal eine Anzahl Zugbeutel«

Mit dieser psychologisch wirkungsvollen, dabei so einfachen Technik der Entweder-Oder-Frage werden also in suggestiver Form Teilentscheidungen getroffen. Stück um Stück des Auftrags wird entschieden und festgelegt und auf geschickte Art fast zwangsläufig die gewünschte Gesamtentscheidung, nämlich der endgültige Auftrag, herbeigeführt.

Nun die bereits erwähnten *Beispiele für die vielfältigen Möglichkeiten* der Teilentscheidungen in der Entweder-Oder-Form. Die Aufzählung hält sich im einzelnen — soweit möglich — an die Reihenfolge: technische oder fachliche Teilentscheidungen, Lockpreisen, kaufmännische Teilentscheidungen.

— *Kraftfahrzeug:* PS-Stärke des Motors: 44 oder 55 PS, Limousine oder Coupé, Zahl der Türen: zwei oder vier, Farbe: azurblau oder graphitgrau, Kupplungsautomat: ja oder nein, normale oder Luxusausführung, Sonderausstattung jeder Art: Schiebedach, Schonbezüge, Liegesitze, Radio, jeweils ja oder nein. — Übernehmen der Zulassung, Erledigung der ersten Steuer- und Versicherungszahlung für den Kunden, Inzahlungnahme des Altwagens, Gewährung von Fahrübungsstunden zur Einweisung. — Selbstabholung oder Überführung, Zahlungsart: bar oder Kredit im einzelnen, Lieferzeit: zum 1. März oder eine Woche vor Ostern.

— *Textilien:* Größe: 40 oder 42, für welche Gelegenheit gedacht: festlich oder Alltag, Büro oder Straße, für welche Jahreszeit: Sommer oder Übergangzeit, »Qualität«: leicht oder schwer, Stoffart: Tweed oder Leinen oder Kunstfaser, Art des Zuschnitts: modisch oder konservativ, sportlich oder elegant, Farbe: lebhaft oder gedämpft, passend zu welchen anderen Stücken, Berücksichtigung gesundheitlicher Momente, z. B. besonderer Hautempfindlichkeit. — Kleine Änderungen, kleine Zutaten, z. B. einfaches Schmuckstück passender Art, besondere Instruktion für richtige Pflege. — Zahlungsweise: Scheck oder Teilzahlung, Mitnehmen oder Zuschicken ins Haus, gegebenenfalls genauer Auslieferungszeitpunkt: heute nachmittag oder morgen vormittag.

—*Automaten für heiße Getränke:* Größe: A oder B, Leistung: X oder Y Tassen bzw. Einheiten pro Minute oder Stunde, Wahlmöglichkeiten: nur Kaffee oder verschiedene heiße Getränke, mit oder ohne Zählwerk, Dosierung: Tassen oder auch Kännchen, Farbe: hellgrau oder rot, Aufstellungsart: Stand oder Wand. — Probeaufstellung für eine Woche, kostenlose Einarbeitung des Bedienungspersonals, routinemäßige Kontrolle der Maschine, kostenlose Wirtschaftlichkeitsberechnung. — Aufstellungsort: Keller oder Bürokorridor, Art der Anlieferung: Abholung durch Kundenfahrzeug oder Zufuhr, Lieferzeit: vor oder nach Betriebsferien.

—*Krawatten:* Farbe: passend zu welchem Anzug: hell oder dunkel oder lebhafte Farbunterschiede, allgemeiner Stil: mehr seriös-gediegen oder mehr sportlich-flott, Material: besonders robust oder praktisch oder besonders gepflegt, hauptsächlicher Verwendungszweck: Alltag oder festliche Stunden. — Kostbare Aufmachung der Verpackung, z. B. wirkungsvoller Geschenkkarton. — Die Auswahl auf zwei ganz bestimmte Muster einengen und dann gezielt fragen: »Welche von diesen beiden Krawatten gefällt Ihnen denn besser: die rote hier oder die mit dem hübschen Muster da? Welche ziehen Sie da vor zu diesem Anzug?«

—*Gasherde:* Zahl der Kochstellen: drei oder vier Flammen, Bauart: hoch oder tief, Sicherung: voll- oder teilgesichert, Grilleinrichtung: mit oder ohne, Doppeltür mit Schauglas und Beleuchtung: mit oder ohne, Zentralzündung: Ausführung eins oder zwei oder drei, Signalgeber: mit oder ohne, Automatik: voll- oder teilautomatisch. — Kostenlose Spezialausbildung in Kursus oder Lehrküche, sehr preisgünstiges Gas-Kochbuch, Benachrichtigung des Installateurs, der prompt kommt. — Art der Bezahlung, bar oder TZ, Lieferzeit: diesen Freitagnachmittag oder Montagvormittag.

— *Schlafzimmer:* Allgemeiner Stil: Stilmöbel bestimmter Art oder eher modern, Material bzw. Holzart: Rüster oder Nußbaum oder Birke, Farbe: eher dunkel oder hell, Schrankgröße: verschiedene Möglichkeiten, Schrankeinteilung: ebenso, Bettgröße: 90 x 190 oder 100 x 200 cm, Doppelbett oder einzelne Betten, Matratzenart: verschiedene Marken und deren Ausführungen, mit oder ohne Herrenkommode, deren Machart: verschiedene Möglichkeiten, mit oder ohne Frisieranlage, auch hier verschiedene Möglichkeiten. — Austausch der Herrenkommode bzw. der Frisieranlage auf Wunsch innerhalb einer Woche, absolut verbindliche Lieferzeit, bei Antransport durch größeren Garten Auslieferung nur bei trockenem Wetter. — Art der Verpackung bei kostbaren Möbeln, Zahlungsweise, Lieferzeit wie oben.

Zur Festlegung der Menge bzw. der Stückzahl: Es ist eine alte Erfahrung, an erster Stelle eine voraussichtlich überhöhte Zahl zu nennen und an zweiter das geschätzte Optimum, z.B.:

— Wein-Werbedame: »Nun, meine Dame, möchten Sie zwei Flaschen mitnehmen oder glauben Sie, daß Sie mit einer auskommen?« Vor Festtagen oder bei Hinweisen auf einen großen Familientisch lieber so fragen:

— »... möchten Sie drei Flaschen mitnehmen, oder glauben Sie, zum Fest würden Ihnen schon zwei ausreichen?«

— Direktverkäufer von Toilettenartikeln: »... da brauchen Sie ja wesentlich mehr von dieser Seife, wenn Sie sie jetzt zu dritt benutzen. Möchten Sie da fünf Stück nehmen oder glauben Sie, daß Sie schon mit dreien hinkommen bis zu meinem nächsten Besuch?«

Die erste Zahl wird mit Absicht viel zu hoch genannt: Der Kunde kann sie ablehnen, darüber lachen oder schimpfen, über die zweite denkt er im Regelfall ernsthaft nach. Sie sollte etwas höher sein, als der voraussichtliche Bedarf, damit der Kunde noch etwas abstreichen kann.

Besonders gefährliche Teilentscheidungen, die jeder Verkäufer kennt, kann man zunächst aufsparen und sie erst nach der endgültigen positiven Entscheidung klären. Zum Beispiel gibt die Farbe eines Automobils manchmal Anlaß zu bedenklichen Meinungsverschiedenheiten zwischen Mann und Frau. In solchen Fällen kann der kluge Verkäufer diese heikle Frage bis nach der Erteilung des endgültigen Kaufauftrags, d. h. bis nach dem Unterschreiben des Kaufantrags aufsparen, etwa mit der Begründung, daß die beiden sich das noch eine Woche lang in aller Ruhe überlegen können.

Vierter Kunstgriff: Für die Entscheidung wichtige Tatsachen klären

Die Beantwortung der Teilentscheidungsfrage in der Entweder-Oder-Form und im gewünschten Sinn wird dem Partner bzw. Kunden dadurch noch beträchtlich erleichtert,

(1.) daß man eine harmlose abschließende Frage an ihn richtet, z. B. »Was ziehen Sie da vor?« *(Schlußfrage)* oder

(2.) daß man seine Gedanken sofort mit der Klärung eines Tatbestandes aus seinem täglichen Lebensbereich beschäftigt, die für die Entscheidung der gefragten Einzelheit wichtig ist. Dadurch wird sein Denken von der eigentlichen Entscheidung abgelenkt, weil es auf die praktischen Umstände seines Alltaglebens gerichtet wird. Er folgt dieser »Ablenkung« meistens sofort, weil er merkt, daß es für ihn wichtig ist, um sich richtig entscheiden zu können *(Verdeckende Tatsachenfrage).*

Sie kennen sicher die bekannte *Geschichte vom Ober mit dem Frühstücksei:* Der unkluge Ober fragt seinen Gast: »Möchten Sie ein Ei zu Ihrem Frühstück?«, er stellt damit

den Auftrag auf das Ei als solchen zur Diskussion und fordert so das »Danke nein!« heraus. Der kluge Ober fragt:
— »Möchten Sie zu Ihrem Frühstück ein Ei oder lieber zwei«?
oder
— »Möchten Sie Ihr Frühstücksei gekocht oder als Spiegelei?«

Ich glaube, Sie spüren die noch stärkere Wirkung der nun folgenden Frage des Obers, einer sogenannten verdeckenden Tatsachenfrage:
— »Wie sind Sie es denn gewohnt?«
— »Wie essen Sie denn das Ei zu Hause lieber?«
— »Was schmeckt Ihnen früh am Morgen besser?«
— »Was ziehen Sie im allgemeinen vor?«

Eine Reihe von Beispielen für klugformulierte Schlußfragen bzw. für gut ausgewählte Tatsachenfragen; am Anfang der Beispiele ist jeweils der Gegenstand angegeben, der gerade zur Debatte steht:

Zwei oder mehrere vorgeschlagene Möglichkeiten allgemein:
— »Wie denken Sie denn darüber?«
— »Was würden Sie da vorziehen?«
— »Was gefällt Ihnen da besser, was ziehen Sie da vor?«
— »Was würde Ihnen da mehr zusagen?«
— »Was wäre Ihnen da lieber?«
— »Was würde Ihnen als die geeignetere Lösung für Sie erscheinen?«

Einige Beispiele Konsumenten oder Einzelhandelskunden gegenüber:
— Geschenkpackung: »Das kann ich verstehen, daß Sie jetzt nicht so viel Geld ausgeben wollen. Möchten Sie da eine Geschenkpackung für Ihre Schwester oder lieber eine für Ihre Tochter haben? Wer von den beiden freut sich wohl mehr darüber?«
— Kindergemüse: »Füttern Sie vorzugsweise Karotten oder

Spinat? Was ißt Ihr Kleiner denn lieber?« oder »Was halten Sie da bei Ihrem Kleinen für besser?«

— Menge eines Verbrauchsartikels: »...6 oder 4 Stück? Mit welcher Menge werden Sie bis zu Ihrem nächsten Einkauf ausreichen, ohne daß Sie in die Klemme geraten?«

— Spezialcreme für Handpflege: »Haben Ihr Mann und Ihr Sohn bei der Montagearbeit im Freien oft aufgesprungene Hände?«

— Alle Gebrauchsartikel zum Sichern des Anschlußauftrags: »Wann ist denn Ihre jetzige Flasche, Ihr derzeitiger Vorrat, Ihre neulich gekaufte Packung zu Ende?« oder »...vollends aufgebraucht?«

— Elektroherd: »...vier Kochplatten oder drei? Wie groß ist denn Ihre Familie, wieviele Köpfe sind Sie denn in Ihrem Haushalt?«

— Bücherschrank: »...Stilart 1 oder 2? Wie ist denn die Einrichtung des Zimmers, in das er hineinkommen soll?«

— Heizungssystem der neu zu beziehenden Wohnung: »...System A oder B? Haben Sie ältere Menschen oder Kleinkinder in Ihrer Familie, bei denen man auf eine besonders gleichmäßige Durchwärmung achten sollte?«

— Lieferzeit: »Ich könnte das neue Gerät heute nachmittag bei Ihnen ausliefern oder morgen vormittag zwischen 9 und 12: Wann ist Ihre Gattin ganz bestimmt zu Hause?«

Einige Beispiele gewerblichen oder Industriekunden gegenüber:

— Größe oder Typ eines Geräts, einer Maschinenanlage, eines Möbelstücks: »Wieviel Platz haben Sie an der fraglichen Stelle zur Verfügung?«

— Normal- oder Spezialausführung: »Haben Sie auf diesem Gebiet erfahrene Arbeiter oder Fachkräfte in Ihrem Betrieb?«

— Ablieferung der elektronisch errechneten Werte im Monatsablauf: »... am 20. oder schon am 15.? Wann müssen denn die Unterlagen für Sie immer verfügbar sein, zur Auswertung für Ihre eigenen Zwecke?« oder »Wann machen Sie denn üblicherweise Ihre Inventur?«

— Gesamt- oder Teillieferungen: »Wieviel cbm umfaßt denn Ihr Lagerraum?«

Noch eine weitere Reihe guter Formulierungen allgemein verwendbarer Art (der Entweder-Oder-Teilentscheidungsfrage unmittelbar folgend):

— »Wo liegt Ihnen denn eine Verbesserung des augenblicklichen Zustands am meisten am Herzen?«

— »Was ist bei Ihren besonderen Betriebsverhältnissen für Sie wohl günstiger?«

— »Worauf ist Ihr Betrieb, sind Ihre Leute eingestellt?«

— »Wo würden Sie lieber eine rasche Steigerung erzielen?«

Einige Beispiele Wiederverkäufern gegenüber:

— »Was wäre bei den Wünschen Ihrer Abnehmer wohl das Richtige?«

— »Was wäre im Hinblick auf Ihre Abnehmer für Sie vorteilhafter?«

— »Was können Sie denn leichter weiterverkaufen?«

— »Wovon möchten Sie da mehr verkaufen, wenn Sie an Ihre Lagermöglichkeiten denken?«

— »... möchten Sie da einen ganzen Umkarton mit 300 Stück oder glauben Sie, Sie würden schon mit 20 Beuteln, also mit 200 Stück auskommen? Haben Sie viele Kunden für Reinigungsartikel?«

— Placierung des Artikels: »... möchten Sie dieses platzsparende Kästchen dann lieber hier auf Ihrem Verkaufstisch oder dort drüben in Griffhöhe auf dem Regal stehen haben: Wo meinen Sie, Herr X, wird es Ihren Kundinnen mehr in die Augen fallen?«

Beachten Sie bitte, wie oft auch bei dieser Schlußfrage bzw. verdeckenden Tatsachenfrage noch immer in der Nichtwirklichkeitsform gesprochen wird: Sie wirkt stets etwas verbindlicher und kann im Grunde genommen niemals schaden! — Wer mit diesem Kunstgriff der gezielten Schlußfrage richtig zu arbeiten versteht, wer mit ihrer Hilfe die für die Entscheidung wichtigen Tatsachen zielbewußt zu klären weiß, der kann viel leichter die Einzelheiten des Auftrags festlegen und damit den Kunden in seinem Interesse beeinflussen.

Die Vereinigung der vier Kunstgriffe zur »psychologischen Sackgasse«

Jeder dieser vier Kunstgriffe ist — wie wir sahen — für sich allein genommen schon wertvoll. Ihre durchschlagende Wirkung bekommen sie jedoch in der Hand des Könners erst durch ihre Vereinigung. Die Wirkung der psychologischen Sackgasse entsteht in vollem Umfang erst durch die kluge Kombination der einzelnen Kunstgriffe. Sie ermöglicht es, bei Anwendung des besprochenen immer gleichen Schemas eine Teilentscheidung nach der anderen so zu treffen, daß der Kunde fast zwangsläufig in die zunächst »harmlos« erscheinende und dann immer tiefer werdende »Sackgasse« hineinwandern muß, um schließlich mit der Erteilung des Auftrags am Ende der Sackgasse gefangen zu sein. Es versteht sich, daß nicht in jedem Fall alle vier Kunstgriffe in dieser schulmäßigen Form angewendet werden müssen und können; manchmal wird der eine oder andere gar nicht gebraucht, weil der Gegenstand des Gespräches es nicht zuläßt. Das bleibt in der Praxis für denjenigen, der sich im richtigen Sinn um das Ganze bemüht, natürlich ohne weitergehende Bedeutung.

Jede, *auch die kleinste Entscheidungsmöglichkeit* kann man in der beschriebenen Weise ausnutzen. Jede noch so kleine

Gefälligkeit kann man psychologisch etwas »aufbauschen«, um den Partner ein wenig weiter in jene »Sackgasse« hineinzuführen. Auch da, wo die Teilentscheidungen auf Grund der Sachlage von vornherein klar sind, empfiehlt sich diese grundsätzliche Art des Fragens und Führens, die der erfahrene Gesprächsführer immer dem Einzelfall anzupassen versteht. Denn nur wenn der Kunde vermeintlich selber die Entscheidungen fällt, wenn er selber mindestens genau so viel reden darf wie der Verkäufer, fühlt er sich wohl und gut aufgehoben, und nur dann ist er auch bereit, sich gerne in diese Sackgasse hineinführen zu lassen.

Noch eine Randbemerkung: Es gibt Fälle, in denen die normale Technik der Teilentscheidung nicht anwendbar ist, da mit dem besten Willen keine oder *keine ausreichenden Teilentscheidungsmöglichkeiten* zur Verfügung stehen. Wie man durch die »Konstruktion« vermeintlicher Teilentscheidungen diese hervorragende Technik trotzdem anwenden kann, soll das folgende Beispiel kurz aufzeigen. Der Reisende für einen Feinkostartikel mit mehreren Geschmacksrichtungen, den er dem Händler in Gestalt eines stattlichen Einheits-Einführungskartons verkaufen möchte, sagt zu diesem im richtigen Augenblick:

— »Sie haben jetzt selbst eine Geschmacksprobe genommen. Sind Sie einverstanden mit dem Urteil der Feinschmecker, daß *das* wirkliche Qualität darstellt?« Zustimmung des Händlers in irgendeiner Form. »Sagte ich Ihnen schon, daß wir einen bewährten Einführungskarton mit sorgfältiger Zusammenstellung der verschiedenen Geschmacksrichtungen haben, zu dem wir diesen Ständer ausgeben?« Antwort des Händlers, daß das noch nicht gesagt worden und recht interessant sei. »Wenn Sie sich zu einem praktischen Versuch mit unserem Verkaufsständer entscheiden sollten, würden Sie lieber den Ständer aus dem Karton rasch auffüllen oder

ABSCHLUSSTECHNIK: DIE METHODE DER PSYCHOLOGISCHEN SACKGASSE

Die vier wesentlichen Kunstgriffe:

1. IM NICHTWIRKLICHKEITSFALL SPRECHEN:
Dadurch Abschlußangst überwinden!

Wenn..., Vorausgesetzt daß..., Im Falle daß..., Sofern...

... Sie sich demnächst etwas derartiges zulegen (beim Wiederverkäufer: hinlegen) sollten, würde Ihnen mehr zusagen...?

... Sie sich für eine solche Anschaffung entscheiden würden, wäre
Ihnen dann lieber...?

... Sie einen praktischen Versuch mit unserem Material machen
sollten, möchten Sie dann zuerst...?

2. VORAB- ODER TEILENTSCHEIDUNGEN TREFFEN:
Mit ihnen den Gesamtauftrag herbeiführen!

Im allgemeinen in der Reihenfolge:

a) Zuerst technische oder fachliche Teilentscheidungen
b) Dann Lockspeisen: Enge psychologische Bindung schaffen
c) Zuletzt die kritischen kaufmännischen Teilentscheidungen

3. GEZIELT FRAGEN (ENTWEDER - ODER):
So Stück um Stück des Auftrags entscheiden!

Also nicht fragen, *ob* der Kunde kaufen will, sondern:

was (Ausführung A oder B, Größe 1 oder 2, Farbe schwarz oder
rot, usw.)

wieviel (10 oder 20 m, 5 oder 3 Stück)

wo (hier oder in Wohnung, Büro oder Lager)

wann (sofort, morgen oder in einer Woche)

wie (welche Verpackung, welche Berechnung, welche Ausliefe-
rungsweise)

4. FÜR ENTSCHEIDUNG WICHTIGE FRAGEN KLÄREN:
Damit Einzelheiten festlegen!

Wieviel Platz haben Sie zur Verfügung? (Entscheidung der Größe
oder des Typs eines Geräts, eines Möbels, einer Maschinenanlage)

Haben Sie erfahrene Facharbeiter in Ihrem Betrieb? (Entscheidung über Normal- oder Spezialausführung)

Wieviel cbm umfaßt denn Ihr Lagerraum? (Entscheidung über
Gesamt- oder Teillieferungen)

Wann ist Ihre Gattin denn ganz bestimmt zu Hause? (Entscheidung über Lieferzeit: z. B. noch heute oder morgen vormittag)

IN KÜRZESTER FORM:

> INITIATIVE: Fragen und Führen

»Wenn . . .«   technisch-fachlicher Art

Teilentscheidungen ⟨ »Lockspeisen«

Entweder - oder   kaufmännischer Art

Schlußfrage bzw.

verdeckende Tatsachenfrage

NIE VERGESSEN: Keine Hochdruck-, nur echte Beratungsmethode!

---

wäre es Ihnen lieber, wenn ich Ihnen den gefüllten Ständer stehen lasse?« oder:

— »Sie haben jetzt selbst den hervorragenden Geschmack unseres Artikels erlebt. Wenn Sie einen praktischen Versuch
damit machen würden — Sie wissen, was Sie nicht zeigen,
können Sie nie verkaufen und daran können Sie nie verdienen! —, würden Sie dann unseren schönen Verkaufsständer

mit dem bewährten Einführungskarton für das Richtige halten oder hätten Sie irgendwelche *besonderen* Wünsche?«
oder:

— »... würden Sie sich dann nur auf *eine* Geschmacksrichtung festlegen wollen, oder würden Sie dann unseren praktischen Verkaufsständer mit dem bewährten Einführungskarton vorziehen?«

So angesprochen, läßt sich der Händler erstaunlich oft den ganzen Einführungskarton hinstellen, der vielleicht fast das doppelte Fassungsvermögen des Verkaufsständers hat. Der mögliche Protest des Händlers über den großen Rest wird verhindert, wenn man scheinbar ganz nebenher bemerkt: »Und hier ist der Rest, der ist zum Nachfüllen!« Der Leser, der ähnliche Situationen aus der Praxis kennt, wird feststellen, wie der Händler durch die Konstruktion einer nur scheinbaren Entscheidung, die er selber trifft, dahin gebracht wird, genau in dem vom Reisenden gewünschten Sinn zu antworten.

2. Praktische Beispiele von Kaufabschluß-Gesprächen

Statt weiterer grundsätzlicher Ausführungen jetzt zunächst ein ausführliches praktisches Beispiel aus dem Einzelhandel, das die Anwendung dieser Methode am besten verdeutlichen kann. Stellen Sie sich vor, Sie seien Inhaber eines nicht sehr großen Elektrofachgeschäftes; es sei Frühjahr, d. h. die Kühlschranksaison steht vor der Tür. Ein gutgekleideter und kultiviert sprechender Herr interessiert sich für Kühlschränke. Sie haben deren drei, zwei Tisch- und ein Schrankmodell, Sie zeigen und reden dabei mit dem Interessenten.

Nach einiger Zeit wissen Sie als erfahrener Verkäufer genau: Dieser Herr wird sich noch vor Eintreten der eigentlichen Sommerhitze einen Kühlschrank kaufen. Jetzt habe ich ihn hier in *meinem* Geschäft, ich werde ihn unter keinen Umständen hinausgehen und bei der Konkurrenz kaufen lassen. Ich verkaufe ihm jetzt einen Kühlschrank! Und nun beginnen Sie folgendes Gespräch:

Händler: »Gesetzt den Fall, Sie würden sich demnächst einen Kühlschrank zulegen (Sprechen, als ob: *Wenn...*), welche Art von Kühlschrank käme da für Sie in erster Linie in Betracht *(Erste Teilentscheidung)*: ein Schrankmodell oder eher ein Tischkühlschrank *(Entweder-Oder-Frage)*? Wie denken Sie denn darüber *(Schlußfrage)*?« oder besser: »Wie schaut es denn bei Ihnen in der Küche mit dem Platz aus, kann Ihre Gattin auf die Arbeitsfläche nicht verzichten *(Verdeckende Tatsachenfrage)*?«

Kunde: »Ja, seit einiger Zeit haben wir endlich eine geräumige Küche, an Platz fehlt es uns nicht. Eine Freundin meiner Frau hat neulich erzählt, wie sie sich bei ihrem Tischmodell immer bücken muß. Ich glaube, das möchte ich meiner Frau doch lieber ersparen. Wenn schon, dann würde ich mir wohl ein richtiges Schrankmodell zulegen!«

Händler: »Sehr richtig, mein Herr, das freut mich, daß Sie das schon von anderer Seite erfahren haben, was viele Frauen hinterher erst feststellen müssen, wenn es zu spät ist. Auf lange Sicht wäre das ganz gewiß die einzig richtige Entscheidung. Wenn Sie sich nun zu einem Schrankmodell entschließen sollten *(Wenn...)*, welche Größe käme überhaupt in Frage *(Zweite Teilentscheidung)*? Ich habe Ihren Worten vorhin entnommen, daß Sie doch einen größeren Haushalt haben: Würden Sie da an einen Kühlschrank von 240 Liter denken oder glauben Sie, Sie kämen schon mit einem von 180 Liter aus *(Entweder-Oder-Frage)*? Wieviele Personen sind Sie denn in Ihrem Haushalt *(Verdeckende Tatsachenfrage)*?«

Kunde: »240 Liter? Das ist doch schon ein Luxusschrank! Ja, Sie haben richtig gehört, wir sind im allgemeinen fünf Personen, manchmal sogar sechs, weil meine Schwiegermutter öfters zu Besuch ist. Meinen Sie nicht, daß da ein Schrank von 180 Liter immer noch reichlich groß ist?« — Es folgt ein kurzes Zwischengespräch über die Angemessenheit der richtigen Schrankgröße. Der Kunde erinnert sich, schon einige Male, auch in seinem Büro gehört zu haben, wie jemand den Kauf eines kleinen Schrankes in früheren Jahren bereut. Ergebnis: 180 Liter ist nicht zu klein.

Händler: »Mein Herr, da können Sie wirklich ganz beruhigt sein, auf lange Sicht würden Sie die Anschaffung eines kleineren Kühlschrankes eher bereuen. Sehen Sie, der größere Schrank dort drüben, den Sie vorhin schon betrachtet haben, hat gerade 180 Liter. Dieses Modell könnten Sie (Nichtwirklichkeitsform: *Wenn ...)* ganz nach Ihren Wünschen entweder mit einem Tiefgefrierfach haben oder mit einem schmalen herkömmlichen Verdampfer *(Dritte Teilentscheidung, Entweder-Oder).* Wie schaut es denn bei Ihnen mit den Einkaufsmöglichkeiten von hochwertigen und leicht verderblichen Lebensmitteln, vor allem von Fleisch und Wurstwaren aus: Hat Ihre Gattin solche Geschäfte günstig in ihrer Nähe liegen, so daß sie nicht für längere Zeit im voraus einkaufen muß, oder nicht *(Verdeckende Tatsachenfrage)?*«

Kunde: »... Fleischerei gleich an der Ecke ... Feinkostgeschäft ebenfalls nicht weit weg ... Da sind wir eigentlich sehr günstig daran!«

Händler: »Wenn das so ist, wären Sie natürlich schlecht beraten, Ihr Geld für etwas auszugeben, was Ihnen doch nichts bringt! Da würde ich Ihnen in Ihrem Fall nur zu der Ausführung mit normalem Verdampfer raten, die Sie auch hier in diesem Schrank vor sich sehen. Sagten Sie übrigens vorhin nicht, daß Sie öfters Gäste zu Hause haben?«

Kunde: »O ja, wir lieben nette kleine Gesellschaften und haben öfters Gäste. Deshalb möchte ich mit dem Kühlschrank auch viel Getränke kühlen können!«

Händler: »Sehen Sie hier, gerade bei dieser Ausführung mit dem schmalen Verdampfer haben Sie eine herrliche Lösung dafür! Sie brauchen nur das kleine Zwischengitter auf der linken Seite herauszunehmen (Händler macht es vor), und schon können Sie bis zu 7 Einliterflaschen zusätzlich da hineinstellen und schön durchkühlen *(Besondere »Lockspeise«)*. Meinen Sie nicht auch, mein Herr, daß das in Ihrem Fall gerade das Richtige wäre *(Schlußfrage,* um das Gespräch in jedem Fall auf der notwendigen Linie der Entscheidung zu halten)?«

Kunde: »Ja tatsächlich, das habe ich noch gar nicht gewußt! Das wäre wirklich das Richtige für uns.«

Händler: »Da käme also für Sie gerade der Schrank in Betracht, so wie er hier steht. Ganz nach Ihren Wünschen könnten Sie ihn mit zwei oder mit einem Gemüsebehälter haben *(Vierte Teilentscheidung, Entweder-Oder).* Bei Verwendung von zweien wird der eine meist für das schmutzigere Gemüse und der zweite für das saubere Obst genommen. Was meinen Sie, was Ihrer Gattin lieber wäre *(Schlußfrage)?* Verbraucht sie viel Obst und Gemüse für die Ernährung Ihrer Kinder *(Verdeckende Tatsachenfrage)?«*

Kunde bejaht: Zwei sind ihr selbstverständlich lieber als einer, der Preisunterschied ist ja auch relativ geringfügig.

Sie merken, wie dieser Kunde sich durch die konsequente Frage- und Führungstechnik des Händlers leiten läßt und immer mehr in jene psychologische »Sackgasse« gerät, aus der die Umkehr kaum möglich ist! — Die Ware ist jetzt von der technisch-fachlichen Seite her festgelegt. Bevor die im allgemeinen kritischeren kaufmännischen Teilentscheidungen folgen, ist es wichtig, einige »Lockspeisen« in geschickter Form auszulegen:

Händler: »Ich erlebe es immer wieder, daß Herrschaften, die sich einen Kühlschrank anschaffen, dann bei der Auslieferung feststellen müssen, daß er zunächst gar nicht angeschlossen werden kann. Darf ich mir die Frage erlauben: Haben Sie in Ihrer Küche zu Hause überhaupt eine Schukodose *(Schlußfrage)?«*

Kunde: »Na, so etwas! Jetzt kann ich Ihnen diese Frage nicht beantworten; ich weiß doch tatsächlich nicht einmal, wie es in meiner Wohnung aussieht!«

Händler: »Nun, das ist nicht so schlimm, die Küche ist ja schließlich nicht Ihr Arbeitsfeld! Sollten Sie noch keine Schukodose in der Küche haben, so würde ich selbstverständlich dafür Sorge tragen, daß eine Dose bei der Aufstellung des Schrankes durch einen Monteur installiert wird. Ich würde mir bei dem Objekt erlauben, das nicht extra zu berechnen, sofern nicht ungewöhnlich lange Zuleitungen erforderlich wären *(Erste Lockspeise)*. Wären Sie damit einverstanden, mein Herr *(Schlußfrage)?«*

Kunde: »Ja, selbstverständlich bin ich damit einverstanden, das ist sehr nett von Ihnen!«

Händler: »Übrigens: Wäre Ihnen daran gelegen, daß ich bei der Auslieferung des Schrankes — falls Sie sich endgültig dazu entscheiden sollten *(Wenn...: wirkt immer beruhigend!)* — selbst dabei wäre und Ihre Gattin an Ort und Stelle gleich über den günstigsten Aufstellungsort in der Küche beraten würde, um ihr tägliches unnötiges Hin- und Herlaufen zu ersparen? Sie hat ja bisher noch keinen Kühlschrank gehabt, und es gibt doch wie überall allerhand kleine Kniffe, damit man auch den größten Nutzen von solch einem schönen Stück hat. Ich könnte ihr dann auch gleich das Notwendige zeigen über das richtige Abtauen und Reinigen des Schrankes, über das richtige Beschicken mit den ganz verschiedenartigen Lebensmitteln, und alles was da so interessant ist *(Zweite Lockspeise)*. Würden Sie und würde Ihre Gattin das begrüßen *(Schlußfrage)?«*

Kunde: »Ja, das ist aber aufmerksam von Ihnen, das würde ich in der Tat sehr begrüßen!«

Sie spüren, daß dieser Kühlschrank im Prinzip längst verkauft ist! Jetzt kann der Händler getrost zum letzten und kritischen Teil der kaufmännischen Teilentscheidungen übergehen:

Händler: »Nun, ich habe Ihnen das sehr gerne angeboten, denn die Kunden, die bei mir elektrische Geräte beziehen, sollen sich in jeder Hinsicht gut beraten fühlen. Soweit wäre ja alles festgelegt. Nun kenne ich Ihre Verhältnisse ja nicht im einzelnen. Würden Sie es vorziehen (Noch immer sprechen im *Nichtwirklichkeitsfall!*), den Schrank auf einmal in bar zu begleichen (Ein viel schöneres Wort als »bezahlen«), möchten Sie Gebrauch machen von einem der verschiedenen Teilzahlungssysteme — da könnte ich Sie gerne beraten — oder dürfte ich Ihnen vielleicht gewissermaßen einen Vermittlungsvorschlag machen: daß Sie rund die Hälfte des Betrages in bar erledigen (Wiederum statt »bezahlen«) und wir uns dann über die Restsumme sozusagen unter der Hand einigen *(Erneute Teilentscheidung,* jetzt kaufmännischer Art, *Entweder-oder-oder)*? Dann könnten Sie die nicht unbeachtlichen Ratenaufschläge ersparen, das würde ich dann von mir aus finanzieren (Auch hier eine *Lockspeise*). Was wäre für Sie bei Ihren Verhältnissen denn die angenehmste Lösung *(Schlußfrage)*?«

Kunde: »Offen gestanden, Herr X, würde ich am liebsten von der letzten Möglichkeit Gebrauch machen...« — Jetzt wird die Zahlungsweise im einzelnen festgelegt. Ist das geschehen, kann der Händler die letzte Frage an den Kunden richten, die dann formell das Gespräch beendet und die im Prinzip längst gefallene Entscheidung, wenn auch jetzt noch in indirekter Form, deutlich macht:

Händler: »Es freut mich sehr, daß wir eine Lösung gefunden haben, die Ihnen wirklich zusagt. Sie werden sehen welche Freude Ihre ganze Familie an dem Kühlschrank haben wird, und wie er das Wirtschaften doch wirklich erleichtern kann. Nun will ich einmal sehen, wie ich die Auslieferung einrichten kann (Blick in Kalender): Ich sehe, morgen früh zwischen 8 und 12 Uhr ist mein Kundendienstfahrzeug schon bei der Kundschaft unterwegs, da könnte ich die Auslieferung noch einschieben. Es ginge auch morgen nachmittag von zwei bis vier Uhr, aber nicht später, da habe ich schon eine Verpflichtung *(Letzte Teilentscheidung:* Lieferzeit, *Entwederoder).* Ich will mich gerne nach Ihren Wünschen richten. Wann ist Ihre Gattin denn bestimmt zu Hause *(Verdeckende Tatsachenfrage)?«*

Kunde: »Morgen vormittag wird es schlecht gehen, da macht meine Frau ihre üblichen Einkäufe, und außerdem ist sie mit einem Kind zum Arzt bestellt. Bitte kommen Sie mit dem Kühlschrank morgen nachmittag möglichst kurz nach zwei! Ich werde heute abend mit ihr darüber reden und wahrscheinlich auch selber da sein. Aber bitte, vergessen Sie auf keinen Fall, ihr gleich die versprochenen Hinweise für den besten Aufstellungsplatz zu geben und ihr das zu erklären, was Sie mir vorhin gesagt haben . . .«

Der Kunde hat zwar keinen offiziellen Kaufauftrag der üblichen Art erteilt und doch den Kühlschrank gekauft, und zwar unter Umständen, wie er sie sowohl von der menschlichen als auch von der sachlichen Seite her kaum besser wünschen könnte. Kann sich ein Verkäufer noch mehr auf die speziellen Belange seines einzelnen Kunden einstellen, als es dieser Händler tat? *Kann der Kunde sich irgendwo noch besser aufgehoben fühlen* als gerade bei diesem? — Die ausführliche Darstellung dieses Beispiels dürfte die praktische Anwendung des oben aufgezeigten Schemas so deutlich erkennen lassen, wie das bei einer grundsätzlichen Darlegung überhaupt nur möglich ist. Daß sich diese Methode der »psychologischen

Sackgasse« für jeden Verkäufer, der seine Aufgabe einigermaßen beherrscht, bei fast sämtlichen Erzeugnissen anwenden läßt, liegt auf der Hand.

Das gilt auch für den Verkauf in anderen Verkaufsstufen, nicht nur wie in dem eben behandelten Fall vom Einzelhändler dem Endverbraucher gegenüber. Der Unterschied liegt nur darin, daß das Gespräch dann unter einem jeweils anderen Vorzeichen steht. So wird der Reisevertreter eines Kühlschrankherstellers oder -großhändlers das *Gespräch mit dem Wiederverkäufer* von dem Standpunkt aus führen: »Bei *Ihrer* Kundschaft — Was können Sie am leichtesten weiterverkaufen?« Das Gespräch wird dann etwa folgendermaßen eingeleitet:

Vertreter: »Herr Händler, wenn Sie sich nun dafür entscheiden sollten, sich einen, vielleicht mehrere Kühlschränke in Ihr Schaufenster, in Ihren Laden zu stellen — Sie wissen, was man nicht zeigt, kann man nie verkaufen! —, welche Art von Kühlschränken käme denn da bei Ihrer Kundschaft in erster Linie in Betracht: ein Schrankmodell oder ein Tischmodell? Wie schaut es denn mit den Einkommensverhältnissen des größten Teils Ihrer Kundschaft aus?«

In diesem Stil, das heißt von dem angeführten Standpunkt aus, wird das Gespräch dann weitergeführt werden:

— »Haben die Frauen in Ihrem Verkaufsgebiet hier gute Einkaufsmöglichkeiten für hochwertige und leicht verderbliche Fleisch- und Wurstwaren usw.?«

— »Was sieht in Ihrem Schaufenster besser aus?«

— »Was wird bei Ihrer speziellen Kundschaft am meisten Interesse finden?« und dergleichen.

Die »*Lockspeisen*« und die kaufmännischen Teilentscheidungen sind *beim Wiederverkäufer* selbstverständlich andere als beim Endverbraucher. Sie bestehen aus Werbematerial, aus vielfältigen Verkaufshilfen und Verkaufsförderungsmaßnahmen, ausnahmsweise vielleicht aus einem besonderen Zahlungsziel. Machen wir doch psychologisch etwas mehr aus all dem, was wir unseren Händlern kostenlos zur Verfügung stellen! Bei kluger Darbietung unserer »Lockspeisen« werden die meisten Wiederverkäufer gerne, wenn nicht begierig, nach ihnen greifen und damit zugleich ihre Kaufbereitschaft kundgeben. So können uns diese »Lockspeisen« zugleich als Kontrollfragen dienen, ob der Kunde wirklich kauffrei ist, damit wir dann sofort den endgültigen, ebenso zielbewußten wie eleganten Abschlußvorstoß unternehmen können.

Bei den *kaufmännischen Teilentscheidungen* entfällt im allgemeinen die Zahlungsweise, an ihrer Stelle tritt die Stückzahl oder Menge in den Vordergrund. Obwohl vor kurzem schon allgemein daraufhingewiesen wurde, hier zur *Festlegung der Menge* speziell beim Einzelhändler noch ein Erfahrungswert aus vielen Branchen: Liegt die gesunde Stückzahl, die der Händler bis zum nächsten Besuch verkaufen kann, z. B. bei zwei (20, 200), dann ist es klug, ihn zu fragen: »Kämen für Sie nun fünf (50, 500) Stück in Betracht, oder würden Ihnen schon drei (30, 300) genügen?« In jedem Fall wird der Händler die erhöhte Stückzahl als völlig unrealistisch von sich weisen (darüber häufig in ein Protestgeschrei oder -gelächter ausbrechen, was uns nicht stören darf: Im Gegenteil, er reagiert sich ab und folgt dem realistischeren Vorschlag dann um so leichter!) und dann oft sagen: »Drei (30, 300)? Na, ich meine doch, das wäre etwas viel, dann schreiben Sie einmal zwei (20, 200) auf!« Der Vertreter ist dann da, wo er hin will!

Fragt er jedoch: »Möchten Sie nun vier oder zwei?«, dann wiederholt sich das Spiel im gleichen Sinn, und er bekommt häufig nur ein Stück in Auftrag. Denn viele Wiederverkäufer müssen bekanntlich von Kaufvorschlägen immer etwas abstreichen, damit sie sich wohlfühlen können. Das bedeutet: Ein Stück ist für die Konkurrenz noch offengeblieben!

Wenn...	Teilentschei-dung	Entweder - oder	Schlußfrage bzw. verdeckende Tatsachenfrage

1. *Fachliche Teilentscheidungen:*

...Sie sich jetzt zum günstigen Sommereinkauf entschließen würden...	Menge	z. B. 30 oder 20 Zentner	Zahl, Größe und Zweck der zu heizenden Räume? Wieviel und welche Feuerstätten? Größe und Beschaffenheit der Familie (Kleinkinder, Kranke usw.)? Verbrauch im vorigen Jahr? Restmenge?

2. *»Lockspeisen«:*

	Saubere Art der Auslieferung (Selbstentfernen des groben Schmutzes)	»Würden Sie das begrüßen?«
	Verbindliche Zusage der Lieferzeit	»Wäre Ihnen daran gelegen?«
	Vielleicht absolute Gewichtsgarantie mit Prüfanhänger an jedem Sack	»Ist das nicht beruhigend für den Verbraucher?«

3. Kaufmännische Teilentscheidungen:

z. B.:	Art der	In Säcken	Verkehrslage?
... wir	Aus-	oder lose als	Keller-Einfülloch vorhand.?
die Bri-	lieferung	Fuhre	Einsatz einer Blechrutsche
ketts nun	(Einkelle-		möglich?
in Säcken	rung)		Bequemes oder schwieriges
anliefern			Hineintragen der Säcke?
...		geschlossen	Fassungsvermögen des
		oder Teil-	Kellers?
		lieferungen	Verbrauch?
	Zahlungs-	bar mit	»Was wäre Ihnen denn die
	weise	Skonto od.	angenehmere Lösung?«
		Teilzahlung	
	Lieferzeit	morgen vor-	»Wann ist denn bestimmt
		mittag oder	jemand zu Hause?«
		Donnerstag-	
		nachmittag	

Antwortet der gefragte Händler mehr oder weniger gedankenlos: »Nun gut, dann schreiben Sie einmal drei auf«, dann können Sie beweisen, daß Sie ein anständiger Verkäufer sind: »Herr X, wenn ich mir das noch einmal in Ruhe überlege, dann meine ich fast, es wäre besser, Sie würden mir zunächst nur zwei in Auftrag geben! Ich möchte nicht, daß Sie mir bei meinem nächsten Besuch mit Recht den Vorwurf machen, ich hätte Ihnen irgend etwas aufgeschwatzt. So etwas überlassen wir in unserer Firma lieber anderen Leuten, die glauben, sie könnten damit auf lange Sicht Geschäfte machen; wir machen das grundsätzlich nicht. Hier steht Ihr Telefon: das dritte Stück haben Sie im Bedarfsfall rasch in Ihrem Hause!«

(Kursivschrift gibt die Entscheidung des Kunden an)

Wenn...	Teilentscheidung	Entweder - oder	Schlußfrage bzw verdeckende Tatsachenfrage

1. *Technische Teilentscheidungen:*

...Sie einen Versuch mit	Artikel	*Wäsche* oder Hemden	Was stellen sie im allgemeinen lieber her? Worauf sind Sie mehr eingestellt?
unserem Material machen sollten	Materialart	Kunstseide oder *Perlon* oder Spezialfaser	Wie sind die Klimaverhältnisse in Ihrem Betrieb? — Wie sind Ihre Facharbeiter geschult?
...	Titer	*40 denier* od. *30 denier*	Welche Maschinentypen und welche Maschinenzahl stünden zur Verfügung?
	Mattierung	tiefmatt od. *matt*	Würden Sie einen farbigen Artikel herstellen?
	Aufmachung	Cones oder *Teilkettbäume*	Hätten Sie eine Schärmöglichkeit?
z. B.: ...Sie sich nun zu Teilkettbäumen entschließen...	Abmessung der Teilkettbäume	Flanschdurchmesser *250* oder *350 mm*	Wären Sie an eine bestimmte Abmessung gebunden?
	Fadenzahl	*hohe* oder niedrige	Welches Quadratmetergewicht würden Sie für das Gewirke anstreben?
	Kettlänge	Produktionsketten oder *1 Probekette*	Wie lange könnten Sie einen Kettstuhl für eine Musterung freihalten?

2. »Lockspeisen«:

Technische Beratung *im Kundenbetrieb* od. im eigenen Werk?	Können Sie Ihre Spezialisten für kurze Zeit im Betrieb entbehren?
Erwünscht *für Produktion* od. auch für Ausrüstung?	Rüsten Sie Ihre Gewirke selbst aus?
Unsere Mustervorlage gewünscht *in Rohware* oder ausgerüstet oder fertig konfektioniert?	Konfektionieren Sie selbst?

3. Kaufmännische Teilentscheidungen:

z. B.: Sollten Sie nun an die Sache herangehen ...	Bedarf für Zukunft (Kapazität) Versand- u. Auslieferungsart	Monatlich 10 od. 5 tons (*3 tons*) *alles auf einmal* oder Teilsendungen	Würden Sie Ihren ganzen Betrieb auf neuen Artikel umstellen? Wie sind Ihre Lagermöglichkeiten?
	Vielleicht Sonderkonditionen, je n. Verhältniss. absprech.		
	Lieferzeit	noch Ende nächster Woche oder in der *übernächsten Woche*	Wann haben Sie den nötigen Platz frei?

Der *Verkauf an Industriekunden* (weiterverarbeitende Kunden) *oder* der Verkauf *von Massengütern* (bei denen es an technischen oder fachlichen Teilentscheidungen weitgehend mangelt) weist wiederum gewisse Besonderheiten gegenüber den bisher geschilderten Verkaufsstufen auf. Wegen der außerordentlichen Wichtigkeit einer erfolgreichen Abschlußtechnik wurden deshalb auf den vorangehenden Seiten noch zwei Beispiele gebracht, die das Schema der »psychologischen Sackgasse« an Hand entsprechender Erzeugnisse ganz konkret aufzeigen. Jeder Leser wird an diesen Beispielen erkennen, wie anpassungsfähig diese wirkungsvolle Abschlußmethode für den versierten Verkäufer ist. Die systematische Ausnutzung dieser einfachen Kunstgriffe sichert in der Tat viele Aufträge, die sonst verlorengehen können, weil der Kunde in der Form unauffällig, in der Sache aber sehr zielbewußt zum Auftrag hingeführt wird.

3. Die Anwendung bei sonstigen Verhandlungen

Es ist jetzt nicht mehr erforderlich, über die Anwendung der vier Kunstgriffe auf Verhandlungen nichtverkäuferischer Art ausführlich zu sprechen. Bitte gehen Sie jetzt auf der Übersicht (Seite 341 f.) noch einmal einen nach dem anderen durch und prüfen Sie, welcher eigentlich nicht anwendbar wäre, worum der Verhandlungsgegenstand im Einzelfall sich auch immer dreht. Immer geht es darum, *ein Ziel zu erreichen* und die Zustimmung des Partners dafür zu gewinnen. Ersetzen Sie die Worte »Auftrag« und »Abschluß« sinngemäß jeweils durch die Begriffe »Ziel« bzw. »Zustimmung« oder ähnliche Worte, ersetzen Sie das Wort »Kunde« durch »Verhandlungspartner«, ersetzen Sie die Beispiele aus dem verkäuferischen Bereich durch solche aus irgendwelchen Verhandlungsgegenständen Ihrer täglichen Arbeit. Sie werden sofort die Parallelität der inneren und äußeren Vorgänge erkennen.

Reizen wir unseren Partner also mit lockenden Teilzielen oder Teilergebnissen dessen, was uns vorschwebt. Greifen wir für ihn besonders interessante Aspekte aus dem Gesamtzu-

ZUGLEICH ZIELSICHER UND ELEGANT ABSCHLIESSEN

Ausführungsregeln:

> *Positive Abschlußatmosphäre*
> *Im Nichtwirklichkeitsfall sprechen*
> **Vorab- oder Teilentscheidungen treffen:**
> *durch gezieltes Fragen (Entweder - Oder)*
> **dafür wichtige Tatsachen klären**

---

sammenhang heraus und lassen wir ihn diese lebendig miterleben, so wird er im gleichen Sinn in jene »psychologische Sackgasse« treten, die wir im verkäuferischen Bereich ausführlich betrachtet haben.

Nicht selten wird in der Praxis beobachtet, wie sogenannte Verhandlungskünstler größtenteils unbewußt, manchmal aber auch sehr bewußt und überlegt von diesen Kunstgriffen Gebrauch machen und damit manchmal verblüffende Verhandlungserfolge erzielen. Immer zeichnet diese Könner indessen eine seelische Grundeigenschaft aus, die jedoch angeboren sein muß: ein hervorragendes Taktgefühl, ein feiner Instinkt für den anderen Menschen und für das, was in ihm vorgeht. Je schwieriger der Verhandlungsgegenstand ist, um so notwendiger wird diese Gabe, die sich durch nichts ersetzen und auch selten erlernen läßt.

V.

Vermeintliche Nebensächlichkeiten

1. Auftragsformulare

Schwierigkeiten besonderer Art treten immer wieder dann ein, wenn das Ausfüllen eines Auftragsformulars notwendig ist. Wenn der Kunde sieht, daß der Verkäufer zu Auftragsformular und Schreibzeug greift, wird er gern nervös, seine Entscheidungs- und Abschlußangst wird noch einmal lebendig. Nicht selten protestiert er. Von Anfang an kann man ihn *auf harmlose Weise beruhigen*, etwa durch den Hinweis bei Schreibbeginn:

— »Ich mache Ihnen hier nur rasch eine Aufstellung, in der übersichtlich alles beisammensteht.«

— »Ich schreibe es nur so auf, wie es in Ihrem Fall richtig wäre. Sie können ganz beruhigt sein, das verpflichtet Sie zu gar nichts. Wenn Sie wollen, können Sie das Papier dann seelenruhig wieder zerreißen.«

— »Damit Sie auch wirklich die Ausführung bekommen, die Sie brauchen, geht es leider im Werk nicht ohne eine gewisse Vorausplanung und Terminklärung. Deshalb schreibe ich also vorsichtshalber einmal alles auf.«

— »Damit wir dann das Finanzierungsproblem (den Gesamtpreis) klären können, schreibe ich nun einmal hier alles zusammen.«

Nach einer alten Erfahrung routinierter Verkäufer ist es immer klug, den Interessenten *an den Anblick* des »gefährlichen« Papiers frühzeitig zu *gewöhnen*. Man holt es bei günstigem Gesprächsverlauf relativ früh aus der Tasche und legt es seitwärts auf den Tisch, zu einem guten Teil von einem Prospekt oder etwas ähnlichem verdeckt. Nach einiger Zeit schiebt man diesen wie durch ein Versehen bis auf einen klei-

nen Rest vom Formular herunter, um wieder etwas später das
Ganze in Griffnähe heranzurücken, bis es dann völlig frei
vor den Augen des Kunden liegt. Durch diese jeweils kleinen
Schritte wird der Übergang zum dann erst einsetzenden Ausfüllen des Formulars psychologisch beträchtlich erleichtert.

Setzt nunmehr das eigentliche Abschlußgespräch etwa in
dem soeben beschriebenen Sinn ein, nimmt der Verkäufer jede
Teilentscheidung des Kunden auf der Stelle in das Auftragsformular auf, das er auf solche Weise *durch immer nur kurzes
Schreiben* nebenbei Punkt für Punkt *ausfüllt*. Dabei darf er
seine zielbewußte Gesprächsführung auch nicht für eine Se-
kunde unterbrechen, denn in jeder noch so kurzen Pause kann
das selbständige kritische Denken des Interessenten einsetzen.
Er muß also möglichst unauffällig ganz nebenbei schreiben,
während er zugleich das Gespräch weiterführt. — Vorname
des Kunden, genaue Schreibweise seines Namens, Adresse und
ähnliche Einzelheiten, die er noch nicht genau weiß, erfragt
er am besten zwischendurch, wenn es die Gesamtsituation gerade günstig erscheinen läßt, damit die Kritik des Kunden
nicht unnötig wach wird. Steht an der Haustür z. B. nur
»F. Müller«, dann kann er scheinbar ganz nebenbei mit fragen:
»Ach, Herr Müller, Ihr Name ist doch Friedrich, nicht wahr?«,
woraufhin dieser zumeist sofort protestiert und ihn korrigiert,
etwa: »Wie kommen Sie denn darauf, ich heiße Ferdinand!«

Es ist kaum ein Zweifel, daß die beschriebene Art, die Gedanken des Kunden unaufhörlich und konsequent zu führen,
für den so Beeinflußten etwas ähnliches wie einen »Trance-
zustand« einfacher Art mit sich bringt. Die Auflösung dieses
Zustandes oder schon die geringste Störung kann das ganze
Geschäft kosten. Deshalb ist es denkbar unklug, das ausge-
füllte Formular dem Kunden mit der Aufforderung zur *Über-
prüfung* hinzureichen. Damit gibt man die Initiative des Gesprächs völlig aus der Hand. Soweit erforderlich, sollte

man daher der Kontrolle halber die wichtigen Punkte selbst noch einmal kurz zusammenfassen, z. B.: »Herr Mehlbaum, ich habe Sie doch richtig verstanden, für Sie kommt also der Typ A dieses Fabrikats in Betracht, in dieser Größe, in jener Spezialausführung, in schwarzer Farbe, Lieferzeit Ende Mai und dergleichen. Das war das, was wir besprochen haben, nicht wahr?« Zumeist wird es der Kunde jetzt bestätigen, vielleicht durch Kopfnicken.

2. Unterschrift

Je näher der Augenblick der Unterschrift kommt, desto weniger darf der Kunde »wach«werden! Daher kann man jetzt sofort das Schreibwerkzeug in die rechte Hand nehmen, mit der linken das Formular in eine bequeme unterschriftsbereite Lage vor den Kunden hinlegen, bei einem wenig schreibgewohnten Menschen an die Stelle der Unterschrift ein Kreuz machen und dazu sagen: »Dann sind Sie doch bitte so nett, Herr Mehlbaum, und setzen Sie hier, wo ich soeben das Kreuz mache, Ihren Vor- und Zunamen her.« Während dieser letzten Worte überreicht man ihm das Schreibwerkzeug griffbereit und kann sofort anfügen: »Drücken Sie bitte fest auf, Herr Mehlbaum, wissen Sie, der Durchschriften wegen (die soll man ja auch lesen können)!« — Bei einem unterschriftsgewohnten Menschen läßt man natürlich das Kreuz weg und ersetzt den Hinweis darauf durch die Bitte, »an diese Stelle hier« seinen Vor- und Zunamen hinzusetzen.

Die Hinweise auf das Kreuz, auf Vor- und Zuname, auf das feste Aufdrücken, auf die Durchschläge, gegebenenfalls auf das Lesenkönnen *beschäftigen sein bewußtes Denken*, geben seinen Gedanken einen harmlosen Inhalt und lenken infolgedessen von der Tatsache ab, daß jetzt eine rechtsverbindliche Unterschrift geleistet wird.

Weil — wie gesagt — die geringste Störung das ganze Geschäft kosten kann, *beste Vorbereitung* aller äußeren Voraussetzungen! Ein verlegter Bleistift, ein versagender Kugelschreiber kostete schon manchen Verkäufer den Verkauf einer teueren Maschine, die dann kurze Zeit später von der Konkurrenz geliefert wurde. Deshalb sollte man klugerweise stets ein Reserveschreibgerät in einer Tasche in Bereitschaft haben, das normalerweise niemals benutzt wird.

Eine hervorragende *Ablenkung des Kunden* in dem Augenblick, da er seinen Namen zu schreiben beginnt, ist es auch, wenn etwa ein Automobilverkäufer jetzt sagt: »Herr Mehlbaum, jetzt möchte ich am liebsten auf Ihrem Stuhl sitzen! — Dann hätte ich auch demnächst ein nagelneues Automobil, und noch dazu ein so schönes!«

Sofort nach der Unterschriftserteilung kann man sich höflich bedanken und das Papier wiederum an sich ziehen. Sehr bewährt hat es sich, jetzt vor den Augen des Kunden die für ihn bestimmte Durchschrift vom Original zu trennen, sie säuberlich zusammenzufalten und ihm mit der Aufforderung zu überreichen, er möge sie in seine Brieftasche stecken und gut aufheben. Man kann den ganzen Formularsatz auch für einige Minuten bei sich behalten und ihm das Schriftstück erst dann übergeben, wenn man inzwischen über irgendeine harmlose Angelegenheit einige Bemerkungen hat machen können. Auf jeden Fall ist es nicht falsch, das gefährliche Formular jetzt aus seinen Augen und seinem Sinn zu bringen.

Auch in diesem Zusammenhang den Gebrauch von *psychologisch unklugen Ausdrücken* wie »unterschreiben« oder »Unterschrift« vermeiden; wenn man schon diesen Weg wählt, dann besser vom »Autogramm« oder lachend vom »Todesurteil« oder vom »Abzeichnen des Ehepakts« oder ähnlichen Vergleichen sprechen, die den Kunden wiederum ablenken und innere Spannung lösen können. Und gerade in diesen kritischen Augenblicken alle Voraussetzungen der überzeugenden *Persönlichkeitswirkung* für sich arbeiten lassen: Gute Körperhaltung mit erhobenen Kopf, fester Augenkontakt, klare, ruhige und feste Stimme, vermeiden jeder Pause an der falschen Stelle!

Handelt es sich beim Kunden um einen der verhältnismäßig wenigen Menschen, die sich alles ganz genau überlegen und sich getrost mit vollem Bewußtsein in die Verpflichtung einer Unterschrift hineinbegeben, oder steht der Kaufabschluß von vornherein mehr oder weniger fest, dann ist es selbstverständlich unnötig, mit allen diesen kleinen, doch so wirkungsvollen Kniffen zu arbeiten. Ja, damit könnte man beim kritischen Menschen nur Widerstand hervorrufen!

3. Verhalten nach erzieltem Abschluß (Auftragserteilung)

Nach der Auftragserteilung verabschieden sich nicht wenige Verkäufer im Außendienst schnellstens, damit ihr Kunde sich nicht vielleicht noch einmal anders besinne. Das hinterläßt fast immer einen schlechten Eindruck, weil der Kunde zu sehr auf den gleichsam platten Zweck des Besuches aufmerksam wird. Unmittelbar nach Erteilung des Auftrags und nach der Unterschrift sollte man sich zunächst höflich bedanken, bei Großobjekten kann man dem Kunden sogar gratulieren als Eigentümer oder Besitzer eines modernen Erzeugnisses und damit sein Selbstbewußtsein stärken. Erst nach einem kurzen, aber ausgesprochen verbindlichen Schlußgespräch sollte man sich verabschieden, z. B. bei technischen Gütern nach einem Hilfsangebot für Ablieferung, Aufstellung oder Einbau.

Ist das *Aufkommen eines Reuegefühls* zu befürchten, dann empfiehlt es sich, dem Kunden noch eine suggestive »Schlußstärkung« zu geben (s. S. 70). Der Hinweis, daß man im Falle irgendwelcher Rückfragen oder von allenfalls notwendigen Hilfeleistungen immer für ihn da sein werde, wird ihn zusätzlich beruhigen und ihm das berechtigte Gefühl geben können, einen guten Entschluß getroffen zu haben und bei diesem Verkäufer gut aufgehoben zu sein. Im übrigen gönne man dem Kunden das letzte Wort, manchem Menschen tut es so wohl, es zu haben!

4. Auftragserhöhung und Ergänzungskäufe

Ohne nennenswerten Mehraufwand an Arbeit und Zeit kann man oft zu höheren Aufträgen oder zu gewinnbringenden Zusatzgeschäften kommen. Weshalb besteht oft die Scheu, mit seinem Kunden, auch dem Wiederverkäufer, ganz *offen über seinen wirklichen Bedarf zu sprechen?* Je sachverständiger darüber geredet wird, um so geringer ist das Risiko von Fehldispositionen. Vergessen Sie als Vertreter dabei nicht Ihre Konkurrenz, der bei den Planungen Ihres Händlers zuweilen auch ein gewisser Anteil am Geschäft bleiben muß! Ist das richtige menschliche Verhältnis vorhanden, kann man also die Frage in aller Ruhe erörtern: »Für welche Zeit reicht Ihnen denn diese Menge?«

Fassen Sie Ihren Kunden bei seiner Bedeutung, bei der Bedeutung seines Namens oder seines Geschäftes! Reizen Sie ihn etwas mit seinen Konkurrenten oder mit anderen vergleichbaren Unternehmen! »Ist das nicht etwas wenig für die Stellung, die Ihr Geschäft hier hat?« oder »Kann man einem Geschäft Ihrer Bedeutung nicht zutrauen, diese Menge in 4 Wochen zu verkaufen?«

Die *Verlustmethode* erweist sich in diesem Zusammenhang zuweilen auch als wertvoll: »Wenn Ihnen unser Artikel ausgeht, dann verlieren Sie nicht nur Umsatz, dann verlieren Sie auch oft den Kunden, der nun das, was er sonst noch bei Ihnen mitgenommen hätte, anderwärts einkauft.«

Sichern Sie für einen Auftrag auf eine größere Stückzahl höheren Rabatt oder einen *besseren Preis* zu! Das ist betriebswirtschaftlich durchaus gesund, was sich ja besonders bei Markenartikeln in den üblichen Rabattstaffeln niederschlägt! Geld zu verdienen, lockt immer.

Überlegen Sie, ob Sie nicht durch *Änderung der Verpakkung,* sei es durch bessere Aufmachung, sei es durch Abpakken einer größeren oder auch einer kleineren Menge in eine Packung eine Umsatzsteigerung erzielen können! Auch das *Vorverpacken* im Einzelhandelsgeschäft hilft Umsätze steigern.

Denken Sie auch hier an *psychologisch kluge Formulierungen:* »Ein Dutzend« ist weniger als »10 Stück«, »ein halbes Dutzend« weniger als »5 Stück«. Ein Auftrag auf 3 Dutzend ist oft leichter zu erhalten als auf 25 Stück!

Führen Sie Ihren Kunden geschickt und zügig *durch Ihr ganzes Sortiment,* damit es keine langweilige Aufzählung wird, ihn frisch und munter hält und auf alle möglichen Lücken seines jetzigen Bestandes hinweist!

Vergessen Sie die *Ergänzungskäufe* nicht! Nach dem Kauf einer bestimmten Ware liegt der Kauf mancher ergänzenden oder verwandten Ware, verschiedener Zutaten usw. oft nahe. Sie brauchen sich nur zu fragen: Welche Dinge braucht der Kunde zugleich oder in absehbarer Zeit wahrscheinlich noch, wenn er die jetzt gekaufte Ware verwendet? Mit geschickten Hinweisen, sofort oder später in verbindlicher, aufmerksamer Form gegeben, erweisen sie dem Kunden manchmal sogar einen Gefallen. Der kluge Geschäftsmann muß seine Zeit allerdings abwarten, denn zu frühes Nachfassen kann den Kunden auch verärgern. Dafür gibt es Kundenkarten und Terminkalender.

Ergänzungsanschaffungen ergeben sich zu den meisten Artikeln fast von selbst. Wer seine Ware kennt, etwas Phantasie hat und systematisch zu arbeiten versteht, verschafft sich auf diese Weise beachtliche *Zusatzverkäufe*. Auch Hersteller können durch die Entwicklung und Fertigung oder durch die Hereinnahme von Erzeugnissen, die das Programm ergänzen, fast automatisch Umsatzsteigerungen erzielen.

Noch eine kurze Erinnerung an das Gesetz von der Trägheit des Denkens; fragen Sie nie: »Darf es sonst noch etwas sein?«, sondern *führen Sie das Denken Ihres Kunden in der richtigen Weise*, wie das z. B. zur systematischen Ausnutzung des Schenktriebs auf Seite 180 beschrieben wurde. So werden Sie beachtliche Zusatz- und Anschlußverkäufe erzielen!

VI.
Warnung vor Missbrauch
psychologischer »Kunstgriffe«

Am Ende dieses Teils unserer Betrachtungen, in dem wir uns mit einer ganzen Reihe von psychologischen Kniffen und Kunstgriffen im einzelnen beschäftigt haben, kann abschließend festgestellt werden, wie leicht es für den klugen Verkäufer im Grunde ist, seinen Kunden auf die beschriebene Weise *in den Kaufentschluß »hineinzureden«*. Nun erhebt sich zwangsläufig die Frage: Ist der Verkäufer, der das tut, nicht *als unsolide zu verurteilen?* Gesetzt den Fall, er habe ein wirklich hervorragendes Fabrikat anzubieten und sein Kunde würde sich ein solches Erzeugnis in jedem Fall heute, morgen oder übermorgen doch zulegen: *Wird der Kunde etwa in irgendeiner Weise geschädigt?* Offenbar nicht! Insoweit also, als der anständige Verkäufer weiß, daß sich der Kunde die betreffende Ware in absehbarer Zeit doch zulegt, wird er, der in einem soliden und auf lange Sicht denkenden Geschäft tätig ist, im Zeichen des immer schärfer werdenden Wettbewerbs getrost von psychologischen Kunstgriffen und von den untergründigen Antriebskräften seiner Kunden Gebrauch machen können. Er wird damit in der Praxis nicht selten einem weniger soliden Wettbewerber ein Geschäft wegnehmen, das dieser bei weitem nicht so sehr zu machen verdient wie er selbst!

Würde es allerdings an einer der genannten Voraussetzungen auch nur teilweise fehlen, würde sofort alles ganz anders aussehen. Dann hätten wir in diesem Verkäufer eine jener Verkaufskanonen im verurteilungswürdigen Sinn vor uns, vor denen wir uns hüten sollten. Der Verkäufer ist in einem »Menschenbeeinflussungs-Beruf« tätig, und die Werkzeuge der Menschenbeeinflussung sind überall dieselben, gleichgültig zu welchem Zweck sie eingesetzt werden, ob zum Guten oder zum Schlechten. Deshalb muß wie von allen Angehörigen dieser Berufe auch vom Verkäufer zuallererst *ethische Sauberkeit* und Anständigkeit verlangt werden.

Wer das Verantwortungsbewußtsein des seriösen Kaufmanns nicht in sich trägt, wer einen Profit allein um des Profites willen macht und dabei vergißt, daß er seinen Verdienst immer nur im echten Kundeninteresse zu er-dienen das Recht hat, *der bekommt es später zu spüren:* Glücklicherweise läßt sich das Vertrauen eines Menschen im allgemeinen nur ein einziges Mal mißbrauchen!

Seien Sie deshalb vorsichtig und vermeiden Sie jeglichen Druckverkauf. Der verantwortungsbewußte und zugleich kluge Kaufmann wendet — nochmals sei es gesagt — die geschilderten und bei ihrer Beherrschung geradezu raffinierten Methoden der Menschenbeeinflussung nur dann an, wenn der empfohlene Kauf in absehbarer Zeit sowieso getätigt wird und wenn er wirklich *dem echten Gesamtinteresse des Kunden dient.* Können Sie diese Frage nicht aufrichtig bejahen, dann verzichten Sie lieber bewußt auf das mögliche

Geschäft! Dafür aber behalten Sie das Vertrauen Ihres Kunden und damit Ihren Kunden selber für alle Zukunft.

VII.
Auftragsabwicklung

Aufträge einwandfrei notieren: Jede Rückfrage und jede Fehlbearbeitung kostet Zeit und Geld.

Im besonderen im Einzelhandel:

Kassieren: Dem Kunden sein Geld nicht gleichgültig »wegnehmen«, sich jedesmal nett bedanken.

Warenverpackung und -ausgabe: Herumstehen und Drängen der Kunden vermeiden, ihnen beim Unterbringen ihrer verschiedenen Paketchen helfen.

Größere Einkäufe zuschicken: Ideale Gelegenheit, die Adresse zu erfahren, gegebenenfalls in der Wohnung nachzufassen und das Geschäft von morgen vorzubereiten.

Kunden zur Tür begleiten: Auch heute weiß er das noch zu würdigen!

Warenauslieferung beim Kunden: Höflichkeit, Sorgfalt, Sauberkeit! — Der Fahrer des Lieferfahrzeugs und die Träger des schweren Guts stellen für den Kunden genauso *die Firma* dar wie der Verkäufer.

Im besonderen im Aussendienst:

Die Auftragsabwicklung im einzelnen klären, um sonst möglichen Mißverständnissen vorzubeugen.

Die Auftragsabwicklung in kritischen Fällen überwachen bzw. bei erster Gelegenheit selbst nachprüfen, da Unkenntnis im eigenen Haus viel Schaden stiften kann.

Größere Aufträge erst dann als erledigt betrachten, wenn man sich nach einiger Zeit beim Kunden von seiner vollen Zufriedenheit überzeugt hat. Wirkung solcher *Nachfaßbesuche:* Abfangen von Reklamationen, Einleiten des nächsten größeren Geschäfts (Terminkalender!) und hervorragende Werbung von Mund zu Mund.

Bis zum Schluß jede Mißlichkeit vermeiden und in guter Erinnerung bleiben:

IMMER AN DAS GESCHÄFT VON MORGEN
DENKEN!

VIII.
EINWANDFREIE LEISTUNG

Was nützt alle noch so perfekte Psychologie des besseren Verhandelns und Verkaufens, wenn Sie Ihrem Partner keine durch und durch einwandfreie Leistung in jeder Hinsicht erbringen? Ohne sie kein dauerhafter, echter Erfolg, deshalb:

ABSOLUT	Hieb- und stichfeste Beratung des Kunden
REELLES	Einwandfreie Ware
GESCHÄFTS-	Korrekte Leistungen ohne Mängel
GEBAREN	Fehlerfreie Berechnung
	Entgegenkommende und ordentliche Auslieferung der Ware
	Peinliche Einhaltung aller Zusagen
	Tadelloser Kundendienst!

Es gibt auf die Dauer keine Tarnung einer mangelhaften Leistung, und jede Verkaufssünde rächt sich bitter!

UNSER GRÖSSTES KAPITAL: DAS VERTRAUEN DES
KUNDEN

ANHANG

1. WIE VIELE KUNDEN HABEN SIE? — WIE VIELE
KUNDEN HABEN SIE NICHT? (*Die* Schlüsselfrage!)
Kundenkartei im Sinne aller *möglichen* Kunden, nicht nur der
tatsächlichen?
Richtige Einteilung: nach der Wichtigkeit oder Bedeutung der
Kunden (z. B. A = Großkunden, B = Mittelkunden, C = Klein-
kunden, D = Noch keine Kunden) und nach der Art des Kunden-
betriebs oder -berufs (z. B. 1, 2, 3 . . .) — Zweckmäßigste Unter-
teilung nach Kundenbearbeiter, Außendienstverkäufer oder dergleichen?
Richtiges Arbeiten damit?
Richtige Auswertung: z. B. für gezielte Werbeaktionen, zur
fruchtbringenden Erfolgskontrolle, für Kundenpflege und
-betreuung?

2. SYSTEMATISCHE FESTLEGUNG UND VERWERTUNG
ALLER GESCHÄFTSFÖRDERNDEN TERMINE?
Terminkalender oder -kartei?
Sofortiges Festhalten aller für die Zukunft wichtigen Daten?
Zielbewußte Verfolgung dieser?
Sinngemäße, wohlüberlegte Feststellung aller eigenen Termine
auf lange Sicht?
Dauerkalender für gleichbleibende Daten (Geburtstage, Ge-
schäftsgründungstage und dergleichen)?

3. SYSTEMATISCHE LANG- UND KURZFRISTIGE
ARBEITSPLANUNG IM SINNE DES ANGESTREBTEN
ZIELS?
Exaktes Erkennen und Festlegen des Ziels?
Periodische Festlegung und Planung von erreichbaren Teilzielen?
Entsprechende wohlüberlegte langfristige Planung (Jahres-,
Monatspläne)?

Darauf abgestimmte kurzfristige Planung (Wochen- und Tagespläne)?
4. SYSTEMATISCHE ERWEITERUNG UND VERTIEFUNG DES PERSÖNLICHEN KÖNNENS?
Engere und weitere Fachkenntnisse? — Konkurrenzkenntnis? — Allgemeine Marktkenntnis?
Erweiterung des Horizonts? — Tägliche Lektüre einer guten Zeitung?
Systematische verkaufspsychologische Weiterbildung?
Festsetzung und Verfolgung erreichbarer Teilziele?
Taschenkalender? — Notizbuch? — Warenkartei? — Wissenskartei?

Systematisches Planen und systematisches Ausführen erreichen unendlich viel mehr als planloses In-den-Tag-hinein-Arbeiten:
DIE ZUKUNFT GEHÖRT DEM BESSEREN VERKÄUFER!

---

2. RICHTIGES ARBEITEN IM AUSSENDIENST

Wohlüberlegte *Arbeitsplanung* (siehe Kontrollfragen auf voriger Seite!)
Sorgfältige Einteilung der Arbeitszeit nach der Wichtigkeit der Kunden: den tatsächlichen und möglichen guten Kunden die meiste Zeit widmen!
Wegverluste so klein wie nur möglich halten
Möglichst keine Zeitverluste in Wartezimmern, die Zeit hier notfalls ausnutzen
Kunden nicht an sofortigen Besuch in unwichtigen Angelegenheiten gewöhnen

Richtige *Tageseinteilung,* das heißt, wirkliche Ausnutzung jeder Chance
Wenn möglich Ausnutzung der sonst toten Verkaufszeiten

Zweckmäßige *Ernährung:* morgens kräftig, mittags leicht!

Sorgfältige *Erfolgskontrolle* (z. B. Verhältnis Kontaktbesuche: echte Verkaufsbesuche: erzielte Verkäufe) gemäß den Kundengruppen

Richtige *Ausrüstung* mit allem Arbeitsgerät, zweckmäßigste Unterlagen, Referenzlisten und Gutachten, wirkungsvolles Anschauungsmaterial

Anforderung von *Verkaufsunterstützung* durch Verkaufsleitung, Vorführpersonal, Dekorateure und dergleichen

(Richtiges Verhältnis zur Ehefrau: Hilfe oder Hemmung?)

Zum Verkaufsbesuch selbst:
Gute Visitenkarte und *Anmeldung*stechnik, kluge Besuchsankündigungen, in wichtigen Fällen Vorausbrief
Richtige *Vorbereitung:* sachlich, persönlich, alle Unterlagen
Peinliche Ordnung und Griffbereitschaft sämtlicher Unterlagen
Durchsicht der Kundenkarte und dgl. kurz *vor* der Besprechung
Schaufenster und Warenausstellung zur eigenen *Orientierung* verwerten
Aufsuchen der wirklich (nicht nur formell) entscheidenden Person(en)
Im Laden nicht herumstehen: vielleicht kleine *Hilfeleistungen* oder mit Zustimmung des Händlers Werbe- oder Verkaufsgespräche mit Kunden
Kurzer und sachlicher *Gesprächsstil*
Sich bei wichtigen Besuchen nicht unter dauernden Störungen abfertigen lassen: nett um kurzes Gespräch an ungestörter Stelle bitten
Zuerst das neue und noch unsichere Geschäft besprechen, dann das laufende
Alle Verkaufshilfen richtig gebrauchen
Personal, Verkaufskräfte, Großhandelsreisende als Helfer gewinnen
Wenn »Rauch im Haus«, rechtzeitig höfliche Verabschiedung

DAS KOSTBARSTE GUT DES VERTRETERS IST SEINE ZEIT!

Gerechte Gebietseinteilung
Gerechte Festsetzung der Verkaufsquoten
Gerechte Festsetzung der Verkaufsprämien
Richtige Einarbeitung (keine Entmutigung von Anfängern!)
Gute Visitenkarten und *Anmeldung*stechnik
Wirkungsvolle Besuchsankündigungen
Richtige *Ausrüstung*
Einheitliches Firmenhandbuch für alle Verkaufskräfte
Richtige *Kontrolle und Arbeitsauswertung* durch einfaches und unbürokratisches Berichtswesen
Ständige Überwachung der Arbeitsplanung, der Tages- und Arbeitseinteilung jedes Vertreters
Direkte *Verkaufsunterstützung* mit Briefen, persönlichen Besuchen (Reiseinspektoren), Telefonanrufen oder durch spezielles Vorführpersonal
Anspornende Vertreter-Wettbewerbe
Kolonnenarbeit in Schwerpunkteinsätzen
Beständige *Ausbildung und Weiterbildung:*
a) Rundschreiben, Wochen- oder Monatsbriefe
b) Vertreter- oder Reisenden-Tagungen
Einbeziehung der Ehefrauen: ihr Einfluß auf den Mann!
Größte Vorsicht vor dem Bürokratismus!
Kümmert sich eine ausreichend qualifizierte Kraft verantwortlich um den Außendienst: Überwachung, Auswertung der Berichte, Vermittlung von Anregungen usw.?

DEM VERTRETER VERANTWORTUNG UND ARBEITSFREUDE GEBEN

Den gesamten Außendienst in produktiver Unruhe halten!
Immer und immer wieder neuen Auftrieb und Schwung vermitteln!

INHALTSVERZEICHNIS

ANHANG

Akupunktur-Heilmethode für alle.	Wasser — Medikament für Kranke — Elixier für Gesunde.	Zum Arzt — oder nicht?	Schlank im Schlaf.
Hans Ewald **Akupunktur für Jeden** Eine Anleitung in Bildern ECON Ratgeber	Gerhard Jäger **Wasser wirkt Wunder** Natürliche Heilmethoden  ECON Ratgeber	Donald Vickery James F. Fries **Zum Arzt – oder nicht?** Krankheiten erkennen und das Richtige tun  ECON Ratgeber	Alfred Bierach **Schlank im Schlaf durch vertiefte Entspannung** Die SIS-Methode  ECON Ratgeber

Ewald, Hans
Akupunktur für Jeden
— Eine Anleitung in Bildern —
128 Seiten, 76 Abb.
11,5 x 18 cm
DM 6,80
ISBN 3-612-20005-4
ETB 20005

Jäger, Gerhard
Wasser wirkt Wunder
— Natürliche Heilmethoden —
160 Seiten, 26 Abb.
11,5 x 18 cm
DM 6,80
ISBN 3-612-20006-2
ETB 20006

Vickery, Donald
Fries, James F.
Zum Arzt – oder nicht?
— Krankheiten erkennen und das Richtige tun —
304 Seiten, 65 Abb.
11,5 x 18 cm
DM 12,80
ISBN 3-612-20007-0
ETB 20007

Bierach, Alfred
Schlank im Schlaf durch vertiefte Entspannung
— Die SIS-Methode —
144 Seiten, 1 Grafik
11,5 x 18 cm
DM 6,80
ISBN 3-612-20008-9
ETB 20008

Das Buch

Akupunktur heilt Krankheiten, behebt Funktionsstörungen, Akupunktur ist leicht zu erlernen und bewirkt in vielen Fällen unerhoffte Heilerfolge. Anhand von rund 90 Abbildungen und Zeichnungen erläutert der Autor die Meridiane und Punkte des Körpers, beschreibt Grundsätze der Diagnostik und Therapie, gibt Anleitung für Stichtiefe, Handhaltung und Nadelarten und liefert einen Bezugsnachweis für die Nadeln.
Innerhalb kurzer Zeit kann der Laie mit diesem Buch die Selbstbehandlung mit Akupunktur erlernen.

Der Autor

Dr. med. Hans Ewald erlernte Akupunktur in Asien und wendet die Heilmethode seit Jahren erfolgreich in eigener Praxis an. Beim ECON-Verlag erschienen seine Ratgeber Akupunktur und Akupressur, 'Akupressur für Jeden.

Das Buch

Wasser ist eine Medizin mit ganz besonderen Eigenschaften: Es härtet den Körper ab, schützt vor Krankheiten und kann viele Krankheiten und chronische Leiden heilen oder lindern.
Der Autor zeigt, wie Wassertherapie wirkt. Wirksam sind medizinische Bäder und Duschen, Wickel und Güsse, Packungen, heiß, kalt oder wechselwarm, Lösungen mit Kräutern und anderen Zusatzstoffen. Die Wassertherapie hilft u. a. bei Rheuma und Durchblutungsstörungen, bei Herz- und Kreislauferkrankungen, bei Verdauungsstörungen, bei Leber- und Nierenproblemen und bei Infektionskrankheiten.

Der Autor

Gerhard Jäger ist Medizin-Journalist und Schriftsteller. Er praktiziert als Heilpraktiker in eigener Praxis.

Das Buch

Wie oft ist der Mensch angesichts körperlicher Beschwerden verunsichert und sucht den Arzt auf, wie oft hätte er sich selbst behandeln können, wie oft aber geht er auch zu spät zum Arzt?
Die häufigsten Beschwerden und Erkrankungen werden in diesem Buch charakterisiert. Bauchschmerzen, Durchfall, Husten, Schnittwunden, innere Schmerzen u.v.a. Krankheiten werden anhand der auftretenden Symptome beschrieben. Die Erscheinungsbilder werden schematisch aufgezeichnet und es wird gezeigt, wann ein Arzt aufgesucht werden muß und wann der Patient sich selbst behandeln kann.

Die Autoren

Donald Vickery und James Fries sind praktische Ärzte mit jeweils eigener Praxis.

Das Buch

Durch vertiefte Entspannung im Schlaf schlank werden, dies ist eine neue Methode, die all jenen zu empfehlen ist, die ohne Mühe schlank werden und endlich wieder ihr Normalgewicht erreichen wollen. Im Zustand tiefster Entspannung suggeriert der Mensch seinem Unterbewußtsein ein verändertes Ernährungsprinzip und kann so bei Bewußtsein mühelos den neuen Weg einhalten. Eine wissenschaftlich und praxiserprobte Methode, die in psychosomatischen Kliniken angewandt wird.

Der Autor

Dr. Alfred Bierach, Psychotherapeut und Naturheilkundler, ist in eigener Praxis am Bodensee tätig. Mit der SIS-Methode hat er vielen Patienten geholfen, schlank zu werden.

Die Wechseljahre: Keine Krankheit, sondern eine Lebensstufe.	*Geburt und Yoga — eine sanfte Möglichkeit.*	*Bewußter leben und erleben.*	*Schnäpse und Liköre — Auch ein Stück Gesundheit?*

Die Wechseljahre der Frau

P. van Keep/L. Jaszmann

ECON Ratgeber

van Keep, Pieter A./
Jaszmann, Laszlo
Die Wechseljahre der Frau
144 Seiten, 5 Abb.
11,5 x 18 cm
DM 6,80
ISBN 3-612-20013-5
ETB 20013

Natürliche Geburt durch Yoga

Stella Weller

ECON Ratgeber

Weller, Stella
Natürliche Geburt durch Yoga
160 Seiten, 64 Abb.
11,5 x 18 cm
DM 7,80
ISBN 3-612-20014-3
ETB 20014

Jede Minute sinnvoll leben

Marie-Luise Stangl

Vertrauen zu sich selbst gewinnen

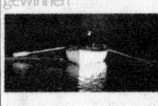

ECON Ratgeber

Stangl, Marie-Luise
Jede Minute sinnvoll leben
— Vertrauen zu sich selbst gewinnen —
128 Seiten
11,5 x 18 cm
DM 5,80
ISBN 3-612-20015-1
ETB 20015

Leib- und Magenelixiere

Katharina Buss

Selbstgemachte Liköre und Schnäpse

ECON Ratgeber

Buss, Katharina
Leib- und Magenelixiere
— Selbstgemachte Liköre und Schnäpse —
Originalausgabe
144 Seite, 34 Abb.
11,5 x 18 cm
DM 8,80
ISBN 3-612-20018-6
ETB 20018

Das Buch

Der Übergang von der fruchtbaren in die nächste Lebensperiode ist für Körper und Psyche der Frau mit einschneidenden Veränderungen verbunden. Neben den rein hormonellen Umstellungen des Körpers und Nebenerscheinungen, wie Hitzewallungen, verbunden mit akuten Schweißausbrüchen, Schilddrüsenstörungen, rheumatischen Gelenkveränderungen, hat die Frau häufig mit psychischen Beschwerden, wie Depressionen und starken Schwankungen im Gefühlsleben zu kämpfen. Dies Buch zeigt, wie jede Frau diese Beschwerden erfolgreich durch die bewußte Auseinandersetzung mit dieser Lebensphase angehen kann.

Die Autoren

P. A. van Keep und L. Jaszmann, Gynäkologen, haben in diesem Buch wissenschaftlich fundiert, Erfahrungen aus der klinischen Arbeit mit Frauen im Klimakterium zusammengestellt.

Das Buch

Die jahrtausendealten Yogaübungen basieren auf Bewegungsabläufen, die der Natur abgeschaut sind, sie sind sanft, rhythmisch und nicht ermüdend, sie stärken die Spannkraft der Muskulatur und des Nervensystems. Die dazugehörigen Atemübungen stützen den Kreislauf und stabilisieren das seelische Gleichgewicht.
Über 60 Übungen u. a. zur Auflockerung, Körperhaltung, Stärkung von Rükken und Bauch, zur Atmung sollen allen Frauen helfen, die Anstrengungen der Geburt entspannter zu überstehen.

Die Autorin

Stella Weller ist ausgebildete Krankenschwester und Geburtshelferin. Sie arbeitet heute als Yogalehrerin, vor allem für schwangere Frauen.

Das Buch

Eine der besten Kennerinnen der alten chinesisch-japanischen Weisheiten des Zen-Buddhismus verhilft dem Leser — von der Hausfrau bis hin zum Topmanager — zu einem neuen Verständnis seiner selbst. Sie beschreibt, wie man durch Bewußtwerdung ganz alltäglicher Tätigkeiten und Verrichtungen — wie Gehen, Stehen, Laufen, Essen, Arbeiten — sein Leben und seine Persönlichkeit eindringlicher und bejahender erlebt und erfaßt, wie man sich von Angst, Zerrissenheit, Selbstentfremdung und aus innerer Einsamkeit löst und dadurch neue Lebenskraft schöpft.

Die Autorin

Marie-Luise Stangl leitet im Odenwald, zusammen mit ihrem Mann Dr. Anton Stangl, seit vielen Jahren Seminare zur Persönlichkeitsbildung durch Entspannungstechniken.

Das Buch

Äbte, Padres und Nonnen durften keinen Alkohol zu sich nehmen, und doch haben sie die besten Rezepte für die Zubereitung von Kräuterlikören und Schnäpsen zusammengestellt.
Viele der alten Klöstertränke sind hier in etwa 200 Rezepten aufgenommen. Für jeden Geschmack und für die Gesundheit obendrein ist etwas dabei.
Eine Tabelle über die Reifezeiten von Früchten und Kräutern erleichtern die jährliche Planung der eigenen Herstellung.

Die Autorin

Katharina Buss ist Lebensmitteljournalistin, sie schreibt u. a. für den 'Feinschmecker'. Die Rezepte hat sie selbst ausprobiert.

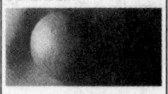

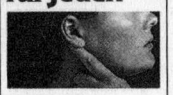